보드리야르의 아이러니

배영달 지음

東文選 文藝新書 371

보드리야르의 아이러니

차 례

책머리에

우리 시대에 대한 보드리야르의 통찰은 시간과 역사에 대한 그의 철학적 사유와 분리될 수 없다. 그의 철학적 사유는 종종 아이러니컬한 역설과 함께 급진적 사유의 한 단계를 나타낸다. 그는 무엇보다도 진행되면서 되풀이되는 시뮬라시옹의 틀을 받아들이기 때문이다. 사실 시뮬라시옹 안에는 절망을 위한 시간도 향수를 위한 공간도 없다. 시뮬라시옹은 거리, 공간, (일직선적으로 진행되는, 역사적인) 시간 자체를 없애 버린다. 그래서 보드리야르는 역사는 현대의 일직선적인 시간과 관련하여 사라졌다고 주장한다. 그의 관점에서 보면 역사는 하나의 시뮬라시옹이다. 역사는 종말의 개념에 의지하고 있는 시간의 모델로서 그 자체를 나타내고 있지만, 종말을 언제나 보류하는 것이다.

보드리야르의 표현에 따르면, 종말의 형식은 어떤 '소멸' 또는 '사라짐'의 양식이다. 그에게 있어서 역사의 종말은 역사가 정보와 미디어의 과잉 속에서 사라지는 것이다. 다시 말하면 역사는 정

보와 미디어의 한가운데서 자신의 사라짐에 사로잡혀 있는 것이
다. 마찬가지로 정치와 권력의 종말은 정치와 권력이 미디어와 이
미지의 홍수 속에서 사라지는 것이고, 성의 종말은 성이 포르노그
라피와 외설스러움의 범람 속에서 사라지는 것이며, 예술의 종말은
예술이 미적 평범함과 미적 포화상태 속에서 사라지는 것이다.

　이렇게 보드리야르는 우리 시대에서 실재의 사라짐을 주목한다.
이 사라짐의 과정은 그의 사유세계에서 '사물의 과포화'라고 불리
는 것이다. 사물의 이 과포화 속에서 그는 정치·권력·역사·성·
육체·예술·주관성 등이 사라지는 양식을 강조한다. 그는 이 사
라짐의 양식의 다양한 형태들을 이렇게 기술한다. 정치의 사라짐
의 양식으로서의 초정치화, 권력의 사라짐의 양식으로서의 탈권력
화, 역사의 사라짐의 양식으로서의 탈역사화, 성의 사라짐의 양식
으로서의 포르노, 육체의 사라짐의 양식으로서의 과도한 비만, 예
술의 사라짐의 양식으로서의 초미학화, 실재의 사라짐의 양식으로
서의 하이퍼리얼리티.

　사실 우리의 현사회는 모든 방향에서 모든 과정을 가속하려고
하며, 정보·미디어·광고와 더불어 모든 사건과 이미지를 위해
시뮬라시옹의 궤도를 만들어 내고 있다. 정치적·역사적·문화적
인 모든 사건들은 자신의 에너지에 의해 공간으로부터 벗어나게
되고 의미를 상실하게 되는 하이퍼 공간 속에서 가속된다.

　따라서 우리는 이제 시뮬라시옹의 효과에 의해서가 아니고는 정
보·미디어·광고 이전의 정치·권력·역사·성·예술을 되찾지

못할지 모른다. 어떻게 보면 정치·권력·역사·성·예술의 본래의 개념이 사라져 버린 것이다. 왜냐하면 우리는 정치·권력·역사·성·예술을 시뮬라시옹의 모델로부터, 자신들을 사라지게 하는 하이퍼리얼리티에 의한 필연적인 가정으로부터 분리시킬 수 없을 것이기 때문이다. 우리는 정치·권력·역사·성·예술이 정보·미디어·광고의 기술적인 완성 속에서 격화되기 전에는 어떠했는지를 알 수 없을 것이다. 다시 말하면 우리는 정치·권력·역사·성·예술이 자기 모델의 완성 속에서 사라지기 전에는 어떠했는지를 알 수 없을 것이다. 결국 우리가 시뮬라시옹 속으로 들어가기 위해 정치·권력·역사·성·예술로부터 벗어나는 것은 그것들 자체가 엄청난 시뮬라시옹 모델에 지나지 않았다는 사실의 결과일 뿐이다.

그러면 우리가 끝없는 하이퍼리얼리티 속에서 정치·권력·역사·성·예술로부터 벗어날 때 그것들을 깊이 성찰하려는 욕구는 없는가? 왜냐하면 하이퍼리얼리티는 세상의 종말을 끝내기 때문이다. 사실 보드리야르의 논리에 비추어 보면 어렴풋이 예감된 종말은 우리를 벗어나고, 정치·권력·역사·성·예술은 그러한 종말을 실현하는 어떠한 기회도 갖지 못하는 듯하다.

역사의 종말에는 어떠한 계시도 어떠한 진실의 순간도 없다. 카네티의 탈역사적 시간 속에 살고 있는 것처럼 보이는 우리의 세계는 허위같이 보일 것이지만, 우리는 그것을 알지 못할 것이다. 그 대신, 우리는 도처에서 하이퍼리얼리티, 즉 실재보다 더 실재적인 것의 폭격을 받을 것이다. 사실 진실과 허위는 철저한 하이퍼리얼리티 속에 흡수된다. 나는 어디에 있는가? 나는 누구인가? 이것은 무엇인가? 그것은 사실인가? 이러한 것들은 하이퍼 공간 속에서 제기된 사라져 버리는 물음들이며, 이러한 모든 물음들은 결국 무관심 속에서 사라진다. 진실과 허위는 시뮬라시옹 속에서는 아무런 가치도 지니지 못한다. 이것이 바로 진실과 허위가 오늘날 도처에 있을 수 있고 아무데도 없을 수 있는 이유이다.

보드리야르에 따르면 '시뮬라시옹의 시대는 모든 지시대상의 소멸과 함께 시작된다.' 시뮬라시옹의 시대에 일어나고 있는 이러한 혁명은 이전 시대의 사유체계를 뒤흔들어 놓는다. 시뮬라시옹이 진실/허위의 구분을 위협하는 것에 대해 보드리야르 자신도 동의한다. '진실·지시대상·객관적 원인은 이제 더 이상 존재하지 않는다.' 따라서 보드리야르는 시뮬라시옹의 시대에도 전위적인 제스처를 또다시 반복하기 위해 '급진적 사유'라는 새로운 종류의 담론을 생산해 낸다. 그는 우리의 이론문화의 본질이기도 하지만 이전의 역사와 삶의 영역에 속하는 비판적 사유를 거부한다. 그가 보기에 비판적 사유는 부정의 변증법을 짜맞추어 나간다는 것이다. 그리하여 그는 급진적 사유를 '세계의 놀이에 끼어들기, 이른바 실재세계에 내재하는 구체적인 환상의 놀이에 끼어들기'로서 제안한다. 그는 여기서 비비판적이고 비변증법적인 사유의 모델로 급진적 사유를 끄집어 내고 있는 것이다. 따라서 보드리야르와 함께 사유하는 것은 곧 실재에 비대립적인 대안을 생각해 보는 것,

그리고 실재와 다르면서도 그것을 드러내고 조롱하고 뒤흔드는 어떤 것을 찾아보는 것이다. 이는 실재와는 다르지만 늘 그것과 관계를 맺고 있는 시뮬라시옹이 아닐까? 사실 시뮬라시옹은 자기 안에 실재를 흡수함으로써 실재에 대립되는 것을 모조리 해체해 버린다. 시뮬라시옹에 대한 이러한 입장 때문에, 보드리야르는 세계를 실재보다는 환상으로 재구축하게 된다. 환상으로서의 세계는 여러 형태로 나타날 수 있는데, 그 중에는 오늘날의 하이퍼리얼리티, 시뮬라시옹의 묵시록도 있다.

보드리야르는 자신의 비판가들에 맞서 급진적 사유가 허무주의적이라는 사실을 부인한다. 자신이 〈허무주의에 관하여〉에서 보여준 허무주의적 도전과는 대조적으로 자기 옹호를 거절하면서도 보드리야르는 다음과 같이 주장한다. '우리는 책임감의 결핍, 허무주의, 절망에 대항해 싸워야 한다. 결코 급진적 사유가 기가 꺾이고 있는 것은 아니다.' 급진적 사유는 세계를 해독하거나 해석하는 것이 아니라 시적이고 역설적인 언어를 발화함으로써 세계의 목격자로 우뚝 서 있는 것이다. 보드리야르는 언어를 급진적 사유를 위한 모델로 받아들인다. 데리다적인 울림으로 그는 언어에 대해 이렇게 기술한다. '언어는 움직이면서 환상이 된다.' '언어는 구체성 속에서 자신이 의미하는 것을 해체한다.' 그러나 하이퍼리얼리티와 시뮬라시옹의 시대에는 언어 그 자체가 새로운 형태를 취하고 있는 것은 아닐까? 우리 시대의 우울한 사태를 뒤집어 놓고 해체하는 것은 시적 언어를 통해서만 가능하지 않을까?

오늘날 시대의 우울함 속에서 우리는 종말이나 되돌아감에 대한 예감보다는 사라짐에 대한 아쉬움만을 갖게 된다. 그것은 일직선적인 진보의 차원과, 종말과 가치의 일직선적인 역행을 나타내는 이중의 경우에 따른 '우리 시대의 아이러니'이다. 사실 이러한 움직임에 맞서, 우리는 시적 언어의 환상인 완전한 환상 속에 있기를 꿈꾼다. 만약 결과가 원인 속에 있거나 시작이 종말 속에 있다면, 대재난은 우리의 이면에 있게 된다. 보드리야르는 대재난의 징후를 없애는 것은 우리 시대의 예외적인 특권이라고 암시한다. 이는 우리로 하여금 미래의 모든 대재난과 모든 책임으로부터 해방시켜 주기 때문이다. 따라서 공포나 두려움은 사라지고, 사라진 대상이 우리의 이면에 있게 된다. 그러므로 이제는 일직선적으로 진행되지 않고 거꾸로 갈 수 있는 영역에 속하는 것, 즉 전개나 진화의 영역이 아닌 휘감기와 역전의 영역에 속하는 모든 것에 관심을 집중하는 것이 중요하다. 거기에는 정치·권력·역사·성·예술이 시적인 곧 너무나도 극적인 급변이나 역전의 어떤 미묘한 형태에 동의할 가능성이 있을까? 이는 바로 정치·권력·역사·성·예술이 일직선적으로 진행되는 것과 관련하여 '우리 시대의 아이러니'가 아닐까?

이렇게 해서 우리는 마침내 정치·권력·역사·성·예술을 초월하여 세계에 대한 환상 속으로 들어가게 된다. 뿐만 아니라 우리의 정치·권력·역사·성·예술이 지니는 환상도 세계에 대한 훨씬 더 '극단적인 환상'으로 향한다. 시원의 귀족적인 환상과 종말의 민주적인 환상이 서로 점점 더 멀어져 가면, 우리는 이제 앞으로 나아가거나 현재의 파괴를 끝까지 밀고 나가거나 후퇴하는 선택을 하지 못하게 될 것이다. 그러나 우리는 우리의 현재의 파괴인 탈근대적인 것, 시뮬라시옹, 사라짐에 대한 환상, 다시 말해서 정치·권력·역사·성·예술을 초월하여 정치·권력·역사·성·예술을 회복하는 것, 현대성을 초월하여 현대성을 회복하는 것에 직접 도달해야 한다.

그러므로 보드리야르와 함께 사유해 보면, 사라짐에 대한 환상은 하나의 해석에 지나지 않으므로, 정치의 사라짐·권력의 사라짐·역사의 사라짐·성의 사라짐·예술의 사라짐에 대하여 생각하는 것보다 오히려 정치의 시뮬라시옹·권력의 시뮬라시옹·역사의 시뮬라시옹·성의 시뮬라시옹·예술의 시뮬라시옹을 통하여, 일반적으로 사라짐이나 궁극성의 시뮬라시옹을 통하여 생각하는 것이 필요하다. 설령 보드리야르가 사라짐에 몰두해 있었다 할지라도, 그에게 이 문제는 아마 의미 없는 것이 될지도 모른다. 보드리야르 자신의 소망은 결국 사라짐의 문제를 끝내는 것이라고 생각된다. 그의 사유세계 속에서 그가 여전히 이 주제로 되돌아가는 것은, 정치·권력·역사·성·예술을 예상하고 성찰하는 일이 얼마나 어려운지를 짐작하게 한다.

*

보드리야르가 생각하는 우리 시대는 어떻게 보면 세계와 그 출현에 대한 급진적 변화와 극단적 환상을 조절하고 규제하는 것으로, 그리고 사건과 존재와 사물의 내재적 특성을 실재의 공통분모로 바꾸는 것으로 파악될 수 있다. 그럼에도 불구하고 우리는 그가 생각하는 우리 시대를 하나의 거울로 간주할 수 있는데, 이 거울 안에서 시뮬라시옹화된 대상은 실재를 파괴하고 산산이 부수고자 하는 체계를 숨기고 있다.

보드리야르는 따라서 체계가 보편적이 되었을 때, 그리고 체계가 보편적이 되었기 때문에 특이성이 출현하는 상황을 보게 된다는 것이다. 이 경우 특이성은 거울의 이러한 측면에 나타나는 극단적인 현상들, 즉 전염성이 강한 재정 공황, 에이즈, 컴퓨터 바이러스, 규제철폐, 허위정보에 의해 결합된다. 이제 과학이나 인류학에 의해 발견된 원시사회, 바이러스나 원자 같은 대상들은 그 자체로 남는 데 그치지 않는다. 그것들은 체계 안으로 스며든다. 그런 방식으로, 보드리야르는 합리주의적·과학적·기술적인 문제들이 우리의 관심을 끌어야 한다고 암시한다.

또 다른 차원에서, 보드리야르는 세상의 어리석은 짓이 증대하는 가운데서도 희망의 어떤 형태들을 본다. 그에게 그러한 가속이 평범한 행위의 도래를 알리지 않는 한, 희망의 형태는 확실히 어떤 종류의 격렬한 반응이 된다는 것이다. 사실 하나의 해결책은 발전을 이룩하지 않았거나 발전에 실패한 우리 자신의 세계와는 다른 세계를 고찰하는 데 있는 것이다. 우리의 미래는 아직 인간주의와 이성의 역사적 카테고리에 도달하지 못한 새로운 사회에 달려 있는 것이다.

이제 우리 시대에 대한 보다 미묘한 접근은 정보와 미디어가 어떻게 의미에 무관심한 대중에 의해 조작되는가를, 그리고 사회집단이 어떻게 정치권력으로 하여금 그 자체가 통제되고 있음을 생각하게끔 하는가를 고려하는 것이다. 보드리야르 논의의 본질은 바로 이러한 아이러니와 역설 속에 있다. 물론 과학·테크놀로지·정치권력 같은 주체는 대중과 세계 같은 대상을 통제한다고 상상할 수 있다. 그러나 지배·억압이나 소외의 모델을 산출하는 이러한 시나리오는 뒤집어질 수 있다. 즉 대상이 주체를 압도하고 지배하는 상황이 연출된다는 것이다. 이제 대상은 아이러니컬한 전략을 통해 주체를 유혹하고 사로잡을 수 있다. 대상은 주체가 자신의 결여를 발견하는 거울이 되는 것이다. 이것이 우리 시대의 객관적인 아이러니이다.

아이러니·환상·가역성·급진성은 사유와 이론의 조건일 뿐만 아니라 세계의 조건이기도 하다. 만약 테크놀로지·이미지·사건들로 이루어진 현대세계가 소외·의지상실·실패한 사건으로서의 역사로 옮겨가는 전조라고 생각된다면, 우리는 테크놀로지를 통하여 세계를 통제하고 변화시킬 뿐만 아니라 세계를 뒤집을 수 있는 투명한 환상을 품을 수 있을 것이다. 이것이 우리 시대가 지니고 있는 기술의 아이러니이다. 명백한 하이퍼리얼리티, 고도의 발전과 가정된 승리 속에서, 테크놀로지는 실제로 사물이 우리에게 행하는 술책일 수도 있다. 니체의 베일처럼, 테크놀로지는 극단적인 환상을 숨기고 비밀을 유지한다. 즉 세계는 우스꽝스럽게도 우리로 하여금 통제하는 꿈을 실현하도록 한다. 이것은 우리 시대의 과정에 걸려 있는 해답이긴 하지만 우리가 찾아내기 어려운 해답이다.

우리는 시뮬라시옹이 실재를 살해하는 완전범죄와, 세계가 테크놀로지의 이면에서 사라져 가는 객관적 아이러니 사이에서 선택을 해야 한다. 우리 시대에 대한 보드리야르의 시각에서, 이 두 세계관은 함께 검토되어야 한다. 보드리야르는 우리에게 그 둘 사이에서 결정하게 하는 것은 아무것도 없다고 생각하는 듯하다. 우리 시대의 대재난은 아마 우리 세기의 가장 큰 술책일 것이다.

*

한 시대가 끝나고 새로운 시대가 시작된 시점에서, 우리는 자신이 겪고 있는 극적이고 깜짝 놀라게 하는 변화를 이해하는 데 우리를 도와줄 새로운 이론이나 사유가 필요하다. 어떻게 보면 보드리야르는 '급진적 이론'과 '급진적 사유'로 우리를 도울 수 있으며, 나아가 그는 탈근대의 이론을 좀 더 기름진 이론의 들판으로 운반해 갈 수 있다. 그는 이론의 바른 길과 옆길을 통해 새로운 이론적인 길을, 그리고 사유의 바른 길과 옆길을 통해 새로운 사유의 길을 늘 모색하기 때문이다. 물론 경우에 따라서는 그는 장애물과 막다른 골목이 될 수도 있다. 그래서 우리는 그의 통찰력을 파악하고 그의 한계를 뛰어넘기 위해 그를 비판적으로 읽을 필요가 있다.

제1부

아이러니로 가는 길

1 소비사회와 기호의 소비

I. 사물의 체계와 소비

보드리야르는 현대의 신화를 명쾌하게 분석한 롤랑 바르트처럼 현대사회의 모든 현상들을 파헤치는 현대성의 분석가인가? 그렇다. 그는 현대사회가 직면하는 새로운 현상들을 포착하여 이 새로움에 천착하려고 하는 지적 활동을 끊임없이 모색하였다. 그래서 그의 이론적 작업들은 현재와 미래의 가능성들 사이의 경계선 혹은 가장자리를 넘나들며 현대세계의 전망을 예측하는 듯하다. 실제로 그의 글들을 면밀히 검토해 보면, 그가 분석하고 해부하는 것은 현대사회에서 발생한 새로운 형태의 '하이퍼문명'임이 곧 드러난다. 그에 따르면 이 '하이퍼문명'은 현대사회의 새로운 현상, 즉 새로운 기술질서, 새로운 환경, 일상생활의 새로운 영역과 밀접한 관련이 있다.

특히 보드리야르는 새로운 환경을 기술하기 위해 '현대성'이라는 용어를 자주 사용한다. 그리하여 그는 현대성의 영향 아래서 사물의 체계와 소비의 출현을 설명한다. 그의 첫 번째 저작 《사물의 체계 Le système des objets》는 그의 후기 저작들에서 엿볼 수 있는 흥미로운 예측과 통찰력으로 가득하다. 사실 인식하고 욕망하는 주체가 사물과 기호의 세계에 직면하는 상황은 보드리야르 사상의 궤적을 규정한다. 그러므로 《사물의 체계》에서 보드리야르는 주체가 일상생활을 구성하는 사물과 기호의 체계에 관련하는 방식과, 그러한 체계를 지배하거나 그것에 의해 지배되는 방식을 기술하려고 한다.

이렇게 사물의 체계를 탐구하면서 현대세계의 일상성과 일상생활의 변화를 고찰하는 보드리야르는 자신의 두 번째 저작 《소비의 사회 La société de consommation》에서 인간이 어떻게 사물을 구입하고 소비하게 되는가라는 문제에 관심을 가지면서 소비라는 새로운 인간행위를 체계적으로 검토한다. 그는 "소비라는 용어가 일상적으로 사용되었다는 사실 자체가 새로운 사회의 출현"[1]을 나타낸다고 말한다. 이제 새로운 사회인 현대사회에서는 소비가 일상생활을 움켜쥐게 됨으로써, 보드리야르가 주목하는 점은 인간이 전혀 다른 근거로 가치가 매겨지며, 사물의 연속적 사슬 혹은 사물의 소비라는 새로운 유형에 따라 자신의 삶을 영위하게 된다는 것이다. 따라서 인간은 일상생활을 조직하고 구조화하는 소비의 중심

---

1) Jean Baudrillard, *La société de consommation*, Denoël, 1970, p.313(약호 *SC*).

에 있게 된다.

II. 소비개념에 대한 정의

이러한 상황을 인식한 보드리야르는 앙리 르페브르가 현대사회를 '소비조작의 관료사회'로 명명하듯 자신도 현대사회를 소비사회로 규정한다. 보드리야르는 이 소비사회에서 넘쳐나는 사물과 소비현상을 이론적으로 설명할 수 있는 구조적 모델을 제시하고자 한다. 보드리야르에게 풍요는 어떤 사물이 충분히 존재하는 것이 아니라 실용성의 층위를 넘어설 만큼 너무 많이 존재하는 것으로 파악된다. 여기서 보드리야르는 사물과 소비의 관계를 통하여 소비에 대한 독창적인 정의를 내린다. 가령 소비사회라는 표현이 의미를 지닌다면, 그것이 마침내 풍요에 도달하게 된 사회를 가리키는 것이 아니라는 점이다. 보드리야르는 역설적으로 소비에 대해 다음과 같이 기술한다. "언제 어느 시대나 사람들은 구매하고 소유하고 즐기고 지출했다. 그럼에도 불구하고 사람들은 '소비'하지는 않았다."[2]

보드리야르의 이러한 관점에서 보면, 오늘날 소비는 물질적 사용도 풍요의 현상학도 아니다. 그리고 소비는 사물의 양도 욕구의

---

2) Jean Baudrillard, *Le système des objets*, Gallimard, 1968, p.276(약호 *SO*).

만족도 아니다. 더욱이 소비는 사물을 소모하고 사용하고 파괴하는 것도 아니다. 예를 들어 음식물을 다 먹어치우고, 신발을 다 닳을 때까지 신고, 옷을 다 해질 때까지 입는 것이 아니다. 말하자면 소비는 가시적이고 구체적인 사물을 다 닳아 없어질 때까지 써버리는 것이 아니다. 그래서 소비는 음식물을 소비하고, 옷과 신발을 소비하고, 자동차와 텔레비전을 소비하는 것이 전혀 아니다. 분명히 보드리야르의 소비개념에는 물건을 소비하는 것을 넘어선 뭔가 다른 의미가 있음에 틀림없다. 그에게 소비라는 개념은 전혀 사물(물건)을 지시하거나 지칭하지 않는다. 그러므로 소비는 가시적이고 구체적인 물건에 의해서도, 이미지와 메시지의 시각적인 실체에 의해서도 정의되지 않고 의미심장한 실체를 지닌 그 모든 것의 조직에 의해 정의된다.

　여기서 보드리야르의 견해를 정리해 보면 "소비는 다소 일관성 있는 담론 속에서 구성된 모든 사물과 메시지의 잠재적 총체성이다. 소비가 어떤 의미를 지니는 한, 그것은 기호를 체계적으로 조작하는 활동이다."[3] 이제 소비는 인간이 자신을 표현하는 형식이자 기호이다. 소비의 기호적 표현을 통해서, 사물은 하나의 질서를 이루게 된다. 그리고 소비의 사물이 되기 위해서는, 사물은 기호가 되어야 한다.

---

3) 같은 책, 같은 쪽.

III. 기호의 소비

보드리야르의 이러한 논리에 따르면, 현대사회에서 소비는 기호의 소비를 포함하는 과정으로 설명된다. 즉 사물(상품)이 소비되는 것이 아니라 기호가 소비된다는 것이다. 예를 들어 우리는 상품 그 자체를 소비하는 것이 아니라 광고의 기호, 텔레비전의 기호, 자동차의 기호를 소비하고, 성과 권력의 기호를 소비한다. 그리하여 소비의 사물은 기호로서의 가치를 지니게 된다. 따라서 소비의 대상은 바로 상품-기호이며, 그 상품-기호는 기호체계로 의미되는 사회관계에 속한다.[4]

그러면 소비의 사물이 기호가치를 지닌다는 표현과 소비가 기호의 체계적인 조작활동이라는 사실은 무엇을 의미하는가? 기호는 사물 그 자체가 아니라 사물을 대신하거나 재현하며, 사물에 대하여 가치를 나타내는 것이다. 일상생활의 분위기의 구조와 관련하여 설명해 보면, 재료는 그 자체로서는, 즉 자연성질로서는 더 이상 가치를 지니지 않고 따뜻함을 나타내는 특성 때문에 가치를 지닌다. 요컨대 재료는 기호로 바뀌기 때문에 하나의 체계 속에 통합될 수 있는 것이다. 따라서 소비의 사물은 기호에 대한 이상주의적 용어집을 구성한다. 롤렉스 시계나 몽블랑 만년필은 더 이상

---

4) Jean Baudrillard, *Pour une critique de l'économie politique du signe*, Gallimard, 1972, p.60 참조.

기능을 갖는 것이 아니라 하나의 힘을 갖는다. 그것은 바로 '기호'이다. 중요한 것은 시계나 만년필의 사용기능이 아니라 명품의 기호를 가졌다는 것을 다른 사람들에게 의미표시할 수 있는 힘이다. 마찬가지로 루이비통이나 카르티에의 핸드백을 들고 고급 와인을 마시는 사람들에게 명품의 소비는 상품이 지닌 고급스러움과 우아함의 상징을 기호로 소비하는 것일 뿐이다.

이런 관점에서 보면, 기호의 소비는 이미 우리의 무의식 속에 자리잡으며, 모든 소비의 대상은 소비의 기호가 된다. 소비자들은 기호라는 자양분을 취한다. 즉 안락함·행복·사랑·우아함이라는 기호들이다. 가령 소비자들은 최신형 휴대전화나 자동차처럼 더 새롭고 나은 모델을 갖게 되면 그 사물에서 행복을 얻을 수 있으리라 기대하는 것이다. 이렇게 소비의 과정은 마술적인 것으로 경험되는데, 행복의 기호들이 진정한 만족을 대체하기 때문이다. 보드리야르의 표현을 빌리면, 매일매일 일상적으로 경험하는 소비의 "사물이 마치 '기적'처럼 내 앞에 나타난 것으로 인식된다."[5] 이제 기호와 의미작용은 감각을 대신한다. 현대세계의 일상성 속에서 거대한 대체와 전이가 일어나는 것이다.

일상생활의 이러한 변화 속에서는 상품의 소비와 기호 사이에는 아무런 간격도 단절도 존재하지 않는다. 소비행위는 실제의 행위인 동시에 상상의(허구의) 행위이다. 상상 속의 소비, 상상의 소비

---

5) *SC*, p.28.

와 실제의 소비는 그것들의 한계를 긋는 경계선이 없다. 기호는 상품을 장식하고 상품은 기호의 모습을 띠었을 때만 상품이 된다. 그리고 최상의 소비는 상품없이 단지 상품의 기호만을 목표로 삼는 소비이다. 이렇게 소비는 단순한 상품(물건)의 소비가 아니라 하나의 기호체계이고 의미작용의 질서이다. 그러므로 객관적 기능의 영역을 벗어난 상품은 기호가치를 지니는 암시적 의미의 영역에서는 다소 무제한적으로 대체될 수 있다.

  세탁기라는 친숙한 예를 들어 보자. 세탁기는 객관적이고 유용한 역할을 갖고 있다. 그것은 도구로 쓰인다. 하지만 세탁기는 도구라는 역할만을 갖고 있는 것이 아니라 다른 의미작용도 나타낸다. 그것은 안락함과 행복 등의 요소로서의 역할을 한다. 마찬가지로 자동차는 실용적이고 감각적인 역할을 갖고 있다. 그것은 운행의 도구이다. 하지만 정말로 이 특이한 사물은 실용적이고 감각적인 동시에 상상적이고 상징적이다. 자동차는 사회적 신분과 위세의 상징으로서의 역할을 한다. 어떻게 보면 오늘날 세탁기와 자동차의 경우 이 두 번째 역할이 더 중요한 자리를 차지하는 듯하다. 보드리야르가 말하는 소비는 바로 이 두 번째 역할을 지칭하는 것이다. 여기에서는 다른 모든 종류의 사물들이 의미표시적 요소로서의 세탁기와 자동차를 대신할 수 있다. 기호의 논리에서는 사물들은 더 이상 명확하게 규정된 기능이나 욕구와 관련이 없다. 사물들이 사회적 논리나 욕망의 논리에 대응하고 있으며, 그러한 논리에 대하여 의미작용의 영역의 구실을 하기 때문이다.

이런 점을 고려해 보면, 사물과 욕구는 서로 대체될 수 있다. 글자 그대로 하나의 욕구를 충족하는 것은 그것을 다른 곳에서 다시 나타나게 하는 것이다. 따라서 사회적 논리는 우리에게 기호로서의 사물을 따라서 움직이게 하는데, 이는 무한히 계속된다. 그러므로 우리는 점점 더 기호를 소비할 수밖에 없게 된다. 기호의 소비와 소비의 기호가 서로 한데 얽히고 강화되고 중화되는 것, 이것이 바로 소비사회의 본질적인 특성이다.

IV. 욕구의 유동성과 차이에의 욕구

소비사회에서 사물의 지위에 대한 중대한 변화를 이해하려면 욕구개념으로부터 출발해야 한다. 우리는 욕구를 만족시키기 위해 사물을 소비하지 않는다. 사물에 대한 욕구에는 특정한 대상이 없다. 사회학자 리스먼에 따르면, 이는 '대상없는 갈망'이라는 개념으로 표현된다. 오늘날 우리가 욕망하는 것은 특정한 대상이 아니다. 실제로 우리는 자연발생적으로 어떤 대상을 욕망한다고 생각한다. 하지만 현대의 소비사회에서, 이는 대체로 사실이 아니다. 우리는 자연발생적인 욕망이 아닌 매개된(간접화된) 욕망을 갖는다. 예컨대 우리는 광고나 텔레비전에 나오는 대중스타들이 소비하는 사물들(옷·액세서리·가방·구두…)을 욕망한다. 이는 말하자면 우리가 스스로 어느 특정한 물건을 욕망하는 것이 아니라 타자의 매개를 통해 욕망하는 것이다. 이것은 르네 지라르가 말하는 삼각형의 욕망에 해당한다.

따라서 우리는 개인적인 욕구의 만족과 향유를 위해 소비하지 않는다. 소비는 욕구에서 추동되지 않는다. 더욱이 소비는 향유도 아니다. 향유는 일반적으로 자발적이고 자율적인 것, 목적을 갖는 것이다. 그러므로 소비는 향유를 부정하고 배제하는 것이다.

여기서 보드리야르가 말하는 소비사회에서의 '욕구의 유동성'을 살펴보자. 보드리야르가 보기에, 욕구는 '나는 이 물건을 산다. 왜냐하면 나는 그 물건이 필요하기 때문이다'라는 자연발생적인 욕구가 아니다. 물건은 개별적인 욕구에 따라 전유되는 것이 아니라 사회 전체의 삶과의 연관 속에서 전유된다. 욕구는 특정한 사물에 대한 욕구가 아니라 사회적 의미에서의 욕구, 즉 차이에의 욕구(besoin de différence)이다. 욕구가 기호와 차이에 대한 객관적인 사회적 요구에 따라 재조직되는 것이다. 따라서 욕구의 유동성에 차이적 의미작용의 유동성이 덧붙여진다. 다시 말하면 욕구는 대체되는 과정 속에서 욕구 그 자체를 넘어서는 의미작용의 진정한 영역, 즉 차이의 영역을 갖는다. 그러므로 "소비의 체계는 욕구와 향유에 근거를 두지 않고 기호(기호로서의 사물)와 차이의 코드에 근거를 둔다."[6]

소비의 사물에 대한 구체적인 예를 들면, 유명 디자이너가 만든

---

6) 같은 책, p.110.

옷은 지위 · 위엄 · 유행 · 고급스러움 · 우아함 등과 같은 사회적 의미를 지닌다. 하지만 소비의 이 사물은 개별적이고 실용적인 기능을 갖지 않는다. 그것은 다른 사물과의 관계에 따라 기능한다. 달리 말하면 그것은 기호와 차이에 따라 기능한다. 요컨대 기호로서의 사물은 코드화된 차이에 의해 전유된다. 우리는 우리의 욕구를 만족시키려고 유명 디자이너의 옷을 입는 것이 아니라 우리를 둘러싸고 있는 다른 사람들과의 차이를 드러내고자 그런 옷을 입는다는 것이다. 따라서 사물의 소비는 개인적 욕구를 통해 일시적으로 구축되거나 체계화되지 않는다. 그러므로 소비사회에서 우리는 차이와 코드의 영역을 벗어나서는 살아갈 수 없는 상황에 놓여 있는 것이다.

V. 사회적 차이화의 논리

여기서 보드리야르가 말하는 소비는 두 가지 측면에서 고려될 수 있다. 하나는 소비를 코드에 근거를 둔 의미작용과 소통의 과정으로 보는 것이고, 다른 하나는 소비를 사회적 차이화의 과정으로 보는 것이다. 이 두 가지 측면으로부터 보드리야르는 소비의 사회적 차이화의 논리를 만들어 낸다. 앞서 이미 언급된 것처럼, 우리는 사물 그 자체를 소비하지 않는다. 우리는 자신을 타인과 구별짓는 기호로서의 사물을 소비한다. 우리는 자신의 욕구에 따라 자유롭게 소비하는 것처럼 보이지만 실제로는 무의식적이고 구조적인 사회적 강제, 즉 사회적 차이화의 강제에 의해 소비하게 된다. 따라서 소비는 자유로운 선택이 아니다. 소비는 사회 전체의 구조와 질서에 의해 조작되고 강요되고 통제된다. 소비는 집단적인 행위이자 강제이며, 코드화된 체계 속에서 이루어진다.

그러므로 소비행위는 타인과 구별될 것을 강요하는 사회적 요구에 의해 이루어진다. 보드리야르의 표현에 따르면, 이는 사회적 '차이화의 강제(contrainte de différenciation)'이다. "타인과 자신을 구별짓는 것은 곧바로 사회 전체의 현상이 되고 불가피하게 개인을 초월하는 차이의 전체적인 질서를 만드는 것이다."[7] 소비자는 욕구를 지니고 자신의 선택에 따라 타인과 다른 소비행위를 하지만, 그의 소비행위는 결국 차이화와 코드에 대한 복종이다.

예컨대 우리는 돈을 많이 벌면 벌수록 더 많이 원하고 더 좋은 것을 원한다. 우리는 자신의 생활수준을 감안해서 물건을 사지만 고가의 물건들을 마음대로 살 수 있는 것은 아니다. 그리고 우리는 돈이 있다고 해서 마음대로 물건을 사는 사회에 살고 있지 않다. 여기에는 차이화와 코드(나이에 대한 코드, 신분과 지위에 대한 코드, 위세에 대한 코드 등)가 작용하고 있기 때문이다. 이러한 현상은 소비가 욕구충족이라는 개인적인 논리를 넘어서 차이화라는 사회적 논리를 따를 때만 설명이 가능하다. 그러면 사회적 차이화

---

7) 같은 책, p.80.

의 논리란 무엇인가? 그것은 우리가 물건의 구입과 소비를 통해 자신을 돋보이게 하는 동시에 사회적 지위와 신분과 위세를 나타내는 것이다. 이는 말하자면 소비의 대상이 지위와 신분의 계층화를 두드러지게 특징짓는다는 것이다. 즉 소비의 대상은 소비자들을 구별하고 코드에 소비자들을 집단적으로 배정한다. 소비자들은 사회 전체가 정해 놓은 코드에 따라 자신이 속해 있는 집단에게 허용된 물건들만 소비할 뿐이다. 상류층은 중간계층과 구별되기 위해 물건을 구입하고, 중간계층은 하류층과 구별되기 위해 물건을 구입한다. 이때 물건은 욕구를 만족시키기 위해서보다는 지위와 신분과 위세를 의미화하기 위해 소비된다. 사회적 의미를 지닌 물건은 다른 물건과의 차이를 통해 소비되는 것이다.

그러므로 보드리야르가 보기에, 상품은 사용가치와 교환가치를 지닌 물건이 아니라 사회 전체의 구조와 질서에서 생산되는 차이화의 기호이다. 그리고 상품소비의 사회적 차이를 생산하는 것이 기호이다. 기호는 동질한 공간을 가정함으로써 그 공간 위에 차이의 선을 긋는다. 이러한 기호체계(코드)가 소비사회를 구성한다. 따라서 보드리야르가 생각하는 소비사회는 의미공간으로서의 혹은 가치/기호체계로서의 질서를 지닌다.

그러면 소비사회의 구조와 질서에서 연유되는 차이화는 개성화와 어떤 관련이 있는 것인가? 보드리야르의 논리에 따르면 차이화는 개성화의 다른 표현인 듯하다. 사실 소비사회의 소비행위에는 차이화와 개성화라는 동일한 강제가 이루어진다. 대체로 소비는 자신을 타인과 구별짓고자 하는 욕구의 표출이자 개성의 표현이다. 개인적 특성을 중시하는 현대의 소비사회에서 타인과의 차이는 나 자신만의 개성이 된다. 그래서 소비의 상품은 차이를 표시하는 도구가 되고 있다. 기아자동차 쏘울의 광고는 '나만의 개성을 창조하라'고 호소한다. 리스먼은 "오늘날 가장 많이 요구되는 것은 (…) 바로 개성"[8]이라고 이미 말한 바 있다. 자신의 개성을 발견하는 것은 말하자면 진실로 자기 자신이 되는 즐거움을 발견하는 것이다.

보드리야르가 《소비의 사회》를 출간한 1970년의 자동차 신제품 전시회

---

8) 같은 책, p.125.

하지만 '자기 자신이 되라'는 것, '개성을 창조하라'는 것은 바로 현대의 소비이데올로기가 소비자에게 강요하는 집단적 명령이다. 이 집단적 명령에 따라 개성화는 스타일과 지위와 신분을 두드러지게 하는 질적인 차이를 추구하는 것이다. 다시 말하면 개성화는 우리를 우리 자신이 되도록 하는 차이를 찾는 것이다.

그러면 개성화하는 차이는 무엇일까? 개성화하는 차이는 개인들을 대립시키는 것이 아니라 개인들을 계층화하고 모델들 속에 나누어서 배치하는 것이다. 자신을 타인과 구별짓는 것은 어느 한 모델에 소속되는 것을 의미한다. 가령 컨버스 신발을 신는 것, 리바이스 진이나 스키니 진을 입는 것, 타투와 피어싱을 하는 것, 뱅헤어나 소라빵 헤어 같은 헤어스타일을 연출하는 것, MP3플레이어(IPOD)를 듣는 것은 10대나 20대의 젊음이라는 모델에 속해 있음을 뜻한다.

여기서 개성화하는 차이는 실제적이고 현실적인 차이가 아니다. 개성화하는 차이는 단순히 어느 한 사람의 개인적인 특성을 나타내는 것이 아니라 어느 한 집단의 코드에 대한 복종과 가치기준에의 통합을 나타내는 것이다. 따라서 현대의 소비이데올로기가 강요하는 개성과 개성화에는 더 이상 개인은 없고 집단만이 있을 뿐이다. 그러므로 현대의 소비사회에는 워너 비 스타(wanna be star) 스타일의 복장·화장·행동을 열광적으로 따라하는 집단적 소비가 도처에서 발견된다.

VI. 육체: 소비의 가장 아름다운 대상

오늘날 육체는 광고와 패션에서뿐만 아니라 대중문화에서도 중요한 자리를 차지한다. 육체는 모든 소비대상들 중에서 그 어느 것보다 더 아름답고 가치있고 멋진 대상이기 때문이다. 그래서 육체는 경제적으로 투자되고 심리적으로 집착하게 되는 자신의 고유한 지위를 갖는다. 육체의 이러한 지위는 이미 문화적 사실로서 받아들여지고 있다.

현대사회의 소비구조에 비추어 보면, 육체는 자본이자 소비의 대상(상품)이다. 육체는 말하자면 자본으로서의 육체와 소비대상으로서의 육체로 다루어진다. 이 두 경우에 육체는 부정되거나 거부되지 않고 관리되거나 투자된다. 여기서 우리의 관심을 끄는 것은 자신의 육체에 열중하고 내부로부터 자기 도취적으로 육체에 집착하는 것이다. 이는 육체를 근본적으로 알기 위한 행위가 아니다. 그것은 소비사회의 스펙터클의 논리에 따라 육체를 외부로 향하게 하여 다른 대상들보다 더 쾌락적이고 완벽하고 기능적인 대상으로 만들기 위한 것이다. 이렇게 육체에 대한 자기 도취적인 열중과 집착은 결국 광맥을 발굴하듯이 육체를 윤기있고 부드럽게 다루어서 행복·건강·아름다움·유행의 기호로, 그리고 유혹과 매혹의 기호로 나타나게 한다.

이러한 현상은 우리 사회에서 유행하는 '몸짱'이나 '얼짱'이라는 새로운 개념에 의해 구체화된다. 정신/육체라는 이원적 대립에서 상대적으로 열등한 위치를 차지하던 육체(몸과 얼굴)는 이제 자신의 가치를 드러내는 기호로 바뀌게 된다. 이러한 추세는 여자들과 남자들 모두에게 확산되고 있다. 특히 요즘 남자들은 최신유행의 몸매를 따라잡기 위해 종종 몸매 개조 작업에 나선다. 그래서 남자들의 이상적인 몸매는 가늘고 길지만 큰 근육보다 잔근육이 발달해 옷매무새가 잘 드러나고, 왜소하거나 빈약해 보이지 않는 몸매이다. 이러한 슬림한 몸매는 육체의 기호로 표현되면서 젊은 세대만의 꿈이 아니라 매력적인 남자의 새로운 기준이 되고 있다. 새로운 '몸짱'의 기호를 만들어 내는 연예인들이나 대중스타들이 '몸짱'의 코드를 형성하는 것이다. 이런 관점에서 보면 육체는 심리적인 의미에서 소유되고 조작되고 소비되는 대상들 중에서 가장 아름다운 대상이 될 수 있다.

하지만 육체에 대한 자기 도취적인 열중은 타인과의 경쟁에서 우위를 점유할 수 있고 경제적으로 유효한 투자가 될 수 있다. 달리 말하면 이렇게 관리된 육체는 현대 소비사회의 메커니즘에 따라 투자되어 이윤을 창출할 수 있다는 것이다. 보드리야르의 시각에서 보면, 이제 "육체는 주체의 자율적 목적에 따라 투자되는 것이 아니라 향유와 쾌락주의적 효율성의 규범적 원리에 따라, 그리고 생산과 소비의 사회적 코드에 따라 투자되는 것이다."[9] 그래서 육

---

9) 같은 책, p.204.

체는 자산처럼 관리되고 운용되며 사회적 지위를 나타내는 다양한 기호들 중의 하나로 조작된다. 따라서 향유와 위세를 뽐내는 도구로서의 육체는 아름다움을 기호가치로 나타낸다.

그러면 오늘날 육체의 아름다움은 사회적 지위의 한 형태 혹은 자본의 한 형태로서 절대적인 지상명령과 같은 것인가? 그렇다. 아름답게 되는 것은 더 이상 타고난 결과가 아니며, 도덕적 자질에 덧붙여지는 것도 아니다. 그것은 자신의 외모와 몸매를 가꾸는 인간의 기본적이고 불가결한 자질이다. 그래서 현대사회에서는 아름다움에 대한 인간의 욕망을 실현시킬 수 있는 성형이 도처에서 넘쳐난다. 그리고 성형에는 소비의 질서와 소비의 이데올로기가 작동한다. 이미 성형은 자본의 논리와 결탁했으며, 상품의 차이화와 개성화처럼 아름다움의 차이화와 개성화를 조장하고 있다. 앞서 언급한 것처럼, 육체의 아름다움 그 자체가 자본의 한 형태이기 때문이다.

그러면 자본의 논리 속에서 육체의 아름다움을 좀 더 깊이 있게 살펴보자. 육체의 아름다움의 가치란 유행의 가치인데, 이는 육체의 구체적인 사용가치에서 기능적인 교환가치로 환원되는 것으로 규정될 수 있다. 이때 교환가치는 완성된 육체의 관념, 욕망과 향유의 관념을 추상적으로 요약하고, 나아가 이 관념들을 부정하며 기호의 교환 속에서 사라지게 한다. 왜냐하면 육체의 아름다움이란 교환되는 기호일 뿐이며, 가치/기호로 작용하기 때문이다.

가령 패션모델의 육체는 더 이상 욕망의 대상이 아니다. 그것은 패션과 에로틱한 것이 혼합되어 있는 기호들의 광장이자 기능적인 대상이다. 사실 패션과 에로틱한 것이 결코 욕망 속에 존재하지 않고 기호 속에 존재하듯이, 패션모델의 아름다움은 결코 표정에 있지 않고 몸매에 있다. 육체의 아름다움이 추상성과 투명성 속에서 온전히 기호로 존재하기 때문이다. 따라서 현대 소비사회에서 육체의 아름다움과 아름다운 육체는 상품의 기호처럼 기호로 소비된다.

VII. 나는 소비한다. 고로 나는 존재한다

현대인들은 사물들이 우글거리는 사물의 시대를 살아가고 있다. 그래서 그들은 일상생활에서 사물을 소비하지 않고서는 존속할 수가 없다. 물론 사물의 소비의 장소는 일상생활이다. 일상생활이란 단지 일상적인 사실과 행위의 전체나 진부하고 반복적인 차원이 아니다. 그것은 해석의 체계이다. 보드리야르의 사유세계에서 보면, 이 일상생활을 소비가 움켜쥐고 지배하고 있다.

오늘날 소비는 글자그대로의 소비가 아니다. 소비는 하나의 신화를 이룬다. 그러면 '소비는 하나의 신화'라는 말은 무엇을 뜻하는가? 소비라는 신화는 사회 전체를 해석하는 체계를 가리킨다는 의미를 내포한다. 보드리야르의 표현을 빌리면, "소비는 현대사회가 스스로 말하는 방식이다."[10] 소비라는 유일한 객관적인 현실은 소비의 개념일 뿐이다. 여기서 보드리야르는 현대사회의 소비에 대한 깊은 우려를 표명한다. 그는 데카르트의 명제('나는 생각한다. 고로 나는 존재한다')를 변형하여 특이한 명제('나는 소비한다. 고로 나는 존재한다')를 만들어 낸다. 보드리야르의 이러한 명제는 이후 '나는 쇼핑한다. 고로 나는 존재한다' '나는 욕망한다. 고로 나는 존재한다' '나는 스크린(을 통해서 무엇을) 한다. 고로 나는 존재한다' 등의 다양한 명제들을 낳았다.

물론 보드리야르의 예의 명제와 소비개념에 대한 논의는 여전히 이론의 여지가 없는 것은 아니다. 하지만 우리는 현대사회를 소비사회로 규정한 보드리야르의 탁월한 분석과 통찰력을 인정하지 않을 수 없다. 특히 우리는 현대사회가 소비를 행하는 경우 소비사회로서의 자기 규정에 기초를 두고 자신을 개념적으로 소비한다는 보드리야르의 사유를 깊이 생각해 볼 필요가 있다. 이런 관점에서 보면 현대사회에서 광고는 이 소비의 개념에 바쳐진 찬가라고 불릴 수 있다.

현대 소비사회는 객관적으로 그리고 결정적으로 생산의 사회, 생산의 질서를 뜻하지 않는다. 이는 기호조작의 질서인 소비의 질서가 생산의 질서와 뒤얽히고 있음을 의미한다. 이러한 영역 안에서는 두 질서 사이의 비교가 이루어질 수 있다. 왜냐하면 소비의 질서는 기호로 존재하고 기호의 보호 아래 존재하기 때문이다. 이

---

10) 같은 책, p.311.

렇게 현대 소비사회의 근본적인 양상들은 의미작용의 체계와 기호 체계에 관련되고 있다. 보드리야르는 의미작용의 체계와 기호체계가 어떻게 일상적인 사물을 조직하고 구조화하는지 분석하였다. 그의 관점에서 보면, 현대 소비사회의 소비구조는 모든 사물의 의미를 기호로 환원시킴으로써 사물 자체의 의미를 사라지게 한다. 그래서 기호의 소비가 도처에 범람한다. 기호의 소비양식은 잘 확립되어 있는 듯하다. 가령 스트립쇼는 에로티시즘의 기호의 소비이고, 패션쇼는 유행의 기호의 소비이며, 불꽃축제는 스펙터클의 기호의 소비이다.

그러므로 소비는 "기호를 흡수하고 기호에 의해 흡수되는 과정"인 것처럼 보인다. 이제 소비의 과정에는 기호의 수신과 발신만이 있는 듯하다. 이는 소비사회에서의 기호의 지배를 명백하게 드러내는 것이다. 이런 상황 아래서 소비의 인간은 결코 자신의 욕구에 직면해 있지 않다. 그는 자신이 늘어놓은 기호의 내부에 존재한다. 그는 기호의 질서 속에 편입된다. 그리고 그는 기호를 소비한다. 기호의 소비와 소비의 기호….

여기서 보드리야르의 명제('나는 소비한다. 고로 나는 존재한다')는 보다 구체적으로 다음과 같이 쓰여진다. '나는 기호를 소비한다. 고로 나는 존재한다.'

2 생산 · 욕망에서 유혹으로

오늘날 생산의 신화는 유효한가? 보드리야르는 생산의 본성에 대한 형이상학적 물음을 넘어서 생산의 가능성을 진단한다. 그는 현대 자본주의 사회에 대한 탁월한 전망을 제시하면서 이 시대에 결정적이고 혁명적인 변화가 있음을 강조한다. 즉 생산의 시대는 끝나고 기호의 생산과 증식이 상품생산을 대신한다는 것이다. 그는 또한 욕망에 대해서도 똑같은 견해를 표명한다. 그는 욕망이 자본주의의 존재방식인 생산과 동일한 근본을 갖고 동일한 길을 거쳐간다고 말한다. 욕망은 자본이나 생산과 다름 없다는 것이다. 따라서 그는 '생산의 거울'을 깨뜨리듯이 '욕망의 거울'을 깨뜨리고자 한다. 그가 보기에 인간의 삶의 진정한 가치는 생산과 욕망의 모델을 넘어선 상징적 교환과 유혹이 가능한 곳에서 제대로 마련될 수 있다는 것이다.

사실 보드리야르는 현실적이고 상상적인 차원에 속하는 생산과 욕망 대신에 상징적인 차원에 속하는 유혹을 내세운다. 그러나 자본주의는 자신의 적이 되는 이 유혹을 끝없이 뿌리치려고 한다. 그래서 그는 상징적 교환을 통해 삶과 죽음, 선과 악의 불가역성을 조장하는 현대 자본주의의 억압구조를 깨고 나가려고 한다. 그는 상징적 교환을 통한 가역성의 활성화로 욕망을 이용하기만 하는 생산을 넘어 욕망을 제대로 작동하도록 하는 '유혹'을 살리고자 하는 것이다.

《유혹에 대하여 *De la séduction*》에서 보드리야르가 유혹의 이론을 시도했다는 것은 분명한 사실이다. 그러나 그것은 유혹에 대한 새로운 형이상학을 구성하는 차원을 넘어 우리가 사는 이 자본주의라는 세계에서 어떤 유혹이 작동하게 되는지, 그것은 어떤 방식으로 작동하는 것인지를 보기 위한 것이었다. 이러한 시도를 꾀하면서 그는 유혹을 통해, 즉 자본주의적 생산과 욕망을 제어하는 진정한 유혹을 통해 자본주의 사회를 새로이 파악한다. 그러한 유혹의 관점에서 볼 때, 유혹은 생산과 경쟁을 초월하는 것이 아니라 그속에 들어가 자본주의적 생산과 욕망을 통제하고자 한다.

이 글에서는 우리는 생산과 욕망을 부정적으로 이해하고 있는 보드리야르가 유혹의 길을 통해 어떻게 자본주의의 생산체계와 욕망체계의 굴레로부터 벗어날 수 있는지 살펴볼 것이다. 그리고 그가 생산과 욕망의 영역을 넘어 유혹의 영역에서 어떻게 자본주의 사회의 변혁의 동력을 찾아내려고 하는지 간략하게 검토할 것이다. 어떻게 보면 그것은 그의 유혹이론을 구체적으로 검토하는 하나의 방법이 될 수도 있을 것이다. 그러나 여기서는 먼저 '생산의 거울'을 파괴해야 하는 근거, 생산의 문제를 둘러싸고 전개되는 보드리야르와 들뢰즈/가타리의 차이에 대해 구체적으로 검토하고, 나아가 그것을 통해 생산/욕망/권력의 관계, 유혹/생산의 관계, 상징적 교환과 유혹의 가능성, 생산/욕망/유혹의 관계 및 그들의 관계에 대한 진정한 대안적 형태를 차례로 분석할 것이다.

I. '생산의 거울'의 파괴

보드리야르의 초기의 네 저작들(《사물의 체계》《소비의 사회》《기호의 정치경제학 비판을 위하여》《생산의 거울》)은 상호 연관성을 지니면서 그의 학문체계에서 중요한 자리를 차지하고 있다. 《사물의 체계》와 《소비의 사회》에서 제기된 문제들은 《기호의 정치경제학 비판을 위하여》에서는 더욱 확대 심화되고 있고, 《생산의 거울》에서는 체계적이고 비판적인 형태를 띠고 나타나고 있다. 예를 들면 《사물의 체계》와 《소비의 사회》는 소비양식 안에서 자본주의에 대한 새로운 마르크스주의 비판을 제시하고 있는 반면, 《기호의 정치경제학 비판을 위하여》는 마르크스주의의 어떤 개념들을 더욱 공격적으로 나타내어 마르크스주의와 단절을 시도한다. 이러한 초기 저작들을 통하여, 보드리야르는 후기의 포스트모던 저작들과는 대조적으로 비판적이고 혁명적인 이론의 문제틀 안에 계속해서 그의 지적 작업을 위치시킨다. 그러면 이 글의 중요한 논점들 중의

하나를 제공할 수 있을 《생산의 거울 *Le miroir de la producion*》
에서 보드리야르가 시도하는 마르크스주의 비판과, 마르크스주의
와의 단절을 개략적으로 스케치해 보자.

보드리야르는 노동과 생산을 중시하는 마르크스의 시대와는 대
조적으로, 현대사회에서 소비가 우위성을 차지하는 것을 간파하고
노동과 생산의 개념을 해체한다. 그는 마르크스에 의해 생산제일
주의의 모델이 창안된 것을 지적하면서 마르크스의 생산제일주의
적인 논리를 환원적인 것으로 파악하는 것이다. 왜냐하면 마르크
스의 이러한 논리는 모든 것을 노동과 생산양식으로 환원시켜 여
러 현상들을 설명할 수 없기 때문이다. 사실 보드리야르는 마르크
스주의 이론이 태어났던 정치경제학의 맥락에서 마르크스의 논리
를 송두리째 뽑아내려고 한다. 마르크스주의 이론은 정치경제학 속
에 너무도 깊숙이 묻혀 있어서, 생산의 지상명령을 면한 새로운
사회를 만드는 데 사용될 수 없기 때문이다. 그러므로 그는 마르크
스주의 이론 자체가 전체적인 사회적 실천을 규명할 수 없는 결함
을 갖고 있기 때문에, 이 이론의 근저에 있는 '생산' 이라는 '거울'
을 깨뜨리고자 하는 것이다.

만약 보드리야르가 마르크스주의 이론의 비판을 통해 생산제일
주의 사회의 지배형태와 근본적으로 다른 현대사회의 실천형태를
모색하고 있다면, 그것은 과연 무엇인가? 우선 보드리야르는 인종
이나 성의 차이의 코드를 전복시키는, 그리하여 정치경제학의 코
드 안에서 조작하는 사회주의자들이 말하는 것보다 더 급진적이고

전복적인 집단의 반란 속에 자신의 '문화적 혁명'을 위치시킨다. 이러한 연결에서, 보드리야르는 차이와 한계의 정치학을 주장한다. 차이와 한계의 이 정치학은 역시 들뢰즈와 가타리, 료타르 등에 의해 주장된 욕망의 미시정치학과 관련된다. 욕망의 미시정치학은 말하자면 현대사회의 실천에 초점을 맞출 것이며, 사회적 억압과 지배로부터 개인들을 해방시킬 수 있을 삶의 양식·담론·성·의사소통 따위 속에 혁명을 내포할 것이다. 물론 보드리야르는 급진적 정치학의 토대로서 해방을 부르짖고 욕망을 해체한다는 점에서 료타르나 들뢰즈와 가타리에까지 이르지는 못했다. 사실 나중에 그는 그들의 이러한 입장을 명백하게 비판하였고 자주 무시해 버리곤 했다. 그럼에도 불구하고 그는 계급투쟁, 작업장소나 작업상태보다는 일상생활·문화·기호학 등의 영역 속에 정치적 급변과 급진적 정치학을 위치시키는 그들의 입장에 접근해 있었다. 이때 보드리야르의 정치학은 전통적인 마르스크주의보다 더 급진적인 '문화적 혁명'의 궤도 속에서 순환한다.

마르크스주의에 대한 보드리야르의 가장 강력한 도전은 아마도 《생산의 거울》에서의 다섯 번째 연구인 〈마르크스주의와 정치경제학 체계〉일 것이다. 이 연구에서, 그는 마르크스주의의 전제들이 현대 자본주의 사회를 정확하게 분석하고 실천적이고 혁명적인 대안을 제시하는 데 부적합하다고 주장한다. 즉 그는 마르크스주의에 대한 어떠한 해석도 현대사회의 발전을 바람직하게 개념화하고 혁명적 대안을 제시할 수 없다는 것이다.

따라서 보드리야르는 《생산의 거울》에서 처음으로 마르크스주의와 결정적인 단절을 이룬다. 그리고 그는 현대사회에 대한 탁월한 전망을 제시하면서 자신의 이론을 표명한다. 그는 자본주의와 봉건주의 사이에서와 마찬가지로, 마르크스에 의해 특징지어진 고전적 자본주의와 현대 자본주의 사이에 결정적이고 혁명적인 변화가 있음을 강조한다. 요컨대 그는 이미 '생산의 시대'는 끝나고, '기호'의 생산과 증식이 상품생산을 대신하여 사회생활의 중심과 사회적 지배의 새로운 양식이 되는 새로운 시대로 우리가 접어들었다고 선언한다. 그리하여 그는 자본주의에 대한 마르크스의 분석이 이제 '기호의 정치경제학'으로의 이행을 요구하는 현대의 조건들에 더 이상 적합하지 않다고 결론짓는다.

여기서 우리는 마르크스의 분석에 대한 보드리야르의 비판을 정리해 볼 수 있을 것이다. 보드리야르에 의하면 마르크스의 분석이 형식/표상(서구의 사상 전체를 지배하는 기호)의 분석이 아니라는 점과, 이 형식이 생산의 차원과 정치경제학의 차원과 결탁함으로써 결정적으로 축소되는 것을 마르크스가 파악하지 못했다는 점은 거의 분명하다. 마르크스는 생산을 분석하고 있으며 생산의 혁명성을 주장한다는 것이다. 결국 그의 분석은 '생산의 거울'을 바라보고 있을 뿐이다. 그것은 정치경제학의 상상계의 형태들이다. 그러므로 보드리야르는 마르크스가 바라보고 있는 이 '생산의 거울'은 파괴되어야 한다고 생각한다.

II. 생산의 문제: 보드리야르와 들뢰즈/가타리의 차이

그러면 보드리야르의 비판이 그토록 생산의 문제를 둘러싸고 전
개되는 이유는 무엇일까? 보드리야르는 《생산의 거울》에서는 '생
산'이라는 거울을 깨뜨리고자 하며, 《상징적 교환과 죽음
L'échange symbolique et la mort》에서는 '생산의 종말'로 자신의
이론과 사유를 펼치기 시작한다. 예를 들어 그는 《생산의 거울》에
서 우리는 "진정한 생산성의 이름으로 자본주의적 생산체계를 전
복해[1]야 하며, "자본주의적 가치기준이 파괴되는 것 역시 초생산
성의 이름으로, 생산의 초공간의 이름으로 행해져"[2]야 한다고 말
한다. 나아가 그는 《상징적 교환과 죽음》에서 "우리는 생산의 종
말에 있다(…). 엄밀하게 말해서 사전에 아무것도 생산되지 않는
다"[3]고 주장한다. 반면 들뢰즈와 가타리는 《앙티-오이디푸스》의
서두에서 모든 것은 생산이라고 말한다. 그들이 사용하는 생산개
념은 기록과정들의 생산(분배와 배치들의 생산)과 소비들의 생산을
내포한다. 여기서 우리가 주목해야 할 것은 소비조차도 생산이라
는 점이다. 그저 단순히 생산은 촉진되고 재생산이 유지된다는 것
이다. 말하자면 "모든 것이 생산이기 때문에 기록과정들은 곧바로

---

1) Jean Baudrillard, *Le miroir de la production*, Galilée, 1985, p.10.
2) 같은 책, 같은 쪽.
3) Jean Baudrillard, *L'échange symbolique et la mort*, Gallimard, 1976, p.22.

소비되고, 이 소비들은 직접 재생산된다."[4] 따라서 "과정으로서의 생산은 모든 관념적인 범주를 넘어서 하나의 순환과정을 형성하는데, 그것에 욕망은 내재적인 원칙으로서 관계한다."[5]

여기서 생산의 문제를 둘러싼 보드리야르와 들뢰즈/가타리의 공통점과 차이는 무엇일까? 그들의 공통점은 생산개념이 매우 근본적일 뿐만 아니라 보편적인 개념으로까지 확장되었다는 것이다. 보드리야르는 생산개념을 노동의 생산력에 근거하고 사용가치 및 교환가치의 구분과 관계된 마르크스주의적인 형이상학적 개념 및 자본주의적 생산을 포괄하는 것으로 이해하고 있다. 그가 《소비의 사회》에서 자주 주장하고 있듯이 현대사회에서는 모든 소비조차도 확대된 재생산에 봉사하는 형태이다.[6] 말하자면 생산과 소비는 생산력과 통제의 확대된 재생산이라는 오로지 동일한 거대한 논리적 과정에 관련된다.

게다가 그들의 차이는 자본주의의 존재방식인 '생산'에 대해 어떻게 비판적인 분석을 가하느냐이다. 보드리야르는 "모든 것이 생산이다"라고 주장하는 들뢰즈/가타리와는 다른 입장을 취한다. 그

---

4) Deleuze/Guattari, *L'anti-œdipe. Capitalisme et Schizophrénie*, Les Editions de Minuit, 1972, p.10.

5) 같은 책, 같은 쪽, pp.10-11.

6) 보드리야르는 《생산의 거울》에서도 "소비하는 것은 생산에 활기를 주는 것"이라고 말한다. 그에 의하면, 소비된 모든 것은 사실상 투자된 것이며, 아무 것도 결코 잃은 것이 아니다. 심지어 커피 재고품이 불타 버릴 때나 전쟁으로 말미암아 막대한 재산이 탕진될 때조차도, 체계는 역시 이것들을 '확대 재생산'에 이르게 한다(《생산의 거울》, p.162 참조).

는 "사람들은 모든 것이 생산이라는 것을 우리에게 믿게 하려고 했다"[7]고 반박한다. 다시 말하면 그는 세계를 변화시키는 주도 동기가 되고 있는 생산력의 작용이 사태의 추이를 결정하는 것을 신랄하게 비판한다. 왜냐하면 그의 관점에서 보면 생산은 계속 축적하여 자신의 목표에서 벗어나지 않으며, 모든 환상을 유일한 환상으로, 즉 현실 원칙이 되어 버린 자신의 환상으로 대체하기 때문이다. 사실 보드리야르의 관점에서 보면 생산에 의한 실제적인 혹은 가능한 축적의 신화는 모든 곳에서 우리를 지배한다. 하지만 다행히도 "생산의 모든 체계의 근저에 있는 무엇인가가 '생산의 무한한 확장에 저항한다.' ——그렇지 않으면 우리 모두는 이미 파묻혀 버렸을지도 모른다"[8]고 보드리야르는 말한다. 어쨌든 그는 생산의 개념 자체를 부정적으로 파악한다. 따라서 그는 생산을 전면적으로 파기하고 생산의 거울을 깨뜨릴 수 있는 전략으로 상징적 교환과 유혹을 내세운다.

보드리야르가 보기에, 자본주의가 취약하여 파멸되어 가는 것은 직접적으로는 사회관계의 생산의 차원에서이다. 자본주의가 붕괴되는 것은, 정치경제적으로 자신을 재생산할 수 없다는 사실 때문이 아니라 상징적으로 재생산할 수 없다는 사실 때문이다. 상징적인 사회관계는 주고받는 끊임없는 순환이다. 그래서 이 관계는, 원시사회의 교환에서 축적된 것(교환되지 않는 것, 받아들여지긴 하지

---

7) Jean Baudrillard, *De la séduction*, Galilée, 1979, p.115.
8) Jean Baudrillard, *Oublier Foucault*, Galilée, 1977, p.59.

만 반환되지 않는 것, 획득되긴 하지만 상실되지 않는 것, 생산되긴 하지만 파괴되지 않는 것)이 상호성을 파괴하고 권력을 나타나게 할 경우, 잉여생산물의 폐기와 확고한 반생산으로까지 나아간다.[9] 이 상징적인 관계를 자본주의적 생산의 모델은 더 이상 산출할 수 없다. 자본주의적 생산의 유일한 과정은 가치법칙의 과정이자 무한한 축적의 과정이기 때문이다. 그것은 상징적 관계를 근본적으로 부정하는 것이다. 말하자면 생산된 것은 더 이상 상징적으로 교환되지 않으며, 상징적으로 교환되지 않는 것(상품)은 권력과 착취의 사회관계를 유지하게 된다. 따라서 자본주의 체계는 상징적 교환을 불가능하게 만들고, 인간의 잠재력을 생산력 이외의 다른 것으로 구조적으로 해방시키는 데 부적합하다고 말해질 수 있다.

그러면 이제 보드리야르의 이러한 비판에 비하면, 들뢰즈와 가타리는 생산에 대해 어떤 비판적인 분석을 가하고 어떤 시각을 보여주는가? 들뢰즈와 가타리는 생산을 비판하긴 하지만 생산을 통한 우회적인 방식을 사용한다. 생산과 재생산에 집중된 사회는 모든 사회관계를 생산과 재생산으로 향하게 하는 것처럼 보이지만 실제적으로는 생산과 재생산의 통제와 조작을 통해 그것들을 제한하면서 권력을 행사한다고 파악되기 때문이다. 말하자면 자본의

---

9) 원시사회의 교환은 비생산과, 경우에 따라서는 인간들간의 끊임없는 '무제한적' 상호성의 과정에 근거를 두고 있다. 그것은 무제한적인 생산과, 계약에 의한 교환의 불연속적 상호 작용에 근거를 둔 자본주의의 경제와 정반대이다. 원시적 교환 속에서, 생산은 어디에서도 목적이나 수단으로 나타나지 않는다.

권력에 봉사하는 체계는 생산의 체계이기 때문에 단지 재생산될 수 있을 뿐이며, 자신의 조작성을 강화하면서 생산과 재생산을 통제한다. 바로 이러한 측면을 들뢰즈와 가타리는 강조한다. 여기서 들뢰즈와 가타리는 통제된 제한적인 생산을 벗어나는 무제한적인 생산에 주목한다. 물론 무제한적인 생산은 제한적인 생산에 근거한 권력을 부정할 수 있는 전략에 따라 이루어진다.

이러한 논리에서 보면 들뢰즈와 가타리가 분석하는 생산은 두 종류이다. 하나는 자본의 권력과 통제에 따르는 제한적인 생산이고, 다른 하나는 제한된 생산을 벗어나는 무제한적인 생산이다. 따라서 자본주의의 존재방식인 생산을 '생산을 위한 생산'으로 규정하는 것만으로는 부적절하다고 할 수 있다. 왜냐하면 자본에 종속된 생산은 '생산을 위한 생산'만은 아니기 때문이다. 생산의 범주를 다른 것들과 비교할 때는 그렇다고 말할 수 있지만, 생산의 구조를 깊이 관찰해 보면 생산은 자본의 잉여가치가 최대한 확보되는 범위 안에서 조작되고 통제되는 생산이다.[10]

그러면 보드리야르가 들뢰즈와 가타리가 이야기하는 생산을 비판할 때, 그는 이 두 종류의 생산을 고려하는가? 다시 말하면 그는 생산의 개념 자체를 부정하는 데 머물지 않고 자본에 종속된 생산에서 벗어나려는 또 다른 생산을 구별하는가? 사실 보드리야르는 무제한적인 생산으로 자본에 종속된 생산을 파괴하려는 들뢰즈와

---

10) 김진석, 〈탈역사의 유혹 앞에서 이론은〉 in 《섹스의 황도》, 정연복 역, 솔, 1993, p.270 참조.

가타리의 생산의 전략을 깊이 있게 다루지 않는다. 그는 《앙티-오이디푸스》에서 논의되고 있는 생산의 분석을 통해 그들의 생산 전략을 포함한 그들의 가능한 혁명도 부정하지 않는다. 그는 근본적으로 생산의 개념 자체를 부정할 뿐이다. 어떻게 보면 유토피아적 혁명 때문에 들뢰즈와 가타리, 나아가 푸코·료타르까지도 생산을 이야기한다는 이유로 인해 비판받고 있는데, 이는 바람직한 논의의 과정을 거치고 있지 못하기 때문에 거친 논쟁의 성격을 지닐 수 있다.[11]

III. 생산/욕망/권력

이제 우리는 여기서 생산에 대한 논의를 접어두고, 보드리야르와 들뢰즈/가타리, 푸코·료타르 사이에서 이루어지는 욕망에 대한 논의와 비판을 검토해 보자. 보드리야르는 무엇보다도 욕망은 자본주의의 존재방식인 생산과 동일한 뿌리를 갖고 동일한 궤도 속에서 움직인다고 주장한다. 다시 말하면 그는 욕망이 자본주의적 생산을 위한 생산처럼 자본주의적 생산성의 논리에 빠져 있다고 생각한다. 그리하여 그는 거의 모든 욕망의 이론을 자본주의적 생산성의 논리와 연결하여 부정적으로 이해한다. 그의 이러한 이해는 어

---

11) 같은 책, 같은 쪽 참조.

떻게 보면 자본주의적 생산성을 비판한다는 점에서는 근본적이고 비판적이긴 하지만, 욕망의 생성을 자본주의적 생산성에만 환원시킴으로써 욕망의 영역을 제한한다는 점에서는 포괄적이지 못하다. 왜 보드리야르는 욕망에 대해 이러한 견해를 갖게 되었을까? 그리고 그가 이러한 견해를 지니게 된 이론적 근거는 무엇일까?

　보드리야르는 근본적으로 정신분석의 핵심적 원리들인 욕망과 무의식을 거부한다. 그는 욕망과 무의식에 근거하거나 거기에서 출발하지 않는다. 그의 관점에서 보면 욕망의 배출이 자유롭고, 원초적인 과정이 금기 없이 이루어질 수 있으리라는 환상은 프로이트-라이히적인 상상력, 프로이트-마르크스적인 상상력, 심지어 분열-유목민적인 상상력을 떠나지 않던 환상이며, 이러한 환상이 충족된 욕망의 질서를 구현하고자 한다는 것이다. 즉 욕망의 환상과 무의식의 환상은 해방되고자 한다는 것이다. 보드리야르는 자유의 이러한 환상은 합리적 사고의 영역으로부터 비합리적 사고의 영역으로, 다시 말해서 원초적인 것과 무의식의 영역으로 이동했다고 말한다. 그러나 이것은 보드리야르에게 여전히 필연성과 자유의 데카르트적이고 칸트적인 문제의식으로 남는다.

　사실 무의식의 이론을 재검토하는 것은 바로 욕망의 이론을 재검토하는 것이다. 그것은 하나의 문명 전체에서 지금 문제가 되는 것이 합리적 질서의 부정적 환상이라는 점에서 그러하다. 합리적 질서 안에서 욕망은 우리가 부여하는 금기의 지배에 전적으로 속해 있다. 또한 구체적으로 꿈꾸어진 욕망은 우리의 상상계에 속한 것이다. 오이디푸스나 정신분석에서처럼 금기와 더불어 변증법적이 되건, 반오이디푸스에서처럼 생생하게 분출되는 것이건 간에 욕망은 늘 야만적인 자연성을 약속하는 것이며 객관적인 충동 에너지에 대한 환상이다. 이 에너지는 불안정한 혁명의 영역에서 욕망의 힘을 해방하는 것이다. 우리가 알고 있듯이 힘의 결과는 억압의 결과이고 상상계의 질서가 실재하는 데서 생겨나는 결과이다. 따라서 우리가 생산의 거울을 검토했던 것처럼 욕망의 거울을 검토해야 할 필요성이 있을 것이다.

욕망의 거울은 욕망에 본성성을 부여하는 상상계이다. 욕망 분출의 상상은 무한한 생산의 상상과 같은 짝을 이룬다. 그러나 욕망의 구성은 사회적 공간 안에서 이루어진다. 여기서 보드리야르는 욕망은 사회의 작용으로 이루어진다는 점, 즉 사회화의 과정으로 파악되어야 한다는 점을 강조한다. 요컨대 욕망은 사회적 공간에서 구성되는 것이며, 사회의 구조 속에서 벗어나 탈주하는 존재가 아니라는 것이다. 다시 말하면 보드리야르에게 욕망은 코드화되고 조절된 것으로 혁명적인 실체가 아니다.

여기서 욕망에 대한 보드리야르의 견해와는 달리 들뢰즈와 가타리는 독특한 시각을 드러낸다. 들뢰즈와 가타리는 욕망이 사회변혁의 원동력이 된다고 주장한다. 들뢰즈와 가타리의 욕망은 어떻게 보면 전략적 의미를 지닌다. 그들이 말하는 욕망의 흐름은 고정되고 안정된 영역들을 탈영역화하는 역할을 하는데, 바로 이 역할로 인해 욕망은 사회변혁의 원동력이 된다. 영역화하는 것은 체계이며 억압된 체계로부터 벗어나기 위해서는 탈영역화의 과정이 필요하다는 것이다. 따라서 욕망의 흐름은 바로 이 탈영역화를 가능하게 하는 힘이다. 요컨대 들뢰즈와 가타리가 말하는 욕망은 탈영역화하는 생산적인 힘의 원천이 되고 있다. 그러므로 그들에게 있어 욕망은 사회적 구조의 역학에서 벗어난 어떤 힘이자 생산 자체를 추동하는 힘이다.

여기서 우리는 보드리야르의 욕망분석을 확대하여 그 자신이 격렬한 논쟁을 불러일으켰던 욕망과 권력의 관계를 검토해 보고자한다. 나아가 우리는 보드리야르가 욕망과 권력의 관계를 푸코뿐만 아니라 들뢰즈/가타리 · 료타르에 이르기까지 확대 적용하여 비판하는 것을 살펴보고자 한다.

《푸코 잊기 *Oublier Foucault*》에서, 보드리야르는 푸코가 성과 권력에 대해 사용하는 것과 똑같은 욕망의 모델——욕망이 억압과 금지를 통해 부수고자 하는 강렬함과 궤도 속을 순환하는 분산적인 생산기계——을 들뢰즈와 가타리가 사용한다고 주장한다.[12] 그에 의하면 푸코에 의해 제안된 권력에 대한 새로운 해석과 들뢰즈나 료타르에 의해 제안된 욕망에 대한 새로운 해석 사이에는 우연한 일치가 존재하며, 그러한 우연한 일치는 우발적인 것이 아니라는 것이다. 간단히 말해서 푸코에게 있어서 권력이 욕망의 역할을 한다는 것이다. 즉 권력이 들뢰즈나 료타르의 욕망과 같은 방식

---

12) 배영달, 〈푸코에 대한 보드리야르의 비판〉, 프랑스 문화연구. 제1집, 1997, p.48.

으로 기능하는 것이다.[13]

보드리야르의 관점에서 보면 푸코의 이론은 '욕망은 억압되어 있다'는 통념을 깨뜨리면서 권력이 욕망을 조장하고 자극해 왔음을 보여준다. 다시 말하면 욕망과 권력은 억압과 금지의 배타적이고 외적인 관계에 있는 것이 아니라 조장과 자극의 의존적이고 내재적인 관계에 있다는 것이다. 그리고 들뢰즈와 가타리의 이론에 의하면 욕망과 권력은 서로 대립되는 관계에 있는 것이 아니라 사실상 하나의 동일한 것이 되고 있다. "모든 것이 욕망이다(…). 욕망을 권력에의 욕망, 억압을 위한 욕망, 억압받기 위한 욕망으로 이해한다면 그것은 잘못 이해하는 것일 것이다(…). 권력에의 욕망은 없다. 욕망이 곧 권력이다."[14]

푸코나 들뢰즈와 가타리의 이러한 이론들은 사회생활을 구성하고 있는 복합적인 사회적 실천 속에서 욕망과 권력의 관계를 면밀하게 분석한다. 그리고 이 이론들의 주요개념, 즉 욕망과 권력의 개념은 일상생활의 미시정치학[15]을 구성하는 데 있어 일반적이고도 올바른 함의를 가지고 있다. 그래서 이 미시정치학을 통하여, 욕망과 권력은 완전한 혁명의 과정에 속할 수 있을 일상생활의 변

---

13) Jean Baudrillard, *Oublier Foucault*, p.22 참조.

14) 들뢰즈/가타리, 《소수집단의 문학을 위하여》, 조한경 옮김, 문학과 지성사, 1992, p.106.

15) 푸코나 들뢰즈/가타리에 의하면, 욕망은 사회적 관계들, 특히 미시적인 사회적 관계들 그 자체이다. 사회적 권력이 어떤 방식으로 욕망의 배치 속에 존재하는가는 미시정치학의 핵심적인 과제 중의 하나이다. 들뢰즈와 가타리는 미시정치학에 대한 푸코 분석을 전면적으로 받아들인다(같은 책, p.107 참조).

화를 위해 억압적인 체제의 방향을 바꾸어 놓을 수 있었다.[16]

그러나 《푸코 잊기》를 출판하면서, 보드리야르는 푸코뿐만 아니라 들뢰즈/가타리 · 료타르에게까지 공격을 확대함으로써 욕망의 미시정치학의 타당성에 근본적인 이의를 제기한다. 즉 그에 의하면 들뢰즈와 가타리가 미래의 권력의 차원에 속하는 욕망이라는 개념을 확립했듯이, 푸코는 욕망과 동일한 작용의 차원에 속하는 권력이라는 개념을 확립했는데, 그들 사이의 이러한 공모는 너무 의심스럽다는 것이다. 그리하여 그는 "권력이 욕망과 융합할 때나 욕망이 권력과 융합할 때, 둘 다를 잊어버리자"[17]고 말한다. 나아가 보드리야르는 "격렬하고 진부한 사회화(노동)의 모델로부터 보다 미묘하고 유동적인 동시에 '정신적'인 사회화의 모델로, 그리고 육체(성적인 것과 리비도적인 것)에 보다 가까운 사회화의 모델로"[18] 옮아가면서, 욕망과 권력의 문제사항들이 생산 모델의 역학에 따르고 있다고 주장한다. 즉 예전의 사회화가 엄격하였고 또한 새로운 자본주의 사회에서 사회조직의 주요한 양식으로서 작업장에서의 노동과 규율의 부과가 수반되었는데도, 사회화는 욕망의 경로를 거쳐 그리고 조종된 만족을 통해 이루어졌다는 것이다. 그리하여 사회의 지배적인 형태로부터 해방된 욕망은, 리비도의 혁명에 대한

---

16) 특히 료타르의 《리비도의 경제》, 그리고 들뢰즈와 가타리의 《앙티-오이디푸스》.

17) Jean Baudrillard, *Oublier Foucault*, p.24.

18) 같은 책, p.26.

옹호가 요구되고 있는 까닭에, 욕망의 혁명을 만들어 낼 것이다.[19]

이렇게 욕망의 미시정치학은 프로이트-마르크스 모델이 생산의 논리에 기초한 억압/해방의 이분법을 구사한다는 점에서 보드리야르에 의해 비판받는다. 프로이트-마르크스 모델에 의하면 모든 경우에 생산은 해방된 욕망과 노동을 위해 주요 목표가 되고 있다. 사실 프로이트-마르크스 모델은 더 많은 욕망과 무의식, 쾌락과 해방 따위를 생산하는 것을 지향한다. 따라서 보드리야르에게 있어 욕망과 무의식에 대한 강조는 생산의 필요성을 재현할 뿐이다. 보드리야르에 의하면 이제는 생산적인 형태의 과정만이 있을 뿐이다. 그리하여 그는 들뢰즈/가타리·료타르의 욕망이나 푸코의 권력을 생산으로, 특히 불가역적인 생산과정으로 환원시킨다.

그는 왜 욕망과 권력을 생산으로 환원시키는 것일까? 그에 의하면 사람들이 권력에 대해서와 마찬가지로 욕망을 불가역적인 에너지로 만들고자 한다는 것이다(말할 필요도 없겠지만, 에너지를 저장하고 있는 욕망은 자본과 다름없다는 것이다). 왜냐하면 사람들은 그들의 상상계에 따라 불가역적인 것, 즉 축적·진보·성장 같은 생산의 여러 형태들에만 의미를 부여하기 때문이다. 그러므로 그에게 있어서 욕망은 불가역적인 생산과정이다. 여기서 우리는 그가 욕망을 불가역적인 생산과정으로만 이해했다는 점에 주목할 필요가 있다. 그러나 그의 이러한 이해는 욕망을 너무 단순화하고 동

---

19) Douglas Kellner, *Jean Baudrillard: From Marxism to Postmodernism and Beyond*, Polity Press, 1989, p.137 참조.

질화하는 것이 아닐까? 앞에서 언급했듯이, 보드리야르는 욕망이 자본주의적 생산성의 논리에 쉽게 휩쓸리게 된다는 것을 부정하지 않는다. 다시 말하면 보드리야르에게 있어서 욕망은 수동적이고 부정적인 방식으로 존재한다. 반면 푸코나 들뢰즈와 가타리에게 있어서 욕망은 자본주의 사회에서 탈영역화하는 생산적인 힘으로서 그리고 생산 자체를 추동하는 힘으로서 전략적인 방식으로 존재한다. 후자의 경우 욕망은 분명히 보드리야르의 욕망과 다르게 생성된다. 물론 그들에게도 욕망의 생산은 자본주의적 생산성의 논리와 질서에 겹쳐지는 부분이 있을 것이다. 우리는 이 점을 간과해서는 안 된다.

IV. 유혹/생산

그러면 이제 생산에 근거를 둔 자본주의 사회에서 생산과 욕망의 개념을 부정적으로 사용하는 보드리야르는 생산 대신에 무엇을 내세우는가? 우리가 역시 앞에서 간략하게 말했듯이, 그는 현실적이고 상상적인 차원에 속하는 생산 대신에 상징적인 차원에 속하는 유혹을 내세운다. 《유혹에 대하여》에서 보드리야르는 유혹과 생산의 관계를 잘 설명한다. 그에 의하면 "유혹은 가시적인 것의 질서로부터 무엇인가를 물러나게 하는 것"[20]이며, 상징적인 질서 속에서만 이루어진다. 반면 생산은 자본주의 사회의 상상적 질서 속에 머무르면서 모든 것을 명확하게 보이게 하려고 한다. 즉 생산은 모든 것을 눈에 보이게 하고, 드러나게 하고, 나타나게 하려고 한다. 문서가 만들어지듯이, 혹은 배우가 무대에 나타나듯이, 욕망도 이렇게 생산된다. 그리하여 생산은 상상적 질서에 묶여 있는 욕망의 완전한 자연화에 대해서만 여지를 남겨 놓는 불가역적인 과정을 향해 나아간다. 그러므로 생산은 직선적이고 불가역적인 의미를 지닌다.

그러나 보드리야르는 이 생산보다 유혹이 훨씬 더 강하다고 말한다. 그가 보기에 생산의 과정 속에 유혹의 과정이 복잡하게 뒤얽히고 불가역적인 과정 속에 최소한의 가역성이 뜻하지 않게 나타남으로 인해 불가역적인 과정이 은밀히 부서지고 파괴된다는 것이다. "유혹은 도전, 한술 더 뜨기, 죽음으로 이루어진 순환적이고 가역적인 과정이다."[21] 그래서 어디에서나 생산은 늘 유혹을 쫓아 내 힘과 욕망의 관계라는 유일한 구조 위에 자리잡으려고 시도한다. 그러나 유혹은 힘의 차원에도, 힘의 관계의 차원에도 속하지 않는다. 바로 이러한 점 때문에 유혹은 생산의 모든 질서와 과정을 가역성으로 감싼다. 나아가 유혹은 생산을 파괴하는 전략으로 생산의 직선성과 불가역성에 대응한다.

그렇다면 보드리야르가 도식화한 유혹과 생산의 관계는 대립적인 관계인가? 물론 그는 "유혹은 어디에서나 존재하고 늘 생산에

---

20) Jean Baudrillard, *De la séduction*, p.55.
21) 같은 책, p.71.

대립된다"[22]라고 말한다. 그러나 그는 "생산을 뒤집고 폐기하고 유혹하는 것이 없었다면, 생산은 결코 현실적인 힘을 행사하지 못했을 것"[23]이라고 주장한다. 결국 생산은 유혹의 과정에 의해서 역전될 수 있는 것이다. 어떻게 보면 모든 것은 교환되고, 가역적이 되고, 순환 속에서 사라지고자 한다. 유혹이 궁극적으로 지향하는 것은 가역성이다. 오직 가역성 혹은 가역적 과정만이 철저하게 유혹할 수 있기 때문이다.

그런데 생산 속에는 이 가역성이 없다. 보다 정확히 말하면 생산의 차원에서는 본질적인 것이라고는 전혀 일어나지 않는다. 이 가역성 위에서 최소한의 순환이 이루어진다. 유혹의 전략은 최소한의 순환에 따라 하나의 상징성을 부과하고 교환되고 사라지는 과정이다. 이것이 보드리야르가 보고 있는 사회운동의 과정이다. 그의 관점에서 보면 하나의 사회운동은 사회의 현실적이고 상상적인 질서에 대항하면서 사라져 가는 것이다. 그러나 이러한 행위는 생산양식에 대한 변증법적인 부정이 아니라 사회관계를 이루는 생산에 대한 무조건적인 거부인 것이다.

---

22) Jean Baudrillard, *Oublier Foucault*, p.27.
23) Jean Baudrillard, *De la séduction*, p.69.

V. 상징적 교환과 유혹

보드리야르의 관점에서 보면 유혹의 세계는 분명히 생산의 세계에 철저하게 이의를 제기하는 것이다. 그는 가치의 세계를 위해 사물들을 나타나게 하고 제작하고 생산하는 것이 아니라 사물들을 유혹하는 것이 중요하다고 생각한다. 다시 말하면 사물들을 가상(apparence)의 작용과 상징적 교환에 이르게 하기 위해 사물들을 가치로부터, 그들의 동일성과 실재로부터 벗어나게 하는 것이 문제이다. 어떻게 보면 보드리야르의 이론은 상징적 교환과 유혹에 기초하고 있는데, 이 상징적 교환과 유혹은 생산의 거울을 깨뜨리거나 욕망의 생산성을 무너뜨리려고 한다.

그러면 보드리야르가 생산을 부정하고 상징적 교환과 유혹을 이야기하는 것은 무슨 이유에서일까? 앞서 언급했듯이, 이는 보드리야르가 생산의 거울에 빠진 마르크스주의나 욕망의 거울과 무의식의 원리에 빠진 정신분석학을 공격하고 나아가 푸코·들뢰즈와 가타리를 공격하기 위함이다. 그러나 이러한 공격은 이론적·실천적인 비판을 위해 어떤 대안을 마련하고자 하는 태도에서 비롯된 것은 아니다. 왜냐하면 그가 말하는 상징적 교환은 현실의 실제적인 대안이 될 수 없기 때문이다.

사실 보드리야르가 말하는 이 상징적 교환의 풍부한 예는 일차적으로 원시사회에서 발견된다. 부족 바깥으로의 결혼에 의한 여자들의 교환, 제의적 희생을 통한 삶과 죽음의 가역성, 선과 악의 가역성 등은 원시사회에서 풍부하게 존재한다. 원시사회에서 실제로 존재했던 이 상징적 교환을 보드리야르는 왜 현재의 사회에서도 절실히 요구하는 것일까? 이는 상징적 교환이 현재의 사회와는 근본적으로 다른 원시사회에서 이루어졌음에도 불구하고 그것이 현재의 사회에서도 이루어질 수 있거나 또는 이루어져야 한다는 그의 사유세계에 기인하기 때문이다.

그러면 보드리야르가 말하는 이 상징적 교환을 어떻게 이해해야 할까? 그것은 무엇보다도 전략적 장소이다. 거기에서는 가치의 모든 양식들이 보드리야르가 맹목적이라고 말하는 어떤 영역을 향해 집중하고, 모든 것이 재검토된다. 이때 "상징적이라 함은 객관적이고 상상적인 역사의 거울로 보편화되지 않았음, 변증법화되지 않았음, 합리화되지 않았음을 말한다."[24] 그리고 상징계는 '상상계'의 일반적인 뜻도, 라캉이 그것에 부여한 말의 뜻도 지니지 않는다. 그것은 인류학이 이해한 바 그대로 상징적 교환이다. 가치가 항상 일방적인 의미를 지니고 상징적 교환 속에서 등가의 체계에 따라 한 지점에서 다른 지점으로 옮아감에도 불구하고 항들의 가역성이 존재한다. 보드리야르의 관점에서 보면 이 개념을 통해 상품의 교환과 정반대의 입장을 취하는 것과, 나아가 유토피아라고 비난받긴 하지만 많은 다른 문화들 속에서 살아 있는 형태들을 통

---

24) Jean Baudrillard, *Le miroir de la production*, p.184.

해 현재의 사회에 대해 비판을 가하는 것은 줄곧 논의의 대상이 되고 있다.

보드리야르에 의하면 가역성은 동시에 삶과 죽음의 가역성, 선과 악의 가역성, 우리가 대체의 가치로서 조직했던 모든 것의 가역성이다. 상징적 세계 속에서 삶과 죽음은 교환된다. 분리된 항들이 아니라 그와 반대로 항들의 가역성이 존재하는 것과 마찬가지로 분명하게 대립된 항들을 필요로 하는 가치의 관념에 대한 근본적인 재검토가 존재한다. 그런데 오늘날의 가치 체계 속에서 삶과 죽음이 문제될 때, 가역성은 존재하지 않는다. 말하자면 긍정적인 것은 삶의 곁에 있고, 부정적인 것은 죽음의 곁에 있다. 죽음은 삶의 끝이자 삶의 정반대이다. 반면 상징적 세계 속에서 항들은 엄밀하게 말해서 교환된다.

그러면 오늘날 모든 것은 상징적 교환의 수준에서 항상 행해지는 것일까? 다시 말하면 오늘날 사람들이 실행한 바 그대로 사물의 합리적 거래를 훨씬 능가하는 내기의 수준에서 항상 행해지는 것일까? 이 물음에 대해 보드리야르는 다소 역설적인 견해를 드러낸다. 그는 "우리가 이해하는 합리적·과학적 의미에서 경제는 결코 존재하지 않았다"[25]고 생각하며, "상징적 교환이 언제나 사물들의 근본 원리에 기초해 있고 이러한 차원에서 사물들이 작용하고 있다"[26]고 생각한다.

---

25) Jean Baudrillard, *Mots de passe*, Fayard, 2000, p.29.
26) 같은 책, 같은 쪽.

여기서 우리는 이 상징적 교환을 잃어버린 대상으로 간주할 수 있을 것이며, 원시사회의 포틀래치에 관심을 가질 수 있을 것이다. 그리고 우리가 상품의 사회, 가치의 사회 속에 온전히 있다는 것을 확인하면서, 우리는 이 상징적 교환을 인류학적으로 다룰 수 있을 것이다. 사실 우리는 어떤 방식으로든 여러 부류의 경제적·해부학적·성적 합리성이 합류하는 영역들을 한정한다. 그러나 보드리야르의 견해에 따르면 "근본적인 행태, 즉 철저한 형태는 언제나 도전·한술 더 뜨기·포틀래치의 형태, 따라서 가치 부정의 형태이다. 요컨대 가치 희생의 형태이다."[27] 그리하여 우리는 언제나 제의적 희생의 방식으로 살아가지만 이제 그것을 떠맡으려고 하지 않는다. 또한 우리는 제의적 희생의 방식을 떠맡을 수 없다. 왜냐하면 의례도 신화도 없는, 우리는 더 이상 제의적 희생의 방식을 떠맡을 능력이 없기 때문이다.

따라서 제의적 희생의 방식에 향수를 갖는 것은 쓸데없는 일이다. 오늘날 우리는 이미 다른 조직을 구축했는데, 이 조직은 순환적 형태·순환·가역성이 존재하는 곳에서 불가역적인 직선적 체계를 만들었다. 다시 말하면 상징적 교환과 유혹이 존재하는 곳에서 생산의 체계를 만들었다.

---

27) 같은 책, p.30.

VI. 생산/욕망/유혹

보드리야르에게 유혹은 상징적 교환과 같은 차원에서 이루어지고 있다. 유혹은 끝없는 의례적인 교환과 한술 더 뜨기(surenchère)를 지향한다. 그래서 유혹은 축적과 생산의 체계로부터 벗어나는 모든 형태들과 관련이 있는 것처럼 보인다. 그런데 노동의 해방처럼 지난 시대의 위대한 사건이었던 성해방과 욕망의 해방은 생산성의 논리에서 벗어나지 못했다. 그리하여 축적의 형태가 아닌 유혹의 작용과 모순을 이루는 모델인 욕망을 해방시켜야만 했다.

여기서 우리는 보드리야르가 말하는 유혹과 욕망의 관계를 정리해 볼 필요가 있다. 보드리야르의 견해로는 "유혹은 욕망을 이용하기보다는 욕망을 작용하게 한다. 유혹은 욕망을 부정하지 않는다. 그것은 또한 욕망과 반대되는 것이 아니라 욕망을 작용하게 한다."[28] 사실 유혹은 매우 숙명적이고 매우 위험한 유희이다. 그것은 쾌락을 전혀 허용하지 않는 것은 아니지만 성적 쾌락과는 다른 것이다. 욕망이라는 형태의 성적인 환각에 사로잡히게 되는 것은 유혹이 부재하는 형태이다. 오히려 유혹은 성적인 차원의 존재에 대한 도전일지도 모른다. 그리고 욕망의 해방이 관계를 뒤집어엎고 유혹의 차원에 대해 결정적인 도전을 시도하는 것같이 보이

---

28) 같은 책, p.34.

더라도, 이러한 승리가 허울뿐인 것은 아닌지 모를 일이다. 욕망과 생산의 경제적인 논리와 비교하여, 유혹의 의례적인 논리가 근본적인 우월성을 지닌다는 문제가 여전히 남아 있다. 왜냐하면 욕망의 해방은 무너지기 쉬운 것인 반면에, 유혹은 대개의 경우 피할 수 없는 것이기 때문이다. 유혹은 욕망의 해방의 허점을 노리고 있다. 욕망의 해방은 자신의 진실로부터 등을 돌리게 하는 엄청난 실패의 과정을 통해서 본의 아니게 유혹당한다. 유혹은 여전히 욕망의 해방이 승리를 거두는 순간까지도 기회를 엿보는 것이다. 따라서 욕망의 담론과 성의 담론조차도 실제로 말하는 것과 다른 것을 말하게 될 위험을 겪을지 모른다.

뿐만 아니라 유혹은 심오한 도전이다. 여기서 우리는 보드리야르의 유혹이 들뢰즈/가타리의 욕망과 크게 다르지 않을 수도 있다는 점을 확인해 볼 수 있다. 말하자면 보드리야르의 유혹은 도전일 뿐만 아니라 나아가 한술 더 뜨기이다. 그러면 먼저 유혹이 도전이라는 말은 무엇을 의미하는가? 그것은 이미 존재하는 생산의 양식과 방식에 대한 도전이다. 보다 구체적으로 말하면, 이 도전은 생산을 위한 생산에 대한 도전이며 처음부터 근본적으로 생산의 외부에 초월적으로 존재했던 것은 아니다. 바로 여기서 보드리야르가 도식화한 생산과 유혹의 관계가 자신이 생각한 만큼의 대립적 관계가 아니라는 사실이 드러난다. 이러한 사실은 한술 더 뜨기라는 전략에서 보다 분명하게 밝혀진다. 즉 자본주의 사회의 생산과 경쟁에서 단순히 초월하는 것이 아니라 자본주의적 생산성의 질서의 내부에 파고들어 격화된 경쟁을 회피하지 않고 그것을 내기로서 받아들인다는 것이다. 이러한 관점에서 보면 유혹은 더할 나위 없이 자본주의적 생산성과 욕망의 생산성에 제동을 거는 것이 될 수도 있으며 자본주의적 생산과 욕망의 흐름을 바꾸어 놓는 힘을 지닐 수도 있다.

이렇게 유혹은 가변적이고 가역적인 힘을 지닌다. 이제 우리는 유혹에 대한 일반적인 이해에만 집착해서는 안 된다. 사실 유혹이라는 말은 대개의 경우 '권력이 대중을 유혹한다' '미디어에 의한 유혹' 혹은 '위대한 유혹자' 같은 일련의 의미를 통해 끊임없이 사용되어 왔다. 그러나 보드리야르는 매우 일반적인 이러한 수준에서 이 말을 이해하지는 않았다. 그가 말하는 유혹은 축적 · 생산 · 욕망의 형태들을 상징적으로 지배하는 것이다. 반면 다른 유혹은 술책이라는 간접적인 수단을 통해 권력을 물질적으로 지배하는 것에 불과하다.

오늘날 사람들은 생산의 모든 거대한 기획처럼 세계를 진보시키고 세계에 일방적인 의미를 부여하려고 한다. 보드리야르의 관점에서 이러한 시도는 근본을 파헤쳐 보면 유혹의 세계를 사라지게 하려는 기획과 관련이 있다. 유혹 · 도전 · 가역성의 형태들로 이루어진 이 세계야말로 정말 강하기 때문이다. 반면 다른 세계, 즉 생산의 세계는 권력을 지닌다. 그러나 보드리야르의 견해로는 결정적인 힘은 유혹의 편에 있는 것처럼 보인다. 유혹이 인과관계와 연속관계에서는 생산의 모든 체계들보다 중요하지 않지만 다소 장기

간에서 강하게 작용하기 때문이다. 따라서 보드리야르는 생산의 영역에서 벗어나 유혹의 영역에서 자본주의 사회의 변혁의 동력을 찾아내려고 한다. 나아가 그는 이 생산의 영역뿐만 아니라 욕망의 영역까지도 거부하고 유혹의 영역에 천착하여 유혹의 세계를 확장함으로써 생산양식과 욕망에 대한 대안적 형태를 모색하려고 한다. 그러나 생산/욕망/유혹의 관계에서 보드리야르의 유혹은 실제로 이론적·실천적인 측면에서 생산과 욕망에 대한 진정한 대안적 형태가 되지 못한다. 왜냐하면 그는 오직 생산과 욕망의 모든 형태들이 유혹에 종속되기만을 열망하기 때문이다.

VII. 결론적 성찰

보드리야르에게는 생산과 욕망이 부정적으로 이해되고 있다. 그래서 그는 생산과 욕망을 넘어서는 '유혹'의 길을 모색한다. 그런데 우리는 한편에서는 그의 이 작업이 들뢰즈/가타리의 작업을 제대로 공격하지 못했으며, 오히려 그들 입장의 연장선에 놓여 있음을 지적했다. 그러나 우리는 다른 한편에서는 '유혹'의 길을 통해서 자본주의의 생산체계와 욕망체계의 굴레를 현실적으로 벗어나기 어렵다고 지적했다. 한편으로는 보드리야르의 입장이 생산과 욕망의 과정을 거쳐서 유혹의 길이 진행되는 것으로 해석되기도 하고, 다른 한편으로는 전자가 후자에 종속되기를 열망하는 것으로 해석되기도 한다. 우리는 보드리야르의 이러한 입장에 대한 해석들 사이의 간격을 어떻게 처리해야 하는가?

사실 보드리야르는 생산과 욕망의 과정을 거치면서 유혹의 길이 제대로 트일 수 있기를 기대한다. 앞서 언급했듯이, 그는 유혹이 생산과 욕망보다 훨씬 강하다고 생각하기 때문이다. 그가 보기에 생산과 욕망의 과정 속에 유혹의 과정이 복잡하게 뒤얽히고 불가역적인 과정 속에 최소한의 가역성이 뜻하지 않게 나타남으로 인해 불가역적인 과정이 은밀히 부서지고 파괴된다는 것이다. 그래서 생산과 욕망의 과정은 유혹의 과정에 의해 역전될 수 있다. 말하자면 그의 유혹은 자본주의 사회의 생산과 경쟁에서 초월하는 것이 아니라 자본주의적 생산성의 질서의 내부에 파고들어 자본주의적 생산과 욕망을 제어하려고 한다.

그런데 보드리야르의 관점에서 보면 오늘날 사람들은 욕망을 이용하는 생산의 모든 기획처럼 우리가 사는 자본주의라는 이 세계를 일방적으로 건설하려고 한다. 이러한 시도는 결국 유혹의 세계를 사라지게 하려는 기획과 관련이 있다. 그렇다면 과연 보드리야르는 욕망을 이용하기만 하는 생산을 넘어 욕망을 제대로 작용하도록 하는 유혹을 살릴 수 있을까? 물론 보드리야르는 생산과 욕망의 영역을 넘어 유혹의 영역에서 자본주의 사회의 변혁의 동력을 찾아내려고 노력한다. 그러나 우리의 견해로는 보드리야르는 이러한 노력을 통해 오직 생산과 욕망의 모든 형태들이 유혹에 종속되기만을 '열망'할 뿐 생산과 욕망에 대한 진정한 대안적 형태를 모색하지 않는다. 따라서 그의 이 대안적 형태의 부재로 인해 그의 이론적 '입장'과 '열망' 사이에는 '간격'이 불가피하게 생겨날 수밖에 없다. 실제로 유혹의 개념이 그의 사유체계에서 매우 중요한 비중을 차지하고 있음에도 불구하고, 그 '간격'을 좁힐 수 있는 방안은 아이러니컬하게도 그의 최근의 저작들에서도 드러나지 않고 있다.

3 권력·성·욕망
— 푸코에 대한 비판

I

    1960년대에 전복적인 철학을 들고 나와 프랑스 철학의 기념비적 지평을 열었던 푸코, 무명의 젊은 철학자에서 해체주의의 바람을 거세게 몰아 최고의 철학자로 등단한 데리다, 그들 사이의 논쟁은 너무도 유명하다. 요컨대 1963년과 1972년에 걸친 푸코와 데리다의 논쟁은 데카르트의 성찰이 광기를 포옹했느냐 배제했느냐에 관한 미세한 자구 해석에서 비롯되었다. 그들의 논쟁은 이에 그치지 않고, 1991년 '《광기의 역사》 30년 후'라는 제목으로 정신의학 및 정신분석학 역사학회가 주최한 심포지엄에서 데리다는 데카르트의 문제를 더 이상 언급하지 않은 채 《광기의 역사》에 나타난 프로이트 이론에 대한 푸코의 다양한 시각을 집중적으로 조명하였다. 데리다는 여기서 푸코의 책 《광기의 역사》가 가진 개척적인 힘은 부인할 수 없지만, 모든 개척은 반드시 어떤 대가를 치러야만 길을 헤쳐 나갈 수 있다고 말함으로써 푸코의 한계를 신랄하게 비판하였다.[1]

사실 어떤 이론이든 가설이든, 그것은 완전할 수도 절대적일 수도 없으며, 언젠가 도전을 받게 되는 것은 너무도 자명한 일이다. 따라서 푸코의 저작이 출간된 지 벌써 40년이 넘은 시점에서 그의 이론이나 가설을 무너뜨리는 새로운 이론이나 가설이 등장할 때도 된 것이다. 오늘날 푸코는 자신이 세운 이론이나 가설에 대해 재평가와 더불어 끊임없는 도전과 비판을 받고 있다. 푸코에 대한 이러한 분석과 비판의 열기와 관련하여, 우리는 보드리야르가 독특한 시각에서 푸코를 검토한 소책자 《푸코 잊기 *Oublier Foucault*》(1977)를 통해서 푸코에 대한 보드리야르의 비판을 살펴보고자 한다. 따라서 이 글은 푸코와 데리다의 논쟁처럼 푸코와 보드리야르의 이론적 논쟁에 초점을 맞출 것이다.

1970년대 후반에 접어들면서 성과 권력에 대한 이론과, 욕망의 이론은 격렬한 논쟁과 더불어 커다란 위기에 직면하게 된다. 정치적·사회적·문화적 상황이 급격히 변화했기 때문이다. 집단적인 사고 속에서 혁명적인 유토피아와 해방적 이데올로기가 소비의 신화에 의해 대체되고 있는 것이다. 보드리야르가 자신의 《푸코 잊기》에서 권력의 죽음과 성의 사라짐을 선언하면서 그리고 욕망의

---

1) 자크 데리다 외, 《광기의 역사 30년 후》, 박정자 옮김, 시각과 언어, 1997, p.261 참조.

미시정치학의 타당성에 이의를 제기하면서 푸코뿐만 아니라 들뢰즈와 가타리, 료타르에 대한 비판을 시도한 것은 바로 이러한 상황 아래에서이다. 사실 보드리야르는 권력의 죽음과 성의 사라짐, 욕망의 타락성을 확언한 토대 위에서 푸코와 자기 동료 이론가들에 대해 도전적인 공격을 가한다. 보드리야르에 의하면, 현대사회는 시뮬라시옹의 사회이다. 보드리야르는 이러한 사회에서는 시뮬라크르가 실재의 자리를 대신한다고 주장한다. 보드리야르는 푸코와 자기 동료 이론가들은 시뮬라크르가 권력뿐만 아니라 성까지도 장악함을 파악하지 못한다고 비난한다. 또한 보드리야르는 이러한 사회에서는 모든 것은 그것이 속한 사회·문화적 상황에 의해 부여된 의미를 갖고 기능하는 기호가 된다고 주장한다. 심지어 어떤 이론이나 어떤 사상도 그것이 성을, 욕망을, 권력을 또는 그 어떤 것을 딛고 서 있는 한, 자본주의 체계 속에서 기능하는 또 하나의 기호일 뿐이라는 것이다. 요컨대 모든 것은 시뮬라크르가 되어, 기호로 변형되고, 기호의 기반에서 조작된다는 것이다.[2] 그렇기 때문에 보드리야르는 우리에게 푸코를, 들뢰즈와 가타리를 잊어버리라고 말한다.

따라서 보드리야르는 현대사회에 대한 일반적인 담론 속에 성의 기호, 욕망의 타락성, 권력의 기호라는 중대한 문제를 끌어들인다. 성의 개념, 욕망의 개념, 권력의 개념이라고 해서 이같은 담론

---

2) Jean Baudrillard, *Oublier Foucault*, Galilée, 1977, p.81(약호 *OF*).

에서 제외될 수는 없는 것이다. 보드리야르의 시각에서 보면, 권력과 욕망과 성이 만들어 내는 대상에 집요한 관심을 갖는다는 것은 그 대상이 사라지고 있다는 징후를 나타낸다. 사실 보드리야르의 이러한 비판은 왜 권력과 성이 계속해서 사라지고 있는가를 정확히 드러내는 것임에 틀림없다.

그러나 우리는 푸코에 대한 보드리야르의 비판을 전적으로 타당하고 논리정연한 것으로 받아들여야 하는가? 오늘날의 상황은 오히려 보드리야르와는 전혀 다른 시각에서 전개되고 있는 것은 아닌가? 이제 우리는 푸코에 대한 보드리야르 비판을 분석하면서 보드리야르의 논의의 타당성을 검토할 것이다. 이러한 논의의 과정을 통해서, 우리는 보드리야르의 비판적 시각과 그것이 갖는 한계를 지적함과 아울러 그의 시각을 뛰어넘는 바람직한 방안을 모색할 것이다. 그리고 보드리야르 이론이 여전히 지니고 있는 가능성을 가늠해 볼 것이다.

II

보드리야르와 푸코의 관계는 그 자체가 매우 특이하고 흥미롭다. 보드리야르가 초기 저작의 활동을 개시할 때, 푸코는 사르트르 이후 프랑스 사상에서 가장 중요한 인물이었으며, 프랑스 지식인들의 권위를 상징하는 망토를 걸치고 있었다. 그리하여 보드리야르는 일찍이 푸코의 주요한 저작들을 의지하고 인용했다. 요컨대 보드리야르는 자신의 초기 저작에서 일반적으로 푸코를 긍정적으로 인용하였고 자주 푸코로부터 전문용어와 실례와 전략을 차용했다. 그리고 그는 《상징적 교환과 죽음 *L'échange symbolique et la mort*》에서 푸코의 저작들을 언급하면서 "우리 문화의 진정한 역사에 대한 훌륭한 분석, 차이의 계보학"[3]이라고 평가했다. 사실 보드리야르의 시뮬라크르 질서의 계보학은 푸코의 에피스테메(épistémè)의 모델이나 지식 구조의 모델을 따랐다.[4] 그러나 1970년대 중반까지 푸코의 저작을 자주 인용하던 보드리야르는 1970년대 후반부터는 자신의 이론을 가장 전위적인 입장에 두고 싶어했다. 따라서 푸코가 프랑스 이론의 거장이 되고 그의 명성이 절정에 이르고 있을 때, 보드리야르는 1977년 《푸코 잊기》에서 자신이 예전에 인용했던 푸코의 이론적 입장에 대해 통렬한 비난의 공격을 가했다.

《푸코 잊기》는 보드리야르의 이론 전개에 있어서 핵심적인 텍스트이다. 즉 이 책은 보드리야르의 이론적 궤도에서 전환점과, 더 이상 뒤로 물러설 수 없는 지점을 나타낸다. 이 책에서 그는 상징적 초월과 문화적 혁명의 정치학에 대한 예전의 언급을 포기하고, 보다 더 허무주의적이고 냉소적이고 정치적으로 무관심한 이론의

---

3) Jean Baudrillard, *L'échange symbolique et la mort*, Gallimard, 1976, p.195.

4) Douglas Kellner, *Jean Baudrillard: From Marxism to Postmodernism and Beyond*, Polity Press, 1989, p.131(약호 *MPB*).

영역으로 이동했다. 또한 여기서 그는 비판사회 이론의 몇 가지 기본 개념들(권력 · 욕망 · 사회적인 것)의 타락성을 기본적으로 문제삼기 시작했으며, 프랑스 문화계 내의 주요 이론가들(푸코 · 들뢰즈 · 가타리 · 료타르 등)과 격렬하고 비타협적인 논쟁을 벌이면서 그들과 상당한 거리를 두었다. 그러는 동안 그는 자신의 경쟁자들과 대화를 거부하는, 점점 더 난해해지는 자신의 이론을 정교하게 다듬어 나갔다.

푸코에 대한 논쟁의 계기는 무엇보다도 보드리야르 · 푸코 · 들뢰즈 · 가타리 · 료타르 등으로 구성되는 연구그룹의 형성이었다. 보드리야르는 이 연구그룹의 형성에 대한 입장 성명서를 내놓았다. 사실 보드리야르와 푸코는 《현대 *Les Temps Modernes*》지에 상호 의견을 교환한 내용을 게재할 계획을 세웠다. 그러나 이 계획이 실현되지 않자 보드리야르는 개별적으로 자신의 반론을 담은 글을 발표했다. 보드리야르의 이 반론은 너무도 공격적이고 또한 자기 경쟁자들에 대한 그의 비판이 너무도 극단적이어서, 논쟁이 격렬하게 벌어진 후, 연구그룹은 곧 해체되었다. 이 무렵 새로운 프랑스 이론에 파괴적인 무기가 된 차이(différence)의 원리는 토론과 논쟁의 과정을 거칠 수 없을 만큼 확산되었다. 보드리야르가 자신의 다음 저작 《침묵하는 다수의 곁에서 *A l'ombre des majorités silencieuses*》를 통해 선언하게 될 '사회적인 것의 종언'은, 이미 자기 동료 이론가들에 대한 논쟁 속에서 예상된 것이었다.

그러므로 《푸코 잊기》는 보드리야르의 이론적 궤도 안에서는 중요한 참고자료이다. 왜냐하면 이 책은 1970년대에 생산된 다른 프랑스 이론들과 자신의 차이를 명확히 나타낼 뿐만 아니라, 적어도 향후 10년 동안의 자신의 사상과 글쓰기를 규정할 수 있을 입장을 공식화하고 있기 때문이다. 자신의 생애의 중요한 시기로부터, 보드리야르는 특히 새로운 형태의 글쓰기를 전개하는 데 비상한 관심을 기울인다. 그리하여 《푸코 잊기》의 서두에서 그는 푸코의 스타일을 서술하면서, 그리고 푸코 자신이 글쓰기를 통해서 현대사회에서 권력의 궤적을 개념화하는 방식을 어떻게 재현하는가를 묘사하면서 다음과 같이 시작한다.

　　푸코의 글쓰기는 텍스트의 움직임 자체가 그가 제안하고 있는 것을 감탄할 정도로 잘 설명해 준다는 점에서 완벽하다(…). 푸코의 담론은 그것이 펼치는 모든 공간 속으로 흘러들어 둘러싸고 가득 채운다. 가장 미미한 형용어조차도 의미의 미세한 틈 속으로 자리를 찾아 들어간다. 절과 장들이 나선형으로 감기며, 탈중심의 대단한 기교는 새로운 공간들(권력의 공간과 담론의 공간)이 열리게 만든다. 그리고 이 공간들은 즉각적으로 푸코의 글쓰기의 빈틈없는 분출에 의해 뒤덮인다(…) 요컨대 푸코의 담론은 그가 묘사하는 권력을 반영하고 있다.[5]

---

5) *OF*, pp.9-11.

이 구절에는 분명히 중요한 해석이 담겨져 있다. 어떤 점에서 보면, 그것은 푸코에 대한 해석이 아니라 보드리야르 자신의 글쓰기에 있어 파생되는 문제들에 대한 해석이다. 사실 보드리야르는 매우 기본적이고 대조적인 두 문화가 존재하고 있으며, 각 문화는 자기 형태의 글쓰기를 갖는다는 자신의 견해를 계속 확장하고 옹호했다. 그에 의하면, 의미와 효과(그리고 권력)의 축적에 근거를 두는 문화가 있는가 하면, 상징적 교환, 즉 권력의 축적을 청산하고 폐기하는 형태에 근거를 두는 문화가 있다. 여기서 보드리야르는 상징적 문화의 개념을, 권력에 대한 푸코의 개념화에 이의를 제기하는 근거로서 사용한다.

III

권력에 대한 푸코의 분석이 뛰어나긴 하지만, 보드리야르는 푸코를 탈근대로 선회할 수 없으며, "성과 권력의 고전적인 공식 안에 머물고 있는"[6] 이론가로 해석한다. 그의 모든 혁신적인 이론적 작업에도 불구하고, 푸코는 현재의 체계 혁명의 입구에서 멈추는데, 이는 푸코 자신이 그것을 넘어서고 싶어하지 않기 때문이라는 것이다. 따라서 보드리야르는 권력에 대한 푸코의 논의를 낡은 시

---

6) 같은 책, p.18.

대를 서술하는 담론으로 취급한다. "푸코는 왜 권력에 대해 우리에게 그토록 많은 이야기를 하는가? (…) 단지 권력이 죽었기 때문인가? 권력은 산포되어 그 위치를 찾을 수 없을 뿐만 아니라, 우리가 여전히 파악할 수 없는 방식으로 무조건적으로 역전이나 취소에 의해 용해되었거나 시뮬라시옹에 의해 하이퍼리얼한 것이 된다."[7] 여기서 보드리야르는 우리가 푸코를 잊어버릴 것을 제안한다. 왜냐하면 푸코의 이론은 모델·코드·정보·미디어에 의한 시뮬라시옹의 시대라는 새로운 탈근대 시대에는 낡은 것이 되었기 때문이다.

그러면 권력에 대한 푸코의 분석에는 탈근대적 성격이나 새로운 탈근대 시대의 예견 같은 것은 없는가? 푸코는 탈근대적 형태의 권력을 입증하지는 않았지만, 우리는 그가 "어떤 새로운 것, 지평선 나지막이 가느다란 빛줄기로서 얼핏 보일 뿐인 어떤 것이 막 시작되고 있다"[8]는 강렬한 느낌을 묘사하면서 새로운 탈근대적 에피스테메와 역사적 시대를 예견하는 것을 엿볼 수 있다. 그러나 푸코는 보드리야르와 같은 이론가들이 탈근대의 권력을 구성하는 것으로 파악하는 테크놀로지와 전략을 결코 이론화하지 않는다. 보드리야르와 같은 이론가들에게 있어 탈근대의 권력은 미디어와 정보기술, 그리고 실재와 비실재의 구별을 무너뜨리는 기호체계를 포함하고, 이미지와 조작된 시니피앙을 번성시킨다. 사실 푸코가

---

7) 같은 책, p.13.
8) Michel Foucault, *Les mots et les choses*, Gallimard, 1966, p.384.

"우리가 살아가고 있는 바로 이 지점"[9]을 이론화하려는 욕망을 가지고 있음에도 불구하고, 오늘날 강력한 사회적·문화적 힘으로 등장하고 있고 또한 정보의 순환과 추상적 기호체계를 포함하고 있는 새로운 형태의 권력에 대해서는 아무런 언급도 하지 않는 것은 기이한 일이다. 따라서 권력에 대한 푸코의 분석에는 오늘날의 권력의 메커니즘과 작동방식에 대한 새로운 사실도 없고, 보드리야르가 새로운 탈근대 사회와 '죽은' 권력의 기호를 상정하면서 제기한 가정도 없다.[10]

보드리야르는 푸코의 담론과 같은 권력과 성에 관한 예전의 담론들은 시대에 낡은 것이라고 말한다. 왜냐하면 그러한 담론들이 서술하는 현상들이 오늘날 근본적으로 변화했기 때문이다. 푸코는 권력이 복합적이고 다원적임을 알았다. 그러나 그는 권력이 완전히 추상적이며, 더 이상 어떠한 제도에도 자리매김할 수 없음을 알지 못했다. 사실 권력은 더 이상 경제 같은 영역이나 국가·감옥·병원 등과 같은 제도에 확고하게 뿌리를 내리지 못하고, 탈근대의 시뮬라크르와 시뮬라시옹이 권력의 기호를 증식시키는 시대에서는 사회의 모든 곳에 철저하게 분산된다. 보드리야르에게 있어서 권력은 더 이상 규율이 아니라, 불확정적인 기호의 순환에 따라 움직

9) 같은 책, 같은 쪽.
10) 권력에 대한 푸코의 광범위한 분석에는 현대의 권력과 사회 재생산의 핵심적 메커니즘, 즉 미디어·기호·시뮬라시옹·소비 등에 관한 어떠한 논의도 없다. 이 중요한 현상들에 대해 아무런 언급도 하지 않기 때문에, 권력에 대한 푸코의 분석은 결정적인 차원들을 결여하고 있는 셈이다.

이는 죽은 권력이다. 그러므로 권력은 현재의 제도적인 힘이나 관계들 속에서보다는 오히려 코드·미디어·시뮬라시옹 속에 있다.

사실 푸코는 권력이 제도와 담론, 실천과 전략 속에서 기능하는 방식을 분석한다. 그가 제도와 담론, 실천과 전략을 통해 권력을 분산시키는 동안, 그는 어떻게 권력이 구별지워지고, 위계를 창출하고, 경계지워지며, 제외되는가를 보여준다. 그러나 그는 권력의 시뮬라시옹을 분석하지는 않았다. 다시 말해서 그는 권력이 시뮬라시옹화되는 방식, 그리고 권력의 기호들이 자주 사회적 힘들의 관계를 대신하는 방식을 분석하지 않았다(푸코의 정의에 의하면, 권력은 사회적 힘들의 관계를 가리킨다). 이와 대조적으로 보드리야르에게 있어서, 권력은 시뮬라시옹의 사회에서 점점 더 추상적인 것이 되고 있다. 권력은 실제적인 사회적 힘이나 관계들보다는 시뮬라시옹에 근거를 두고 있기 때문이다. 게다가 권력은 비실재와 하이퍼리얼한 분산을 통해 증식하고 매혹하는 죽은 권력의 기호로 쉽게 변형된다. "권력의 행사나 권력의 이론을 통해서 느끼는 권력에의 일반적인 매혹은 너무도 강렬하다. 그것은 외설적이고 패러디한 방식으로 이미 보여진 모든 형태의 권력의 동시적인 부활효과에 의해 특징지어진 죽은 권력에의 매혹이기 때문이다. 이는 정확히 말해서 포르노 속의 성과 마찬가지이다."[11]

포르노그라피가 실제의 성을 외설스러운(전적으로 명백하고 하이

---

11) *OF*, p.84.

퍼리얼한) 성의 기호들로 대체하듯이, 시뮬라시옹의 사회에서 권력의 기호는 권력의 실제 행사를 대신한다. 보드리야르는 이를 시뮬라시옹의 세계인 미국 사회에서 이루어지는 구체적인 예를 통해서 설명한다. 보드리야르가 보는 미국 사회에서는 권력이 사라지고 남은 것은 레이건의 미소로 제시되는 권력의 시뮬라시옹뿐이라는 것이다. 사실 레이건은 정치적 지도력과 통찰력과 전문지식에 의해서보다는 시뮬라시옹에 의해서, 권력의 기호에 의해서 통치하였다. "오늘날 통치한다는 것은 받아들일 수 있는 신뢰성의 기호를 주는 것을 의미한다. 그것은 광고와 같으며, 달성되는 것은 동일한 효과이다——정치적 시나리오이든 광고의 시나리오이든 시나리오에의 몰입하기. 레이건은 동시에 둘 다를 실행한다. 그것은 또한 성공적이다(…). 지도자들은 선전하는 '가상'의 모든 기호들을 생산해 내야 한다. 이미지만이 중요하다. 시뮬라시옹을 둘러싼 합의는 생각보다 훨씬 덜 취약한 것인데, 그것은 정치적 진실에 대한 어떤 검증에 대해서도 훨씬 덜 노출되어 있기 때문이다."[12]

여기서 보드리야르가 자신의 견해가 옳다는 것을 주장하지 않더라도, 푸코가 권력과 담론의 관계를 검토하는 데 있어 기호와 미디어의 역할을 전혀 분석하지도 않고, 따라서 보드리야르 자신이 중요시 여기는 미디어 권력과 시뮬라시옹의 문제를 완전히 무시해 버리는 것은 커다란 실수이다. 따라서 우리가 안심하고 푸코를 잊

---

12) Jean Baudrillard, *Amérique*, Grasset, pp.216-217.

어버릴 수 있는 것은 분명하지 않지만,[13] 권력에 대한 푸코의 분석에 결여된 중요한 차원들(기호 · 정보 · 미디어 · 시뮬라시옹 등)이 있는 것이다.

IV

보드리야르는 푸코의 권력이론에 대해 가능한 비판적인 입장을 견지하려고 시도한다. 그는 푸코의 권력이론을 이렇게 설명한다. "푸코는 우리에게 다른 것을 말해 준다. 권력은 기능한다. '그것은 하나의 제도도, 구조도, 힘도 아니다. 그것은 어떤 주어진 사회 안의 복합적인 전략적 상황에 빌려준 이름이다.' 중립도 아니며, 일방적이지도 않으며, 지배적이지도 않은, 그것은 분배적이고 벡터적이다. 그것은 교체와 전달에 의해 작동한다. 그것은 힘의 제한 없는 내적 영역이어서, 그것이 무엇과 충돌하는지, 그것이 무엇에 부딪치는지 늘 알 수가 없다. 그것은 확장, 순수 자화(磁化)이기 때문이다."[14]

그러나 푸코에 대한 보드리야르의 이 설명 속에는 아이러니컬하

---

13) 사실 '푸코 잊기'라는 푸코에 대한 거부를 신봉하는 데 있어서 보드리야르는 너무나 많이 앞서 나가는데, 이로 인해 현대의 권력의 형태들, 특히 스펙터클 · 규율 · 감시 · 성차별 · 고문 등 사회통제 양식들의 이질적인 특성들을 평가하지 못하고 있다.

14) *OF*, p.58.

게도 권력의 본질에 대한 푸코의 중요한 통찰이 들어 있다. 왜냐하면 그의 통찰은 현대사회의 권력의 특징인 복합성에 대해 부적절하게 설명하고 있는 많은 정치적 지향들을 일소하기에 충분하기 때문이다. 푸코는 권력을 지배력과 강제력의 차원에서 단순히 서술되는 것으로 보지 않았다. 그는 권력을 담론과 제도, 실천과 전략에 의해 개인들이 어떤 방식으로든 생산하고 순응하고 행동하는 관계적 구조들 속에서 묘사되는 것으로 파악했던 것이다. 달리 말하면 푸코의 견해로는 권력은 억압적이고 부정적이고 강제적인 힘으로서가 아니라 긍정적이고 생산적이고 발생적인 힘으로서 개념화되는 것이다. 뿐만 아니라 권력은 다른 시대의 다른 사회에서는 다양하고 복합적인 방식으로 작동한다. 그리고 권력이론은 이 모든 것들을 식별하고 서술하려고 해야 한다. 여기서 보드리야르는 푸코의 권력이론이 권력의 현대적 양상이 출현했던 초기 단계의 사회구조——이 구조 안에서 권력은 구별 가능한 형태를 취하고 능동적으로 가시적인 것이 되었다——를 개념화한다고 비난한다. 다시 말해서 보드리야르는 푸코가 권력을 식별할 수 있고 서술할 수 있는 구조로 묘사하는 것을 공격한다.

더욱이 우리가 앞서 인용한 구절에 나타난 푸코의 입장에 대해 보드리야르는 강한 반론을 제기한다. "권력이 사회적 영역의 끝없는 자기화(磁氣化)된 침투라면, 그것은 오래 전에 어떠한 저항에도 부딪치지 않았으리라."[15] 사실 보드리야르는 푸코에 비해서 상대적으로 저항을 강조한다. 물론 푸코는 저항의 실현성을 부인하지 않는다. "권력이 있는 곳에는 저항이 있다. 그러나 오히려 바로 그 때문에 저항은 권력과의 관계에서 결코 바깥의 자리에 놓여 있지는 않다."[16] 저항은 늘 있을 수 있다. 중요한 것은 푸코에게 있어 저항이 권력을 넘어서지 않는다는 데 있다. 푸코는 권력의 편재성으로 말미암아 사실상 권력의 바깥은 존재하지 않으며 또한 권력으로부터 벗어나는 것은 불가능하다고 본다. "푸코의 상상력은 권력에 대항하는 것이 아니라 '그것과 더불어' 무엇을 하는 편에 속하"[17]기 때문일 것이다.

그러면 우리는 권력과 저항과의 관계를 어떻게 파악해야 할까? 권력은 모든 저항을 분쇄할 것인가, 아니면 자신의 무게로 허물어질 것인가, 결국에는 우리는 실제로 무언가가 권력의 무한한 확장에 저항한다고 말할 수 있을 것이다. 이것은 오늘날 우리 사회의 어느 부문에서도 구체적인 사실로 나타난다.

푸코의 권력이론에 대한 보드리야르의 비판은 여기서 그치지 않는다. 보드리야르는 푸코가 권력을 교환할 수 없는 본질이나 성질로 묘사했다고 공격한다. "사실 권력은 교환되는 것이다. 자본주의적(경제적) 의미에서가 아니라, 권력이 유혹·도전·술책이라는 가역적인 순환에 의해서 행사된다는 의미에서 말이다. 그리고 만

---

15) 같은 책, 같은 쪽.

16) Michel Foucault, *Histoire de la sexualité 1, La volonté de savoir*, Gallimard, 1976, pp.125-126.

17) Edward Said, "Foucault and the Imagination of Power," *Foucault: A Critical Reader*, ed. by David Hoy, Pantheon, 1986, p.151.

약 권력이 이런 의미로 교환될 수 없다면, 권력은 그저 단순히 사라지는 것이다."[18] 이렇게 보드리야르가 권력의 상징적 교환 및 그것과 동시에 이루어지는 권력의 유혹을 중요하게 받아들이는 반면, 푸코는 매우 냉정하게 권력의 구조와 관계를 서술한다.

그러면 보드리야르가 권력이 유혹하고 교환된다고 할 때, 중요한 점은 무엇인가? "권력에 의해 개척되고 상연되는 사회성과 성만이 존재한다면, 아마도 지식에 의해 개척되고 상연되는 권력만이 존재하는 것은 아닐까?"[19]라고 보드리야르는 반론을 제기한다. 이 경우에는 모든 것을 시뮬라시옹화하는 것이 좋다고 그는 말한다. 즉 권력은 지식에 의해 구성된 가공물이라고 그는 단언한다. 요컨대 권력은 존재하지 않는다는 것이다. "권력은 시뮬라시옹의 원근법적인 공간에 지나지 않으며(회화적으로 르네상스의 공간이 그러했듯이), 만약 권력이 유혹한다면(순진한 정치현실주의자들은 이해하지 못할 것이지만), 권력이 시뮬라크르가 되어 기호로 변형되고 기호의 기반 위에서 조작되기 때문이다."[20] 이런 관점에서 보면 권력은 분명히 권력의 기호에 의해 산출되는 하이퍼리얼리티에 휩쓸리고 있다. 다시 말하면 권력은 권력의 기호들이 증식되는 위기, 시뮬라시옹의 위기에 처해 있다. 따라서 보드리야르는 우리는 권력의 기호뿐만 아니라, 시뮬라시옹 속에서 이루어지는 권력의 가

---

18) *OF*, pp.59-60.
19) *DS*, pp.71-72.
20) *OF*, p.81.

역적인 교환을 주목해야 한다고 주장한다. 그러나 권력은 결코 스스로 이러한 가정을 하지 않을 것이다. 푸코의 텍스트에서 비난받아야 할 점은 역시 이런 가정을 하지 않았다는 것이다.

보드리야르는 탈근대 사회에서 권력의 기호와 시뮬라시옹 모델의 증식이 너무도 철저하게 권력을 탈중심화했기 때문에, 권력은 이제 탈근대 시대에서 떠다니는 죽은 권력의 기호가 되어 버렸다고 믿는다. 이러한 상황 속에서는, 권력은 너무도 추상화되고 분산되고 분쇄되고 탈물질화되어 권력의 궤적과 구조 및 권력의 관계와 효과를 스케치하는 일은 불가능한 것처럼 보인다는 것이다. "이제 우리는 권력의 분산된 공간, 산산조각 났으면서도 여전히 같이 붙어 있는 자동차의 앞유리창처럼 금이 가 있는 공간 속에 있는 것이다. 그런데 이 '권력'은 신비로 남아 있다."[21] 더욱이 보드리야르는 권력은 고전적 이론들이 주장하는 것만큼 체계화되고 배열되지도 않았고, 또한 무한히 축적될 수 있는 것도 아니라고 말한다. "우리 안에 있는 무언가가 죽음으로 축적을 없애고, 해체하고, 파괴하고, 일소하고, 단절하는 까닭에, 우리는 실재의 압력에 저항할 수 있고, 그래서 살아갈 수 있는 것이다. 모든 생산체계의 바탕에 있는 무언가가 생산의 무한한 확장에 저항한다. 그렇게 하지 않으면, 우리 모두는 이미 거기에 파묻혀 버렸을 것이다. 권력에도 똑같이 저항하는 무언가가 있다. 그리고 이 경우 권력을 행사하는 사람들

---

21) 같은 책, p.50.

과 권력에 순응하는 사람들 사이에는 어떠한 차이도 없다."[22]

　권력에 대한 푸코의 개념에 따르면, 권력은 '분배적인' 것이다. 그러나 위의 구절 속에는 궁극적인 축적을 막는 무언가가 있는데, 이는 결정적인 것이며, 또한 푸코의 권력에서 부재하는 것이다. 따라서 우리는 보드리야르가 형이상학적인 가정을 통해서 어떻게 자신의 권력이론을 확립하는지 파악할 수 있다. 바타이유(Bataille)의 인류학을 충실히 따르고 있는, 보드리야르는 (부·권력 따위를) 축적하고 보존할 필요성에 대항하는, 탈축적하고 소비하는 어떤 경향이 있다고 주장한다. 게다가 그는 권력은 본질적으로 가역적인 것이고, 피지배자와 피착취자는 지배자와 착취자가 될 수 있고, 권력항은 언제나 철저한 역전을 따르며, 그리하여 권력관계는 늘 정립되지 않고 역전하고 재규정하는 것이 되고 있다고 단언한다.[23] 그리고 이것이 권력의 본성에 본질적인 것이 되고 있다고 보드리야르는 말한다.

　따라서 오늘날 지배적인 권력관계는 권력의 모델이 시뮬라시옹의 사회에서 죽은 권력의 기호를 만들어 내고, 이 사회의 어디에서나 모순적인 방법으로 유포되는 기호학적 상황 속에서 무너져 왔다고 보드리야르는 주장한다. 이제 이와 같은 과정이 성과 더불어

---

22) 같은 책, pp.56-57.

23) *MPB*, p.134 참조. 권력에 대한 보드리야르의 이러한 분석은 푸코의 분석에 완전히 대립된다. 푸코에 따르면 "권력은 분쇄되기는커녕 여전히 구조적인 항으로 기능한다. 이러한 틀 안에서는 권력은 역전되거나 무너질 수 없다"(Mike Gane, *Baudrillard: Critical and Fatal Theory*, Routledge, 1991. p.123).

발생하고 있으며, 우리가 이러한 변화과정을 인식한다면, 성에 관한 프로이트-마르크스 이론과 욕망의 미시정치학을 문제삼을 수 있을 것이라고 보드리야르는 말한다.

V

성에 관한 푸코의 이론에서 문제시되는 것은, 그가 철저하게 재공식화를 시도함에도 불구하고, 그의 이론이 사물에 대한 전통적인 정의에 완전히 의존한다는 점이다. 다시 말하면 "푸코는 성의 고전적 공식 안에 머물러 있기 때문에, 성적인 것의 시뮬라시옹이라는 이 새로운 소용돌이를 묘사할 수 없"[24]었던 것이다. 따라서 보드리야르는 성은 더 이상 푸코와 성에 관한 고전적 담론에 의해 서술된 형태 속에 존재하지 않는다고 주장한다. 보드리야르에 따르면, 부르주아 시대에는 성은 잘 정의되고 널리 유포된 금지된 제도에 의해 둘러싸인 에로틱한 행위의 영역과 관련이 있었고, 또한 성에 관한 담론도 비정상과 변태성욕을 나타내는 행위와 관련이 있었다. 그러나 오늘날에는 성은 사회 안에 깊숙이 침투하여 예전의 성과는 전혀 다르게 시뮬라크르와 시뮬라시옹 속에서 증식되고 있다. 즉 성이 광고와 패션 그리고 미디어와 다른 대중적 담론을

---

24) *OF*, p.18.

통해서 말하는 사회에서는, 성은 사회생활의 모든 영역에서 명백하고 개방적인 것이 되고 있다.

여기서 보드리야르는 푸코가 성을 장악하고 있는 시뮬라크르와 시뮬라시옹을 파악하지 못한다고 비난한다. 보드리야르의 사유에 비추어 보면, 사람들이 우리에게 말하는 성, 스스로 자신에게 말하는 성은 하나의 시뮬라크르에 지나지 않는다. 그리하여 성 자체가 더 이상 성에 존재하지 않을 뿐만 아니라, 성적인 것이 그 자체를 위해 나타나지 않는다. 롤랑 바르트는 성은 성 안에서 말고는 어디에나 있다고 말했다. 만약 이러한 것이 사실이라면, 푸코는 성적 논리가 더 이상 의미를 지니지 못할 때 우리에게 열쇠를 제공한 것이다. 마치 그의 권력이론이 중요하지만 진부해진 이론인 것처럼 말이다.

이제 성이 쇄도하는 오늘날의 사회에서는 감추어지거나 억압받는 성은 더 이상 없기 때문에, 성의 담론은 성행위를 제한하거나 금지하기보다는 모든 형태의 성행위를 자극하고 조장하면서 새로운 의미와 다른 효과를 지닐 것이다. "너는 성을 지니고 있으니 성의 사용을 모색해야 한다. 너는 육체를 지니고 있으니 육체를 향유해야 한다. 너는 리비도를 지니고 있으니 리비도를 소비해야 한다."[25]

이렇게 성행위는 "우리의 의식이 익숙해진 하나의 습관"[26]이 되어, 성적인 것, 육체, 리비도, 이 모든 것의 순환과 유동성과 유출

---

25) 같은 책, p.32.
26) 같은 책, p.30.

이 이루어진다. 따라서 모든 공식적인 자리에서 성이 완전히 공개되고 조장되기 때문에(포르노그라피가 가장 분명하게 공개적으로 성을 드러내기 때문에), 성은 매혹적인 특별한 것이나 사적인 행위로서의, 그리고 금지된 것과 금기의 영역으로서의 신비스러움을 상실한다. 그러므로 성은 더 이상 사적이거나 개인적인 문제가 아니라, 사회적으로 규정되고 규범화되고 증식된다. 이러한 상황에서는, 성은 섹스를 하고 성적 긴장을 풀고 사회적 모델과 코드에 따라 성적 쾌락을 전개하는 데 절대 필요한 것이 된다. 그리고 성행위는 즉각적으로 이루어지고 성적 쾌락이 강렬하게 실현된다. 이는 모델로서의 성이 육체의 차원에 나타나고 있는 것과 관련이 있다. 우리가 끊임없이 관계하고 있는 육체, 원초적인 과정이 떠나지 않고 유지되는 충동적인 육체는 환상적으로 사용되고 성적 쾌락을 축적해 나간다. 그리하여 육체는 기능적 목적 이외의 다른 목적을 갖지 않는 것처럼 보인다. 성적 쾌락을 추구하는 이와 같은 성행위는 성으로부터 금단의 열매로서의 유혹적인 매력과 매혹을 제거해 버릴 것이다. 이제 성은 적어도 사회적 규범과 코드에 대한 도전이 될 수 있는 것이라기보다는 오히려 사회적 담론에 의해 조장되고 조직되는 것이 되고 있다.

보드리야르의 관점에서 보면, 이제는 "모든 것이 성이다."[27] 그래서 성은 더 이상 한정된 의미를 지니지 않는다. 그리고 만약 모든

---

27) 같은 책, p.17.

것이 성이라면, 실제로 아무것도 더 이상 성이 아니다. 보드리야르는 성에 관한 푸코의 견해에 대해 다음과 같은 물음을 제기한다.

푸코가 우리에게 성에 대해 그렇게 잘 말해 주고 있는가? (여기서 드디어 성에 관한 분석적 담론이 생겨난다.) 푸코가 성에 대해 잘 말하는 것은 오직 우리 문화의 위대한 산물인 성의 형태가 권력의 형태와 마찬가지로 사라져 버리는 과정에 있기 때문인가? 성은 인간처럼 혹은 사회적인 것처럼 잠시만 지속될지도 모른다. 그리고 만약 성에 관한 담론의 영역에 있는 성의 실재효과가 다른 시뮬라크르들에 길을 내주면서, 그리고 욕망과 육체와 무의식의 거대한 지시대상들——오늘날 매우 강력한 모든 서술——을 이끌어 가면서 근본적으로 희미해지기 시작한다면?[28]

여기서 보드리야르는 권력과 마찬가지로 성은 시뮬라크르와 시뮬라시옹의 논리에 사로잡혀 있다고 강조한다. 그러나 푸코는 이러한 성의 시뮬라크르를 분석하지 않는다. 따라서 보드리야르가 보기에, 푸코의 이론은 이제 시대에 뒤떨어진 것이 되어 새로운 탈근대의 성을 적절하게 개념화할 수 없다. 새로운 탈근대 이론에 따르면, 성과 권력과 다른 모든 사회현상들은 사회의 구조물이자 지배적인 담론의 산물이다. 그러므로 보드리야르는 프로이트의

---

28) 같은 책, pp.15-16.

정신분석학을, 사회의 어디에서나 무의식을 구성하고 이러한 담론과 모델을 증식시키는 '시뮬라시옹 기계(machine simulante)'라고 말할 수 있고, 또한 이 시뮬라시옹 기계가 시대에 뒤떨어진 것이라고 주장할 수 있다. 왜냐하면 정신분석이론이나 푸코의 이론은 성에 관한 새로운 담론들이 시뮬라시옹화되고 증식되는 다양한 방식들을 고려하지 않기 때문이다. 그러나 보드리야르는 푸코가 서술하는 예전의 성의 형태를 대체할 수 있을 탈근대의 성을 실제로 상세히 논의하지 않는다. 따라서 우리는 탈근대 시대에서 보드리야르가 말하는 성의 사라짐에 대해 의혹을 품을 수 있을 것이다.

VI

사실 보드리야르의 초기의 이론적 작업은 프로이트-마르크스 이론의 주요 개념들을 비판하는 데 집중된다. 보드리야르는 예전의 사회구성체를 기술하는 데 사용된 범주들이 더 이상 적절하거나 타당하지 않을 정도로 현대사회의 상황이 바뀌었다는 점을 강조한다. 그의 시각으로는, 성과 권력이 예전의 그것들과는 전혀 다른 새로운 시대의 역사 속에 우리가 이미 접어들었다는 것이다. 따라서 《푸코 잊기》에서 보드리야르는 성과 권력에 관한 문제적 담론들을 결합시키는 것으로 간주되는, 억압과 해방에 관한 프로이트-마르크스 이론을 공격한다. 게다가 보드리야르는 푸코가 성과 권력에 대해 사용하는 것과 똑같은 욕망의 모델을 들뢰즈와 가타리와 료타르가 사용한다고 주장한다. "우리는 권력에 대한 새로운 해석과 들뢰즈나 료타르에 의해 제안된 욕망에 대한 새로운 해석 사이의 우연한 일치에 그저 놀랄 뿐이다. 그러나 우리는 거기서 결핍이나 금지 대신에 어떤 장치, 즉 흐름과 강렬함이 긍정적으로 산포됨을 발견한다. 그러한 우연한 일치는 우발적인 것이 아니다. 간단히 말해서 푸코에게 있어서 권력이 욕망의 역할을 하는 것이다. 권력은 들뢰즈나 료타르의 욕망과 같은 방식으로 기능하고 있는 것이다."[29]

그럼에도 불구하고 억압과 해방에 관한 프로이트-마르크스 이론, 성과 권력에 관한 푸코이론, 들뢰즈와 가타리의 욕망이론은 1970년대 중반에는 상당한 영향력을 발휘하고 있었다. 우선 푸코의 이론은 '욕망은 억압되어 있다'는 통념을 깨뜨리면서 권력이 욕망을 조장하고 자극해 왔음을 보여준다. 다시 말하면 욕망과 권력은 억압과 금지의 배타적이고 외적인 관계에 있는 것이 아니라 조장과 자극의 의존적이고 내재적인 관계에 있다는 것이다. 그리고 들뢰즈와 가타리의 이론에 따르면, 욕망과 권력은 서로 대립되는 관계에 있는 것이 아니라 사실상 하나의 동일한 것이 되고 있다. "모든 것이 욕망이다(…). 욕망을 권력에 대한 욕망, 억압하기 위한 욕망, 억압받으려는 욕망으로 이해한다면 잘못이다(…). 권력에 대

---

29) 같은 책, p.22.

한 욕망은 없다. 욕망이 곧 권력이다."[30]

푸코나 들뢰즈와 가타리의 이러한 이론들은 사회생활을 구성하고 있는 복합적인 사회적 실천 속에서 욕망과 권력의 관계를 면밀하게 분석한다. 그리고 이 이론들의 주요 개념, 즉 욕망과 권력의 개념은 '일상생활의 미시정치학'을 구성하는 데 있어 일반적이고도 올바른 함의를 가지고 있다. 그래서 이 미시정치학을 통하여, 욕망과 권력은 완전한 혁명의 과정에 속할 수 있는 일상생활의 변화를 위해 억압적인 제도의 방향을 바꾸어 놓을 수 있었다.

그러나 《푸코 잊기》를 출판하면서, 보드리야르는 푸코뿐만 아니라 들뢰즈와 가타리, 료타르에게까지 공격을 확대함으로써 욕망의 미시정치학의 타당성에 근본적인 이의를 제기한다. "권력이 욕망과 융합할 때나 욕망이 권력과 융합할 때, 둘 다를 잊어버리자."[31] 나아가 보드리야르는 "격렬하고 진부한 사회화(노동)의 모델로부터 보다 미묘하고 유동적인 동시에 '정신적'인 사회화의 모델로, 그리고 육체(성적인 것과 리비도적인 것)에 보다 가까운 사회화의 모델"[32]로 옮아가면서, 욕망과 권력의 문제사항들이 생산 모델의 역학에 따르고 있다고 주장한다. 즉 예전의 사회화가 엄격하였고 또한 새로운 자본주의 사회에서 사회조직의 주요한 양식으로서 작

---

30) 들뢰즈/가타리, 《소수 집단의 문학을 위하여》, 조한경 옮김, 문학과 지성사, 1992, p.106.
31) *OF*, p.24.
32) 같은 책, p.26.

업장에서의 노동과 규율의 부과가 수반되었는데도, 사회화는 욕망의 경로를 거쳐 그리고 조종된 만족을 통해 이루어졌다는 것이다. 그리하여 사회의 지배적인 형태로부터 해방된 욕망은, 리비도의 혁명에 대한 옹호가 요구되고 있는 까닭에, 욕망의 혁명을 만들어 낼 것이다.[33]

이렇게 욕망의 미시정치학은 프로이트-마르크스 모델이 생산의 논리에 기초한 억압/해방의 이분법을 구사한다는 점에서 보드리야르에 의해 비판받는다. 프로이트-마르크스 모델에 따르면, 모든 경우에 생산은 해방된 욕망과 노동을 위해 주요 목표가 되고 있다. 사실 프로이트-마르크스 모델은 더 많은 욕망과 무의식, 쾌락과 해방 따위를 생산하는 것을 지향한다. 요컨대 생산적인 육체와 관련 있는 에너지, 해방된 리비도적 에너지를 육체의 비밀 속에서 다시 발견하는 것, 즉 욕망 속에서 육체의 환상적이고 충동적인 진실을 다시 발견하는 것을 목표로 삼는다. 그러나 보드리야르의 논리에 따르면, 무의식이나 욕망, 성이나 육체의 해방에 관한 이러한 강조는 정확히 말해서 욕망의 혁명 그 자체로 말미암아 변하게 된 성, 즉 육체의 생산과 순환의 필요성을 재현할 뿐이다. "정신적인 것, 성적인 것, 육체, 이 모든 것의 급속한 순환과 유동성과 유출이 강제적으로 이루어지는 것은, 시장가치를 지배하는 속박이 정확하게 재현된 결과이다(…). 그리고 성, 즉 성적 모델은 육체의 차

---

33) *MPB*, p.137 참조.

원에 나타나고 있는 가치양식이다."[34]

그리하여 보드리야르는 해방의 담론이 생산의 담론을 합리화하고 있다고 넌지시 말한다. 보드리야르의 사유에 비추어 보면, 이제는 생산적인 형태의 과정, 성의 '경제학'의 과정만이 있을 뿐이다. 예를 들면 욕구의 회상, 저장된 성적 에너지에 대한 환각, 욕망의 억압과 소통이 이루어지는 무의식의 환각이 현존한다는 것이다. 이 모든 것과, 정신적인 것 일반은 자율화된 성적 형태에서 비롯되는 것이다. 마치 예전에 본능과 경제가 생산의 자율화된 형태의 침전물이었던 것처럼, 둘 다 이상화되고 있는 본능과 욕망이 해방(예전에는 생산력의 해방이고, 오늘날에는 육체와 성의 해방이다)의 점진적인 도식 안에서 잇달아 일어나고 있는 것이다.

그러나 이러한 논리에 대항하여, 보드리야르는 해방의 담론과 생산의 담론을 보다 철저하게 거부하는 담론과 실천을 지지한다. 그는 생산주의적 성에 대한 근본적인 대안은 바로 자신이 특이한 방식으로 규정하고 있는 '유혹'이라고 주장한다. 따라서 욕망의 해방에 맞서서, 보드리야르는 성행위가 본래 궁극 목적이 아니고 성 또한 해방해야 할 에너지나 생산에 대한 심각함을 갖지 않는 문화를 대립시킨다. 그러면 보드리야르가 제시하는 이러한 문화는 구체적으로 어떤 문화인가? 그것은 간단히 말하면 "유혹과 관능적 쾌락의 긴 과정을 보존하는"[35] 문화이다. 그리고 "성적 욕망 또한

---

34) *OF*, pp.32-33.

여러 봉사들 중의 하나, 증여와 반증여의 긴 절차이다. 왜냐하면 사랑의 행위는 불가피한 의례에 따라 명확한 상호성으로부터 생겨날 수 있는 불확실한 항에 지나지 않기 때문이다."[36]

그러나 오늘날 우리의 문화에서는 이러한 절차는 더 이상 의미를 갖지 못하고, "성적인 것은 엄밀하게 욕망이 쾌락 속에서 실현된 것"[37]이라고 주장하면서, 보드리야르는 우리 사회의 문화에 나타난 욕망에 대해 다음과 같이 묘사한다. "우리의 문화는 조루(早漏)의 문화이다. 극도로 의례화된 과정인 모든 유혹과 모든 유혹의 방식은, 자연스러운 것이 된 성적인 명령의 이면에서, 그리고 욕망의 즉각적이고 강제적인 실현의 이면에서 점점 사라져 간다. 우리의 중심이 실제로 욕망의 자연화를 가능하게 하는 리비도적 경제학 쪽으로 이동한 것이다."[38]

그리고 한걸음 더 나아가 보드리야르는 욕망의 혁명과 성의 해방에 관한 프로이트-마르크스 이론을 지배하는 생산의 논리와, 자신의 이론의 핵심적 범주가 될 자신의 유혹이론을 대비시킨다. "유혹은 어디에나 있으며, 늘 생산에 대립되는 것이다. 유혹은 가시적인 것의 차원으로부터 무언가를 끌어내려고 하고, 생산은 모든 것을 명백한 것으로 만든다──그것이 사물의 명백함이든 숫자나

---

35) 같은 책, pp.30-31.
36) 같은 책, p.31.
37) 같은 책, 같은 쪽.
38) 같은 책, pp.31-32.

개념의 명백함이든."[39] 보드리야르의 유혹은 한편으로는 현사회가 어떻게 작동하는가를 묘사하는 동시에, 다른 한편으로는 생산에 대한 대안적 형태를 묘사하는 범주가 된다. 그것은 생산의 절박성에 대한 부정이며, 피상적 의례의 매력을 포함한다.

억압과 해방에 관한 프로이트-마르크스 이론, 성과 권력에 관한 푸코이론, 들뢰즈와 가타리의 욕망이론, 그리고 이들 이론들이 공유하는 혁명과 해방의 이론 사이에 존재하는 유사성에 대한 보드리야르의 분석은, 그들의 담론이 생산의 논리와 가치에 연결되어 있다는 그의 비판처럼, 너무도 도발적이고 도전적이다. 그는 일상생활의 미시정치학으로 규정되는 욕망의 분자정치학을 찬양하는 푸코, 들뢰즈와 가타리, 료타르에 대항한다. 즉 그는 분자정치학은 제거되어야 한다고 주장한다. 그의 견해로는, 권력은 그들이 가정하는 것보다 더 탈중심화되고 분산되고 잘게 나누어져 있어서 권력에 대해 투쟁하는 것이 불가능하기 때문이다. 그리고 억압되지 않은 욕망을 강조하여, 무수한 새로운 사물들에 이 욕망이 이용되도록 하는 것은 자본주의의 에토스를 복제하는 것이기 때문이다. 그는 또한 사회적 결정은 들뢰즈와 가타리가 높이 평가한 미시 수준에서 정확하게 이루어지는 것이 아니라고 믿고 있으며, 나아가 모델과 코드에 의해 통제되는 영역, 즉 분자정치학이나 욕망의 미시정치학을 맹목적으로 숭배하는 것에 대해 엄중하게 경고한다.[40]

---

39) 같은 책, p.27.

그리하여 보드리야르는 "분자를 조심하라!"[41]고 선언한다.

이렇게 보드리야르는 《푸코 잊기》에서 푸코의 이론뿐만 아니라 프로이트-마르크스 이론, 들뢰즈와 가타리의 이론에 대한 자신의 비판을 정리하는, 다시 말해서 자신의 입장을 명확히 밝히는 간결한 아포리즘으로 결론맺는다. 그런데 겉으로 단호한 입장을 나타내는 그의 아포리즘은 밝음과 희망보다는 어둠과 혼동을 주는 동시에, 자기 입장의 일관성이 점점 더 흔들리고 있는 징후로 읽혀질 수 있다. 그러나 그의 비판은 고전적 혁명이 더 이상 불가능한 사회에서 이전의 문화이론과 사회이론을 거부해야 할 것인지, 그리고 푸코를 잊어야 할 것인지에 대한 형이상학적인 물음을 던진다.

VII

푸코와 자기 동료이론가들에 대한 보드리야르의 비판은 자주 공격적이고 도발적이었다. 그러나 보드리야르는 자신의 일관성 있는 반대입장을 표명하지 못한 채 그리고 다양한 시각을 갖지 못한 채 자신의 이론을 전개해 나갔다. 사실 어떤 이론이든, 특히 탈근대 이론의 경우에는 이것 아니면 저것이라는 단순한 논리를 채택

---

40) Steven Best/Douglas Kellner, *Postmodern Theory: Critical Interrogations*, Guiford Press, 1991, p.125 참조.

41) *OF*, pp.48.

하기보다는 다양한 시각의 접근이 요청된다. 일반적으로 시각의 다양성은 단일한 시각보다는 현상에 대한 풍부한 접근을 제시해 준다. 들뢰즈와 가타리, 료타르에 의해 널리 퍼진 프로이트-마르크스의 이론에서와 마찬가지로, 보드리야르는 푸코의 이론에서 보존할 만한 것이라고는 거의 찾아내지 못했다. 그는 그들의 이론들로부터 의미있고 가치있는 것들을 끌어내려고 하지도 않았고, 오히려 너그럽지 못하게 그들 모두를 거부해 버렸다.

그러면 보드리야르의 이러한 비판적 시각과 관련하여, 우리는 현대사회에서의 권력의 궤적을 스케치하려는 푸코의 시도가 시대에 뒤떨어진 것이라고 결론내려야 하는가? 보드리야르에 따르면, 푸코의 권력이론은 권력의 이면에 무언가가 있다고 추정했으며, 따라서 철저한 비판을 통해서 현대사회에서 권력이 어떻게 기능하고 때때로 숨은 힘이 자신의 목적을 위해 어떻게 권력을 행사하는지 밝히려고 시도하였다. 물론 여기서 보드리야르는 푸코가 권력의 결정적인 구조와 관계 및 행사가 있다고 믿는 것을 비난한다. 반면에 보드리야르에게 있어 권력의 행사는 단지 권력의 시뮬라크르일 뿐이다. 보드리야르의 세계 안에서는 권력의 실재가 사라지는 시뮬라시옹의 유희만이 있을 뿐이기 때문이다. 설령 권력이 존재한다 할지라도, 실재로서의 권력은 죽었으며,[42] 따라서 모든 것은 권력의 환상, 권력의 환각, 권력의 기호에 불과하다.

그러므로 푸코는 보드리야르에게서 철저하게 거부되었다. 왜냐하면 푸코는 현대세계에서 권력이 기능하는 복합적인 방식을 분석할 수 있다고 믿었기 때문이다. 보드리야르는 우리에게 푸코의 이러한 환상을 잊어버릴 것을 요구한다. 그러나 과연 우리는 욕망과 권력의 절대적 필요성과 집요함으로부터 쉽게 벗어날 수 있는가? 오늘날 권력은 주요한 정치적 담론이 되고 있으며, 일상생활 속에서 다양한 방법으로 기능한다. 지배적인 형태의 권력은 특히 소비사회와 대중정치 속에서 욕망에 집중하거나 욕망의 확실한 형태를 이루고 욕망을 전달하려고 한다. 그리고 오늘날 정치적 광고와 미디어 정치는 욕망을 다양한 정치인들과 그들의 가치와 제도에 호의적인 채널로 조정하려고 한다.

이런 상황을 고려하여 푸코에 대한 보드리야르의 비판을 넘어서 우리가 푸코와 보드리야르의 분석을 결합한다면 어떠할까? 우리는 욕망과 권력의 형태를 검토하는 데 다소의 진전을 이룰 수 있을 것이다. 푸코가 권력과 지식을 이용하는 담론과 제도와 실천을 분석하는 데 반해, 보드리야르는 현대사회와 일상생활을 변화시키기

---

42) 과연 "권력은 죽었는가?" 사실 보드리야르가 《푸코 잊기》를 발표한 1970년대 후반과 1980년대에 접어들면서 권력의 개념은 커다란 위기에 직면하였다. 즉 사람들은 권력의 죽음을 놓고서 격렬한 논쟁을 벌였다. 보드리야르는 권력의 죽음을 확언한 그 토대 위에서 푸코에 대한 비판을 가다듬었다. 그러나 오늘날의 상황은 보드리야르와는 다른 시각에서 전개되고 있지 않은가? 권력의 망령이 새로운 형태를 띠고서 다시 수면 위로 올라와 떠돌고 있는 것이다. 도대체 권력은 어떤 모습으로 바뀌었는가? 모든 증거들을 볼 때, 권력은 죽지 않았다. 만약 무엇인가가 죽었다면, 그것은 권력이 아니라 지식이다. 오히려 권력은 현실사회에서 급격한 변환을 거치면서 결국 지식의 변형을 일구어 낸다고 할 수 있다(카를로 프레체로, "텔레비전 시대의 지식과 권력," 《세계 사상》, 동문선, 1997 여름, pp.56-57).

위해 미디어와 정보기술과 시뮬라시옹이 어떻게 작용하는지 분석하기 때문이다.

물론 푸코는 권력과 억압의 기능을 분명하게 하는 담론과 제도와 실천을 연구하는 신중한 면을 보여준다. 그러나 우리가 앞서 지적했듯이, 푸코는 현대사회의 핵심적인 메커니즘, 즉 미디어와 시뮬라시옹, 기호와 소비 따위를 무시해 버린다. 푸코는 이러한 중요한 현상들에 대하여 어떠한 논의도 하지 않았다. 권력에 대한 푸코의 분석은 따라서 결정적인 차원들을 결여하고 있는 셈이다. 반면에 이러한 현상들에 대한 보드리야르의 집중은 욕망과 권력에 관한 담론에 중요한 차원을 덧붙여 놓는다. 그러나 보드리야르 역시 현대사회의 권력의 다양한 형태들, 즉 규율·감시·고문·성차별 등 사회통제양식들의 이질적인 특성들을 평가하지 못한다.

그러면 우리는 푸코와 보드리야르의 어느 쪽도 잊지 않고 둘 다를 이용하면서 욕망과 권력의 형태를 규명하는 데 만족해야 하는가? 사회의 다양한 영역을 이해하기 위해 다양한 시각을 필요로 하는 현상황 아래서 푸코와 보드리야르의 이론은 어떤 한계를 지니지 않는가? 우선 푸코와 보드리야르의 이론에서 권력은 너무도 탈중심화되어 있어서, 우리는 권력의 궤적을 파악하는 것이 불가능해질 수 있다는 점을 지적할 수 있다. 그러므로 적합한 권력이론은 푸코와 보드리야르 둘 다를 잊어버리고 사회적 상황에 따라 권력의 다양한 형태를 이론화하는 것이 될 것이다.

사실 푸코와 보드리야르의 이론에는 권력, 지배, 사회적 투쟁의 변화하는 모습들을 이론화할 수 있는 다양한 시각의 접근들이 결여되어 있다. 그들은 실제로 존재하는 어떤 권력의 구조도 윤곽짓지 않으며, 권력을 비판하거나 공격하는 적합한 규범적 기준을 이론화하지 않는다. 그리고 어떤 집단이나 영역이 감옥이나 미디어·정부 따위를 통제하는지 언급하지 않는다. 뿐만 아니라 그들은 경제나 성의 지배의 중요성을 편파적으로 생각하고 축소하는 경향이 있다.

사실 어떤 이론적 전망도 늘 계시적이 될 수 없고, 어떤 정치적 전략도 우리가 직면하는 문제들을 해결할 수는 없다. 따라서 우리는 이론적 순수성을 지닌 보드리야르의 이론과 입장을 순전히 받아들이기보다는 그의 이론과 입장과 더불어 여러 이론가들의 다양한 이론과 입장을 수용하는 것이 바람직할 것이다.

푸코와 자기 동료이론가들에 대한 보드리야르의 비판과, 그들의 이론에 대한 그의 거부는 자신의 담론과 이론을 생산하고 자신을 그들의 환상으로부터 해방시키려는 하나의 시도로 간주될 수 있다. 그러나 어떻게 보면 보드리야르는 자신이 《푸코 잊기》에서 비판하고 있는 해방적 이데올로기의 희생물일지도 모른다. 더욱이 자기 동료이론가들과 무관한 자신의 담론과 이론을 생산해 내는 그의 시도는, 모델·코드·미디어·시뮬라크르·시뮬라시옹이 지배하는 탈근대 사회에서 비롯된 것일지도 모른다.

어쨌든 보드리야르는 자신의 《푸코 잊기》가 1970년대와 1980년대에 걸쳐 논쟁거리가 되었음에도 불구하고, 푸코와 자기 농료이론가들의 이론과 입장을 거의 수용하지 않은 채 자신의 독자적인 이론적 세계를 구축하면서 여전히 보드리야르적인 이론적 텍스트를 생산하였다. 보다 다양하고 포괄적인 시각과 전망을 필요로 하는 비판적 문화이론과 사회이론에 맞서서….

4 페미니즘, 그리고 유혹
― 아이러니와 도전으로서의 유혹

보드리야르는 '급진적 이론'과 '급진적 사유'로 탈근대의 이론을 좀 더 기름진 이론의 들판으로 이끌어 가는 사상가로 평가된다. 그는 이론의 바른길과 옆길을 통해 새로운 이론적인 길을, 그리고 사유의 바른길과 옆길을 통해 새로운 사유의 길을 늘 모색하기 때문이다.

보드리야르의 이론적 작업은 대체로 탈근대의 사회와 문화에 대해 독창적이고 아이러니컬한 분석을 시도한다. 그의 초기 저작들, 《사물의 체계》(1968)와 《소비사회》(1970)는 사물·소비사회·대중매체와 정보·예술·성·사상의 체계에 대한 분석을 통해 근대성을 이론화한다. 그러나 1970년대 이후의 그의 저작들은 탈근대적 문화이론과 사회이론을 전개하기 시작한다. 이 저작들은 크게 두 부류로 나누어질 수 있는데, 하나는 탈근대 시대의 대중매체와 사회현상에 대한 연구이고, 다른 하나는 초기에 내재하던 비판적 이론으로부터 급진적 이론으로 방향전환을 모색하는 것이다. 전자의 경우에는 《상징적 교환과 죽음》(1976), 《시뮬라크르와 시뮬라시옹》(1981) 등이 속하는데, 이 저작들에서는 탈근대 사회의 새로운 현상들이 인간 경험의 새로운 영역, 역사의 새로운 단계를 구성하게 되어 이제까지 지배적이던 산업사회의 가치와 범주와 경계를 무너뜨렸으며, 따라서 새로운 유형의 사유방식이 필요함을 촉구하고 있다. 후자의 경우에 속하는 《유혹에 대하여》(1979)와 《숙명적 전략》(1983) 등은 이 새로운 유형의 사유방식의 한 예로서 급진적 이론을 보여주는데, 보드리야르의 사유는 이른바 탈근대적 형이상학으로 기울어진다. 이 시기는 보드리야르의 형이상학적 전환의 시기에 속한다. 이러한 전환을 어떻게 보느냐에 따라 보드리야르에 대한 평가는 완전히 갈라지는 경향이 있다. 인식론적으로 냉소주의와 허무주의에 빠졌다는 비판이 있는가 하면, 오늘날의 문화이론과 사회이론에 중요한 도전과 기여를 한다는 평가도 있다.

보드리야르의 《유혹에 대하여 *De la séduction*》는 '페미니즘에 대한 공격'으로 여겨지는 매우 도전적인 책이다. 1979년에 출판되었다가 1981년에 재출판되기도 한 이 책은, 그의 이론적 기반을 보여주는 중요한 저작들 중의 하나이며, 그의 저작들을 총체적으로 파악하는 데 중요한 열쇠가 되고 있다. 보드리야르는 이 책을 통하여 페미니즘을 급진적인 시각에서 논의함으로써 새로운 문제를 제기한다.

이 글은 페미니즘에 대한 보드리야르의 비판을 통하여 그의 이론적 작업을 분석하는 것을 목표로 삼는다. 따라서 우리는 페미니즘에 대한 보드리야르의 입장을 일관성 있게 검토하면서 가능한 한 주관적인 관점이 배제된 채로 보드리야르의 논의의 타당성을 진단할 것이다. 이를 위하여, 우리는 그의 이론적 작업을 크게 세 단계로 나누어 다루어 나갈 것이다. 먼저 앞부분에서는 보드리야르의 중요한 이론적 토대가 되는 유혹[1]/생산의 관계를 통하여 푸코, 들뢰즈/가타리의 입장과 보드리야르의 입장이 어떻게 다른가를 살펴보고자 한다. 이어서 뒷부분에서는 남성/여성, 남성적인 것/여성적인 것의 차이를 검토하면서 보드리야르가 어떻게 남성/여성의 고정된 이원성을 뒤집어엎는가는 살펴볼 것이다. 이 글의 마지막 부분에서는 보드리야르의 유혹이론을 구체적으로 분석하면서 보드리야르의 입장에 대한 비판과 아울러, 함정에 빠진 성의 혁명 또는 여성해방운동에 대한 그의 도전, 즉 페미니스트들의 입장에 대한 그의 공격을 검토해 볼 것이다. 이러한 단계를 거치면서, 우리는 보드리야르의 이론적 작업이 갖는 한계를 지적함과 동시에, 그의 이론적 작업이 여전히 확보하고 있는 가능성을 가늠해 볼 것이다.

---

1) 보드리야르에게 있어서 '유혹(séduction)'이란 개념은 그의 여러 저작들에서 형이상학적이고 포괄적인 의미로 사용되고 있다. 그의 독창적인 저작인 《상징적 교환과 죽음》에서부터 《유혹에 대하여》《숙명적 전략》, 그리고 최근의 저작들인 《타자성의 형태》《완전범죄》《불가능한 교환》 등에 이르기까지 이 개념은 그의 논의에 있어서 줄곧 등장하는 핵심적인 개념이다.

I. 유혹/생산

보드리야르는 끊임없는 도전과 도발을 시도하는 사상가이자 이론가이다. 그는 자기 사상에 많은 영향을 준 마르크스와 프로이트뿐만 아니라 동시대의 사상가들과 여러 조류들, 특히 푸코·들뢰즈·가타리·프로이트-마르크스주의·페미니즘에 도전한다. 그는 마르크스의 이론을 '생산의 거울'로, 프로이트의 이론을 '욕망의 거울'로 평가하면서 생산의 거울에 빠진 마르크스주의와, 욕망의 거울과 무의식의 원리에 빠진 정신분석학을 공격한다. 그의 입장에서 보면, 마르크스와 프로이트는 환원주의적이라고 비판되고, 프로이트적 무의식의 적용은 배격된다. 특히 그는 정신분석학의 핵심적인 원리들인 욕망과 무의식을 거부한다. 따라서 그는 욕망과 무의식에 근거하거나 거기에서 출발하지 않는다. 오히려 그는 욕망과 무의식을 넘어서 상징적인 차원을 제시한다. 그는 무의식이나 욕망은 사회의 작용으로 이루어진다는 점, 즉 사회화의 과정으로 파악되어야 한다는 점을 강조한다. 요컨대 무의식이나 욕망은 사회적 공간 안에서 구성되는 것이며, 사회의 구조 속에서 벗어나 탈주하는 존재가 아니라는 것이다.

그리하여 《푸코 잊기》에서 푸코는 "담론으로서의 성의 생산만을 꿰뚫어 보는 눈을 갖고 있다"[2]는 점에서, 성 혹은 욕망은 이제 더 이상 억압되는 것이 아니라 사회적으로 규정되고 증식된다는 점에

서 비판받는다. 말하자면 푸코와 프로이트-마르크스주의는 생산
의 논리에 근거한 억압/해방의 이분법을 사용한다는 점에서 보드
리야르에게서 비판받는다. 그렇다면 푸코, 나아가 들뢰즈/가타리
와 보드리야르의 차이는 무엇인가? 이는 우선 욕망과 생산 및 유
혹과의 관계에 대한 파악에서 두드러지게 드러난다. 보드리야르가
욕망에 대한 담론을 공격할 때, 그것은 무의식 개념에 대한 비판에
의해 이루어지기도 하지만 동시에 생산의 개념에 대한 비판에 의
해 이루어지기도 한다. 특히 후자에 대한 보드리야르의 반박은 과
격하면서도 급진적이다. 보드리야르는 생산에 근거를 둔 사회를
비판하기 위해 생산의 개념을 부정적으로 사용한다. 게다가 그는
생산의 개념과, 그에 기초한 사회적 메커니즘의 전면적인 파괴를
주장한다. 그리하여 그는 생산 대신에 유혹을, 현실적이고 상상적
인 질서 대신에 상징적인 질서를 내세운다.

근본적으로 보드리야르는 유혹을 상징적인 질서와 같은 차원에
서만 이루어지게 하려고 하면서 유혹과 욕망의 관계에 대해서는
커다란 비중을 두지 않는 듯하다. 그에 의하면, 자본주의 사회에서
는 욕망의 분출이 자유롭다. 그리고 구체적으로 꿈꾸어진 욕망은
상상적인 질서에 속한다. 욕망 분출의 상상은 무한적 생산의 상상
과 같은 짝을 이룬다. 욕망이 분출하는 것은 생산의 거울과 같은
형태인 욕망의 거울에 투영되어 있기 때문이다. 그러므로 욕망은

---

2) Jean Baudrillard, *Oublier Foucault*, Galilée, 1977, p.72(약호 *OF*).

생산성의 논리와 같은 뿌리를 가지며 같은 움직임 속에서 이루어진다. 즉 어디서나 늘 생산은 유혹을 근절하여 욕망의 관계라는 유일한 구조 위에 뿌리내리려고 한다.[3] 이와 같은 논리는 유혹과 상징적인 질서와의 관계 속에서 구체화된다. 유혹은 베일의 작용에 의해서 이루어진다. "유혹은 어떤 가시적인 질서로부터 물러나는 것"[4]이며, 상징적인 질서 속에서만 이루어지는 것이다. 반면에 생산은 욕망을 보여준다는 명목으로 그 베일을 벗겨 버린다. 생산은 자본주의 사회의 상상적 질서 속에 머무르면서 모든 것을 명확하게 보이게 하려는 시도이다. 즉 생산은 모든 것을 눈에 보이게 하고, 드러나게 하고, 나타나게 하려고 한다. 문서가 만들어지듯이, 혹은 배우가 무대 위에 나타나듯이, 욕망도 이렇게 생산된다. 생산은 다른 질서(상징적 질서)에 속하는 것을 물질화되게 힘을 가하는 것이다. 그리하여 생산은 상상적 질서에 묶여 있는 욕망의 완전한 자연화에 대해서만 여지를 남겨 놓는 불가역적인 과정을 향하여 나아간다. 보드리야르는 들뢰즈/가타리에게 있어서의 욕망을 생산으로, 특히 불가역적인 생산과정으로 환원시킨다. 요컨대 그는 욕망을 불가역적인 생산의 과정으로만 이해하고 있다.[5] 따라서 현재의 자본주의 사회에서는 생산의 여러 형태들(축적·진보·성장)이 욕망의 생산과 같은 양상을 지니는 것으로 파악된다.

---

3) Jean Baudrillard, *De la séduction*, Galilée, 1979, p.71 참조(약호 *DS*).
4) *OF*, p.27.
5) *DS*, p.70 참조.

보드리야르는 이렇게 말한다. "유혹은 생산보다 더 강하다. 그리고 유혹은 성욕보다 더 강하다. 성욕과 유혹은 결코 혼동되어서는 안 된다(…). 유혹은 도전, 한술 더 뜨기, 죽음으로 이루어진 순환적이고 가역적인 과정이다. 이와 반대로 유혹이 욕망이라는 에너지의 항목으로 축소되고 제한된 형태가 성적인 것이다."[6] 여기서 유혹이 '도전'이라는 말은 무엇을 의미하는가? 이는 바로 이미 존재하는 생산에 대한 도전이다. 유혹의 전략은 생산을 파괴하는 것이다. 생산은 직선적이고 불가역적인 의미를 지니고 있다. 유혹은 생산의 직선성·불가역성에 대응하는 것이다. 그렇다면 보드리야르가 도식화한 유혹(séduction)/생산(production)[7]의 관계는 대립적인 관계인가? 물론 그는 "유혹은 어느 곳에나 존재하고 늘 생산에 대립되는 것이다"[8]라고 말한다. 한 번 더 말하자면 유혹은 "한술 더 뜨기, 죽음으로 이루어진 순환적이고 가역적인 과정"[9]이다. 이것은 보드리야르가 보고 있는 사회운동의 과정이다. 하나의 사회운동은 사회의 현실적이고 상상적인 질서에 대항하면서 사라져

---

6) *DS*, pp.70~71.

7) 보드리야르는 유혹/생산의 대립을 단어적 표현에서 영감을 얻는다. se-ducere는 '빛으로 지탱하다' '눈에 보이게 하다' 등을 의미하는 pro-ducere와 대립된다. se-ducere는 정반대의 운동을 상기시킨다. '멀리 데려가다' '떼어 놓다' '자신의 길로부터 일탈시키다' 등의 의미를 지닌다. 그는 sé-duction/pro-duction의 단어적 구조에서 생산에 대립되는 개념으로 유혹의 개념을 만들어 낸 것이다.

8) *OF*, p.27.

9) 같은 책, 같은 쪽.

가는 것이다. 그러나 이러한 행위는 생산양식에 대한 변증법적인
부정이 아니라 사회관계를 이루는 생산에 대한 무한한 무조건적인
거부인 것이다.

II. 여성의 힘＝유혹의 힘

사실 보드리야르의 논의의 핵심은 앞서 간략하게 설명한 유혹/
생산의 대립과 관련이 있다. 《유혹에 대하여》에서 보드리야르는
신의 질서가 아무리 생산이나 욕망의 질서라고 해도 유혹은 늘 신
의 질서를 파괴하고자 한다고 말한다. 모든 정통성의 입장에서 보
면, 유혹은 언제나 마법이고 기교이다. 그래서 전통 철학에서는 유
혹을 생산과 본능의 차원과 비교하여 기교와 가상의 차원으로 간
주하였다. 보드리야르에 의하면 자본주의 시대는 생산과 본능의
시대였으며, 이 시대에서의 유혹은 생산과 본능을 거부하였다. 따
라서 생산의 차원에 대립되는 것은 바로 "기호와 의례의 차원
(l'ordre du signe et du rituel)"[10]인 유혹의 차원이었다.

《유혹에 대하여》에서 보드리야르가 생산의 세계에 대한 대안으
로, 그리고 생산주의적 성개념에 대한 대안으로 제시하는 것은 유
혹이다. 보드리야르는 누군가를 부추켜 성교를 갖도록 한다는 의

---

10) *DS*, p.10.

미로 유혹을 설명하지 않는다. 그는 유혹을 의례로, 규칙을 지닌 놀이로, 매력으로, 인위적인 기교로 설명한다. 다시 말해 그는 유혹이란 가상의 차원에서, 기호와 의례의 차원에서 이루어지는 것이며, 성적 쾌락의 자연스러운 추구와는 달리 철저하게 인위적인 것이라고 생각한다. 또한 그는 유혹과 여성을 관련시키고 있다. 그는 여성이 가역성의 원리, 즉 인위적인 기교를 특징짓는 무차별의 원리인 반면, 남성은 불가피하게 표지가 있고 제한되고 차별화되는 것이라고 주장한다.

더욱이 보드리야르가 성욕과 유혹을 구별짓는 것을 파악하는 일은 매우 중요하다. 오늘날 성욕보다 더 혼란스럽고 불확정적인 것은 없는 것처럼 보이기 때문에, 보드리야르는 성욕 자체는 남성적인 것이라고 단언한다. "프로이트는 옳다. 그는 유일한 성욕, 유일한 리비도만이 있다고 말했는데, 그것은 바로 남성의 성욕이다. 성욕은 남근과 거세, 아버지의 이름과 억압에 집중되는 견고하고 구별 가능한 구조이다. 그외의 다른 성욕은 없다. 남근적이지 않고, 방해받지 않으며, 표지가 없는 어떤 성욕을 꿈꾸는 것은 소용없는 일이다."[11] 여기서 보드리야르는 남근과 거세와 억압을 둘러싼 구조화된 유일한 성적 동인이 있다는 프로이트의 견해에 동의한다. 실제로 이 구조를 둘러싸고 연결된 모든 성은 남성이다. 그러나 오늘날에는 이 구조의 광범위한 와해[12]가 일어나고 있다. 즉 구조의

---

11) *DS*, p.16.

미분화와 성적 다면성으로 향하는 경향이 생겨나고 있는 것이다. 성의 혁명이 갖는 함정은 여성화의 방향에서 남성과 여성의 근본적인 구별을 불명확하게 만드는 것이다. 이러한 움직임의 합리화는 여성에 대한 오래된 억압[13]을 극복하려는 의도에서 찾아진다.

사실 이러한 견해는 성에 관한 이론을 둘러싼 완벽한 전략에 기초한 정신분석학에서 수용되고 심화되고 있다고 보드리야르는 주장한다. 그러나 이 견해는 여성의 차원에서(이 차원은 정신분석학이 파악하지 못하는 바로 그곳에 있다), 즉 생산이나 욕망의 차원이 아니라 유혹의 차원에서 여성의 힘이 지니는 근거를 무시하는 것이다. 여성의 힘은 성 그 자체 속에 있지 않다. 그러므로 유혹의 차원에서 관계들은 억압이나 무의식의 행위의 과정으로 환원될 수 없다. 만약 이러한 비판이 올바르고, 유혹이 도전과 놀이, 가상의 전략과 가역성을 포함하는 것으로 파악된다면, "여성은 남성에 대립되는 존재가 아니라 오히려 남성을 유혹하는 존재이다."[14]

유혹의 차원에서 보면, "여성은 표지항(terme marqué)도 무표지

----

12) 만약 구조가 견고할 때는, 모든 여성은 남성에 흡수되고, 구조가 무너질 때는 더 이상 여성도 남성도 없게 된다. 요컨대 구조의 영도(degré zéro de la structure)가 되는 것이다. 사실 오늘날 동시에 일어나고 있는 것은 바로 이것이다. 보드리야르는 그 구체적인 예로 에로틱한 다면성, 욕망의 무한한 잠재성, 분기회로, 회절, 리비도적인 강렬함 등을 들고 있다(DS, pp.16-17 참조).

13) 그러나 이러한 억압은 예전의 사회에서는 대체로 여성의 육체적 고통에 집중되었다. 여성이 힘과 우월성을 동시에 지니고 있었던 다른 차원을 제외하고는.

14) DS, p.18.

항(terme non marqué)도 아니다."[15] 여성은 생산력의 차원에 있지 않으며, 또한 생산이 지배항이 되는 곳에서도 발견되지 않는다. 여성은 언제나 다른 곳에 있다고 보드리야르는 말한다. 이것이 바로 여성이 지니는 힘의 비밀이다. 여성은 자신이 생각하는 그곳에 결코 있지 않기 때문에 유혹하는 것이다.

물론 유혹이 지니는 절대적인 힘은 관습상으로 여성적인 것이라고 말해질 수 있다. 다시 말해서 성욕이 근본적으로 남성적인 것처럼, 유혹은 여성적인 것이다. 보드리야르는 성욕을 여성의 항목 속에서 다시 규정하고자 하는 데리다나 뤼스 이리가레(Luce Irigaray) 같은 페미니스트들이 성욕의 남성적인 생산주의적 모델을 수술하고 있다고 비판한다.[16] 예를 들면 이리가레는 여성의 성적 쾌락과 오르가슴을 성욕의 모델로 받아들이고 있다. 게다가 이리가레는 성욕의 모델을 직선적·남근적·사정적인 것이라기보다는 오히려 여성적·다형적·분산적·복합적인 것이라고 주장한다. 이는 보드리야르가 예로 든 이리가레의 구절——여성의 해부학에서 비롯된 여성의 특수한 성적 쾌락을 묘사한 구절——에서 더욱 두드러진다. "여자의 쾌락은 음핵의 능동성과 질의 수동성 사이에서 선택할 필요가 없다. 질이 애무될 때 느껴지는 쾌락은 음핵이 애무될 때 느껴지는 쾌락을 대신할 수는 없다. 그것들은 다른 것과 바꿀 수

---

15) 같은 책, 같은 쪽.

16) Douglas Kellner, *Jean Baudrillard: From Marxism to Postmodernism and Beyond*, Polity Press, 1989, p.144 참조.

없는 방식으로 여자의 쾌락에 서로 협력한다…. 많은 다른 것들 중에서… 가슴의 애무, 음문 만지기, 반쯤 벌린 입술, 질의 뒤쪽 벽을 왔다갔다 하면서 누르기, 자궁의 경부를 살짝 스치기 따위는 특히 여성적인 쾌락만을 불러일으키는 것이다."[17]

보드리야르에 의하면 다형적인 성적 쾌락의 행복은 여성적인 것이 아니다. 보드리야르는 여성의 특수한 성적 쾌락, 즉 말과 글쓰기에 대해 이야기하는 페미니스트들이 여성을 본능에 따르게 하고, 여성을 육체의 목소리, 즉 본능의 목소리로 나타낸다(마치 말이나 글쓰기가 생물학 이전에 존재하는 자연스러운 표현이 될 수 있는 것처럼)고 주장한다. 자연스러운 욕망은 사회적 구속으로부터 벗어나야 한다는 입장을 지지하고 있는 들뢰즈나 성해방론자들에 대해, 보드리야르는 똑같은 불평을 늘어놓는다. 보드리야르는 그들이 형이상학적인 본질주의와, 본능과 진실의 말에 사로잡혀 있다고 말한다. 그리하여 이 경우에는 (여성의 혹은 욕망하는) 육체와 무의식은 본능의 진실을 말하고 인간의 근원적인 실재를 표현한다는 것이다.

보드리야르는 여성의 본능과 힘을 여성의 생물학에 두지 않고, "여성의 힘은 바로 유혹의 힘이다"[18]라고 단언한다. 그리고 그는 덧붙여 이렇게 말한다. "견고한 구조로서 약화되고 있는 정신분석과 성욕, 즉 정신적이고 분자적인 세계(정신분석과 성욕이 결정적

---

17) *DS*, p.20.
18) *DS*, p.18.

으로 해방되는 세계)에서 격하되고 있는 정신분석과 성욕은 (정신분석과 성욕이 서로 만날 수 없는 방향과 평행을 이루는) 다른 세계를 어렴풋이 보게 한다. 이 다른 세계는 정신적이고 심리학적인 관계나 억압 또는 무의식에 의해 해석되지 않고, 유희·도전·결투적인 관계와 가상의 전략, 즉 유혹에 의해 해석된다. 다시 말하면 변별적인 구조와 대립에 의해서가 아니라 유혹적인 가역성에 의해 해석된다. 이 세계에서는, 여성은 남성에 대립되는 존재가 아니라 남성을 유혹하는 존재이다."[19]

사실 유혹은 정확히 남성과 여성 사이의 고정된 이원성을 뒤집어엎는 것이고, 정의하기 어렵고 구별짓기 어려운 것이다. 그리하여 보드리야르에게 있어서, 여성은 본능이나 생산을 나타내는 것으로 해석되지 않고, "성적인 조직 전체가 억누르려고 하는 성전환적인 유혹"[20]으로 해석되고 있다. 유혹은 "상징적인 세계의 지배를 나타내는 반면, 권력만이 현실세계의 지배를 나타낸다."[21] 보드리야르는 여성의 엄청난 특권은 이 상징적인 세계와의 특수한 관계로부터 생겨난다고 주장한다. 유혹은 권력의 관계에 대립하고 그러한 관계와는 다른 가상의 전략이다. 유혹에 내재되어 있는 힘은, 여성의 모든 진실을 제거하고 여성을 유희 속에, 즉 가상의 순수한 유희 속에 들어가게 하여 권력의 모든 체계를 무너뜨린다.

---

19) 같은 책, 같은 쪽.
20) *DS*, p.19.
21) 같은 책, 같은 쪽.

이는 육체를 강렬한 욕망으로서가 아니라 가상으로서 작용하도록 하는 것이다.

그런데 여성해방운동은 진실의 차원과 기이하고도 강렬한 결탁을 하고 있으므로, 유혹을 거부한다. 다시 말하면 유혹은 자신의 육체와 욕망 속에 들어 있는 것으로 간주되는 여자의 진실을 인위적으로 왜곡시킨다 하여 폐기된다. 보드리야르는 "다른 모든 힘에 대등하고 탁월한 이 유일한 힘을 부인하는 것은 있을 수 없는 무분별한 행위"[22]라고 지적한다.

III. 가상의 전략/가상의 가치

프랑스 페미니즘에 도전하는 보드리야르는 '해부학은 운명이다'라는 프로이트의 주장에 대응하려고 한다. 그는 남성의 우월성을 능가하는 여성의 해부학이나 심리학이나 글쓰기의 우월성을 강조하고 있는 페미니스트들은 다른 차원에서 프로이트의 입장을 재현하고 있을 뿐이라고 단언한다.[23] 요컨대 프로이트의 입장에 대하여, 그는 오직 유혹만이 '운명으로서의 해부학'에 철저하게 대립될 수 있으며, 또한 남성적인/생산주의적인 사회질서를 완전히 뒤집을 수 있다는 것이다. "유혹은 소위 실재의 모든 깊이의 뒤집기, 모

---

22) *DS*, p.20.

든 심리학과 모든 해부학의 뒤집기, 모든 진리와 모든 권력의 뒤집기 속에 곧바로 있는 것이다. 유혹은 알고 있다. 해부학이란 존재하지 않으며, 심리학도 존재하지 않고, 모든 기호는 뒤집을 수 있다는 사실을."[24]

사실 가상 이외에는 그 어떤 것도 유혹에 속하지 않는다. 유혹의 전략은 현실원칙에 대립되는 가상의 전략(stratégie des apparences)일 뿐이다. 유혹은 이 가상의 전략이라는 단순한 전략에 의해 모든 다른 힘을 뒤집을 수 있다. 그러면 무엇이 유혹에 대항할 수 있는가? 유일한 내기는 가상의 지배와 전략 속에서 존재와 실재의 힘에 대항하는 데 있다. 따라서 실재를 실재에 맞서게 하거나 존재를 존재에 대항하게 하거나 진실을 진실에 맞서게 하는 것은 아무런 소용이 없다. 이는 바로 가상을 간단하게 조작하는 것만으로 충분한 데도, 토대의 전복이 갖는 함정인 것이다.

이렇게 보드리야르는 《유혹에 대하여》의 처음부터 끝까지 역전과 아이러니와 도전의 내기를 계속한다. 그는 이리가레 같은 페미

---

23) 보드리야르는 이리가레가 이야기하는 그 어떤 것도 '해부학은 운명이다'라는 프로이트의 견해를 비판하지 못하고 있다고 불평한다(보드리야르는 프로이트는 큰 실수를 범했으며, 해부학은 운명이 아니라고 주장한다). 이리가레의 이야기에서, 중요한 것은 인위적인 기교나 유혹적인 육체에 미치는 효과가 아니라 언제나 조종된 욕망의 개념이다. 다시 말해서 언제나 담론을 지배하고 있는 성욕을 구체화하는 문제이다. 유일한 힘이나 유일한 관점만이 '해부학은 운명이다'라는 프로이트의 견해와 남근적 가치에 실제로 이의를 제기할 수 있는 것이다. 보드리야르는 이것이 바로 모든 환원주의에 대한 철저한 대안이라고 주장한다.
24) *DS*, p.22.

니스트들이 여성 차별주의적인 견해를 공격하고, 그리하여 남성보다 우월한 여성의 생물학적인 본능을 찬양하는 것을 비난한다. 그러나 이 경우 우리는 포스트구조주의적이고 급진적인 페미니즘의 논의 방향을 바꾸어 보드리야르의 입장에 맞설 수 있으며, 마치 성행위가 지배적인 형태와 실행 속에 있듯이 남성과 여성은 사회의 구조물이라고 주장할 수도 있다.[25] 사실 논의의 여지가 있는 그런 이유라면, 남성 혹은 여성이 (보드리야르에게 있어서 남성의 차원인) 생산과 (여성의 차원인) 유혹과 같은 특수한 성적 특질이라고 생각하는 것은 잘못된 일인지도 모른다.

《유혹에 대하여》에서 보드리야르는 여성성이 지닌 본질적인 담론을 사용한다. 예를 들면 그는 깊이 혹은 표면으로서의 여성의 특성을 논한다. 그리고 여성이란 "표면과 깊이가 불분명한 존재"[26]이거나 "진실함과 인위적임 사이에서 무관심을 나타내는 존재"[27]라고 결론짓는다. 그는 "여성성은 진실한 것이든 피상적인 것이든, 근본적으로 같은 것이다"[28]라는 조안 리비에르의 견해를 전적으로 받아들인다. 보드리야르에게는 가상의 여성성 이외의 다른 여성성이란 없다. 확실히 그는 가상의 가치를 규정한다. 그리하여 여성은 깊이를 넘어선다. 사실 깊이로서의 남성에 대립되는 것은 정확하

---

25) Douglas Kellner, *op. cit.*, p.145 참조.
26) *DS*, p.22.
27) 같은 책, 같은 쪽.
28) *DS*, p.23.

게 표면으로서의 여성이 아니다. 여성은 남성에 대립되지 않는다. 여성은 남성에 대립되는 존재가 아니라 남성을 유혹하는 존재이다. 그러나 어떤 방식으로든 남성과 여성의 차이[29]를 본질화함으로써 과연 무엇을 얻을 수 있는지는 분명하지 않다. 왜냐하면 남성과 여성의 이러한 대립은 사회의 구조물인 동시에 진보적인 개인들이 해체하고 극복해야 하는 억압의 공간이기 때문이다.

IV. 도전으로서의 여성

《유혹에 대하여》에서, 보드리야르는 자신의 본질적인 이야기를 계속하면서 정확히 유혹의 남성적 형태와 여성적 형태가 있는지, 혹은 유일한 무성의 형태만이 있는지 물음을 제기한다. 그는 유혹은 "양극, 즉 전략의 극과 동물성의 극 사이에서 동요한다"[30]고 단언한다. 그가 동물성=유혹하는 여성, 전략=유혹하는 남성이라고 생각하는 것은 놀랄 만한 일이 아니다. 여성의 유혹은 동물적인

---

29) 보드리야르에 의하면, 차이의 문제는 대치한 항들이 차이가 있는 것이 아니라 비교되지 않기 때문에 해결될 수 없는 것이다. 사람들이 늘 대립시키는 항들은 양립되지 않는 것들이다. 그래서 차이의 개념은 의미를 지니지 않는다. 따라서 남성과 여성은 비교되지 않는 두 항이다. 결국 성적 차이가 없는 것은 두 성이 대립하지 않기 때문이다. 보드리야르는 "여성은 남성과 대립되지 않고 성적 차이를 넘어서 어디에선가 남성과 더불어 작용한다. 두 항은 대조를 이루지 않는다"라고 말한다(Jean Baudrillard, *Le crime parfait*, Galilée, 1994, pp.170-171).

30) *DS*, p.122.

매력과 화장과 기교를 지니는 반면, 남성의 유혹은 의식적인 전략을 지닌다(설령 유혹자 자신이 일반적으로 유혹당한 자라고 보드리야르가 주장한다 할지라도 말이다). 현대 페미니즘의 정통성에 명백히 도전하는 보드리야르는, 진실로 유혹하는 것은 기교라고 주장하면서 자연스러운 아름다움을 능가하는 인위적인 아름다움을 옹호한다. "유혹하는 것은 결코 자연스러운 아름다움이 아니다…. 유혹은 기교의 완화된 기호들이 존속시키는 비밀 속에 있고, 감각·아름다움이나 욕망의 자연스러운 구조 속에 있지 않다."[31] 그리하여 보드리야르는 현대의 페미니스트들이 얼굴과 신체의 기교에 의해 여자를 성적 대상으로 만드는 것을 비난한 데 대해 공격한다. 그는 상징적인 세계의 지배와 매혹적인 가상의 조작인 여성의 화장 사용에 대한 보들레르의 고찰을 인용하면서 오히려 성적 대상을 찬양할 것을 시사한다(이 성적 대상이 인위적인 외관을 통해 세계와 성의 순수한 질서에 도전한다는 점에서, 그리고 이 성적 대상만이 생산의 질서로부터 벗어나 유혹의 질서를 회복한다는 점에서 말이다).

여자는 도덕적으로나 법률적으로나 정당하다. 그리고 그녀는 일종의 의무를 완수한다. 마법적이고 초자연적인 존재처럼 보이려고 애쓰면서. 그녀는 놀라게 하고 매혹시켜야 한다. 숭배의 대상인 그녀는 열렬히 사랑받기 위해 자신을 금빛으로 물들여야 한다. 따라

---

31) 같은 책, p.124.

서 그녀는 모든 기술로부터 본능을 극복하는 방법들을 차용해야 한다. 마음을 보다 잘 사로잡기 위해, 그리고 사람들에게 감명을 주기 위해. 만약 성공이 확실하고 효과가 늘 매혹적이라면, 그녀로서는 모든 사람들에게 알려져 있는 술책과 속임수라도 개의치 않는다. 이러한 고찰을 통하여, 철학자인 예술가는 여자가 자신의 부서지기 쉬운 아름다움을 견고히 하고 신성화하기 위해 늘 표현해 온 모든 행위를 정당화하는 것을 쉽게 발견할 수 있을 것이다. 그리고 그것의 열거는 헤아릴 수 없을 것이다. 그러나 우리 시대가 일반적으로 화장이라고 부르는 것으로 제한한다면, 순진한 철학자들이 매우 고지식하게 맹렬히 비난한 화장분의 사용 목적이 저절로 지나치게 돋아난 얼굴의 반점을 사라지게 하고 피부결과 피부색으로 추상적인 통일성——이 통일성은 인간을 조상(statue), 말하자면 탁월하고 숭고한 존재에 직접 접근시킨다——을 창조하는 것이라는 사실을 누가 모르겠는가? 눈썹의 윤곽을 뚜렷이 그리는 검정색과 뺨의 윗부분을 강조하는 빨간색에 대해 말하자면, 그것의 사용이 동일한 원칙, 즉 자연을 넘어서려는 욕구에서 생겨난 것임에도 불구하고, 그 결과는 정반대의 욕구를 충족시키기 위한 것으로 나타나고 있다. 빨간색과 검정색은 삶, 즉 초자연적이고 의미심장한 삶을 표현한다. 눈썹의 이 검은 윤곽은 눈길을 더욱 심오하고 더욱 특이하게 만들며, 또한 눈에는 무한을 향해 열려 있는 창문의 보다 뚜렷한 외관을 부여한다. 반면에 빨간색은 광대뼈를 붉게 물들이고, 눈동자의 빛남도 증대시키고, 여성의 아름다운 얼굴에 창부의 신비스러운 열

정을 덧붙여 놓는다.[32]

　보드리야르는 보들레르의 이러한 견해를 전적으로 수용하고 있는데, 이는 화장과 유행을 공격하고 보다 자연스러운 외관과 행위를 요구하고 있는 페미니스트들에 대한 명백한 도전이다. 보드리야르에 의하면, 성적 대상은 자신의 비현실성을 통해, 즉 기호로 매음에 비현실적으로 도전하는 가운데 성을 넘어서 유혹에 이르게 되는 것이다. 그러나 여성을 기교로부터 벗어나게 하고 자신의 욕망을 자연스럽게 표현할 수 있도록 해주는 데는 위험한 혼란이 뒤따른다. 만약 욕망이 하나의 신화라면──이것은 유혹에 대한 가정이다──욕망이 자연 그대로의 상태의 무한한 기호로 표현되는 것을 그 어떤 것도 막지 못한다. 따라서 기호가 지니는 힘은 자신의 출현과 사라짐 속에 있다. 이렇게 해서 기호들은 사람들을 퇴색하게 만든다. 화장 또한 얼굴을 희미하게 만들고, 보다 아름다운 눈을 통해 눈을 흐릿하게 만들고, 보다 싱싱한 입술을 통해 입술을 퇴색시키는 방식이다. 보들레르가 말하고 있는, '인간을 숭고한 존재에 접근시키는' 이 '추상적인 통일성,' 이 '초자연적이고 의미심장한 삶'은 바로 모든 표정을 무력하게 만드는 단순하고 인위적인 표정의 효과이다. 인위적인 기교는 주체를 그 존재 안에서 소외시키지 않고 주체를 비밀리에 약화시킨다. 그것은 여자들이

---

32) 같은 책, pp.128-129.

거울 앞에서 느낄 수 있는 표정의 변화를 조작한다. 사실 거울 앞에서, 여자들은 자신의 얼굴이 사라질 때만 화장할 수 있고, 또한 화장하면서 의미 없는 존재의 순수한 외관을 획득하게 되는 것이다. 보드리야르는 "끊임없이 변화하는 표정이든 엄숙한 표정이든, 화장이 지니는 절대적인 힘을 인정하지 않고서는 순수한 외관에 응할 수 없다"[33]고 말한다. 유혹이 지니는 미적 발현은, 얼굴 표정의 심급이라 하더라도 모든 심급의 소멸 속에, 그리고 욕망의 본질이라 하더라도 모든 본질의 소멸 속에, 요컨대 인위적인 기호의 완벽함 속에 있는 것이다. 이와 같이 보드리야르에게 있어서, 유혹은 기교와 가상의 차원에 있고, 놀이와 기호의 차원에 있다. 따라서 그의 후기 저작 전체를 통하여, 우리는 그에게 가장 충만한 실재와 가치의 공간이 되고 있는 기호들에 대한 페티시즘(fétichisme)을 파악할 수 있다.[34]

우리가 앞서 언급했듯이, 보드리야르는 동물적인 매력과 화장과 기교를 여성의 유혹의 행위로, 전략을 남성의 유혹의 행위로 보고 있다. 그리하여 그는 키에르케고르의 《유혹자의 일기》를 유혹의 모델의 기초로 사용한다. 요컨대 그는 일련의 우연한 성적인 정복을 예고하면서 순진한 처녀의 마음을 사로잡는 전략을 생각해 내는

---

33) 같은 책, p.130.
34) 실재와 가치의 개념에 대해 자주 공격을 가하고 있긴 하지만, 보드리야르는 자신의 가치판단과 고정관념을 지니고 있다. 그리고 그는 그것들을 적어도 실재와 가치의 효과로 감싸고 있다(Douglas Kellner, op. cit., p.146).

키에르케고르의 심미가를, 생산의 차원에 대한 대안으로서 자신이 가치를 부여하고 있는 의례적인 놀이의 모델로 삼는다. 이렇게 보드리야르는 유혹을 복잡한 의례나 놀이로 해석한다. 사실 복잡한 의례나 놀이는 생산과 욕망의 논리를 거부하고, 가상과 기호와 매혹의 차원에서 자신의 미적 내기를 추구하는 것이다.

페미니스트들은 보드리야르의 이 독특한 유혹이론을 매우 유감스럽게 생각하면서도 그에 대해 거의 반론을 제기하지 않았다. 그러나 예외적으로 제인 갤럽(Jane Gallop)은 보드리야르의 이론에서 어떤 논리적인 모순들을 지적하고 여성의 고유한 길(유혹에의 길)에 대한 그의 제안을 비판한다. 보드리야르는 여성에 대해 다음과 같이 기술하고 있다. "여자는 순전히 가상일 뿐이다. 남성의 깊이를 방해하는 것은 가상으로서의 여성이다. 여자들은 이러한 '모욕적인' 말에 항의하기보다는 이 진실에 매료되는 편이 더 나을 것이다. 왜냐하면 여성의 깊이를 남성의 깊이에 맞서게 함으로써 여자들이 잃어가고 있는 힘의 비밀이 바로 거기에 있기 때문이다."[35] 갤럽은 '모욕적인' 여성의 고유한 길을 규정하고 있는 보드리야르의 전제를 발견하고 여성의 진실을 말하는 우월한 입장에 대한 그의 가정을 공격하는 것이다.[36]

보드리야르의 입장을 계속 비판하면서, 사람들은 유혹이 공격적이고 남성 우위적인 행위의 형태로서 그리고 여성의 주위를 끄는

---

35) *DS*, p.22.

행위의 형태로서 그럴듯하게 인식될 뿐만 아니라, 경제적인 필요성에 의해 여성의 주위를 끄는 무엇인가로서 혹은 의례적인 형태로서 인식될 수 있다고 주장할 수도 있다. 이와 같은 견해에 따르면, 유혹이란 사회적으로 구성된 놀이의 규칙을 준수하는 형태이다. 그리고 이러한 행태는 유혹하는 사람과 유혹당하는 사람도 없이, 유혹의 주체와 객체도 없이 보다 상호적이고 평등주의적인 성적 관계에 의해 구성될 수 있을 것이다. 자신에 대한 이러한 공격에도 불구하고, 보드리야르는 페미니즘에 대한 도전을 한층 더 밀고 나간다. 푸코의 권력이론을 일관성 있게 비판하는 그는, 가부장제와 여자를 지배하는 남성의 권력에 대한 페미니즘 이론들이 환상, 즉 터무니없는 오해라고 주장한다. 보드리야르에게는 오히려 정반대의 가정이 수긍할 수 있는 것이며, 어떻게 보면 더 흥미로운 것이다. 즉 "여성은 결코 지배되지 않았으며, 언제나 지배자였다"[37]는 것이다. 이 경우 보드리야르에게 있어서의 여성이란 "정확

---

36) 갤럽에 의하면, 보드리야르는 '여자는 순전히 가상일 뿐이다'고 말하는 것을 모욕으로 생각하지 않는다. 그가 '모욕적'이라는 말을 인용어구로 나타내고 있음에도 불구하고, 그는 진실이라는 말을 스스럼없이 사용하고 있다. 그는 여자들에 관한 진실——심오한 혹은 숨은 진실——을 알고 있다. 그래서 여자들은 그가 언급하는 진실에 '매료되는 편이 더 나을 것이다.' 그는 남성이나 남성의 지위(그는 남성은 가상에 반대하고 깊이에 찬성하는 것으로 알고 있다)로부터 말하는 것이 아니라, 여성과 남성의 진실을 알고 있는 입장으로부터 말하고, 그리하여 성적 차이를 넘어서 이러한 특권이 부여된 지위로부터 남성의 권력에 맞서는 최상의 방법을 여자들에게 권고한다. 이것이 바로 갤럽의 마음을 상하게 하는 여성의 진실을 말하는, 우월한 입장에 대한 보드리야르의 가정인 것이다(Jane Gallop, "French Theory and the Seduction of Feminism," *Men in Feminism*, edited by Alice Jardine and Paul Smith, Methuen, 1987, pp.113-114).

하게 말하면 성으로서가 아니라 모든 성과 모든 권력을 가로지르는 형태로서의 여성이자, 무성(insexualité)의 은밀하고 신랄한 형태로서의 여성"[38]을 의미하는 것이다. 그리고 여성은 단지 유혹에 불과한 것이 아니다. 오히려 그것을 넘어서, 여성은 남성에게 성으로서 존재할 수 있겠느냐고, 성과 권력을 독점할 수 있으면 어디 좀 해보라고, 그리하여 자신의 주도권을 끝까지 밀고 나가 그것을 최대한으로 행사해 보라고 하는 도전이다. 서구의 문화가 보여주는 성의 모든 역사를 통하여 끊임없이 생겨난 이 도전의 압력 아래서, 오늘날 남근 지배주의는 그것에 응수하지 못하고 무너져 가고 있다. 이제 여성은 보다 근본적으로 하나의 성이 되기 위해 남성에 도전하는 형태이다. 다시 말하면 오늘날 성의 모든 영역에서 느껴질 수 있는 도전으로서의 여성이다.

이러한 가정 아래서는 남성은 잔류하는 존재, 부차적이고 약한 존재에 불과하다. 따라서 남성은 자신을 방어하고 살아남기 위해서는 거대한 제도적인 요새가 필요하다. 이는 남근의 요새가 근본적으로 약하다는 것을 의미한다. 어떻게 보면 여성이 유일한 성이라고 주장할 수 있다. 보다 정확히 말하면, 남성은 초인간적인 노력에 의해서만 여성으로부터 벗어날 수 있다는 것이다. 그러나 이러한 가정은 한순간 기분전환은 될 수 있지만 결국 여성의 성적 상황으로 되돌아가는 것이다. 이 가정에 따르면, 우리는 하나의 성

---

37) *DS*, p.29.
38) 같은 책, 같은 쪽.

을 해방하여 다른 성의 약한 권력에 도달하게 하려는, 즉 엉뚱하고 역설적이며 편집증 비슷한 상태인 남성에 도달하게 하려는 조롱을 보게 된다. 근원적인 것은 여성이고, 남성은 그것에 예외가 됨으로써 가능성이 될 뿐이다.

이 점에 대하여, 모든 신화학은 물음을 제기해야 한다. 베텔하임(Bettelheim)은 《상징적 상처 *Blessures symboliques*》에서 그것을 잘 표현하였다. 요컨대 남자들은 여자의 타고난 우월한 힘을 전적으로 거부하기 위해서만 그들의 권력과 제도를 확립한다는 것이다. 여기서 동인이 되는 것은 남근에의 선망이 아니라, 여자들의 수태 능력에 대한 남자의 질투이다. 여자의 이러한 특권은 속죄하지 않아도 되는 것이다. 따라서 남자들에 의한 질서의 창조나 제도의 정비만이 여자의 이 특권과 균형을 이룰 수 있다고 주장될 수 있다. 성의 기호의 차원에서 보면, 이러한 균형은 의례에 의한 신체 손상, 인위적인 질 절개, 의만과 같은 의례적인 행위들 속에서 실현되고 있다.

그러나 보드리야르는 이 역설적인 가정으로부터 어느 정도 벗어나려고 한다. 결국 역설적인 가정은 항목들을 뒤집어 놓을 뿐이기 때문이다. 여성이 성으로서 확립될 때, 특히 그것이 여성에 대한 억압을 폭로하기 위한 것일 때, '여성성의 아이러니'에 관련된 모든 것은 상실된다. 억압을 뒤집어엎기 위한 이러한 요구는, 계몽주의 시대에서 유래한 휴머니즘의 양상이자 피압박 계급을 해방시키려는 부르짖음이다. 사실 이 경우 여성은 더 이상 질서에도 가치에도 속하지 않는다. 따라서 여성은 남성의 권력 안에서 용해되지 않는다. 여성은 전복적인 존재가 아니라 근본적으로 가역적인 존재이다. 그러나 남성의 권력은 여성의 가역성 속에서 완전히 용해된다.

여기서 보드리야르는 여성은 가역성과 성전환의 원리, 즉 남성에서 여성으로의 전환과 지배자에서 피지배자으로의 전환의 원리(이러한 원리는 끊임없이 남성의 고정된 질서를 위협하고 있다)를 구현하기 때문에, 여자들이 지배하고 있다고 주장한다. 물론 성에 관해서는 가역적인 형태(유혹적인 형태)가 직선적인 형태보다 우세한 것은 분명하다. 배제된 형태가 지배적인 형태를 물리치고 은밀히 승리를 거두는 것이다. 말하자면 유혹적인 형태가 생산적인 형태를 물리치는 것이다. 여성에 대한 억압의 역사에 비추어 보면, 이와 같은 논리는 매우 공격적인 것으로 간주될 수 있다. 그러나 보드리야르는 이것이 여성 차별주의와 인종 차별주의의 표현, 즉 연민이 되는 것에 이의를 제기한다.

V. 여성의 역사적 복수

보드리야르의 관점에서 보면, 남성의 권력에 대한 적절한 반응은 남성의 권력에 도전한다거나 혹은 성적 관계나 성행위를 바꾸는 것이 아니다. 그것은 유혹의 오래된 전략을 보다 효과적으로 실행에 옮기는 것이다. 그리고 이 유혹의 전략에 의해, 여자들은 자신의 목적을 이루기 위해 그들의 매력과 기교, 상징적인 것과 의례적인 것을 이용해야 한다. 그러나 보드리야르는 성혁명은 커다란 함정에 빠져 있다고 생각한다.[39] 여성해방운동은 여자도 즐길 권리가 있다고 주장함으로써 비쾌락이라는 여자 고유의 전략을 포기한다는 것이다. 비쾌락이라는 전략, 그것은 말하자면 섹스를 하면서도 여자는 즐기지 않고 남자를 유혹한다는 전략, 바로 남자에 대한 도전이다. "너는 즐기는 것 이상은 되지 못하는구나! 너는 너의 성욕으로부터 한 발짝도 벗어나지 못해! 난 이렇게 널 바라보고 널 속이고 널 유혹할 수 있지만 넌 도대체 너의 쾌락의 노예에 불과할 뿐이야!"[40] 그러므로 여자들이 자신의 주체를 요구하고 지위를 향상시키려고 노력할 것이 아니라 자신들이 억압당해 왔다고 생각하는 바로 그 지점에 그대로 있으면서 남자들을 유혹해야 한다.

보드리야르에 의하면, 예전에는 여자들은 늘 자신의 고유한 전략, 즉 도전의 끊임없는 결정적인 전략을 갖고 있었다(물론 유혹은 이 전략의 주요한 형태이다). 그러나 오늘날에 와서는 유감스럽게도 유혹의 전략이라는 이 형태는 상실해 가는 위험에 처해 있는 듯하다. 성혁명 혹은 여성해방운동조차도 완전한 권리를 가진 성으

---

39) 성혁명의 목표는 여자의 쾌락이 부인되고 있는 불평등을 해소하는 것이라고 보드리야르는 지적한다. 이것은 성적 쾌락은 인간의 권리라고 주장하는 것에 가깝다. 다시 말하면 쾌락 자체는 부차적인 것이라는 사실을 무시하려는 논리에 가깝다.

40) *DS*, p.64.

로서의 여성의 지위 향상(동등한 권리, 동등한 쾌락)과 여성의 쾌락의 부과라는 전략 속에 있기 때문이다. 이는 무엇보다도 성으로서의 여성, 그리고 무수히 증대한 성의 증거로서의 쾌락이 지나치게 노출되고 상연되고 있음을 뜻한다.

따라서 보드리야르는 포르노를 그 예로 든다. 크게 벌어져 있음(béance)과 쾌락과 의미심장함의 삼위일체인 포르노는, 쾌락을 추구하는 여성의 신장된 지위 향상을 나타낸다는 것이다. 이것은 성적인 것이 유혹을 내쫓고 유혹이라는 불확실성을 보다 잘 폐기하기 위함일 뿐이다. 헤겔이 말한 '공동체의 영원한 아이러니'는 끝났다. 이제 여자들은 즐길 것이며, 모든 여성성은 눈에 띄는 것이 될 것이다. 여자는 쾌락의 상징이 되고, 쾌락은 성욕의 상징이 될 것이다. 철저하게 외설스러운 짓이 시작되는 것이다. "너는 성을 지니고 있으니 성의 올바른 사용을 모색해야 한다. 너는 육체를 지니고 있으니 육체를 향유해야 한다. 너는 리비도를 지니고 있으니 리비도를 소비해야 한다."[41)

논의의 이러한 상황에서, 보드리야르는 소비의 사회에 대한 분석으로 되돌아간다. 왜냐하면 소비의 사회는 성이 쇄도하는 사회이기 때문이다. 사회 자체는 성상품(여성만이 제공할 수 있는 상품)의 어려움을 묵인하는 방법을 모르고 있다고 보드리야르는 주장한다. 사회는 여성화되고 있고, 성욕은 확산된 여성적인 양식에 따라 증

---

41) *DS*, p.59.

식되고 있다. 무엇보다도 광고가 이러한 성적 특질을 부여하는 것을 폭발적으로 산출해 내는 것이다. 그것은 상품에 성을 덧붙이는 것이 아니라, 상품에 "여성의 상상적인 자질, 뜻대로 처분할 수 있는 자질"[42]을 부여하는 것이다.

이러한 방식으로, 사회는 단조롭게 된다. 이것은 특히 남성이 하찮은 역할을 맡는 포르노에서의 단조로움이다. 남성은 표지가 있는 항이며, 지나치게 한정되어 있는 동시에 지나치게 연약하다. 매혹적인 것은 막연하게 크게 벌어져 있음과 쾌락, 그리고 끊임없이 확산되고 걷잡을 수 없는 성욕으로부터 오는 것이다. 이것이 바로 억압을 당해 온 여성의 역사적 복수일까? 아마 그럴지도 모르지만, 보다 확실히 말하면, 그것은 역사적으로 볼 때 남성의 표지이든 여성의 표지이든, 성의 표지를 약화시키는 것이라고 보드리야르는 지적한다. 여기서 보드리야르는 "여자도 남자처럼 쾌락의 권리가 있다"[43]라고 주장한 이리가레 같은 페미니스트들에 대한 공격의 수위를 최대한으로 높인다. 그는 유혹은 오히려 쾌락의 노예 상태에 처한 남성의 존재를 드러내는 여성의 신성한 힘이라고 주장한다. 따라서 여성이 남성에 대한 유혹을 포기하고 남성처럼 쾌락에 젖는 것은 교활한 체계가 원하는 포르노 세상에 다름 아니다. 그러므로 유혹이 없는 사회, 그것은 보드리야르에게는 슬프게 비칠 수밖에 없다.

---

42) *DS*, p.44.
43) Luce Irigaray, *This Sex which is Not One*, Cornell, 1985, p.82.

VI. 차가운 유혹

보드리야르의 논의는 과격하고 극단적이며 어떻게 보면 냉소적이고 아이러니컬하고 역설적이다. 그러나 그것이 유효하든 그렇지 않든, 그의 논의는 우리의 관심을 끌기에 충분하다. 때로는 난해하긴 하지만 직설적이고 흥미진진하게 펼쳐지고 있기 때문이다.

그러면 《유혹에 대하여》는 다양한 형태 속에서 유혹의 이론과 원리를 기술하려는 대단한 역설적인 시도인가?[44] 아니면 현대의 성이나 유혹에 대한 진지한 연구보다는 페미니스트들에 대한 도전인가? 보드리야르는 무엇보다도 이 책에서 현대의 페미니즘을 공격의 목표로 삼고 있으며, 현사회의 외설스러움을 겨냥하면서 철저한 비판을 가하고 있다. 보드리야르는 유혹의 전략이 폐기될 위험에 처해 있는 오늘날에는, 포르노가 난무하게 될 것이라고 주장한다. 사실 포르노는 엄청난 성욕을 끝도 없이 여성의 성기 주위에서 하이퍼리얼하게 보여주고 있다. 그리고 포르노에 등장하는 여자는 너무도 당당하게 자신의 즐길 권리를 누리고 있다. 결국 성혁명이나 여성해방운동이라는 것도 따지고 보면, 그것이 남근 지배주의에 내세운 권리는 여전히 남성/여성의 구별을 유지하면서 원래의 체계를 전복하려고 한 것에 불과하다. "사실 우리 문화에서

---

44) Mike Gane, *Baudrillard: Critical and Fatal Theory*, Routledge, 1991, p.143 참조.

는 성적인 것이 유혹을 물리치고 유혹을 하위의 형태로 간주하였다. 우리의 도구적 시각이 모든 것을 뒤집어엎었던 것이다."[45] 보드리야르는 오늘날 유혹의 물리침은 보다 격렬하고 체계적으로 이루어지고 있다고 진단한다. 이를테면 "우리는 궁극적인 해결책의 시기에 접어들고 있다."[46] 다시 말해서 "성혁명의 시기에, 욕망의 마이크로 진행인 의식적이고 잠재의식적인 모든 쾌락을 생산하고 관리하는 시기에 접어들고 있다."[47] 그리하여 여자로서, 그리고 성으로서 자기 자신을 생산하는 여자는 이 시기의 최후의 화신이 된다. 그것은 유혹의 최후가 될 수 있으리라.

이와 같이 오늘날의 사회는 유혹을 끝장내려는 경향이 있고 유혹이라는 베일을 벗어던지려고 하고 있다. 요컨대 성적 관계에 있어서는 욕망의 해방이 목표가 됨으로써, 유혹은 오히려 이 과정에서 희미해지고 있다. 여기서 보드리야르는 사회의 '여성화'의 어떤 형태와 더불어 철저한 유혹, 즉 뜨거운 유혹(séduction chaude)의 형태는 사라지고 부드러운 유혹, 즉 차가운 유혹(séduction froide)의 형태가 생겨난다고 주장한다. 그리하여 부드러운 유혹은 "무기력한 사회의 모든 관계들을 솔직히 그리고 에로틱하게 표현하고 여성화한다."[48] 이는 유혹의 힘의 엄청난 약화와 그 사회적 의미의

---

45) *DS*, p.63.
46) 같은 책, p.11.
47) 같은 책, 같은 쪽.
48) 같은 책, 같은 쪽.

상실을 뜻하는 것이다(그래서 보드리야르는 언젠가 도래할지도 모르는 유혹의 최후를 슬퍼하고 있다).

그러나 이러한 상황에도 불구하고, 보드리야르는 현단계의 사회 안에서의 유혹의 가능성을 서술하고 있다. 이것은 말하자면 대중 매체와 정보와 시뮬라시옹의 사회에서 보드리야르 자신이 '차가운 유혹'이라고 부르는 것과 관련이 있다. 맥루언(MaLuhan)이 제시한 뜨거운 대중매체와 차가운 대중매체의 구분이 무너지면서, 보드리 야르에게 있어서는 모든 대중매체가 차가운 것이 되고 있다. 다시 말해서 유혹의 매혹적인 수단이 되고 있다. 영화와 영화 스타에 유혹당한 "우리 현대의 우상들은 차가운 유혹을 한다. 그들은 차가운 대중매체와 차가운 영상매체의 교차점에 있기 때문이다."[49]

따라서 보드리야르는 시뮬라시옹의 사회는 사회적 경험의 모든 영역을 통해 유희적이고 차가운 유혹을 한다고 주장한다. 그리고 그는 대중매체의 시뮬라시옹이란 대중이 의미와 반응의 시뮬라시 옹에 반응하는 것이라고 암시한다. "일종의 전도된 시뮬라시옹은 억제에 이탈로 반응하는 것이고, 속임수에 불가사의한 믿음으로 반응하는 것이다."[50] 그러나 극히 중대한 것은 개인들이 대중매체 로부터 특수한 메시지를 믿는 것이 아니라, 그들이 다양한 의사소 통의 체계에 연결되어 텔레비전·라디오·전화·컴퓨터와 다른 의사소통망과 정보망에 관여한다는 것이다. 이러한 방식으로, 개

---

49) 같은 책, p.132.
50) 같은 책, p.222.

인들은 의사소통의 단말장치가 되고, 그들의 쾌락을 통한 참여 속으로 유혹되고 이 그물망 속에서 유희한다. 보드리야르는 이것이 새로운 종류의 자기 유혹 혹은 차가운 자기 도취를 불러일으킨다고 주장한다.

이렇게 해서 결국 유혹은 보드리야르의 형이상학이 된다. 유혹이라는 범주는 한편으로는 현사회가 어떻게 작동하는가를 묘사하는 동시에, 다른 한편으로는 생산에 대한 대안적 형태를 묘사하는 범주로서 이전의 상징적 교환을 대체하는 범주가 된다. 이러한 관점에서 보면, 유혹은 실재의 진지함에 대한 부정이며, 생산과 의미와 절박성에 대한 부정이다. 그것은 무조건적인 놀이와 피상적인 의례의 매력을 지닌다. 따라서 보드리야르는 현사회를 특징짓는 차가운 유혹이 우리의 운명이 아닌가 하고 생각한다.

그러나 보드리야르는 현사회의 지배적인 논리와 현실원칙을 약화시키고 뒤엎을 수 있는 실제적인 해결책을 제시하고 있는가? 그는 독특한 방식으로 현사회의 메커니즘을 분석하고 있지만 차가운 유혹에 맞서서 대안적 형태의 유혹을 제시하지 못하는 것처럼 보인다. 그는 오직 생산양식에 대한 대안으로서의 유혹만을 생각한다. 그리고 그는 그러한 유혹의 가치를 규정하고자 한다. 결국 그는 자신의 분석대상에 매혹되어 출구를 제대로 찾지 못하고 있는 듯한 인상을 준다. 어쩌면 그는 자신의 길을 헤치고 나아가다 스스로 이론적인 담론의 감옥에 갇혔는지도 모른다.

제2부

우리 시대의 아이러니

1 이미지의 폭력, 이미지에 가해진 폭력

　보드리야르는 여러 분야에서 시뮬라시옹[1] 이론을 확대 적용시켜 나갔다. 이러한 확대 적용을 시도하는 가운데, 그는 '폭력과 테러리즘' '지배와 헤게모니' 등에 많은 관심을 기울이면서 '이미지의 폭력' '이미지에 가해진 폭력'에 관한 글들을 잇달아 발표했다. 사실 정보와 미디어의 폭력에 관한 글들은 쉽게 접할 수 있지만, '이미지의 폭력,' 특히 '이미지에 가해진 폭력'에 관한 글들은 그리 흔하지 않을 뿐만 아니라 심지어 극히 드물다.

　실제로 보드리야르는 자신의 대표적 저작 《시뮬라크르와 시뮬라시옹 *Simulacres et Simulation*》에서 이미지와 실재의 관계에 대한 내용은 구체적으로 언급했지만, '이미지의 폭력' '이미지에 가해진 폭력'에 대해서는 부분적으로 언급할 뿐이다. 말하자면 그는 이

---

1) 보드리야르에 따르면, 시뮬라시옹은 기호와 이미지가 실재를 대체하고 지배하는 현상, 혹은 기호와 이미지에 의해 실재보다 더 실재적이고 우월한 하이퍼리얼리티가 산출되는 과정을 뜻한다.

책에서 역사 속에서 연속적으로 이루어지는 이미지의 단계를 분석하면서 대부분 이미지와 실재의 관계에 초점을 맞추었다. 따라서 우리는 최근 몇 년간에 걸쳐 그가 이미지와 '이미지의 폭력'에 깊은 관심을 표명하면서 우리 시대를 '이미지의 폭력과 파괴의 시대'로 규정하면서, 이 점을 환기시키는 것에 주목할 필요가 있다.

어떻게 보면 보드리야르는 근거 없는 이미지가 현실을 가리고 왜곡하는 상황, 즉 실체 없는 이미지가 현실/실재를 대체하고 지배하는 상황을 통해 우리 시대의 징후를 읽고 있는 것이다. 다시 말해서 다양한 정보와 미디어가 조직하는 우리 시대의 징후에 주목하면서 그는 텔레비전 · 컴퓨터 · 인터넷의 발달로 인한 21세기 이미지 시대를 미리 예상하고 진단하는 것이다.

보드리야르의 시뮬라시옹 이론은 '오늘날 우리는 이미지의 시대를 살고 있는가' '우리의 이미지 시대는 어떤 양상을 띠고 전개되는가' '우리는 어떻게 이미지의 폭력에 저항하는가' '이미지는 과연 모든 것을 삼키는가'라는 다양한 물음에 대한 적절한 대답을 제시할 수 있다. 사실 그의 이론의 핵심적 개념들은 시뮬라시옹 · 시뮬라크르 · 하이퍼리얼리티 · 실재 · 이미지 · 기호인데, 그는 현대사회를 분석하기 위해 '이미지' 개념을 포괄적으로 사용한다. 이 점을 고려해 본다면, 보드리야르의 이론을 이해하기 위해서는 무엇보다도 현대사회와 이미지의 관계를 다각적으로 검토하는 것이 필요하다. 보다 구체적으로 말하면 현대사회에서 이미지는 어떤 양상을 띠고 어떤 작용을 하며 어떤 결과를 초래하는가에 초점을 맞추면서, 이미지가 행사하는 영향력과 지배력, 즉 '이미지의 폭력'과, 거꾸로 '이미지에 가해진 폭력'을 분석하는 것이 필요하다.

보드리야르의 관점에서 보면 현대사회와 이미지와 관련하여 '이중의 상징적 살해'가 존재한다. 그러면 왜 이미지의 폭력, 이미지에 가해진 폭력이 생겨나는 것인가? 이제 이 이중의 폭력, 이 이중의 상징적 살해에서 벗어날 수 있는 교체 이미지들이 있는가? 더욱이 이 이중의 폭력, 이 이중의 상징적 살해에 대한 구체적인 저항적 대안은 없는가? 이는 바로 우리가 이 글에서 다루고자 하는 핵심적인 주제가 될 것이다.

물론 우리는 이미지의 폭력, 이미지에 가해진 폭력에 대한 대안적 해결책을 모색하려고 할 것이다. 한편으로 우리는 현대사회에서 이 이중의 폭력에 저항하는 대안으로 반미디어적 매체를 제시하는 방안을 논의할 것이고, 다른 한편으로 범람하는 수많은 이미지를 파괴할 수 있는 힘이 아니라 오히려 사회현상을 보다 비판적으로 바라보는 시각의 필요성을 폭넓게 검토할 것이다. 따라서 이러한 논의와 검토의 과정을 통해서, 우리는 보드리야르가 분석하는 '이미지' '이미지의 폭력' '이미지에 가해진 폭력'의 골격을 해부하고 규명하여 보다 바람직한 대안을 제시함과 아울러 그 한계와 가능성을 진단하고자 한다.

I. 현대사회와 이미지

보드리야르는 현대소비사회에 대한 우려로서 데카르트의 명제 '나는 생각한다. 고로 나는 존재한다'를 '나는 소비한다. 고로 나는 존재한다'로 변형시킨다. 그는 현대사회를 소비사회로 규정하고, 소비사회에서 상품은 이미지에 의해 가치가 결정된다고 주장한다.

보드리야르에 따르면 현대사회에서는 사물이 소비되는 것이 아니라 이미지가 소비된다. 사람들은 사물을 소비한다고 생각하지만 정작 소비되는 것은 사물이 지니고 있는 이미지라는 것이다. 여기에는 모든 사물의 기능을 이미지로 파악한 보드리야르 특유의 사유가 깔려 있다. 따라서 '어떤 사물을 소비함으로써 자신을 어떻게 표현할 수 있는가'라는 것이 소비의 중요한 조건이 된다. 즉 사물이 지니고 있는 이미지가 중요한 것이지 사물 자체의 기능이 중요한 것이 아니다. 현대세계의 일상성을 표현하는 광고를 예로 들면, 이미지는 사물의 본질과는 아무런 관련도 없는 상징적 의미를 산출한다. 광고의 메시지 속에 담겨 있는 패션은 전략이고, 침대는 과학이며, 주방은 디자인이고, 화장은 유혹이다. 이는 개념적으로 상징적 의미를 지닌 이미지를 표현하는 것이다.

가령 사람들은 왜 명품으로 통용되는 물건들을 가질려고 하는가? 그들은 명품 속에 담겨져 있는 이미지인 '고급스러움'과 '우아함'을 드러내고 싶어하기 때문이다. 사람들은 왜 비싸고 커다란 승용차를 타고 다닐려고 하는가? 그들은 비싸고 커다란 승용차에 담겨져 있는 이미지인 사회적 권위와 위세를 드러내고 싶어하기 때문이다. 요컨대 그들은 사물을 소비하는 것이 아니라 사물로 기능하는 사회적 이미지를 소비한다. 이는 이미지가 실재보다 더 강하게 우리의 삶을 지배하는 현상이다.

따라서 오늘날 현대사회는 우리의 현대성이 낳은 부산물인 이미지로 넘쳐나고 있다. 하나의 이미지는 또 다른 이미지를 산출하고, 이렇게 생겨난 다른 이미지는 또 새로운 이미지를 만들어 내고 있다. 결국 실재와 이미지를 구분할 수 없는 단계에 이르게 되고, 점점 더 실재보다 더 실재적인 하이퍼리얼리티(시뮬라크르)가 생겨나게 된다. 이러한 단계에서는 이미지는 실재와 무관한 자신의 순수한 시뮬라크르가 된다.

사실 아우에르 바흐가 《미메시스》에서 '재현의 역사'를 기술하는 것처럼, 보드리야르는 《시뮬라크르와 시뮬라시옹》에서 이미지가 자율적인 독립성을 획득하는 단계에 이르기까지의 이미지의 연속적인 단계를 기술한다.

이미지는 심오한 실재의 반영이다.
이미지는 심오한 실재를 감추고 변질시킨다.
이미지는 심오한 실재의 부재를 감춘다.
이미지는 그것이 무엇이든 간에 어떤 실재와도 관계를 갖지 않는다.

이미지는 자신의 순수한 시뮬라크르이다.[2]

이미지의 첫 번째 단계에서는 이미지는 실재를 반영하지만 다음 단계에서는 이미지가 실재를 감추고 왜곡하게 된다. 이미지가 자신의 가면 뒤에는 어떤 실재도 존재하지 않는다는 사실을 감추는 단계에 이르면, 즉 이미지가 무엇인가를 감추는 단계로부터 아무것도 없음을 감추는 단계에 이르면 마침내 이미지와 실재 사이에는 아무런 관계도 존재하지 않게 된다. 이미지는 자율적 독립성을 획득하고 실재는 이미지의 가면 속에서 함몰되어 버린다. 여기서 우리의 관심을 끄는 것은 보드리야르가 반영·왜곡·독립성에 이르는 일련의 이미지의 역사를 필연성의 역사로 바꾸어 놓는다는 점이다. 따라서 역사 속에서 연속적으로 이루어지는 이미지의 단계에 따라 그가 기획하는 시뮬라시옹의 단계는 모든 것이 기호화되고 모든 실재가 사라지는 단계이다.[3] 그러므로 보드리야르는 시뮬라시옹이 지배하는 현대사회에서는 "실재가 이미지와 기호의 안개 속으로 사라진다"[4]고 주장한다.

사실 현대사회에서 이미지가 오고 감으로써 실재에 대한 커다란 무관심이 형성되고, 실재가 넘쳐나는 이미지 아래 실종되고 있다.

---

2) Jean Baudrillard, *Simulacres et Simulation*, Galilée, 1981, p.17.
3) 김진석, 《이상현실 가상현실 환상현실》, 문학과 지성사, 2001, p.134 참조.
4) Jean Baudrillard, *Cool Memories IV*, Galilée, 2000, p.208.

이처럼 실재가 없는 이미지만이 넘쳐나는 세계가 바로 우리의 시대, 즉 시뮬라크르와 시뮬라시옹의 시대이다. 따라서 실재보다는 이미지가 범람하여 실재를 사라지게 하는 현대사회는 그 자체로 실재가 없는 미혹 속에 있다고 할 수 있다. 이제 이미지가 판을 치는 현실세계에서 실재는 증발하고 뒤로 밀려나며, 하이퍼리얼리티(시뮬라크르)가 지배한다. 끊임없이 증식하는 시뮬라크르의 이러한 지배는 더 이상 특수하고 신기한 현상이 아니라 어디에나 존재하는 우리 삶의 현상이 되고 있다. 이러한 시각에서 보면, 우리는 이미지가 실재를 대체하고 지배하는 현상, 그리고 실재보다 더 실재적인 하이퍼리얼리티(시뮬라크르)에 포위되어 버린 현대사회의 존재론적인 조건에 직면해 있다고 말할 수 있을 것이다.

II. 이미지의 폭력

오늘날 다양한 미디어의 발달로 인해 질식할 정도로 우리를 둘러싸고 있는 텔레비전 · 컴퓨터 · 영화 · 사진 등의 이미지들이 넘쳐나고 있고, 모든 것이 이미지의 형태를 띠고 있다. 가령 텔레비전은 '나는 이미지이다. 모든 것은 이미지이다'라는 사실 이외에는 아무것도 말하지 않는다. 어쨌든 사람들은 스크린 앞에 있게 되면 모든 것을 이미지로 이해하게 된다. 도처에서 보이는 이러한 이미지의 범람은 보드리야르가 말하는 '사물의 황홀경'처럼 우리를 '이미지의 황홀경'에 빠져들게 한다.

이와 같이 현대사회에서 우리는 미디어와 광고를 통해 만들어진 이미지에 의해 영향을 받는다. 코카콜라 광고는 붉은색 화면과 뚜껑이 열릴 때 힘차게 솟는 거품으로 '젊음'이라는 이미지를 만들어 낸다. 사실상 우리는 '코카콜라'라는 상품이 아닌 '젊음'이라는 이미지를 소비하는 것이다. 또 나이키는 농구스타 마이클 조던의 이미지를 부각시키고 그의 이름을 새긴 '에어 조던' 운동화를 광고한다. 실제로 1990년경 미국에서는 운동화에 부여된 조던의 이미지를 가지려는 욕망이 너무 커진 청소년들이 운동화를 구입한 친구를 살해하기도 했다. 실재를 상징하는 이미지를 실재로 착각한 것이다.

이러한 현상은 상품소비뿐만 아니라 우리가 흔히 접하는 텔레비전 드라마에서도 볼 수 있다. 몇 해 전 개봉한 영화 〈트루먼 쇼 Truman Show〉의 경우도 마찬가지이다. 전세계로 방영되는 프로그램의 주인공 트루먼은 평범한 삶을 영위하지만 사랑하는 그의 아내도, 절친한 친구도, 그가 부모라고 믿었던 사람들까지도 단지 텔레비전 프로그램의 연기자라는 사실을 알지 못한다. 트루먼은 그의 주변인물들인 배우와 그가 속한 사회인 카메라가 설치된 스튜디오를 진실로 믿고 사는 것이다. 실재가 아닌 것을 실재로 믿고 살고 있는 영화 속 주인공 트루먼과 실재가 아닌 가상의 이미지에 사로잡혀 살아가고 있는 우리의 모습은 너무도 닮아 있다.

이는 바로 이미지가 실재를 대체하고 지배하는 현상이다. 이렇게 시뮬라시옹 과정은 현대사회에서 지배적인 현상이 되고 있다. 따라서 맨해튼의 밤거리를 수놓고 있는 '이미지가 현실이고 권력'이라는 어느 일본회사의 상업광고의 논리를 시뮬라시옹 이론은 뒷받침하고 있는 셈이다. 그러면 이미지가 현실이 되고 권력이 될 때, 이미지는 어떤 형태를 띠게 되는가? 이미지는 모든 것을 삼키면서 현실/실재를 사라지게 하고, 때로는 가장 폭력적인 현실을 드러내면서 현실의 실재적인 본질을 사라지게 한다. 이는 바로 '이미지의 폭력'이다.[5]

루디 부르크하르트, 〈타임 스퀘어〉, 1938

---

5) 배영달, 《보드리야르와 시뮬라시옹》, 살림, 2005, p.117 참조.

그러면 보드리야르의 관점에서 현대사회의 이러한 폭력은 왜 산출되는가? 보드리야르는 "오늘날 폭력을 산출하는 것이 우리의 현대성 자체이자 우리의 하이퍼모더니티"[6]라고 역설한다. 현대성의 탁월한 분석가인 보드리야르에 따르면, 우리의 폭력은 대체로 정열과 본능에서보다는 오히려 스크린에서 생겨난다. 우리의 폭력은 어떻게 보면 그것을 기록하고 확산시키는 체하지만, 실제로 그것을 앞서가고 자극하는 스크린과 미디어 속에 잠재해 있다. 게다가 어디에서나처럼 테러행위의 경우와 마찬가지로 이러한 폭력에 우선하는 미디어들이 있다. 그것은 폭력을 특수하게 현대적인 형태로 만든다. 또한 그로 말미암아 폭력을 진짜 원인(정치적·사회적·심리적 원인)의 탓으로 돌릴 수 없게 된다. 그러나 이런 유형의 모든 설명들이 사라지고 있다는 느낌이 든다. 같은 방식으로 미디어들이 스펙터클을 통해서 폭력을 확산시킨다고 비난받는다. 그리고 폭력 이야기는 거의 의미를 지니지 못한다. 왜냐하면 가상의 표면인 스크린은 어쨌든 이미지의 실제 내용으로부터 우리를 매우 잘 보호하기 때문이다. 스크린의 연속성이 해결됨으로써 이제 스펙터클의 폭력과 행위의 폭력 사이의 연결이 존재하지 않는다. 우리가 저항할 수 없는 것은 미디어 자체의 폭력, 가상적인 것의 폭력이다. 우리가 두려워해야 하는 것은 심리적인 연결이 아니라 투명한 폭력[7]의 기술적인 연결이다. 그것은 폭력의 '복제 단계'이다.

---

6) Jean Baudrillard, *Ecran total*, Galilée, 1997, p.103.

이는 현대사회가 더 이상 실제의 폭력·역사적 폭력·계급의 폭력에 여지를 남겨 놓지 않기 때문이며, 또한 가상적 폭력·반응하는 폭력을 산출하기 때문이다. 사실 폭력의 일차적인 형태는 공격의 형태·억압의 형태·강간의 형태·세력관계의 형태·약탈의 형태 등이라 할 수 있다. 이는 강한 자가 행하는 일방적인 폭력이다. 이러한 폭력에 모순적인 폭력, 즉 역사적 폭력·비판적 폭력·부정적인 것의 폭력이 대응할 수 있다. 이는 단절의 폭력이자 위반의 폭력이다(물론 여기에 분석의 폭력·해석의 폭력·의미의 폭력이 덧붙여질 수 있다). 그것들은 바로 시작과 끝이 있는 결정적인 폭력[8]의 형태들이다.

보드리야르는 이 "결정적인 폭력의 형태에 엄밀하게 말해서 폭력의 현대적 형태가 대립된다"[9]고 말한다. 그것은 공격의 형태보다 더 미묘한 것이다. 말하자면 억지하고 중재하고 중화하고 통제하는 폭력(조용히 절멸시키는 폭력·유전적 폭력·커뮤니케이션에 의한 폭력), 미디어에 의한 정신적 조절로 악의 근원 자체와 모든 급진성을 없애려는 합의와 공생의 폭력이다. 그것은 특이성과 부정성의 모든 형태를 몰아내는 어떤 체계의 폭력이다. 그것은 우리

---

7) 투명한 폭력은 모든 실재와 모든 지시대상을 현실세계로부터 벗어나게 한다.
8) 우리는 이 결정적인 폭력의 원인과 결과를 알아낼 수 있는데, 그것들은 초월성, 즉 권력과 역사의 초월성이나 의미의 초월성과 관련이 있다. Jean Baudrillard, *Ecran total*, Galilée, p.103 참조.
9) 같은 책, 같은 쪽.

에게 부정성·싸움·죽음이 금지된 것이나 다름없는 어떤 사회의 폭력이다. 그것은 증오에 의해서가 아니라도 폭력 자체를 끝장내는 폭력이다. 따라서 이러한 폭력에는 똑같은 폭력으로 더 이상 대응할 수 없다. 이는 일차적인 폭력의 종말이자 이차적인 폭력의 종말, 즉 제3의 형태의 폭력인 앞서 언급한 폭력의 '복제 단계'이다.

이 폭력의 대표적인 것이 정보·미디어·이미지·스펙터클의 폭력이다. 그것은 투명성, 완벽한 가시성, 모든 비밀의 사라짐과 관련된 폭력이다. 그리고 신경적·생물학적·유전적 차원에 속할 수 있는 폭력이다. 이러한 폭력은 오늘날 가상의 폭력이라는 형태를 지닌다. 말하자면 육체와 성의 질서이든, 탄생과 죽음의 질서이든 모든 자연질서에서 벗어난 세계를 확립하려고 애쓰는 것이다. 그러나 보드리야르는 폭력보다 더한 '유독성'에 주목해야 한다고 주장한다. 그것은 인접관계·전염·연쇄반응으로 작용한다는 점에서, 그리고 무엇보다도 우리의 모든 면역성을 없애려고 하는 암세포의 증식이나 전이처럼 작용한다는 점에서 바이러스와 같다. 그래서 가상성과 바이러스성(유독성) 사이에는 깊은 공모가 존재한다.[10]

여기서 우리의 관심을 끄는 것은 이미지와 정보의 이 유독성인데, 이는 내용의 폭력일 뿐만 아니라 '실제' 폭력에 겹쳐지고 때때로 그것을 중화시키는 미디어의 폭력이기도 하다. 따라서 이미지의 내용의 폭력은 미디어 자체의 폭력, 메시지가 되어 버린 미디어

---

10) 배영달, 《보드리야르와 시뮬라시옹》, p.118 참조.

의 폭력, 다시 말해서 미디어와 메시지의 융합과 혼동에서 생겨난 폭력과는 공통의 척도가 없다. 보드리야르에 따르면, "이미지와 정보의 폭력은 바이러스의 폭력이다. 바이러스 또한 정보이긴 하지만 매우 특수한 정보이다. 그것은 미디어인 동시에 메시지이다. 바로 거기에서 바이러스의 통제할 수 없는 증식, 바이러스의 '유독성'이 생겨난다."[11]

　사실 폭력에 관한 문제제기는 실질적으로 끝났다. 왜냐하면 유독성이 폭력을 밀어내고 제거했기 때문이다. 폭력(소외·모순·세력관계의 폭력)은 해결되지도 초월되지도 않은 채 폭력보다 더 격렬한 무엇인가, 즉 바이러스성과 유독성에 자리를 넘기고 사라졌다. 그런데 개인이건 집단이건 폭력에 관한 논의가 이루어졌던 것에 반해, 감염이나 연쇄반응의 유독성에 대해서는 어떠한 논의도 없었다. 고전적인 폭력은 악을 드러내기도 하고 때로는 악을 사라지게도 했다. 우리 시대의 폭력, 즉 유독성은 악을 투명하게 드러낼 뿐이다. "유독성은 투명성의 차원에 속하며, 유독성의 논리는 투명성의 논리이다."[12] 이는 바로 보드리야르가 즐겨 말하는 악의 투명성이다.

　이미지의 폭력(그리고 보다 일반적으로 정보와 가상의 폭력)은 실재를 사라지게 한다. 모든 것은 보여져야 하고, 모든 것은 가시적

---

11) Jean Baudrillard, 'Violence de l'image/Violence faite à l'image,' in Media-City Seoul Symposium, 2002, p.52.

12) Jean Baudrillard, *La Transparence du Mal*, Galilée, 1990, p.86.

이어야 한다. 이미지는 특히 이 가시성의 장(場)이어야 한다. 모든 실재는 이미지가 되어야 한다. 그러나 대개의 경우 실재가 사라지는 대가를 치른다. 이것이 바로 이미지의 유혹, 이미지의 매혹을 이룬다. 그러나 이것이 또한 이미지를 모호하게 만든다. 특히 이미지-르포, 이미지-메시지, 이미지-증언이 그러하다. 심지어 가장 폭력적인 현실을 드러내면서 이미지는 현실의 실재적인 본질을 사라지게 한다. 마치 유리디케의 신화처럼 말이다. 죽음의 골짜기에서 오르페우스가 유리디케를 보려고 돌아섰을 때 그녀는 사라져 다시 지옥에 떨어진다. 이렇게 이미지가 오고 감으로써 현실세계에 대한 거대한 무관심이 확장된다. 극단적인 경우, 현실세계는 쓸모없는 기능이 되고 유령처럼 나타났다 사라지는 형태와 사건의 총체가 된다. 오늘날 우리는 플라톤의 동굴벽 실루엣으로부터 멀리 있지 않다.

III. 이미지에 가해진 폭력

보드리야르에 따르면, 결국 "이미지는 자신의 객관성 이면에서 불법으로 실재에 침입하는 이미지에 대한 부정을 나타내는 동시에 실재에 대한 근본적인 부정을 나타낸다."[13] 이러한 의미에서 미디

---

13) Jean Baudrillard, *Le Pacte de lucidité ou l'intelligence du Mal*, Galilée, 2004, pp.78-9.

김재만, 라스베이거스, 2007

어에 의한 이미지와, 시각적인 것을 구성하는 모든 것은 진정한 이미지가 아니다. 르포, 사실주의적 진부한 표현, 미적 퍼포먼스의 이미지들만이 모든 이데올로기적 장치에 따를 뿐이다. 이 단계에서 이미지는 가시성의 조작자일 뿐이다. 가령 텔레비전-리얼리티, 리얼리티 쇼, 〈빅 브러더 Big Brother〉[14] 등의 이 모든 방송에서와 마찬가지로, 이미지의 평범함이 삶의 평범함과 결합하는 바로 그곳에서 이 완벽한 가시성이 시작되는데, 이때 모든 것은 보여져야 하고, 더 이상 볼 것이라고는 아무것도 없다는 것을 깨닫게 된다.

사실 모든 것이 보이는 가시성의 좋은 예는 빅 브러더류의 모든 방송물이다. 그것은 평범함의 거울이자 완전부재의 거울이다. 바로 거기에서 합성적인 사회성, 잠재적인 사회성이 꾸며진다. 심지어 인간이 근본적으로 사회적 존재가 아니라는 사실이 드러난다. 여기에 빅 브러더의 신화, 즉 완벽한 가시성의 신화가 구경꾼·심판으로 동원된 관객의 사건이 되었다는 사실이 덧붙여진다. 관객이 빅 브러더가 되는 것이다. 사람들은 권력과 통제의 원천인 가시성을 가지고 모든 것을 한눈에 볼 수 있다. 이제는 사물들을 외부의 눈에 보이게 만드는 것이 문제가 아니다. 사물들을 투명하게 만들고, 통제의 흔적을 없애며, 조작자를 보이지 않게 만드는 것

---

14) 영국 텔레비전 채널 4의 리얼리티 포맷형식의 프로그램. 남녀 각 5명을 100일 동안 한 집에 갇혀 있게 하고 몰래카메라로 이들의 행동을 24시간 보여주면, 시청자가 2주마다 온라인 투표로 집에서 나갈 사람을 선택하는데 마지막까지 집 안에 남는 생존자 한 명에게 12만 5천 달러의 상금을 준다. 영국에서 최고 30%에 이르는 높은 시청률을 기록했다.

이 문제이다. 통제력은 내면화된다. 사람들은 더 이상 이미지의 희생물이 되어서는 안 된다. 사람들은 가혹하게 스스로 이미지로 변한다. 사람들은 피상적인 차원에서만 존재한다. 이는 사람들이 끊임없이 읽히고 정보의 빛에 과다하게 노출되며, 어디에서나 모습을 드러내고 자신의 생각을 요청받는다는 것을 뜻한다. 자기 표현의 궁극적 형태는 고백이라는 푸코의 말처럼 말이다.

자기 자신의 이미지를 만드는 것, 그것은 자신의 모든 일상생활, 자신의 모든 불행과 욕망, 자신의 모든 가능성을 드러내는 것이다. 이는 어떠한 비밀도 지니지 않는 것이다. 말하고 또 말하는 것이며, 지치지 않고 알리는 것이다. 이러한 것이 이미지의 가장 강한 폭력이다. 그것은 심층, 특이한 존재, 그의 비밀 등에 가해지는 폭력이다. 동시에 언어에 가해지는 폭력이기도 하다. 이러한 폭력으로 인해 언어는 독창성을 잃는다. 언어는 가시성의 조작자, 미디어에 '불과하게 된다. 언어는 자신이 말하는 것보다 더 중요한 자신의 아이러니컬한 차원을 상실하게 된다. 이미지 또한 이미지가 말하는 것보다 더 중요하다. 우리는 그 점을 잊고 있다. 바로 거기에 '이미지에 가해진 폭력'의 원천이 있다.[15]

〈빅 브러더〉에서 보여지는 모든 것은 가상현실, 현실의 합성 이미지이다. 그것은 진정한 포르노·진정한 외설스러움인 평범함의 스펙터클, 즉 평범함·무가치·무의미의 이미지이다. 그러나 적

---

15) Jean Baudrillard, 'Violence de l'image/Violence faite à l'image,' p.53 참조.

어도 여기에 잠재적인 잔혹한 형태가 있을 수 있다. 텔레비전이 세계의 사건의 이미지를 차츰 제대로 전달하지 못하면서 가장 살인적인 사건으로서, 가장 폭력적인 뉴스로서, 완전범죄의 현장으로서의 삶의 평범함, 일상생활을 폭로하기에 이른 것이다. 실제로 그러하다. 사람들은 볼 것 없음, 말할 것 없음, 똑같은 것에 대한 무관심에 매료되고, 두려움을 느끼며 또 매료된다.

사실 이 모든 것은 아무것도 아니며, 있는 그대로 보이는 불가침의 권리와 욕망에 일치한다. 보이기 위해 또 아무것도 아닌 것처럼 보이도록 자신을 아무것도 아니게 만드는 것이다. 바로 그것으로부터 보이지 않으면서 끊임없이 보이는, 동시적이면서도 모순적인 요구가 생겨난다. 모두가 동시에 두 장면을 연기한다. 어떠한 윤리도 이 딜레마의 끝——보려고 하는 절대적 권리와 보이지 않으려는 권리——에 이를 수 없다. 최대한으로 정보를 주는 것이 인간권리의 일부가 되고 있다. 따라서 강요된 '가시성,' 정보의 빛에 과다노출되는 것도 그러하다. 이 외설스러움, 추잡함 속에서 최악은 강요된 공유이다. 말하자면 시청자의 자동적인 공모이다. 그것이 바로 조작의 가장 분명한 목적이다.

이러한 이미지와 가시성의 관계는 영화 〈라스베이거스를 떠나며 Leaving Las Vegas〉에서도 잘 드러난다. 이 영화에서 우리는 금발의 젊은 여자가 자신이 말하고 행동하는 것에 무관심한 채 계속 이야기하면서 조용히 오줌 누는 것을 보게 된다. 이 장면은 완전히 쓸데없는 장면이지만, 그것은 그 어떤 것도 현실과 허구의 오버랩에서 벗어날 수 없으며, 모든 것은 보여지고 보고 즐길 준비가 되어 있다는 것을 공공연히 나타낸다. 그것이 바로 가시성이자 투명성이다. 모든 실재를 시각의 범위 안으로 끌어들이는 것이다. 사실 시선을 볼모로 삼는 것은 전시의 투명성이 아닐까? 필요성도 욕망도 효과도 없이 쓸데없이 보이는 것은 외설스럽다. 그것은 가상(apparence)의 매우 드물고 귀한 공간을 빼앗는다(보드리야르에 의하면, "이미지는 가상(apparence)이며 가상에 연결되어 있다").[16]

이것이 바로 한눈에 감시할 수 있는 판옵티콘을 넘어서 권력과 통제의 원천인 이 강요된 가시성 속에서 이루어지는 '이미지의 살해,' 즉 '이미지에 가해진 폭력'이다. 이제는 외부의 시선으로 사물들을 볼 수 있게 만드는 것이 문제가 아니다. 사물들을 그 자체로 투명하게 만드는 것이 문제이다.

보드리야르의 관점에서 보면 이미지와 관련하여 이중의 상징적 살해가 존재한다. 즉 "오늘날 모든 것은 이미지의 형태를 취하고, 실재는 이미지의 범람 아래 사라져 버렸다는 것이다. 그러나 사람들은 이미지 또한 현실의 지배 아래 사라진다는 것을 잊고 있다는 것이다."[17] 이미지는 대개의 경우 이미지로서의 자신의 존재와 독창성을 상실하게 되며 실재와 수치스런 공모를 맺을 수밖에 없다. 이미지가 행사하는 폭력은 대체로 이미지에 가해진 폭력으로 상쇄된다. 말하자면 자료 · 증거 · 메시지를 위해 이미지를 이용함으로

---

16) Jean Baudrillard, *Le Pacte de lucidité ou l'intelligence du Mal*, p.77.
17) Jean Baudrillard, 'Violence de l'image/Violence faite à l'image,' p.55.

써, 그리고 도덕적·교육적·정치적·광고적 목적을 위해 이미지를 이용함으로써 상쇄된다. 바로 거기서 동시에 숙명적 환상과 생명의 환상으로서의 이미지의 운명이 끝난다.[18]

비잔틴의 성상 파괴론자들은 이미지의 의미작용(신의 가시적 형태)을 사라지게 하기 위해 이미지를 파괴했다. 오늘날 반대의 모습을 가장하여, 그리고 우리의 우상숭배에도 불구하고, 우리는 언제나 성상 파괴론자들이다. 즉 우리는 이미지의 의미작용을 짓누르면서 이미지를 파괴한다. 우리는 의미를 통해 이미지를 죽인다. 〈거울 속의 사람들〉이라는 보르헤스의 우화에는 각각의 유사함이나 재현의 이면에 패배당한 적·패배당한 특이성·죽은 대상이라는 개념이 존재한다. 성상 파괴론자들은 그 점을 잘 파악했으며, 성상 속에서 신을 사라지게 하는 방법을 간파했다. 그러나 신 자신도 이미지 뒤로 사라지는 것을 택했을까? 어쨌든 오늘날 우리의 이미지 뒤로 사라지는 것은 신이 아닌 우리이다. 사람들이 우리에게서 우리의 이미지를 빼앗거나 우리의 비밀을 추적할 염려는 없다. 우리는 더 이상 그것을 갖고 있지 않기 때문이다. 우리는 우리를 감싸고 있는 이 완전한 현실 속에 더 이상 감출 것이라고는 없다. 그것은 동시에 우리의 최종적인 투명성이자 우리의 완벽한 외설스러움을 나타내는 것이다.

오늘날 대부분의 미디어나 사진의 이미지들은 인간조건의 비참

---

18) Jean Baudrillard, *Le Pacte de lucidité ou l'intelligence du Mal*, p.78 참조.

이나 폭력만을 반영한다. 그런데 이 비참과 폭력은 그것들이 지나치게 드러나기 때문에 그만큼 덜 우리에게 감동을 준다. 거기에는 정확히 말해서 의미에 대한 완전한 오해가 있다. 이미지의 내용이 우리에게 영향을 미치려면, 이미지는 그 자체로 존재해야 하고 우리에게 자신의 독창적인 언어를 받아들이게 해야 한다. 한 번 더 말하자면 이미지는 이미지가 말하는 것보다 더 중요하다. "실재에 대한 전이가 존재하려면, 이미지에 대한 반대전이가 필요하다."[19]

현대사회에서 비참과 폭력은 이미지를 통해 광고의 라이트모티브(leitmotiv)가 된다. 가령 토스카니(Toscani)는 패션 속에 성과 에이즈, 전쟁과 죽음을 복귀시킨다. 행복을 표현하는 광고는 불행을 표현하는 광고보다 덜 외설스럽지 않다. 그러나 광고의 폭력, 패션의 폭력, 미디어의 폭력을 보여주는 상황에서 말이다. 그것은 광고업자들이 실제로 어떻게 할 수 없는 것이다. 그런데 패션과 세속성은 말하자면 죽음의 스펙터클이다. 세계의 비참 역시 한 아프리카인의 해골을 연상시키는 신체를 통해서와 마찬가지로 마네킹의 선과 얼굴을 통해서도 읽혀질 수 있다. 똑같은 잔혹성이 도처에서 파악된다. 게다가 광고의 이 사실주의적 이미지는 존재하는 것이 아니라 존재하지 않는 것(죽음과 비참)을 포착하지 못한다. 다시 말해서 (이 비참을 미학적으로 그리고 상업적으로, 완전히 부도덕하게 이용하면서도) 도덕적이고 인간주의적 관점에서 존재하지 않는 것

---

19) Jean Baudrillard, *Le Pacte de lucidité ou l'intelligence du Mal*, p.78.

을 포착하지 못한다. 근본을 파헤쳐 보면 "이미지는 자신의 객관성 이면에서 불법으로 실재에 침입하는 이미지에 대한 부정을 나타내는 동시에 실재에 대한 근본적인 부정을 나타낸다."[20]

이미지에 가해진 결정적인 폭력은 디지털 계산과 컴퓨터로부터 생겨난 합성 이미지의 폭력이다. 이제 이미지에 대한 상상이나 이미지에 대한 근본적인 환상은 끝났다. 왜냐하면 합성작용 속에서 지시대상이 더 이상 존재하지 않기 때문이며, 실재가 가상현실로 즉각 태어나면서 그것이 더 이상 생겨날 이유가 없기 때문이다. 그리고 사진의 마술적 환상과 이미지의 특이한 사건을 산출했던 결정적인 순간에 실제대상이 현존하는 것도 끝났다. 이제 바르트의 표현을 빌리자면 푼크툼(punctum)의 가상 이미지 속에는 아무것도 존재하지 않는다. 반면 예전의 사진 이미지는 무엇인가가 거기에 있었으나 '그것이 있었다'라는 향수로 가득한 결정적인 부재로 더 이상 아무것도 없다는 것을 보여주었다. 오늘날 사진 이미지는 오히려 현존의 향수로 가득할 것이다. 사진 이미지가 주체에서 대상에 이르기까지 현존의 최종적 증거가 될 것이라는 점에서 말이다. 디지털 합성 이미지의 급격한 확산에 대한 최종적인 도전이 우리를 기다리고 있는 것이다.

이미지와 지시대상의 관계는 이미 많은 문제, 즉 재현의 문제를 제기한다. 그러나 지시대상이 완전히 사라질 때, 엄밀하게 말해서

---

20) 같은 책, pp.78-79.

더 이상 재현이 없게 될 때, 그리고 실제대상이 이미지의 기술적 프로그래밍 속에서 사라질 때, 더욱이 순수한 인공물인 이미지가 더 이상 아무것도 아무도 반영하지 못하고 심지어 부정의 단계조차도 거치지 못하게 될 때, 우리는 여전히 어떤 이미지에 대해 말할 수 있는가? 이미지는 더 이상 이미지가 되지 못할 것이고, 이미지의 소비 자체는 가상적이 될 것이다. 만약 플라톤의 말처럼 "이미지가 대상에서 나온 빛과 시선에서 나온 빛의 교차점에 있다"[21]면, 그때는 더 이상 대상도 시선도 없을 것이고, 따라서 이미지도 없을 것이다. 이는 바로 불길한 운명이다. 그리고 동시에 사진 이미지에 사라져 가는 모든 종의 부활 같은 인위적 부활을 보장해 주는 것이다. 거기에는 이미지에 대한 실재의 아이러니컬한 복수 같은 것이 존재한다. '실재의 사라짐'의 장소이었던 이미지는 이제 시장·투기·유행의 지배 아래, 기술적·경제적·미적 원리의 지배 아래 놓이게 된다.

여기서 순수한 상태에서 이미지를 이해하려면 철저한 명백함으로 되돌아가야 한다. 이는 이미지가 자체 속에서 완전히 완성되고 실재와 재현의 세계인 3차원의 세계보다 조금도 열등하지 않은 2차원의 세계이기 때문이다. "이미지는 유사한 세계이자 깊이 없는 다른 무대이다."[22] 그리고 자신의 매력과 고유한 특성을 이루는 것은 바로 이러한 차원이다. 따라서 입체감의 차원이든, 시간과 역

---

21) Jean Baudrillard, *L'Echange impossible*, Galilée, 1999, p.178에서 재인용.
22) Jean Baudrillard, *Le Pacte de lucidité ou l'intelligence du Mal*, p.82.

사의 차원이든, 관념과 의미작용의 차원이든 이미지에 3차원을 덧붙이는 모든 것, 그리고 이미지를 실재와 재현에 접근시키기 위해 이미지에 덧붙여지는 모든 것은 이미지를 파괴하는 폭력이다. 그러므로 순수한 상태에서 이미지를 되찾기 위해서는 제거하고 또 제거해야 한다. 제거는 본질적인 것을 사라지게 한다. 즉 언어가 그것이 의미하는 것보다 더 중요하듯이, 이미지는 그것이 말하는 것보다 더 중요하다. 즉 이미지는 말하지 않는 가운데, 말보다 더 많은 이야기를 드러낸다.

IV. 결론적 성찰

그러면 이미지의 범람 속에서 실재가 사라지는 현대사회에서 보드리야르가 진단하는 이미지의 폭력, 이미지에 가해진 폭력은 어디까지 나아가는 것인가? 이미지가 행사하는 폭력, 이미지에 가해진 폭력, 즉 이 이중의 폭력, 이 이중의 상징적 살해에 저항할 수 있는 구체적인 대안과 해결책은 없는가? 이러한 물음과 관련하여, 우리는 강요된 의미작용과 미적 방향전환을 넘어 이미지의 고유한 힘과 순수한 사건을 되찾기 위해 미디어와 정보의 폭력에 저항할 수 있는 이미지들이 있는지, 그리고 그러한 폭력에 맞설 수 있는 반미디어적 매체가 있는지 살펴보고자 한다. 보드리야르는 어느 인터뷰에서 '이미지의 폭력과 파괴의 시대'를 환기시키면서 그것을 돌파하기 위한 반미디어적 매체로 사진을 강력하게 거론한 바 있다. 그의 관점에서 보면 그것은 사진의 내기이다. "사진은 침묵으로 소음에 저항하고, 부동자세로 가속에 저항하고, 비밀을 통해 정보의 분출에 저항하고, 무엇보다 이미지의 자동적인 범람과 끊임없는 연속에 저항한다."[23] 특히 그는 "사진은 침묵을 통해서 아무것도 의미하지 않고, 아무것도 의미하지 않으려 하며, 정보·의사소통·미적인 것의 폭력에 저항하며, 저항형태로서 이미지의 순수한 사건을 다시 찾아낸다"[24]고 역설한다.

사진의 침묵은 언제나 침묵을 강요해야 하는 영화나 텔레비전과는 달리 사진이 지닌 가장 귀중한 특성 중의 하나인데, 그것은 대상의 말없는 시선에서 생겨난다. 사진의 대상은 우리를 바라본다. 다시 말하면 사진의 대상은 우리를 생각한다. 그리고 이미지 역시 자신의 침묵 속에서 우리를 생각한다. "침묵은 비밀의 은유 혹은 모든 다른 형태의 기묘함의 은유――다른 세계의 비유――이다."[25] 우리는 사진 속에서 우리 세계의 반영을 본다고 생각한다. 그러나 반대로 사진은 현실의 작용을 이루는 재현에 의해서가 아니라 재현의 순간적인 허구에 의해 우리의 세계를 정화한다. 따라서 사진의 문제는 사실 무엇인가를 말하지 않는 것, 침묵하는 것이지만

---

23) Jean Baudrillard, *L'Echange impossible*, p.176.
24) Jean Baudrillard, *Photographies 1985-1998*, Hatje Cantz Publishers, 1999, p.98.
25) Jean Baudrillard, 'Violence de l'image/Violence faite à l'image,' p.57.

무엇인가를 이미지로 만드는 것이다. 여기서 우리는 사진에 관한 데리다의 견해에 주목할 필요가 있다. "사진은 말을 하지 않는다. 침묵은 모든 것을 보여줄 수 있다. 말이 배제된 사진의 이미지는 담론(말)보다 더 많은 이야기를 드러낼 수 있다."[26]

그러므로 사진의 이미지는 시간도 움직임도 가장하지 않고 가장 엄밀한 비실재에 집착하기 때문에 가장 순수하다고 할 수 있다. 모든 다른 형태들(영화·비디오·합성 이미지)은 순수한 이미지의 완화된 형태나 순수한 이미지와 실재와의 단절에서 생겨난 완화된 형태에 불과하다. 그리고 사진 이미지의 강렬함은 실재의 부정과, 다른 무대의 창조에 상응한다. 하나의 대상을 이미지로 만드는 것은 대상에게서 그 모든 차원(입체감·깊이·시간·연속성·의미 등)을 하나씩 제거하는 것이다. 이러한 현실세계의 초월의 대가로, 사진 이미지는 매혹적인 힘을 지니고 순수한 객관성의 매체가 되고, 매우 미묘한 유혹의 형태에 투명하게 드러난다.

사실 오늘날 이미지의 홍수에 갇혀 있는 세계는 이미지의 반복 없이는 존속할 수 없다. 그래서 현실세계뿐만 아니라 이미지에 대한 치명적인 위험이 늘 뒤따른다. 만약 이미지가 계속 실재를 순환 사용하고 실재 속에 잠긴다면, 어쨌든 예외로서, 환상으로서, 유사한 세계로서의 이미지는 더 이상 존재하지 않을 것이다. 그러면 사진은 이미지의 범람에 예외일 수 있으며 이미지에게 본래의

---

26) Jacques Derrida/Marie-Françoise Plissart, *Droit de regards*, Editions de Minuit, 1985, p.102.

고유한 힘을 되돌려 줄 수 있는가? 이러한 가능성이 실현되려면, 우선 세계의 소란스러운 작용이 중단되어야 하고, 사물들이 우리가 거기에 있는 것을 파악하지 못할 때 그리고 부재와 공백이 사라지지 않을 때 대상은 환상적인 순간 속에서만 파악되어야 한다. 사실 "세계 자체는 사진술의 행위로 옮겨갈"[27] 필요가 있다. 마치 세계가 우리의 외부에서 출현하는 방식을 보여주듯이 말이다.

여기서 우리는 우상 파괴론자들이 비잔틴의 유명한 논쟁을 통해서 이미지를 열망했듯이 세계의 특이성을 표현하는 이미지를 열망해 볼 수 있다. 우상 파괴론자들은 신의 얼굴을 덮어 가리는 베일 속에서처럼 신성이 직접 현존하는 것——인간의 손의 개입 없이 신의 얼굴의 신성한 특이성을 표현하는 것——을 진정한 이미지로 간주했다. 그와 반대로 그들은 신의 시뮬라크르에 불과했던 인간의 손으로 만들어진 모든 성상들을 격렬하게 배격했다. 따라서 실재와 실재의 개념을 거치지 않는 '빛의 자동기술'인 사진은 이 자동성에 의해 인간의 손에서 벗어난 세계의 글자 그대로 해석의 전형이 될 수 있을 것이다. 물론 이때 세계는 진리로서가 아니라 철저한 환상으로서, 순수한 흔적으로서 나타난다. 거기에 특히 인간정신의 산물이 있다면, 그것은 정말로 진리와 객관적 현실이기 때문이다.

따라서 "사진을 찍는 것은 세계를 대상으로 간주하는 것이 아니

---

27) Jean Baudrillard, *Le Pacte de lucidité ou l'intelligence du Mal*, p.84.

라 세계를 대상이 되게 하고, 세계를 기이한 매력(특이성)으로 나타나게 하며, 이 기이한 매력(특이성)을 이미지 속에 고정시키는 것이다."[28] 사실 현실세계에서 드러나는 실재 속에는 엄연히 모호함과 불분명함이 존재한다. 현실은 아직 완성단계에 이르지 못했다. 그래서 세계에 대한 수정은 객관적 현실이 될 수 있을 것이다. 마치 대상에 대한 사진렌즈의 조절처럼 재현모델의 조절이 될 수 있을 것이다. 다행히도 세계에 대한 결정적인 수정은 결코 이루어지지 않았다. 어떻게 보면 진정한 이미지는 상황이나 대상이 어떻든 간에 세계의 떨림과 움직임을 설명하는 이미지이다. 이 단계에서 이미지는 세계에 속하는 무엇인가이며, 가상(apparence)의 변화나 동일한 생성 속에서 파악되는 무엇인가이다. 사진의 이미지는 가장 순수한 형태 속에서 이미지를 그 자체로서 그리고 현실세계와는 다른 환상으로서 존재할 수 있게 한다. 그것은 오늘날 대체로 실시간으로 산출되고 실시간으로 사라져 버리는 합성 이미지들(디지털 혹은 비디오 이미지들)과는 전혀 다른 이미지이다. 실재가 사라져 버리는 합성 이미지는 엄밀하게 말해서 더 이상 이미지가 아니다.

이러한 논리에서 보면 사진의 이미지는 수많은 이미지들이 넘쳐나는 현대사회에서 이미지의 폭력, 이미지에 가해진 폭력에 맞설 수 있는 고유한 특성을 지녔다고 말할 수 있다. 무엇보다도 사진

---

28) Jean Baudrillard, *Photographies 1985-1998*, pp.81-2.

은 특히 침묵을 통해서 모든 가상을 관통하고 현실세계 속에서 자신의 반향을 찾을 수 있는 순수한 객관성의 매체, 반미디어적 매체의 구실을 한다. 왜냐하면 사진은 렌즈에 의한 시선의 '기술적 고행'을 통해서 대상을 미적 변화와 미디어 기술의 지배로부터 보호하기 때문이다. 게다가 사진은 출현하는 대상의 윤곽을 무리 없이 뚜렷이 드러내는 렌즈의 유연함을 지니고 있어서 세계의 떨림과 움직임을 표현하는 순수한 이미지를 산출할 수 있기 때문이다.

그러면 이제 보드리야르가 이미지의 '이중의 폭력'에 저항하는 대안으로 제시한 사진 이외의 다른 매체는 없는가? 우리는 저항적 대안의 가능성을 여는 순수한 객관성의 매체로서 책을 들 수 있을 것이다. 무엇보다도 이미지로 말하게 하는 사진처럼 언어로 말하게 하는 텍스트는 동일한 침묵으로 둘러싸이기 때문이다. 텍스트의 침묵. 이 침묵은 모든 가상을 가로지르고 정치적·사회적·역사적 현실세계 속에서 자신의 반향을 찾을 수 있는 대각선 같은 것이다. 뿐만 아니라 우리는 이 이중의 폭력이 난무하는 현대사회에서 또 다른 대안으로 이미지를 부정하기보다는 좋은 '순수한' 이미지를 만들어 내는 방안을 모색해야 할 것이다. 또한 넘쳐나는 이미지를 깰 수 있는 예외적이고 진정한 이미지의 힘을 산출하기보다는 오히려 현대성의 부산물인 이 이중의 폭력을 보다 비판적으로 바라보고 극복하는 노력을 해야 할 것이다.

이렇게 이미지, 이미지의 폭력, 이미지에 가해진 폭력과 관련된 문제들은 현대사회와 현대성을 탐구하는 본질적인 요소가 되고 있다. 이러한 문제들의 핵심은 실재가 사라진 이미지를 어떻게 원래대로 포착하고 살려내느냐이며, 어떻게 이미지를 제대로 변형시킬 수 있느냐이다. 또한 우리가 이미지로 무엇인가를 하고 있다고 착각하는 것도 문제이다. 무엇보다도 합성 이미지들로 인해 사라진 실재를 되찾는 것이 관건이다. 따라서 우리는 이미지, 이미지의 폭력, 이미지에 가해진 폭력을 다각적으로 검토하는 과정에서 제시된 분석의 틀과 대안의 한계를 지적함과 아울러 앞으로 이 이중의 폭력의 아이러니를 성찰해 볼 필요가 있으리라 생각된다.

2 스펙터클의 폭력을 넘어서

I. 일상생활과 스펙터클

현대세계에서 일상생활을 논의하는 것은 일상성(그리고 현대성)을 생산하는 사회의 성격을 규정하는 것이다. 일상성은 하나의 개념이며, 이 개념은 사회를 이해하는 하나의 통로로 간주될 수 있다. 이는 일상생활을 전체 속에, 즉 정치·경제·기술·문화·예술 속에 위치시킴으로써 가능한 일이다. 이것은 본질적인 문제에 접근하는 바람직한 방법이며, 현대세계의 변화와 전망을 이해하는 합리적인 방법이다.

현대세계에서 일상성과 현대성은 두 개의 실체가 아니라 상관관계 있는 두 개의 현실이다. "우리는 땅의 표면, 곧 일상성만을 보고 있는지 모른다. 그 표면의 밑에 무의식의 지하가 있고, 그 위에는 의심과 신기루로 가득 찬 지평선, 즉 현대성이 있다."[1] 특히 현대성이라는 말은 새로운 것과 신기한 것의 표지를 띠고 있고, 혁신과 기술성이 강조되는 아이러니와 역설을 의미한다. 그것은 대담하며 덧없고, 역동적이고 갈채받는 모험이다. 그것은 이른바 현대세계가 상연하는 스펙터클과 일상생활이 자신에게 상연하는 스펙터클 안에 서로 구분되지 않은 채 들어 있는 예술이자 미학이다. 하지만 일상성과 현대성은 서로를 비추어 주고 슬쩍 감추기도 하며 또한 서로를 정당화한다. 이렇듯 일상성과 현대성은 서로 밀접하게 연관되어 있는 두 개의 현실, 즉 우리가 살고 있는 현대세계의 두 가지 측면이다.

그런데 기 드보르의 관점에서 보면, 우리가 살고 있는 현대세계의 현실은 스펙터클의 내부에서 솟아나고, 스펙터클이 현실적이 되고 있다. 스펙터클이 이제 현실의 모든 곳에 침투하여 현실 전체를 조작하고 통제하기 때문이다. 따라서 일상생활은 스펙터클에 의해 몹시 휩쓸리게 되고 스펙터클의 질서를 흡수하게 된다. 그러면 드보르가 말하는 '스펙터클'이라는 개념은 무엇을 뜻하는가? 스펙터클은 "매우 다양한 외견상의 현상들을 통일시켜 설명해 주는"[2] 복합적인 용어이다. 어떤 의미에서 이 개념은 기호와 이미지의 소비, 스펙터클의 소비를 전제로 하는 소비사회를 내포한다. 하지만 다른 의미에서는 그것은 현대사회의 제도적·기술적 장치를 통해서 수동적인 인간들을 사회적 조작에 종속시키는 수단 및

---

1) Henri Lefebvre, *La vie quotidienne dans le monde moderne*, Gallimard, 1968, p.206.

2) Guy Debord, *La société du spectacle*, Gallimard, 1992, p.19(약호 *SS*).

방법을 내포한다.

　가령 우리가 텔레비전 · 컴퓨터 · 영화 · 사진 등을 보면서 거기에 표명된 수많은 기호 · 이미지 · 스펙터클을 받아들인다면, 우리는 이미 수동적인 인간이 될 뿐이다. 보다 구체적으로 설명하자면 기호 · 이미지 · 스펙터클을 통해서(그리고 기호 · 이미지 · 스펙터클에 대한 담론을 통해서) 개인적 또는 사회적 의식은 기술을 반영한다. 팝아트와 함께 이런 기술주의적 경향은 뒤샹과 워홀의 경우처럼 심미주의와 합류한다. 좀 더 정확히 말하면 기술적 대상을 향한 시선, 즉 수동적이 되어 버린 시선, 구조(해체와 재구성)에만 관심을 갖고 표피적인 스펙터클에만 마음이 쏠리는 시선이 사회활동의 모델이 되었다는 것이다. 스펙터클에 의해 유지되는 수동성과 조직된 소비의 토양이자 사회적 공간인 일상생활은 이런 식으로 정립되고 공고화되고 있다.

　어떻게 보면 일상생활에서 이제 문화는 해체되는 신화에 불과하고, 기술에 들러붙은 이데올로기에 불과하다. 기술적 기호와 이미지들의 과도한 소비 위에 심미주의(예술에 대한, 또는 미학에 대한 담론)가 겹쳐진다. 예술이나 문화의 특별한 매개 없이 심미주의로 미화된 기술성, 이것이 바로 테크놀로지의 힘과 영향력을 보여주는 현대세계의 특징이다. 이제 현대세계의 회전대는 땅의 표면에서 빙글빙글 돌고 있다. 기호의 소비, 소비의 기호, 이미지의 소비, 소비의 이미지, 스펙터클의 소비, 소비의 스펙터클, 완결을 지향하는 각각의 체계는 이처럼 일상생활의 차원에서 자기 파괴적인 선회를 제공한다. 이는 바로 현대세계의 일상생활이 낳는 아이러니이다.

II. 스펙터클과 이미지

현대사회는 '스펙터클의 사회'인가? 이 물음에 대한 대답은 존재하는 것에 대해 더 이상 말할 필요가 없듯이 이미 오래 전에 합의가 이루어진 듯하다. 그래서 현대사회에서 스펙터클이라는 개념은 유행하는 상투어처럼 이론적 담론과 대중적 담론에서 일상적으로 통용되고 있다. 드보르는 자신의 책 《스펙터클의 사회》의 첫머리에서 "현대의 생산조건들이 지배하는 모든 사회에서 삶 전체는 스펙터클의 거대한 축적으로 나타난다"[3]고 말하면서 스펙터클의 사회의 특성을 간결하게 요약한다. "스펙터클은 총체적으로 파악할 때 현존하는 생산양식의 결과이자 그 기획이다. 스펙터클은 정보이든 선전이든, 광고이든 오락의 직접적인 소비이든 그 모든 특수한 형태들 속에서 사회적으로 지배적인 삶의 현존하는 모델을 구성한다. 스펙터클은 생산과 필연적으로 파생되는 소비 속에서 '이미 행해진' 선택을 도처에 드러내 보인다."[4] 생산조건과 산업발전에 의존하는 현대사회는 우연히 혹은 피상적으로만 스펙터클

---

3) 같은 책, p.15.
4) 같은 책, p.17.

한 것이 아니라 근본적으로 '스펙터클주의적' 이다. 따라서 스펙터 클은 '지배경제의 이미지' 이다.

이러한 관점에서 보면 오늘날 생산되는 상품들에 달라붙는 필요 불가결한 장식물로서, 그리고 무수히 증대하는 이미지-상품들을 직접 만들어 내는 경제부문으로서 스펙터클은 '현대사회의 주요한 생산물' 이다. 뿐만 아니라 스펙터클은 경제가 인간들을 완전히 예 속시키는 한 인간들을 자신에게 예속시킨다. 스펙터클은 자신 이외 의 다른 것을 목표로 삼지 않으며, 오직 자신을 위해 발전하는 경 제 이외에는 다름 아니다. 그러나 스펙터클은 일종의 자연적 발전 으로 간주되는 기술발전의 필연적 산물이 아니다. 오히려 그와 반 대로 스펙터클의 사회는 자신의 기술적 내용을 선택하는 형식이다.

그러면 이러한 스펙터클에 대하여 현대인들은 어떤 반응을 보이 고 있는가? 대다수의 현대인들이 스펙터클의 집중적인 사용으로 인해 발작적으로 혹은 부분적으로 관념론자가 됨으로써 논리의 결여와 수동적 사유를 초래하고 있다. 일반적으로 논리는 대화를 통해 사회적으로 형성되는데, 그들은 중요한 것과 보잘것없는 것, 모순적인 것과 보충적인 것, 어떤 결과가 내포하는 모든 것과 동 시에 그것이 금지하는 것을 즉각 분간하지 못한다. 이러한 장애는 스펙터클의 조작자들에 의해 그들에게 점차 확산된다.

스펙터클에 대한 이 빈약한 사유로 인해, 개인은 따라서 기존질 서를 따를 수밖에 없다. 결국 그는 스펙터클의 언어를 따를 것이 다. 왜냐하면 그것은 그에게 익숙해진 유일한 언어이기 때문이다.

그리고 그는 자기 수사학을 싫어하는 사람임을 스스로 보여주고자 할 것이다. 이것이 바로 스펙터클의 지배가 획득하는 성공의 가장 중요한 사항들 중의 하나이다.

따라서 수동적 사유를 견지하는 개인은 스펙터클의 질서를 구체적으로 따를 수밖에 없고 진정한 경험을 겪거나 자신이 좋아하는 것을 발견할 수 없는 삶의 조건을 숙명적으로 수반하게 된다. 역설적으로 자신이 스펙터클의 사회 속에서 다소 고려되기를 바란다면, 그는 영원히 자신을 부인해야 할 것이다. 사실 이러한 삶은 기만적인 삶에의 끊임없는 기만적인 집착을 가정한다.

오래 전에 자신의 책에서 사르두(Sardou)는 '교활한'(fallacieux), '속이는'(trompeur), '위선적인'(imposteur), '유혹적인'(séducteur), '함정이 있는'(insidieux), '궤변적인'(captieux) 말들 사이에서 파악해야 할 뉘앙스를 정의한 바 있다. 이러한 말들은 오늘날 스펙터클의 사회를 묘사하는 데 적합한 일종의 색채를 구성한다. 더욱이 그것들은 점진적 변화〔혼란스러운(égaré), 인위적으로 유도한(provoqué), 침투한(infiltré), 조작된(manipulé), 침해한(usurpé), 뒤흔들어 놓는(retourné)〕를 따르면서 사회의 질서나 체제의 전복에 전념하는 모든 집단이 일반적으로 직면하리라고 예상되는 위험들의 유사하지만 매우 다른 의미를 연상시킨다.[5] 근본을 파헤쳐 보면, 스펙터클의 사회는 조작과 왜곡의 숨은 의미를 지니고 있다.

---

5) Guy Debord, *Commentaires sur la société du spectacle*, Gallimard, 1992, p.63 참조.

보드리야르는 "사람들이 유희 속으로 들어가는 한, 스펙터클 속에서 가짜인 모든 것이 진짜가 된다"[6]고 말한다. 사실 오늘날에는 도처에서 가짜가 진짜를 대신하는 경향이 있다. 모든 것은 요컨대 정확히 재현되기 때문이다. 그러므로 사물보다 이미지를, 원본보다 복사본을, 본질보다 외양을, 실재보다 재현을 좋아했던 자기 시대에 대한 포이어바흐의 판단은 스펙터클의 시대에 의해 완전히 입증되고 있다. 드보르의 견해에 따르면 "스펙터클은 외양의 존재를 드러내 보이며, 모든 인간적 삶, 즉 모든 사회적 삶이 한낱 외양"[7]에 불과하다. 그리하여 스펙터클의 사회에서 직접 경험한 모든 것이 재현으로 물러난다. "스펙터클은 일련의 이미지들이 아니라 이미지들에 의해 매개되는 사람들 사이의 사회적 관계이다."[8] 그러나 드보르는 매개되지 않은 삶과 현실을 추구하려고 했다. 우리의 일상적 삶은 그것을 통제하고 지배하는 이미지들에 의해 매개되기 때문이며, 현실세계는 스크린 위에 펼쳐지는 끔찍하게 매혹적이고 무차별적인 기록영화가 될 정도로 현실 자체가 스펙터클에 의해 전도되기 때문이다.

이렇게 스펙터클의 사회에서 우리는 도처에서 우리의 삶 자체로부터 경험·정서·사유·관계를 상실하도록 유도하는 이미지들에 의해 매개된다. 그리하여 이미지들을 뿜어내는 스펙터클은 우리의

---

6) Jean Baudrillard, *A propos d'Utopie*, Sens & Tonka, 2005, p.13.
7) *SS*, p.19.
8) 같은 책, p.16.

대부분의 여가시간을 흡수하고 우리 자신을 분리시킨다. 따라서 우리는 스펙터클이 우리의 머릿속에 입력시킨 언어로 말하고 스크린에서 본 적이 있는 행동으로 제스처를 취한다. 우리는 예전에 자신의 고유한 삶을 영위했지만 오늘날에는 시각적이 되어 버린 삶을 살아간다. 그러면 광고 · 매체 이벤트 · 오락 · 대중매체를 통해 무한히 분출되는 스펙터클은 어떻게 이해되어야 하는가? 그것은 말하자면 시각세계의 남용으로서 그리고 이미지를 대량으로 확산시키는 기술의 산물로서 이해되어서는 안 된다. 그것은 물질적으로 표현된 세계관이자 객관화된 세계관이다. 그러나 스펙터클의 진실에 도달하는 비판은, 스펙터클을 삶에 대한 시각적 부정으로서, 다시 말하면 시각적이 되어 버린 삶에 대한 부정으로서 폭로하는 것이다. 다양한 매체들에 의해 세계를 바라보게 하는 경향을 지닌 스펙터클은 당연히 시각적이 되기 때문이며, 가장 추상적이고 가장 신비화되기 쉬운 이 시각이 현대세계의 일반화된 추상화에 상응하기 때문이다.

이제 테크놀로지의 차원에서, 스펙터클이 실험하고 대중화했던 매체에 의해 구성되고 선택된 이미지가 개인과 그 자신이 바라본 세계와의 중요한 관계가 되었을 때, 우리는 이미지가 모든 것을 받아들일 것이라는 것을 분명히 알고 있다. 왜냐하면 동일한 이미지 속에서 우리는 어느 것이라도 모순 없이 나란히 놓을 수 있기 때문이다. 이미지의 흐름은 모든 것을 빼앗는다. 마치 매체가 단순하게 축소된 감각세계를 마음대로 지배하듯이 말이다.

김재만, 로스앤젤레스, 2007

III. 스펙터클과 이미지는 모든 것을 삼킨다

그러면 현실세계가 이미지들로 바뀔 때, 이미지들은 무엇이 되는가? 이미지들은 현실적 존재가 되고 현실의 지배적인 요소가 된다. 드보르의 관점에서 보면, 현대세계의 사회적 관계의 현상은 이미지에 의해 매개된다. 그리하여 이미지는 현대세계의 일상생활을 통제하고 지배한다. 이런 관점은 르페브르·보드리야르의 관점과 전혀 다르지 않다. 드보르·르페브르·보드리야르의 사유에 따르면, 이미지가 현실의 지배적인 요소가 되는 상황에서 사람들은 온전히 이미지의 세계 속에서 살아간다. 사람들은 일상생활에서 이미지와 함께 있고 이미지의 울타리를 벗어날 수 없다. 거리의 수많은 광고에 새겨진 이미지, 사회적 신분과 위세 또는 차별적 개성을 나타내는 상품에 담겨진 이미지, 사람들의 욕망을 유혹하는 패션과 화장에 배어 있는 이미지, 문화적 공간이나 실내장식의 분위기가 바깥으로 표출하는 이미지, 이러한 이미지들이 사회현실 전체에 파고들어 현실 자체를 움직인다.

이러한 현실적 상황에서 사람들은 점점 더 이미지를 소비할 수밖에 없게 되며, 소비는 당연히 이미지의 소비를 포함하는 과정으로 설명된다. 즉 사물(상품)이 소비되는 것이 아니라 이미지가 소비된다는 것이다. 따라서 소비는 이미지를 흡수하고 이미지에 의해 흡수되는 과정이다. 이는 바로 소비사회에서 '이미지의 지배'

를 명백하게 드러내는 것이다.

심지어 보드리야르는 "오늘날 모든 욕망 · 계획 · 필요 · 모든 열정과 관계는 기호로 추상화된다. 따라서 이들은 상품으로 구매되고 소비된다"[9]고 주장한다. 여기서 기호는 이미지의 다른 이름일 뿐이다. 이제 상품은 단지 객관적인 실체로서의 물질이 아니라 욕망 · 필요 등 심리적인 차원까지도 기호화하여 상품화하는 셈이다. 이렇게 사람들이 소비하는 상품은 기호/이미지로 환원될 수 있게 된다.

드보르는 "스펙터클이란 상품이 사회적 삶을 총체적으로 점령한 순간이다"[10]라고 말한다. 사실 사람들이 눈으로 보는 세계는 상품의 세계이다. 스펙터클의 사회는 사회적 삶의 영역들조차 상품화되는 것을 포함한다. 다시 말하면 이미지 상품은 물질문화를 지배하고, 이러한 지배를 통해서 일상생활은 상품화된다. 이는 곧 일상생활의 상품화가 사회의 모든 영역으로 확장되는 것을 뜻한다. 물론 이때 상품화는 바로 스펙터클화와 동일한 의미를 갖는다.

이런 점을 고려해 보면, 일상생활에서 스펙터클은 이제 소비 · 광고 · 매체 · 정보 · 서비스 · 오락 등의 문화적 메커니즘을 통해 자신의 마취제를 널리 퍼뜨린다. 학교교육 시스템, 매체 이벤트, 텔레비전 광고, 선거캠페인, 여가, 스포츠, 게임, 패션쇼, 쇼핑몰, 도시건축, 디자인, 이 모든 것들이 스펙터클에 빠져들었다. 가령

---

9) Jean Baudrillard, *Le système des objets*, Gallimard, 1968, p.278.
10) *SS*, p.39.

여가는 더 이상 축제도 아니며, 노고의 보상도 아니고, 그것 자체만을 위해 수행되는 자유로운 활동도 아니다. 그것은 보편화된 스펙터클, 즉 텔레비전·영화·관광 등이다. 그리고 PC게임 속의 가상현실은 '현실보다 더 현실적이고, 실재보다 더 실재적인 하이퍼리얼리티의 세계'가 되고 있다. PC게임이 현실세계에서는 접하기 힘든 상황을 조작적으로 연출한 것에 불과하지만, 사람들은 스펙터클한 세계의 유혹에서 빠져나오지 못하게 된다. 왜냐하면 사람들은 스펙터클을 수동적으로 소비하면서 자신의 삶으로부터 분리되기 때문이다.

이는 스펙터클이 유혹적인 이미지를 통해 끊임없이 사람들에게 말을 건네는 것과 관련이 있다. 특히 이 유혹적인 이미지들은 눈이라는 보편적인 언어로 말한다. 사람들의 눈은 별다른 비판적 저항 없이 이미지들을 빨아들인다. 이렇게 현대세계에는 스펙터클한 이미지의 힘이 도처에 존재하고 있으며, 사람들은 스펙터클한 이미지의 선택적 유혹의 틀 안에 갇혀 있게 된다. 스펙터클은 겉으로 보기에는 아무렇게나 뒤섞인 이미지의 파노라마처럼 보이지만, 근본을 파헤쳐 보면 이미지의 조작의 총체이다.

그러면 개인으로서의 존재는 스펙터클과 이미지에 맞설 수 없는가? 보드리야르의 견해에 따르면, 개인으로서의 존재는 스펙터클과 이미지의 조작 속에서 사라진다. 그는 자신의 이미지와 마주 대하는 일도 없다. 그는 스펙터클이 늘어놓는 이미지의 내부에 존재한다. 이런 관점에서 보면, 모든 것은 스펙터클과 이미지의 질서에 둘러싸여 존재하는 듯하다. 가령 쇼윈도를 바라보는 개인으로서의 인간은 어떻게 되는가? 거기에서 그는 스펙터클한 이미지로서의 상품을 바라볼 뿐이며, 바라보는 것에 의해 그는 스펙터클과 이미지의 질서 속으로 흡수되어 버린다. 따라서 쇼윈도는 소비 그 자체가 그리는 궤적을 반영하는 장소이며, 개인으로서의 존재를 반영하기는커녕 오히려 흡수해 버린다.

이렇게 스펙터클과 이미지가 모든 것을 삼키면서 실재를 사라지게 하는 현대사회는 그 자체로 실재가 없는 미혹 속에 있다고 할 수 있다. 이렇게 스펙터클과 이미지가 판을 치는 현실세계에서 실재는 증발하고 뒤로 밀려나며, 하이퍼리얼리티(시뮬라크르)가 지배한다. 따라서 우리는 스펙터클한 시뮬라크르의 세계의 존재론적 조건에 직면해 있다고 말할 수 있을 것이다.

IV. 스펙터클의 폭력

드보르 · 르페브르 · 보드리야르의 직관에 따르면, 이미지에 의해 매개되지 않는 현실은 없다. 우리가 직접적이고 자연발생적인 것으로 이해하는 것은 대체로 특정한 사회문화적 이미지에 의해 구성된 현실이다. 사실 원격정보기술과 미디어기술의 발전에 따라 급변하고 있는 현대사회에서는 상품만이 아니라 거의 모든 대상이 이미지나 기호로 변형되고 있다. 모든 현상이 이미지나 기호를 통해 매개 구성되며, 또한 과도하게 스펙터클화되거나 코드화된다. 과잉의 스펙터클과 그에 따른 과잉의 이미지. 그리하여 도처에서 텔레비전·컴퓨터·영화·사진 등의 스펙터클과 이미지들이 넘쳐나고 있고, 모든 것이 스펙터클과 이미지의 형태를 띠고 있는 듯하다.

가령 텔레비전과 영화는 '나는 이미지이다. 모든 것은 이미지이다' '나는 스펙터클이다. 모든 것은 스펙터클이다' 라는 사실 이외에는 아무것도 말하지 않는다. 어쨌든 사람들은 스크린 앞에 있게 되면 모든 것을 스펙터클과 이미지로 이해하게 된다. 어디에서나 보이는 이러한 스펙터클과 이미지의 범람은 보드리야르가 말하는 '사물의 황홀경' 처럼 우리를 '스펙터클의 황홀경' '이미지의 황홀경' 에 빠져들게 한다.

특히 우리는 이미지 스펙터클을 주목해야 한다. 말하자면 우리는 스펙터클의 강한 호소력과 매혹을 주목해야 한다. 원하든 원치 않든 간에, 스펙터클은 우리의 본원적인 장면이기 때문이다. 오늘날 스펙터클과 현실의 관계는 급격하게 변하고 있다. 스펙터클이 현실 속에 스며들 때, 그것은 어떤 형태를 띠게 되는가? 더욱이 스펙터클이 현실이 되고 지배적인 힘이 될 때, 그것은 어떤 형태를 띠게 되는가? 스펙터클은 모든 것을 삼키면서 현실을 사라지게 하고, 때로는 가장 폭력적인 현실을 드러내면서 현실의 실재적인 본질을 사라지게 한다. 이것이 바로 '스펙터클의 폭력' 이다.

따라서 스펙터클의 폭력은 현실로 지평을 확장하기 어렵다. 왜냐하면 현실은 하나의 원칙이고, 이 원칙이 사라졌기 때문이다. 현실과 가상은 서로 뒤얽혀 있다. 스펙터클의 폭력에 대한 매혹은 무엇보다도 이미지에 대한 매혹이다(이로 인한 결과는 기쁨을 주는 동시에 전율을 초래하며, 그 자체가 매우 상상적인 것이다). 따라서 이 경우 현실에 대한 폭력이 먼저 존재하고 거기에 이미지에 대한 전율이 추가되기보다는 오히려, 이미지가 먼저 존재하고 거기에 현실에 대한 전율이 추가되는 것이다.

폭력 그 자체는 전적으로 흔히 있는 것이고, 비공격적인 것이다. 스펙터클의 폭력은 추상적인 개념이며 이미지로 활기를 띠게 된다. 스펙터클의 폭력은 돌이킬 수 없는 것이고 누구에게나 매혹적인 것이며 통제할 수 없는 것이다. 따라서 스펙터클의 폭력은 그 자체로서 센세이션을 일으키며 소비대상으로서의 폭력이 된다. 거기에는 오늘날 대중을 매료시키는 두 가지 요소가 고도의 차원에서 결합되고 있다. 이 두 가지 요소는 스크린이라는 요술과 스펙터클이라는 마술, 이미지의 흰 빛과 스펙터클의 검은 빛이다.

그러면 현대사회에서 이러한 폭력은 왜 산출되는가? 오늘날 폭력은 현대사회의 구조적인 현상과 밀접하게 관련 있는 듯하다. 어떻게 보면 폭력은 현대사회의 시대적 징후를 집약적으로 표현하는 하나의 현상이다. 이 현상은 말하자면 과잉의 스펙터클화와 코드화가 마침내 노출하기 시작한 아노말리적인 징후이다. 오늘날 사물의 자연적 의미가 이미지와 기호에 의해 대체되고 있다면, 스펙터클 자체는 과도한 넘침과 과포화에 시달리고 있다. 보드리야르가 즐겨 사용하는 '토탈 스크린(écran total)'이란 말은 그런 넘침과 과포화에 대한 다른 표현이다. 과잉의 스펙터클화에 따른 과잉의 상징성은 과도한 가시성, 과도한 투명성을 의미하기 때문이다. 모든 것이 눈 앞에 드러나고 장면화될 때 어떤 사태가 일어날까?

현대성의 부산물인 우리의 폭력은 대체로 정열과 본능에서보다는 오히려 스크린에서 생겨난다. 우리의 폭력은 그것을 확산시키는 체하지만, 실제로는 그것을 앞서가고 자극하는 스크린과 미디어 속에 잠재해 있다. 미디어들이 스펙터클을 통해서 폭력을 확산시킨다고 비난받는다. 스크린의 연속성이 해결됨으로써 이제 스

테드 크로너, 〈타임스퀘어, 뉴욕〉, 1947-1952

펙터클의 폭력과 행위의 폭력 사이의 연결이 존재하지 않는다. 우리가 저항할 수 없는 것은 미디어 자체의 폭력, 가상적인 것의 폭력이다. 우리가 두려워해야 하는 것은 심리적인 연결이 아니라 투명한 폭력의 기술적인 연결이다. 그것은 바로 폭력의 '복제 단계'이다.[11]

　이는 현대사회가 가상적 폭력, 반응하는 폭력을 산출하기 때문이다. 이 폭력의 대표적인 것이 정보·미디어·이미지·스펙터클의 폭력이다. 그것은 투명성, 완벽한 가시성, 모든 비밀의 사라짐과 관련된 폭력이다. 이러한 폭력은 육체와 성의 질서이든 탄생과 죽음의 질서이든 모든 자연질서로부터 벗어난 세계를 확립하려고 애쓰는 폭력이다. 하지만 이 폭력에 대해 말하는 것 이상으로 독성에 대해 말해야 할지도 모른다. 그것은 바로 바이러스성이다. 그것은 인접관계·전염에 의해 연쇄반응으로 작용한다. 또한 그것은 모든 면역성과 저항력을 서서히 파괴한다.

　이런 관점에서 보면 스펙터클의 폭력은 독성에 의해 증식된, 매혹적이고 무관심한 바이러스성의 형태이다. 스펙터클의 폭력이 바이러스와 독성의 상태로, 급증하는 아노말리적 상태로 옮겨감은 매우 기이하고 흥미로운 상황을 연출해 낸다. 더욱이 현대사회에서는 테러리즘의 연쇄반응 이외에는 스펙터클의 폭력의 연쇄반응과 유사한 것은 없다. 그리고 스펙터클의 폭력의 전염은 현대사회

---

11) Jean Baudrillard, *Ecran total*, Galilée, 1997, pp.103-104 참조.

의 어떤 현상들과 마찬가지로 일시적이고, 덧없고, 수수께끼같고, 억제할 수 없는 것이다. 이러한 스펙터클의 폭력의 전염과 전염효과를, 우리는 어쩌면 전율을 느끼면서 매우 모호하게 즐기고 있는지도 모른다.

이렇게 스펙터클의 폭력은 스펙터클화가 독성(바이러스성)의 상태 혹은 과잉의 상태에 이르면서 성립하는 아노말리(anomalie) 현상을 극명하게 드러낸다. 그것은 현대사회의 어떤 임계점을 가리키며, 단순한 무질서나 혼돈으로 그치지 않는다. 다시 말하면 스펙터클의 폭력은 우리 시대의 정치적·경제적·사회문화적 질서의 혼

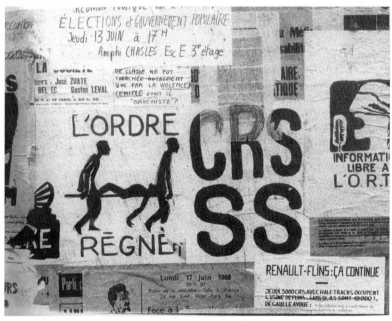

68년 5월 혁명의 슬로건

돈을 미리 예고하고, 그런 질서를 근본적으로 성찰하는 첨예한 지점을 형성한다. 그럼에도 불구하고 스펙터클의 폭력은 현대사회의 흐름이 도처에서 통제할 수 없는 가속성을 띠게 되었음을 넌지시 암시한다. 그것은 보드리야르가 말하는 사회적인 것의 가속화 혹은 극단화이다. 이는 바로 오늘날 가속적으로 자신을 증식하고 자신의 지배력을 극단적으로 실현하고 있는 시뮬라크르들의 극단화이다. 스펙터클은 분명히 하이퍼리얼리티이고 시뮬라크르이다.

V. 스펙터클의 폭력에 저항하기

그러면 우리는 시뮬라크르인 스펙터클의 폭력에 어떻게 저항해야 하는가? 스펙터클이 행사하는 폭력에 저항할 수 있는 구체적인 대안과 해결책은 없는가? 이러한 물음과 관련하여, 우리는 스펙터클의 폭력을 넘어서 현대세계를 변혁시키고 우리의 환경을 급진적으로 재구성할 수 있는지, 보다 구체적으로 말하면 우리의 일상생활을 즉각적으로 변혁시킬 수 있는지 살펴보고자 한다.

우리는 현대세계가 결코 실제적이지도 본원적이지도 못할 것이며, 또한 지금부터 모든 것이 스크린을 저주하고 시뮬라크르를 저주할 수밖에 없을 것이라는 것을 알고 있다. 더욱이 우리는 스펙터클과 이미지의 본질적인 기능이 현실을 사라지게 하는 동시에 이러한 사라짐을 감추는 것이 되고 있는 세계 속에 있다. 말하자면 모든 스펙터클과 이미지의 이면에서 무엇인가가 사라져 버린 것이다. 가령 스펙터클에 이미지의 힘을 부여하는 것은 스펙터클에 고유한 마술이다. 정보의 마술에 대해서도 마찬가지이다. 모든 정보의 이면에서 사건은 사라져 버렸으며, 정보를 가장하여 사건들은 하나씩 우리로부터 벗어났다.

이제 거울을 초월한 세계는 있어도 스크린을 초월한 세계는 없는 듯하다. 가상의 표면인 스크린은 그 무엇으로도 채워질 수 있고 사건을 이용하는 텔레비전처럼 자신의 영역 안으로 말려들고 있다. 예전에 예술을 위한 예술의 타락이 그랬듯이, 오늘날 미디어를 위한 미디어의 타락, 모든 제도·체계·조직의 타락은 그들의 대상이나 기능에 전혀 개의치 않은 채 기능하기 시작한다. 이는 바로 시뮬라크르의 극한에서 비롯되는 우리의 딜레마이다. 만약 스펙터클이 참조해야 할 대상을 가리키지 않고 스펙터클로서의 스펙터클의 지위향상만을 가리킨다면 어떤 사태가 일어나겠는가? 그리고 텔레비전이 메시지로서의 자기 자신을 가리키는 것 이외에는 더 이상 아무것도 가리키지 않는다면 어떤 사태가 일어나겠는가? 맥루언의 견해처럼 미디어가 메시지를 삼키듯이, 스펙터클은 미디어의 절대적인 지배를 받는다.

사실 오늘날 미디어·정보·커뮤니케이션은 사방으로 확산된다. 그것들 자체는 상상 속에서 발휘되는 바이러스성의 힘을 지니며, 그들의 독성은 쉽게 전염된다. 우리는 스펙터클과 이미지를 통해 정신과 육체를 확산시키는 문화 속에 있다. 이러한 문화가 바람직한 효과를 산출하더라도 그것이 위협적인 바이러스를 산출한다면 어떻게 놀라지 않을 수 있겠는가? 이미 과잉의 스펙터클화, 즉 스펙터클의 폭력은 시작되었다. 하지만 그것은 미디어·스크린·프로그램·망의 확산을 통해서 끊임없이 계속되고 있다. 스펙터클의 폭력은 열광·연쇄반응·잠재적 상승이라는 자신의 논리만을 갖는 듯하다. 이러한 논리는 닫힌 순환과 통합된 순환의 아노말리, 뒤섞임과 연쇄반응의 아노말리에 직접적으로 연결된다. 스펙터클의 폭력은 분명히 아노말리적인 징후들이고, 현대사회의 문화·제도·체계·조직에서 생겨난 어떤 형태의 폭력이다. 이 폭력은 매우 모호하고 유동적이며, 그것의 가속화는 불가피한 듯하다. 다시 말하면 스펙터클의 폭력은 과도한 흐름·순환·망의 확장으로 증식되며 일상생활에 침투한다.

　　그러면 우리는 확실히 위협적이고 매우 심각한 것으로 간주되는 스펙터클의 폭력에 어떻게 저항해야 하며 그것을 넘어서야 하는가? 우리는 무엇보다도 우리의 문화·제도·체계·조직에서 생겨나는 흔한 바이러스성을 몰아내야 할 것이다. 물론 어느 누구도 이러한 몰아냄의 효력에 대해 속단할 수는 없다. 근본을 파헤쳐 보면, 우리의 문화·제도·체계·조직 역시 일상생활의 영역들이다. 하지만 우리는 현대세계의 일상생활을 단순히 있는 그대로 받아들이기보다는 일상생활을 변화시키려는 예술적·실천적 활동을 통해 창조적으로 체험된 삶의 순간을 구성하려고 노력해야 한다. 달리 말하면 일상생활에서 자유롭고 창조적인 놀이의 형태로 자유로운 활동이 보장되는 질서를 의식적으로 구축하려고 해야 한다. 게다가 전혀 다른 환경 속에서 체험하는 실험적인 생활양식, 과거와 현재의 미학적 요소들의 통합과 함께 보다 나은 환경을 만드는 예술적 전략을 발전시켜 나가야 한다.[12]

이러한 실험적이고 실천적인 노력과 함께, 스펙터클의 폭력에 저항하는 대안은 우리가 그 속에서 살아가는 환경과 상황을 급진적으로 재구성하려고 시도하는 것이다. 여기서 급진적 시도는 스펙터클을 파괴하는 것, 스펙터클의 이데올로기를 폭로하고 그것을 넘어서는 것이다. 그리고 급진적 시도를 이끌어 가는 힘은 바로 일상생활의 변혁 속에 있다. 일상생활의 변혁은 일상생활 자체가 상품화되는 예술보다는 인간적 상호 작용으로서의 예술, 새로운 소통을 창출하는 예술로 변형되어야 한다.

스펙터클은 대체로 현실 전체에 가해지는 조작의 총체이고, 자신의 침투력으로 자신의 지배력을 강화한다. 이제 우리는 창조적 활동과 함께 실천적 변혁을 통해 스펙터클의 조작력과 지배력을 파괴하고, 일상생활에서 스펙터클의 수동적 소비자를 탈피하여 능동적 행위 수행자가 되어야 한다. 이것이 바로 스펙터클의 폭력에 저항하고 그것을 넘어서는 바른 길이 될 수 있을 터이다.

---

12) 이성훈, '기 드보르, 상황주의 인터내셔널, 스펙터클의 사회' in 《작가와 사회》, 2008년 가을호 32, p.21 참조.

3 테러리즘과 폭력

보드리야르는 9·11 테러사건과 관련하여 일련의 책들(《테러리즘의 정신》《지옥의 힘》《세계의 폭력》)을 출판했다. 그는 9·11 테러사건이 일어나기 전에도 테러리즘과 폭력에 대해 비상한 관심을 표명하는 글들을 발표했다. 시사해설과 정치적·문화적 논평의 수준에서 면밀히 검토하는 그는 특히 이 사건의 통찰력 있는 비판에 도움이 되는 매우 독창적인 분석을 시도했다. 보다 구체적으로 말하면, 그는 이 사건의 철학적 의미를 규명함과 아울러 현재의 세계를 지배하고 있는 테러리즘과 폭력의 근원을 탐구했다. 따라서 이 글에서는 9·11 테러사건을 통해 보드리야르가 제시하는 테러리즘과 폭력의 근본적인 문제들을 분석하면서 '테러리즘의 정신'은 무엇이며, '세계의 폭력'의 근원이 무엇인지를 밝히고자 한다.

오늘날 테러리즘과 폭력은 세계질서를 사로잡고 있다. 그래서 "우리는 한편으로 해결책 없는 세계질서에 직면하게 되었고, 다른 한편으로 특수한 개체들의 탈선이나 반란에 직면하게 되었다."[1] 물론 이에 대한 근원적인 이유가 있다. 참을 수 없는 것은 불행·고통·비참이라기보다는 오히려 힘 자체와 힘이 지닌 거만함이다. 다시 말하면 참을 수 없고 받아들일 수 없는 것은 새로운 세계적인 힘의 출현이다. 그러면 이 새로운 세계적인 힘은 도대체 무엇인가? 그것은 자신의 부정적·비판적 요소들을 내쫓거나 몰아내는 새로운 구조·새로운 시스템·새로운 사회집단이다. 사실 "일종의 변증법적 지향과 비판적 운동은 역사적·혁명적 폭력 속에서 자신들의 형태를 발견했다"[2]고 보드리야르는 주장한다. 보드리야르의 견해에 따르면 이 비판적 부정성을 몰아냄은 다른 종류의 폭력, 즉 세계적인 것의 폭력을 산출한다. 다시 말하면 세계적인 힘이나 세계적 시스템은 은밀한 역전과 완전한 내파를 지니는 테러리즘을 초래한다. 이제 중요한 것은 (죽음이라는 특이성의 최후 형태를 포함한) 특이성과 부정성의 모든 형태를 몰아내는 세계적인 힘이나 세계적 시스템의 폭력, 즉 폭력 자체를 끝장내는 폭력이다.

물론 여기서 우리는 폭력에 대해 말하는 것 이상으로 테러리즘의 바이러스성에 대해 논의할 것이다. 테러리즘은 독성에 의해 증식된 바이러스성의 형태이다. 테러리즘은 감염에 의해 연쇄반응으로 작용하면서 바이러스처럼 도처에 침투한다. 그리하여 테러리즘은 지배적인 세계적 시스템을 공격한다. 이제 세계화는 아직은 불확실하다. 승승장구하던 세계화는 완전히 다른 문화를 창시하

---

1) Jean Baudrillard, *Power Inferno*, Galilée, 2002, p.69(약호 *PI*).
2) 같은 책, p.70.

는 모든 차이와 모든 가치들을 사라지게 함으로써 곤경과 어려움에 처하게 되었기 때문이다. 따라서 약화시키는 균질한 힘에 맞서 도처에서 불균질한 세력, 즉 적대적인 세력이 생겨나게 된다. 이 불균질한 세력의 출현은 보편적인 양식 있는 사유에서 보면 폭력적·변칙적 테러리즘의 양상을 지닐 수 있다. 그러나 이러한 테러적인 폭발을 비난하는 것은 잘못된 생각일지도 모른다. 왜냐하면 오늘날 센세이션을 일으키는 모든 것은 서구가치들에 대한 증오와 적대감을 포함하여 추상적인 보편성에 맞서는 것이기 때문이다. 이러한 논리에 근거하여, 우리는 보드리야르가 《지옥의 힘 *Power Inferno*》에서 밝힌 다음의 구절을 주목할 필요가 있다. "테러리즘은 하나의 특이성이다. 특이성은 자신의 사라짐으로 이 유일한 세계적인 힘을 새로 만들어 낸 모든 문화들에 복수하는 것이다."[3] 따라서 근본적인 문제는 '문명충돌'이 아니라 미분화된 보편적인 문화와, 어떤 영역에서이든 비판적인 부정성과 특이성을 지니는 모든 것 사이에서 이루어지는 인류학적인 대립이다.

　이제 우리는 이러한 대립을 통해서 보드리야르가 분석하는 테러리즘과 폭력의 근원을 성찰하면서 유일한 세계적인 힘, 세계적 시스템, 그리고 세계화가 초래하는 세계적인 것의 폭력을 해부하고 진단할 것이다. 뿐만 아니라 이러한 진단과 아울러, 우리는 보드리야르가 말하는 '테러리즘의 정신'에 대해 깊이 숙고하면서 그의 사

---

3) 같은 책, p.75.

유의 깊이와 한계를 지적하고자 한다.

I. 테러리즘 바이러스 혹은 바이러스성 테러리즘

현대사회가 평화롭고 관대한 사회의 패러독스에서 태어난 새로운 폭력과 관계 있는 것과 마찬가지로, 테러리즘은 과잉관리와 과보호를 받는 시스템과 관계가 있다. 오늘날 시스템이 자신의 모든 부정적인 요소들을 몰아내고 단순한 요소들의 결합으로 해결될 때 독성은 생겨난다. 이러한 의미에서 보면 바이러스성은 프랙털성(fractalité)과 밀접한 관계가 있다. 보드리야르는 "바이러스성은 닫힌 순환과 통합된 순환의 병리학이자, 뒤섞임과 연쇄반응의 병리학이다"[4]라고 주장한다. 보드리야르의 이러한 견해에 따르면 테러리즘이 모든 위협적인 바이러스성의 전형이 되어 버린 것은 당연하다. 따라서 시스템이 자신의 내적 취약성을 드러낼 때, 이상하고 수수께끼 같은 '바이러스성 테러리즘'이 태어나게 된다. 왜냐하면 이러한 상황 속에서는 '테러리즘 바이러스'가 저항하고 증식하기 때문이다.

일반적으로 시스템은 역효과를 가져오는 예기치 않은 연쇄반응과 바이러스에 취약하다. 어떤 시스템은 사고나 무질서의 영역에

---

4) Jean Baudrillard, *Ecran total*, Galilée, 1997, p.12(약호 *ET*).

속하지 않고 비정상이나 아노말리(anomalie)의 영역에 속한다. 정확히 말해서 동일한 원인이 동일한 역효과를 초래하는 사회집단의 경우와 마찬가지로, 과코드화·과보호·과잉관리에 의한 예측할 수 없는 기능장애나 다양한 아노말리 현상 혹은 테러리즘은 세포의 유전적 무질서와 동일시될 수 있다. 오늘날 세계적 시스템은 기술적으로 고도화됨에 따라 자신의 상징적 방어를 상실하게 된다. 그러나 세계적 시스템을, 테러리즘이 실제로 파괴하고 절멸시키기는 힘들 것이다. 왜냐하면 세계적 시스템은 자신을 과보호하고 과잉관리하는 시스템, 말하자면 자체를 악착스럽게 보호하고 예방하는 시스템에 속하기 때문이다. 현재로서는 에이즈나 암의 문제에 대해 생물학적 해결책이 없듯이, 테러리즘의 문제에 대해 정치적 해결책이 없는 듯하다. 그리고 이와 같은 이유로 테러리즘은 "아노말리적인 징후(symptôme anomalique)"[5]이고, 시스템으로 인해 생겨난 어떤 형태의 폭력이며, 폭력이나 반응적 독성과 더불어 "그저 사회집단을 정치적으로 지나치게 관리하는 것을 거부하는 것이다."[6]

그러나 테러리즘의 반응적 독성은 모호하다. 테러리즘은 지배적인 시스템에 위협수단이 되고 있지만, 더 이상 바이러스처럼 열린 순환과 해체된 순환을 추구하지 않는다. 즉 테러리즘은 시스템의 기능적 순환에 대항한다. 그런데 돈처럼, 정보처럼, 시스템은 자유

---

5) 같은 책, p.14.
6) 같은 책, 같은 쪽.

롭게 순환되어야 한다. 말하자면 시스템은 지배적인 힘에 의해 운용되는 세계적인 순환 시스템을 형성해서는 안 된다. 모든 것은 유동적이어야 하며, 가속화는 불가피하다. 바이러스성 테러리즘을 유발할 수 있다는 구실로 시스템을 파괴하는 것 역시 암처럼 확산되는 달러의 급등이 우려된다는 구실로 국제적 교환을 중단시키는 것과 마찬가지로 터무니없는 일이다. 그런데 단번에 9·11 테러와 더불어 세계적 시스템이 파괴되었다. 이는 세계적 시스템의 모순인가? 어쨌든 테러리즘에 의해 세계적 시스템은 과보호와 과잉관리에 대한 대가를 치렀다. 이제 세계적 시스템은 그 자체가 치명적인 형태로 유발한 테러리즘의 바이러스와 독성을 몰아내어야 할 것이다.

대체로 상관관계가 있는 내재적 현상들은 바이러스와 독성의 동일한 기록에 따르며, 바이러스와 독성의 전염효과는 내재적 현상들의 실제 파급효과와는 아무런 공통점이 없다. 그리하여 테러 행위만이 테러의 가정에 비추어 모든 정치적인 것을 재검토하게 한다. 이는 일반적으로 극단적 현상들이 지니는 특권이다. 극단적 현상들은 시스템이 매우 복잡해짐에 따라 점점 더 극단적이 될 것이다. 다른 한편으로 보면 그것은 다행스러운 일이다. 왜냐하면 극단적 현상들은 시스템에 대한 최대한의 요법, 즉 유사요법이기 때문이다. "이제는 더 이상 악에 대항하는 선의 전략은 없다. 투명한 시스템 속에는 악에 대항하는 악의 전략, 즉 최악의 전략밖에 없다. 가능한 유일한 전략은 숙명적인 전략이다"[7]라고 보드리야르는 역설한다. 보드리야르의 관점에서 보면, 이는 분명히 선택의 문제가 아니며, 우리는 우리의 눈 앞에서 이러한 전략이 펼쳐지는 것을 보게 된다. 따라서 테러리즘의 유사요법적인 독성과 바이러스가 존재한다.

사실 "테러리즘은 독성에 의해 증식된, 매혹적이고 무관심한 바이러스성의 형태이다."[8] 테러리즘이 바이러스와 독성의 상태로, 급증하는 아노말리적 상태로 옮겨감은 매우 기이하고 흥미로운 상황을 만들어 낸다. 더욱이 현대사회에서는 에이즈와 암의 연쇄반응 이외에는 테러리즘의 연쇄반응과 유사한 것은 없다. 그리고 테러리즘의 감염은 이 모든 현상들과 마찬가지로 일시적이고, 덧없고, 수수께끼같고, 억제할 수 없는 것이다. 이러한 테러리즘의 감염과 전염효과를, 우리는 어쩌면 매우 고통스럽게 그리고 매우 모호하게 즐기고 있는지도 모른다. 다시 말하면 우리는 에이즈 · 공황 · 전자 바이러스처럼 지배적인 시스템을 고장내고 파괴하는 테러리즘 바이러스를 즐기고 있는지도 모른다. 이러한 상황에서 지배적인 시스템은 어떻게 테러리즘 바이러스와 독성에 대응하는가? 한마디로 말해서 그것은 악의 전략으로 대응할 뿐이다. 이는 지배적인 시스템이 논리적이고 지나치게 논리적인 일관성에 치우쳐 있기 때문이다. 보드리야르는 이러한 일관성에 경직되어 있는 지배적인 시스템에게, 오히려 테러리즘 바이러스와 독성이 새로운

---

7) 같은 책, p.17.
8) 같은 책, p.23.

방향전환을 모색할 수 있는 새로운 길을 터준다고 말한다.[9]

테러리즘은 집단적 상상을 동원한다. 왜냐하면 테러리즘은 비합리적인 세계의 사건들과는 다른 것이기 때문이다. 어떻게 보면 테러리즘은 눈부신 결정작용점에 지나지 않는 세계적 시스템의 모든 논리를 구체화하고 있다. 그러면 테러리즘이 지니는 힘은 무엇일까? 그것은 바로 확산시키는 힘이며, 집단적 상상을 통해 발휘되는 테러리즘의 효과는 바이러스성이다. 사실 테러리즘은 바이러스처럼 도처에 존재한다. 테러리즘은 마치 혈관 속으로 지속 주입되듯이 전세계적으로 퍼져 나간다. 그것은 모든 지배적인 시스템이 드리운 그림자 같은 것이어서 도처에서 도플갱어(Doppelgänger)처럼 되살아날 수 있다. 이제는 그것을 명확하게 할 수 있는 경계선이 없다. 테러리즘은 그것과 싸우는 우리 문화의 한가운데에 있다. 설령 우리의 문화가 가장 바람직한 효과를 산출하더라도, 테러리즘이 가장 위협적인 바이러스를 산출한다면 어떻게 할 것인가? 세계적 차원에서 착취당하는 사람들과 저개발국 사람들을 서방세계와 대립시키는 증오와 가시적인 균열은 지배적인 시스템과 부딪치게 된다. 지배적인 시스템은 모든 가시적인 적대감에 대항할 수 있다. 그러나 "바이러스 구조를 지닌 적대감에 대해——마치 모든 지배기제가 자신의 반장치(antidispositif), 즉 스스로 사라지는 자신의 효소를 분비하듯이——자신의 힘을 거의 자동적으로 역전시키는

---

9) 같은 책, p.41 참조.

형태에 대해, 시스템은 아무것도 할 수 없다"[10]고 보드리야르는 강조한다. 보드리야르의 이러한 견해에 따르면, 바이러스성 테러리즘은 바로 이 "은밀한 역전의 충격파"[11]에 다름 아니다.

사실 지배적인 시스템에 의한 억압적인 행위는 테러행위처럼 예측할 수 없는 악순환을 거친다. 아무도 억압적인 행위가 어디서 멈추게 될지 알지 못하며, 이후의 급변도 알지 못한다. 통제할 수 없는 역전을 유발하는 것이 테러리즘의 진정한 승리이다. 따라서 테러리즘의 가시적인 승리는 테러리즘 바이러스가 지배적인 시스템에 은밀히 침투하여 가지를 뻗듯 퍼져 나가는 형국에서 두드러진다고 말해질 수 있다.

II. 폭력에서 증오로

보드리야르의 관점에서 보면 현대사회의 폭력은 대체로 지배적인 시스템으로 인해 생겨난 어떤 형태의 폭력, 즉 억제하고, 평화롭게 하고, 중립화하고, 통제하는 폭력(조용히 절멸시키는 폭력, 커뮤니케이션에 의한 폭력)이다. 다시 말하면 그것은 미디어에 의한 정신적 조절로 악의 근원 자체와 모든 급진성을 없애려는 합의와 공생의 폭력이다. 그것은 또한 죽음이라는 특이성의 이 궁극적 형

---

10) Jean Baudrillard, *L'esprit du terrorisme*, Galilée, 2002, p.17(약호 *EDT*).
11) 같은 책, 같은 쪽.

태를 포함하여 특이성과 부정성의 모든 형태를 몰아내는 폭력이다. 이 폭력은 폭력 자체를 끝장내는 폭력이다. 이에 반하여, 무관심에서 태어난 냉정한 형태의 증오는 인위적이고 이유 없는 시련을 끌어들인다. 어떻게 보면 증오는 존재를 평화롭게 하고 통제하는 것에 대항하는 일종의 숙명적 전략이다. "자신의 모호함 속에서 증오는 우리 세계의 무관심에 대항하는 필사적인 호소이다"[12]라고 보드리야르는 말한다. 보드리야르의 이러한 논리에 따르면, 확실히 증오는 합의나 공생보다 훨씬 더 강력한 관계방식이다. "폭력에서 증오로의 현대적 이행은 이유 있는 정열에서 이유 없는 정열로의 이행을 특징짓는다"[13]고 보드리야르는 주장한다. 사실 미분화된 순수한 정신적 폭력인 증오는 감염과 연쇄반응이라는 바이러스성 테러리즘의 지수함수적 폭력과 동시에 이루어진다. 그리고 증오는 자신의 표시를 통해서 단순한 폭력보다 더 비현실적이고 파악할 수 없는 것이 된다. 이는 인종차별과 세계화 운동의 경우에 매우 잘 드러난다. 그래서 편견에 의해서이든, 억압에 의해서이든 간에 증오와 맞서는 것은 매우 힘든 일이다. 사람들은 증오를 가라앉힐 수도 없고 약화시킬 수도 없다. 왜냐하면 증오는 자기 자신과 싸우는 정열의 형태이기 때문이다. 현재의 증오 속에는 모든 지배적인 시스템에 대한 반감이나 적대감이 있다. 그 결과 지배적인 시스템의 모순을 해결하기 위해 사태를 재촉하는 절박함

---

12) *ET*, p.105.
13) 같은 책, pp.105-106.

이 존재한다. 더욱이 이 냉정한 증오 속에서 지배적인 시스템을 뒤집어 놓거나 파괴하려는 도발적인 형태가 드러나 보인다. 그것은 현재의 세계질서나 세계화에 대한 반감과 완전한 거부를 나타내는 것이다.

오늘날 세계질서는 현재의 모든 혼란 속에서 세계의 한가운데로 확산되는 세력들과 싸우고 있다. 이는 '항체'의 형태로 반항하는 모든 특수한 개체들의 전쟁이자, 모든 세포들의 프랙털한 형태의 전쟁이다. 이 피할 수 없는 숙명적인 "대결은 정말 포착할 수 없는 것이어서 스펙터클한 연출을 통해서만 전쟁의 개념을 지닐 수 있다"[14]고 보드리야르는 말한다. 그러나 세계의 전쟁은 다른 곳에서 발생한다. 그것은 모든 세계질서와 모든 헤게모니적 질서를 사로잡는 것이다. 만약 이슬람이 세계를 지배한다면, 테러리즘은 이슬람에 반기를 들 것이다. 왜냐하면 세계 자체가 세계화에 저항하기 때문이다.

결국 우리 모두는 증오를 지닌다. 이제 증오를 지니지 않는 것은 우리에게 달려 있지 않다. 우리는 어떤 대가를 치르더라도 세계에 궁극목적성을 부여하는 모호한 향수를 지닌다. 그리고 우리는 테러리즘에 대한 모호한 향수도 지닌다.

---

14) *EDT*. p.19.

III. 선과 악을 넘어서

어쨌든 테러리즘은 부도덕한 것이다. 세계무역센터의 테러는 상징적 도전으로서, 그 자체가 부도덕한 세계화에 대항하는 것이다. 이제 부도덕한 차원에서 모든 것을 생각해 볼 필요가 있다. 만약 세계무역센터의 테러를 통해 우리가 무엇인가를 깨닫고자 한다면, 선과 악을 다소 넘어서 파악하지 않으면 안 된다. 도덕에 맞설 뿐만 아니라 모든 형태의 해석도 불가능하게 하는 사건이 일어난 이 시점에서, 우리는 악을 이해하려고 해야 한다.

우리는 전통적으로 '악의 세력'이 선에 가하는 위협에만 민감하다. 우리의 미래세계에 중대한 결과를 가져올 선의 세력이 위협을 가하고 있는데도 말이다. 선을 과도함에 이르게 하고, 통제할 수 없게 하는 것은 악인가? 아니면 최악의 것을 해방하는 것이 선의 증식인가? 보드리야르는 "선을 무조건적으로 실행하는 우리의 모든 시스템과 기술을 통해서 완전한 악이 윤곽을 드러낸다"[15]고 역설한다. 부정적인 역효과를 산출하는 선의 억제할 수 없는 성향은 결국 선을 산출하는 악의 은밀한 성향만큼이나 강하다. 선과 악은 모순적인 유효성을 서로 겨룬다. 선택이 불가능한 이유는 악이 선과 대립되는 것이 결코 아니기 때문이다.

---

15) Jean Baudrillard, *L'Echange impossible*, Galilée, 1999, p.118(약호 *EI*).

여기서 우리는 보드리야르가 규정하고 있는 선과 악의 관계를 깊이 숙고해 볼 필요가 있다. 보드리야르는 선과 악에 대한 자신의 형이상학적 사유를 다음과 같이 밝히고 있다. "우리는 모든 영역 (과학ㆍ기술ㆍ민주주의ㆍ인간 권리)에서의 선의 발전, 즉 선의 잠재적 확장이 악을 몰아낼 것이라고 순진하게 생각했다. 어느 누구도 선과 악이 동시에 잠재적으로, 그리고 동일한 움직임에 따라 확장되리라고 생각지 못했던 것 같다."[16] 사실 선과 악 가운데 한쪽의 승리가 그와 반대로 다른 한쪽의 소멸을 초래하는 것은 아니다. 형이상학적으로, 악은 우발적인 과오로 간주된다. 그러나 이러한 명제로부터 선과 악의 이원론적인 모든 형태들이 생겨나는데, 그것은 헛된 것에 지나지 않는다. 선은 악을 제거하지 못하고, 악도 선을 제거하지 못한다. 선과 악은 한쪽이 다른 한쪽으로 환원될 수 없으며, 그들의 관계는 서로 뒤얽혀 있다.

따라서 보드리야르는 "우리가 직선적인 방법으로 끝없이 선을 향해서만 나아간다면, 우리는 언젠가 다른 굽어짐을 통해서 확실히 악에 이르게 될 것이다"[17]라고 말한다. 보드리야르의 이러한 시각에서 보면, 우리는 선에 의해 그리고 선의 이름으로 저질러진 완전범죄의 길을 걷고 있으며, 또한 우리의 모든 욕망을 실현할 수 있을 기술적이고 인위적인 세계를 향한 집요한 완성의 길을 걷고 있다. 이는 모든 것이 충만하고, 포화되고, 완전하기를 바라는 환

---

16) *EDT*, pp.20–21.
17) *EI*, p.125.

각이다. 결국 분명하게 자멸을 지휘하는 것은 악이 아니라 선이다. 이제 선은 자신이 선이기를 포기하는 경우에만 악을 무너뜨릴 수 있을 것이다. 왜냐하면 선이 세계적인 힘을 독점할 경우 그에 비례하여 '폭력'을 야기하기 때문이다.

오늘날 선과 악의 균형은 선을 확대적용하여 해석하는 순간부터 깨어졌다. 이는 자유주의의 힘이 세계적으로 승리를 거두면서 일어났던 세계정치질서의 변화이다. 이러한 상황에서 유령 같은 적이 갑자기 출현했다. 유령 같은 적은 힘들간의 모든 틈새에서 갑자기 나타나 전세계에 스며들면서 바이러스처럼 도처에 침투하고 스며든다. 그것은 바로 이슬람이다. 그러나 보드리야르의 관점에서 보면 "이슬람은 구체화된 적대감이 표출되는 유동적인 전선에 불과하다."[18] 이러한 적대감은 어디에나 존재하며, 우리 각자의 마음에도 존재한다고 생각될 수 있다. 그래서 공포는 공포로 대응한다. 그러나 그것은 불균형적인 공포이다. 바로 이러한 불균형이 세계적인 막강한 힘을 완전히 무력하게 만들고 있다. 자신의 덫에 걸려 있는 이 세계적인 막강한 힘은 상징적 도전과 죽음의 영역을 고려하지 않은 채 힘의 관계의 논리에 빠져들 수밖에 없다. 이 세계적인 막강한 힘은 자신의 문화에서 상징적 도전과 죽음의 영역을 제거했기 때문에 더 이상 어떤 관념도 지니지 않는다.

지금까지 이렇게 총체화시키는 힘은, 대체로 모든 위기와 모든

---

18) *EDT*, p.23.

부정적인 것을 흡수하고 해결하는 데 성공했다. 그러나 동시에 매우 절망적인 상황을 초래한 것도 사실이다. 따라서 이 두 가지의 측면을 고려하면서, 우리는 보드리야르가 규명하는 선과 악의 형이상학적 논리를 깊이 숙고하는 동시에 이 세계적인 막강한 힘의 실체를 파악해야 할 것이다.

IV. 세계적인 것의 폭력

9 · 11 테러는 '세계적인 것의 폭력'이다. 9 · 11 테러행위는 건축과 관련이 있으며, 무엇보다도 서구의 가치체계 전체와 세계 질서와 동시에 타격을 받은 것은 세계적 건축물인 쌍둥이빌딩(세계무역센터)이다. 사실 쌍둥이빌딩은 정보적 · 재정적 · 회계적 · 수치적인 모델화를 구현하면서 건축적 형태와 세계적 시스템의 중심이 되었다. "바로 거기에 타격을 가하면서, 테러리스트들은 시스템의 취약한 핵심을 건드렸다"[19]고 보드리야르는 강조한다. 이처럼 '세계적인 것의 폭력'은 건축물을 거치게 된다. 세계화에 대한 격렬한 항의 역시 건축물을 파괴하기에 이른다. 쌍둥이빌딩의 붕괴는 세계적 힘의 비극적인 결말을 초래했다. 쌍둥이빌딩의 이러한 붕괴는 근본을 파헤쳐 보면 현대 테크놀로지의 극단적인 형태들처럼

---

19) Jean Baudrillard/Edgar Morin, *La violence du monde*, le félin, 2003, pp.13-14(약호 *VM*).

언제나 모호한 매혹을 불러일으키고, 매력과 혐오가 뒤섞인 모순적인 감정을 유발하며, 어디에선가 그것들이 사라지는 것을 보고 싶은 은밀한 욕망을 부추긴 것과 결코 무관하지 않다. 실제로 쌍둥이빌딩은 파괴할 만한 가치가 있었다. 물론 많은 건축물들 모두 다 파괴할 만한 가치가 있다고 말할 수는 없다. 대부분의 건축물들은 파괴되거나 희생될 만한 가치가 없다. 오직 명성이 높은 건축물들만이 파괴되거나 희생될 만한 가치가 있다. 왜냐하면 그것들 자체가 높이 평가받는 자랑거리이기 때문이다.

어쨌든 쌍둥이빌딩의 붕괴는 중대한 상징적인 사건이다. 빌딩들이 무너지지 않았다거나, 단 하나의 빌딩만이 무너졌다고 가정해 보자. 그 효과는 전혀 다른 것이 되었을지도 모른다. 세계적인 힘이 취약함을 드러낸다는 명백한 증거는 전혀 다른 것이 되었을지도 모른다. 세계적인 힘의 상징이었던 빌딩들은 자살과 유사한 비극적 종말을 통해서 여전히 이 취약함을 구체화하고 있다. 마치 내파에 의한 것처럼 빌딩들이 스스로 무너져 버리는 것을 보면서, 사람들은 빌딩들이 카미카제 특공기의 자살에 대응하여 자살한다는 느낌을 받았다.

쌍둥이빌딩은 파괴되었는가? 쌍둥이빌딩은 무너졌는가? 보드리야르의 견해에 따르면, 쌍둥이빌딩은 물리적 · 건축적 대상인 동시에 상징적 대상(금융의 힘과 세계 자유주의를 상징하는 대상)이다. 건축적 대상은 파괴되었지만, 비난의 표적이 되고 사람들이 파괴하고자 했던 것은 상징적 대상이다. 물론 빌딩들의 물리적 파괴가 빌딩들의 상징적 붕괴를 초래했다고 생각될 수 있다. 그러나 사실상 아무도, 심지어 테러리스트들조차도 빌딩들의 완전한 파괴를 예상하지 못했다. 따라서 "빌딩들의 상징적 붕괴가 빌딩들의 물리적 붕괴를 초래한 것이지, 빌딩들의 물리적 붕괴가 빌딩들의 상징적 붕괴를 초래한 것은 아니다."[20] 마치 지금까지 이 빌딩들을 지탱했던 힘이 갑작스레 모든 에너지를 상실하듯이, 마치 이 거대한 힘이 너무도 대단한 노력——세계의 유일한 모델이 되고자 하는 노력——에 휩쓸리다가 갑작스레 무너져 버리듯이 말이다. 요컨대 지탱하기에 너무도 벅찬 이러한 상징에 지쳐 버린 이 빌딩들은 물리적으로 완전히 무너져 버렸다.

쌍둥이빌딩의 붕괴는 상상할 수 없었던 일이다. 그러나 그것을 실제 사건으로 만드는 것은 어렵다. 과도한 폭력은 현실로 지평을 확장하기 어렵다. 왜냐하면 현실은 하나의 원칙이고, 이 원칙이 사라졌기 때문이다. 따라서 테러의 폭력은 역사의 재연도, 현실의 재연도 아니다. 테러의 폭력은 '실제적인' 것이 아니다. 어떤 의미에서 그것은 보다 위험한 것, 즉 상징적인 것이다. 폭력 그 자체는 전적으로 흔히 있는 것이고, 비공격적인 것이다. "오직 상징적 폭력만이 특이한 개체성을 산출한다."[21]

9·11 테러는 현실과 폭력적 역사의 바람직한 가치들에 대한 일종의 향수와 더불어, 가상세계 속에서 현실에 대한 보복을 구성했

---

20) 같은 책, p.16.
21) Paul Virilio, *Ground Zero*, Verso, 2002, p.91.

다. 그러나 중요한 것은 현실의 범람이 아니라 보드리야르가 '죽음의 불가능한 교환'이라고 부르는 것에 의해 묘사된 '상징적 폭력,' 즉 상징적인 것의 범람이다. 따라서 모든 것은 상징적 도전으로 인한 죽음과 유희한다. 다시 말하면 죽음이 뜻하지 않게 돌연 나타날 뿐만 아니라 현실적인 죽음보다 더한 죽음, 즉 상징적이고 희생적인 죽음이 뜻하지 않게 나타난다. 이는 돌이킬 수 없는 결정적인 사건이다. 보드리야르는 이것이 바로 '테러리즘의 정신'이라고 주장한다.

여기서 우리는 제로 가정에서부터 보드리야르가 '극단적'이라고 부르는 가정에 이르기까지 테러리즘에 대한 다양한 가정들을 생각해 볼 수 있다. 사실 '극단적인 가정'을 제외한 모든 가정들은 테러리즘에 역사적 · 정치적 · 종교적 · 심리적 의미를 부여하고, 테러리즘의 특이성을 사라지게 하는 경향이 있다.

제로 가정이란 테러사건이 특별한 중요성을 갖지 않는다는 것이다. 제로 가정에 따르면 테러사건은 보잘것없는 것이다. 그것은 존재하지 않았어야만 했고, 근본을 파헤쳐 보면 존재하지 않는다. 그것은 선과 행복의 세계적인 추세 속에서 일어나는 우발적 사건에 불과한 것이다. 이는 신학적 비전과 일치하는데, 이 비전에 따르면 악은 환상에 지나지 않는다.

두 번째 가정은 테러리스트들이 자멸을 초래하는 미치광이들, 타락한 명분을 추구하는 광신자들, 연쇄살인범들과 유사하다는 것이다. 이 가정은 어떤 사악한 힘에 의해 테러리스트들이 조종당하는 가장 일반적인 명제이다. 이 가정은 테러리즘이 자신의 폭력과 격렬한 파괴를 정당화하기 위해 모든 억압받는 사람들의 원한과 증오를 계속 이용한다는 견해에 쏠려 있다. 그러나 이러한 명제 자체는 의심스러운 것이다. 왜냐하면 이 명제는 테러리즘으로 하여금 무기력한 결정적인 제스처를 통해서만 세계의 비참을 상기시키도록 강요하기 때문이다.

사실 이 모든 가정들을 넘어서 보드리야르는 니체가 '생성의 극단적 가정'에 대해 말했다는 점에서 자신이 극단적이라고 부르는 가정만을 고려할 뿐이다. 테러리즘에 대한 극단적 가정은 스펙터클의 폭력을 넘어서 테러리즘을 생각하는 가정이다. "세계화의 과정 한가운데서 세계가 기술적으로 그리고 정신적으로 완전하게 실현될 때, 그리고 결정적인 힘의 영향 아래 완전한 세계질서를 향해 가차없이 나아갈 때 근본적인 적대관계가 생겨난다."[22] 이는 시스템을 파괴하는 힘에 맞서는 대항적인 힘이 존재하고, 교환을 통해 세계의 문제를 해결할 수 있는 완전한 화해의 긍정적인 힘에 맞서는 파괴적인 힘이 존재한다는 것을 의미한다. 따라서 보드리야르가 '세계의 완전한 일체화'라고 부르는 것에 도전하는 힘은, 시스템 자체가 자신의 지배권을 확장함에 따라 폭력과 독성 속에서 증대된다.

결국 테러리즘에 대한 극단적 가정은 시스템 자체가 죽음의 거

22) Noam Chomsky, *Power and Terror*, Seven Stories Press, 2003, p.117.

듭된 도전을 받아 스스로 몰락하는 것이다. 왜냐하면 시스템도 권력도 '상징적 강제성,' 즉 체면을 잃지 않으려면 대응해야 하는 강제성으로부터 벗어날 수 없기 때문이다. 죽음의 불가능한 교환이라는 이 현기증 나는 순환 속에서 테러리스트들의 죽음은 아주 작은 것에 지나지 않지만, 모든 것을 빨아들이고 텅 비게 만드는 거대한 블랙홀 현상인 듯하다. 이 아주 작은 점(테러리스트들의 자살행위) 주위로 현실과 힘의 모든 시스템은 조밀해지고 경직되며, 그 자체로 집중되어 결국 파괴되어 버린다. 테러의 전략적 모델은 과도한 현실을 초래하고, 이 과도한 현실 아래서 시스템을 무너지게 하는 것이다. 시스템이 유발하는 모든 상황적 조롱과 권력의 폭력적 동원은 시스템 자체를 불리하게 만든다. 왜냐하면 "테러행위는 시스템에 내장된 폭력을 과도하게 비춰 주는 거울인 동시에 시스템에 금지된 상징적 폭력의 모델, 즉 시스템이 행사할 수 없는 유일한 폭력(자신의 죽음이라는 폭력)의 모델"[23]이기 때문이다.

그래서 세계적인 힘은 몇몇 개인들의 아주 작지만 상징적인 죽음에 대해 어찌할 방도가 없다. 이러한 점에서 세계적 시스템을 파괴할 수 있는 것은 특수한 개체들이다. 그런데 특수한 개체들은 긍정적이지도 부정적이지도 않다. 특수한 개체들은 세계질서에 대한 하나의 해결책이며, 다른 차원에 속하는 것이다. 특수한 개체들은 더 이상 가치판단에 따르지 않는다. 따라서 특수한 개체들은 가

---

23) Jean Baudrillard, *D'un fragment l'autre*, Albin Michel, 2001, p.126.

장 좋은 것이나 가장 나쁜 것이 될 수 있으며, 그들의 유일한 절대적 특권은 전체성의 속박을 없애는 것이다. 특수한 개체들은 모든 지배적인 유일한 사유를 패배하게 만든다. 그러나 특수한 개체들은 유일한 사유에 반하는 존재가 아니다. 특수한 개체들은 자신들의 게임과 게임 규칙을 만들어 낸다. 보드리야르는 "특수한 개체는 불가능한 교환의 영역에 속하는 것"[24]이라고 주장한다.

특수한 개체는 늘 폭력적이지는 않다. 특수한 개체는 미묘한 것일 수 있다. 그러나 폭력적인 다른 특수한 개체들도 존재한다. 보드리야르의 견해에 따르면 "테러리즘은 일반화된 교환 시스템 한 가운데에 환원불가능한 특수한 개체들을 복원시키려는 행위이다."[25] 유일한 힘에 의해 운용되는 세계적 순환 시스템으로 인해 소멸의 위기에 처했던 모든 특수한 개체들(종·개인·문화)이 오늘날 테러행위에 의한 상황 이동으로 복수하고 있는 것이다. 그러나 이 충격적인 보복의 객관적 조건을 형성한 것은 바로 시스템 자체이다. 다시 말하면 시스템이 과도한 힘에 의해 해결책도 없는 도전을 야기하는 것에 대해, 테러리스트들은 교환이 불가능한 결정적인 행동으로 대항한다. 따라서 공포에는 공포로 대응할 뿐이다.

그런데 공포는 폭력이 아니다. 공포는 명분과 목적을 지니는 결정적이고 역사적인 실제 폭력이 아니다. 공포는 목적을 지니지 않는다. 공포는 극단적인 현상이며, 자신의 목적을 넘어서는 것이다.

---

24) *VM*, p.37.
25) *EDT*, p.16.

어떻게 보면 공포는 폭력보다 더 폭력적이다. 여기서 보드리야르는 전통적인 폭력, 나아가 '세계적인 것의 폭력'을 구성할 수 있는 상징적 폭력에 대해 이렇게 설명한다. "오늘날 어떤 전통적 폭력이건 그것이 의미를 지니는 한, 시스템을 재생시킨다. 어떤 의미도 지니지 않고, 어떤 이데올로기적 해결책도 지니지 않는 상징적 폭력만이 실제로 시스템을 위협한다."[26] 그의 이러한 논리에서 보면, 테러리즘은 이데올로기적 또는 정치적인 어떤 해결책도 지니지 않는 것처럼 보인다. 이러한 점에서 테러리즘은 센세이션을 일으키고, 놀라운 대상이 된다. 다시 말하면 테러리즘은 상징적인 행동으로 옮기면서 우리가 현실 속에서나 현사태 속에서 결코 발견하지 못하는 놀라운 대상이 된다.

V. 테러리즘과 폭력, 그리고 세계화

"오늘날 한 유령이 세계질서를 사로잡고 있는데, 그것은 바로 테러리즘이다."[27] 우리는 테러리즘을 통해서 세계질서에 이의를 제기하는 정당화된 의도와 계획의 형태처럼, 정치적 행동과 고유한 의지의 형태를 파악할 수 있을 것이다. 인도 여성작가인 애룬더티 로이는 지배적인 세계적 힘, '악마 같은 시스템'을 폭로한 바 있다.

---

26) *VM*, p.39.
27) 같은 책, p.40.

힘의 관계는 불균형적이고, 세계질서는 이미 무질서의 현장이 되고 있기 때문이다. 어떻게 보면 보드리야르의 견해처럼 "시스템은 암이고, 테러리즘은 암전이"[28]로 간주될 수 있다.

이제 테러리즘은 무정부주의 · 허무주의 · 광신의 전통적 역사를 계승하지 않는다. 테러리즘은 무엇보다 기술 · 시장 · 정보의 세계화와 동시에 발생한다. 보드리야르는 9 · 11 테러는 문명이나 종교 간의 충돌이 아니라 승승장구하던 세계화의 덫에 걸린 것이라고 주장한다. 사실 세계화는 세계적인 것의 폭력으로 지평을 확장한다. 말하자면 세계화는 지배적인 완전한 시스템, 완전한 순환, 동등한 모든 교환으로 지평을 확장한다. 그러나 세계화는 아직은 불확실하다. 우리는 도처에서 세계화에 대한 점점 더 격렬해지는 저항, 모든 문화의 등가치한 구조에 대한 거부를 목격하게 된다. 문제는 부정성 · 특이성의 모든 형태를 몰아내면서 세계화를 이끌어가는 '시스템의 폭력'이다. 에드가 모랭은 이러한 시스템에 대해 이렇게 말한다. "시스템이 자신이 직면하는 문제들을 해결할 수 없으면, 사라질 수밖에 없다. 아니면 무슨 일이 일어나도 시스템은 메타-시스템을 산출한다. 다시 말하면 시스템은 일종의 변모를 통해 매우 강력하고 매우 풍부한 시스템을 산출한다."[29]

그러면 누가 세계적인 시스템을 꼼짝 못하게 만드는가? 시스템을 꼼짝 못하게 만드는 것은 확실한 교체가 아니라 특수한 개체들

---

28) Jean Baudrillard, *Cool Memories IV*, Galilée, 2000, p.142.
29) *VM*, p.70.

이다. 특수한 개체들은 더 이상 가치판단이나 정치적 현실원칙을 따르지 않는다. 그들은 자신들의 사라짐으로 이 유일한 세계적인 힘을 새로 만들어 낸 모든 문화들에 복수한다. 따라서 순환과 교환으로 전적으로 해결되는 세계적인 시스템에 도전하는 힘이 존재한다. 다시 말하면 세계적인 시스템이 자신의 지배권을 확장함에 따라 매우 폭력적이고 확고부동한 특수한 개체들이 지니는 힘, 즉 테러리즘이 존재한다. 테러리즘은 단지 어떤 사태를 극단이나 절정에 이르게 할 뿐이다. 테러리즘은 어떤 사태를 악화시키거나 '폭력'과 불확실성의 어떤 논리를 끝까지 밀고 나간다.

사실 논리적으로 생각해 보면 지난 5세기 동안 서방의 번영과 평화는 아메리카의 정복에서 콩고의 학살에 이르기까지 외부의 야만인에게 무자비한 폭력과 파괴를 수출한 결과로 얻어진 것이었다.[30] 말하자면 서방의 번영과 평화는 세계의 다른 곳에서 지금도 진행중인 파국의 대가로 얻어진 것이다. 그 결과 서방의 번영과 평화를 유지해 온 세계적인 힘의 지배나 지배적인 시스템의 확립은 오히려 힘과 시스템을 파괴하려는 의지를 더욱 북돋운다. 예컨대 세계적인 힘의 지배나 세계적인 시스템의 확립은 자신의 파괴와 공모관계에 있게 된다. 이 내적인 부정은 세계적인 힘이 전능에, 세계적인 시스템이 완벽에 가까이 다가가는 만큼 더욱더 강해진다. 특히 세계적인 시스템은 기술적으로 고도화됨에 따라 과보호 · 과

---

30) Slavoj Zizek, *Welcome to the Desert of the Real*, Verso, 2002, p.41 참조.

코드화·과잉관리에 의해 자신의 상징적 방어를 상실하기 때문이다. 따라서 모든 것은 일종의 예측할 수 없는 공모에 의해 이루어진다. 마치 시스템 전체가 자체의 내적 취약성에 의해 자체의 붕괴에 말려들고 테러리즘을 자극하듯이 말이다. 즉 모든 것은 시스템 전체에 도전하는 동시에 강력한 상징적 공격을 가한다. 그런데 이 상징적 공격은 하이테크 수단들과 결합되면 기술이 지나치게 고도화된 서방에 상상을 초월하는 엄청난 충격을 가져오게 된다.

여태껏 9·11 테러사건이 일어나기 전에는 세계적 규모의 상징적인 사건은 없었다. 물론 20세기 초에 발생한 하나의 파국을 알리는 타이타닉호의 침몰사건이 있었지만, 이는 20세기 산업문명의 위력을 드러내는 상징적인 사건에 불과했다. 세계무역센터의 붕괴에 어떤 상징성이 있다면, 그것은 세계적인 시스템을 꼼짝 못하게 만들 정도로 시스템의 중심이 타격을 받았다는 것이다. 모든 것을 산산이 부숴 버린 테러의 충격은 오늘날의 디지털화된 세계와 '실재의 사막'인 제3세계를 분리하는 경계선의 배후를 대비시킬 때만 설명이 가능하다.[31] 그것은 어떤 불길한 세력이나 힘이 우리를 완전히 파괴하기 위해 언제나 위협하고 있는 세계 속에서 우리가 살고 있다는 것을 깨닫는 일이다. 이제 우리는 테러공격에 직면하게 되었다고 보드리야르는 말한다. 다시 말하면 우리는 결코 일어난 적이 없었던 모든 사건들을 집중시키는 순수한 사건에 직면하게

31) 같은 책, p.67 참조.

되었다. 그리고 우리 모두는 이러한 사건을 꿈꾸어 왔다. 왜냐하면 세계적인 힘을 파괴하는 것을 꿈꿀 수 있었기 때문이다.

물론 우리가 이 사건을 열망했다 하더라도, 예외 없이 모든 사람들이 이 사건을 열망했다 하더라도, 그것은 서방의 윤리의식으로는 받아들일 수 없는 것이다. "극단적으로 말해서 테러리스트들이 이 일을 저질렀지만, 그것은 우리가 원하는 바였다"[32]고 보드리야르는 역설한다. 사실 이 점을 고려하지 않는다면, 사건은 모든 상징적인 차원을 상실하게 된다. 말하자면 이 사건은 소수 광신도 근본주의자들이 저지른 살인적인 파괴행위에 불과할 것이다. 그런데 이 사건은 그러한 성질의 사건이 아니다. 테러리스트들과 우리 사이의 은밀하게 결부된 무의식적인 공모가 없었다면, 이 사건은 그렇게 커다란 반향을 일으키지 못했을 것이다. 상징적 전략의 면에서 테러리스트들은 이 '암묵적인 공모'를 기대할 수 있다는 것을 알고 있었을 터이다.

바로 이런 공모의 문제야말로 9·11 테러사건의 진정한 주제로 제기되어야 한다. 보드리야르처럼 지젝은 우리의 의식 속에서 존재하는 공모의 환각에 대해 다음과 같이 언급한다. "쌍둥이빌딩의 파괴가 낳는 효과는 단지 상징적인 차원의 공격에 그치지 않는다. 그 공격의 최종적인 목적이란 우리의 일상적인 삶에, 곧 니체적 의미에서 '최후의 인간'이 살아가는 삶에 절대적 부정성의 차원을 도

---

32) *EDT*, p.11.

입하는 것이었다…. 여기에 우리 자신의 연루됨을 주제화해야 할 때가 온 것이다."[33] 우리가 결코 알 수 없는 사건의 진실을 넘어서 이런 주장에 남아 있는 것은, 지배적인 세계적 힘이 눈속임의 영역에 속하는 '파괴'와 '폭력'의 효과를 포함한 모든 것을 선동한다는 점이다.

9·11 테러사건은 현실의 문제를 강력하게 제기했을지도 모른다. 사실 공모에 대한 근거 없는 가정은 현실의 상상적 부산물에 불과하다. 현실의 부정이란 그 자체가 본래 테러적인 것이다. 이제 어떠한 사건도 더 이상 실재가 아니다. 테러행위·소송·전쟁·타락·여론조사, 즉 속임수를 쓰거나 진위를 결정할 수 없는 것은 더 이상 실재가 아니다. 힘·권위·제도들은 진리원칙과 현실원칙의 상실에서 비롯된 것들이다. 불신이 맹위를 떨치고 있다. 테러리즘과 구체적인 불안에 우리가 억압과 억지장치로 맞선다면, 어떠한 것도 이 정신적 불안으로부터 우리를 보호하지 못할 것이다.

사실 "공공의 안전을 위한 모든 전략들은 공포의 연장에 불과한 것"[34]이라고 보드리야르는 주장한다. 서방 전체를 공공의 안전을 위한 강박관념 속에, 말하자면 끊임없는 공포라는 베일을 쓴 형태 속에 빠뜨린 것이 바로 '테러리즘의 진정한 승리'이다.

오늘날 사로잡힌 삶·보호받는 삶·포화상태에 이른 삶에 격렬한 해제반응이 대응한다. 이러한 전환은 '열려진 폭력'(테러리즘은

---

33) 미하일 리클린, 《해체와 파괴》, 최진석 옮김, 그린비, 2009, p.407.
34) *PI*, p.59.

이러한 폭력에 속한다)의 형태를 취하거나 거부·증오·회한의 형태를 취한다. 테러리즘은 과도한 현실·과도한 힘·과도한 안락을 비난하고 공격한다. 굴욕당한 사람들의 절망에 기초를 두는 것과 마찬가지로, 테러리즘은 세계화의 특권을 부여받은 사람들의 보이지 않는 절망에도 기초를 두고 있다. 실제로 전세계적 차원에서 절망·갈등이나 저항을 해결할 수 있는 장치가 없다면, 어떤 형태의 세계화도 존재할 수 없을 것이다. 그렇다면 세계화에 대한 대안은 어디서 찾아야 하는가? 이는 결코 간단한 문제가 아니다. 우리에게 필요한 것은 무엇보다 세계화에 내장되어 있는 절망·갈등이나 위기의 잠재성을 해결할 수 있는 보다 폭넓은 정치적 비전일 것이다. 그러나 이러한 정치적 비전만으로 테러리즘의 문제를 해결할 수 있을까? 보드리야르는 "아마도 테러리즘의 문제에 대해 정치적 해결책이 없을 것이다"[35]라고 진단한다.

보드리야르의 이러한 진단에도 불구하고, 우리는 세계화 자체를 후퇴시킨 9·11 테러사건이 우리에게 남겨 준 진정한 교훈은 무엇인지 깊이 숙고해 보아야 한다. 그러한 사건이 다시 일어나지 않도록 확신하는 유일한 방법은 그러한 사건이 다른 어떤 곳에서도 일어나지 않도록 막는 것일 것이다.

---

35) *ET*, p.111.

VI. 결론적 성찰

보드리야르는 "세계화가 보편적인 것을 사라지게 한다"[36]고 말한다. 우리는 세계화의 바이러스성 폭력이나 바이러스성 공격에 저항해야 한다. 왜냐하면 세계적인 것이 보편적인 것에 폭력을 가하기 때문이다. 보드리야르의 관점에서 보면 보편적인 것의 거울은 깨어졌다. 그러나 이는 행운일지도 모른다. 이 깨어진 거울의 파편들 속에서 모든 특수한 개체들이 다시 나타나기 때문이다. 다시 말하면 위협받는 것 같았던 모든 특수한 개체들이 살아남기 때문이며, 사라진 것 같았던 모든 특수한 개체들이 되살아나기 때문이다. 보드리야르는 테러리즘과 관련하여 특수한 개체 혹은 특이성에 대해 이렇게 설명한다. "테러리즘은 하나의 특이성이다. 특이성은 자신의 사라짐으로 이 유일한 세계적인 힘을 새로 만들어 낸 모든 문화들에 복수하는 것이다."[37] 여기서 우리가 목격하는 것은 세계화 과정을 통해 개인과 집단 및 다양한 문화적 특이성이 희생되는 광경이자 그 특이성이 복귀하는 장면이다. 위협받고 억압된 특이성이 보드리야르가 말한 '사태의 테러리즘적 전이'를 적극적으로 실행에 옮긴다.

---

36) Jean Baudrillard, 'La mondialisation tue l'universel,' in *L'Humanité*, 7 janvier 2002, p.27.

37) *PI*, p.75.

이제 테러의 실행을 통해 자신의 모든 가치들이 하나씩 사라지는 것을 보게 되면, 서구문화는 최악을 향해 나아가게 된다. 서구문화의 죽음은 소멸이자 절멸이다. 바로 거기에 서구문화의 불행이 있다. 그러나 특수한 개체가 자신의 죽음을 걸게 되면, 특수한 개체는 더디게 진행되는 절멸로부터 벗어나며 아름다운 죽음으로 사라진다. 이는 생사를 걸고 해보는 엄청난 내기이다. 특수한 개체는 자살하면서 동시에 타자를 살해한다. 9·11 테러행위는 글자 그대로 서방을 '살해'했다고 말해질 수 있다. 따라서 죽음에는 죽음으로 대응할 뿐이지만 상징적 내기로 미화된다. 그러므로 필립 뮈레(Philippe Muray)는 "이 세계를 우리는 계속해서 황폐하게 했으며, 여전히 이 세계를 파괴해야 한다. 상징적으로 이 세계를 파괴해야 한다"[38]고 주장한다.

그런데 종교적 교리와 마찬가지로 체제유지주의적인 세계적인 힘의 관점에서 보면 특이하고 다른 모든 형태들은 이단적인 것들이다. 이런 이유로 해서 특이하고 다른 모든 형태들은 자발적이건 강제에 의해서이건 간에 세계질서 속에 편입되거나 사라질 수밖에 없다. 서방의 사명은 온갖 방법을 동원하여 특이한 문화들을 냉혹한 등가법칙에 따르게 하는 것이다. 자신의 가치를 상실한 문화는 특이한 문화들에 대해 복수할 수밖에 없다. 그래서 서구문화는 세계적인 시스템을 확립하려고 애쓴다. 이는 냉혹한 경쟁의식

---

38) Philippe Muray, *Chers djihadistes*, Mille et une nuits, 2002, p.56.

에서 비롯된 결과이다. 다시 말하면 "강력한 문화에 대한 강력하지 못한 탈매혹적인 시스템의 경쟁의식"[39]에서 비롯된 결과이다. 어떤 시스템의 관점에서 보면 강력하게 저항하는 모든 형태는 테러적인 것이나 다름없다. 이는 서방에서는 정말 참을 수 없는 것이 될 것이다.

보드리야르의 논리에 따르면 이러한 대립은 상징적 강제성에 비추어 볼 때만 이해될 수 있다. 여기서 서방에 대한 다른 세계의 증오를 이해하려면 모든 전망들을 뒤엎어야 한다. 이는 모든 것을 빼앗겼다가 아무것도 돌려받지 못한 사람들의 증오가 아니라, 모든 것을 받고서는 모든 것을 돌려줄 수 없는 사람들의 증오이다. 따라서 그것은 박탈과 착취에 대한 증오가 아니라 굴욕에 대한 증오이다. 9 · 11 사건이 보여준 테러리즘은 굴욕에 대응하는 것이다. 다시 말하면 굴욕에는 굴욕으로 대응하는 것이다.

세계적인 힘의 논리에서 보면, 최악은 공격당하거나 파괴당하는 것이 아니라 굴욕당하는 것이다. 세계적인 힘은 9 · 11 사건에 의해 굴욕당했다. 왜냐하면 테러리스트들은 세계적인 힘에게 자신이 돌려줄 수 없는 무엇인가를 가했기 때문이다. 사실 세계적인 힘이 상징적으로 무너졌는데도, 모든 보복은 물리적으로 보복하는 장치에 불과하다. 이제 모든 보복은 아무런 의미도 해결책도 지니지 못한다. 보복은 또 다른 보복을 낳을 것이기 때문이다. 이런 상황에

---

39) Arundhati Roy, *War Talk*, South End Press, 2003, p.107.

서 '테러에 대항하는 보복'은 '테러에 대항하는 테러'로 읽힐 수밖에 없는 은폐된 동어반복에 불과하다. 다시 말해서 그런 순환 논리는 사태에 대한 적합한 인식을 불가능하게 만든다.

따라서 세계적인 시스템을 상징적으로 구현했던 미국은 '테러리즘의 상상력'을 배태시키는 세계적인 힘의 보편적 비유에 불과하다. 정신병질적이거나 광신적이 될지도 모르지만, 테러리스트들이 서방의 보편성에 동조하려는 욕망조차 없는데도 그들이 달라지기를 바라는 것은 정말 '제국의 오만'과 거만함일 것이다.

여기서 우리는 제국의 오만을 짓밟아 버리고 서방 전체를 끊임없는 공포 속에 빠뜨린 것이 바로 '테러리즘의 진정한 승리'라는 보드리야르의 급진적 사유를 깊이 숙고해야 한다. 그리고 보드리야르가 분석하는 테러리즘은 '테러리즘의 정신'을 구현하면서 여전히 세계질서를 사로잡고 있는지에 대해서도 재검토해야 한다. 보드리야르의 비판적 분석에 따르면 테러리즘은 서방 전체를 공공의 안전을 위한 강박관념 속에 빠뜨리고, 상징적이고 희생적인 죽음을 통해 돌이킬 수 없는 사건을 유발하며, 세계질서를 뒤흔들어 놓는다. 그러나 테러리즘은 부정적인 측면만을 지니는 것은 아니다. 테러리즘은 세계질서의 완전한 종말을 미리 경고하고, 기존의 세계질서를 근본적으로 성찰하는 첨예한 지점을 형성하며, 따라서 궁극적으로는 기존의 세계질서를 존속할 수 있도록 해준다는 것이다.

이러한 관점에서 보면 "아마도 테러리즘의 문제에 대해 정치적 해결책이 없을 것"[40]이라는 보드리야르의 진단은 이론의 여지가 있을 수 있다. 왜냐하면 보드리야르의 이러한 시각은 너무도 냉소적이고 극단적인 사유에 근거하고 있기 때문이다. 실제로 국가의 폭력과 테러조직의 폭력, 폭력과 반폭력 진영이 서로 격렬하게 부딪치면서 새로운 차원의 폭력이 생겨나는 것은 사실이다. 더욱이 세계 도처에서 테러리즘이 바이러스처럼 확산되고 있는 상황 아래서 조직 거점을 이동하는 테러집단을 근절하는 것은 불가능한 일이다. 근본을 파헤쳐 보면 테러집단의 근절보다는 테러리즘이 자생적으로 생겨나는 정치적·사회적 토양을 바꾸는 것이 선행되어야 한다. 이와 동시에 우리는 종교적·정치적 광신으로서의 테러리즘과 폭력, 대량학살 무기 시대의 테러리즘과 폭력을 원천적으로 차단할 수 있는 필연적인 세계정치의 개념, 즉 에드가 모랭이 말하는 '문명정치' 혹은 '인간정치'를 추구해야 한다. 다시 말하면 우리는 우리 모두와 관련 있는 테러리즘과 폭력의 문제에 대한 어떤 정치적 해결책이나 세계적인 다양한 해결책을 모색하는 방향으로 나아가야 한다. 만약 이러한 방향전환이 이루어진다면, 우리는 세계적 위기의 한가운데서 벗어나 서서히 테러리즘과 폭력의 불씨를 없앨 수 있는 세계적인 분위기를 조성할 수 있을 것이다.

---

40) *ET*, p.111.

제3부

사유의 아이러니

1 아이러니컬한 형이상학

형이상학과 현실개념에 대한 자신의 초기 비판에도 불구하고, 1980년대의 보드리야르의 사유는 형이상학적 상상계를 구성하면서 형이상학의 차원에 머물러 있었다. 그의 초기 저작들은 마르크스와 프로이트의 상상계에 의해 형성되긴 했지만, 자신의 상징적 교환개념에서부터 시뮬라시옹 이론에 이르기까지 걸쳐 있는 대안적인 이론적 전망에 의해 늘 보완되었다. 그리하여 생산과 욕망의 거울을 부수고 푸코의 개념적 세계와 들뢰즈/가타리 같은 현대 프랑스 이론가들을 배격한 후, 보드리야르는 이론으로서의 새로운 형이상학의 길로 혹은 형이상학으로서의 새로운 이론의 길로 나아가기 시작했다.

보드리야르는 〈보드리야르 잊기 Forget Baudrillard〉라는 제목의 인터뷰에서 자신의 형이상학적 전환을 이렇게 설명한다. "만약 내가 나의 이론이 형성되는 초기에 무엇인가에 잠깐 손을 대었다면, 그것은 사회학이라기보다는 오히려 철학이었습니다(…). 나의 관점은 완전히 형이상학적입니다. 어느 정도, 나는 형이상학자이고 모럴리스트이긴 하지만 확실히 사회학자는 아닙니다. 내가 주장할 수 있는 유일한 '사회학적' 작업은 사회적인 것과, 사회적인 것의 개념을 끝장내는 것입니다."[1] 전통적으로 형이상학은 궁극적인 현실을 개념화하려는 시도이며, 이는 어떤 사회적 경험에서 나온다. 따라서 보드리야르의 형이상학은 탈근대의 새로운 사회상황 속에서 사라지고 있는 사회적인 것 · 정치적인 것 · 의미 · 실재 등에 대한 분석에서 연유한다. 그러므로 보드리야르의 형이상학적 상상계로의 전환은 탈근대의 사회상황에 매혹되면서 자신이 사회적 급변이나 사태로 파악했던 것에 의해 자극받았다고 말할 수 있을 것이다.

보드리야르의 형이상학적 상상계로의 전환은 《상징적 교환과 죽음》에서는 명백하게 나타나고 《유혹에 대하여》에서는 훨씬 더 명백하게 나타난다. 그리고 《시뮬라크르와 시뮬라시옹》에서 표명된 그의 사회문화이론은 그의 사유의 형이상학적 경향을 드러낸다. 그러나 완전히 성숙된 그의 형이상학적 상상계는 《숙명적 전략》에서 처음으로 표명되며 《아메리카》〈보드리야르 잊기〉《자기 자신에 의한 타자》《차가운 기억들》과 1980년대의 다른 텍스트들 속에서 완성된다.

이 글은 보드리야르의 형이상학적 상상계에 초점을 맞추면서 그

---

1) 'Forget Baudrillard: An Interview with Sylvère Lotringer,' in *Forget Foucault*, Semiotext(e), 1987, p.84(약호 *FB*).

가 추구하는 형이상학의 본질적인 문제를 다루고자 한다. 사실 보드리야르가 끊임없이 지향하는 형이상학적 상상계는 근대와 탈근대의 형이상학 논의에 중요한 논점을 제공해 준다. 그는 탈근대성에 대한 자신의 분석으로 읽혀질 수 있는 것을 근대의 주체와 사물간의 새로운 관계와 관련한 형이상학적 사유로 대치한다. 따라서우리는 그의 특유한 형이상학(아이러니컬한 형이상학)과 더불어 사유와 담론의 특수한 양식으로서의 형이상학에 대해 비판적 고찰을 시도하고자 한다. 그리고 이러한 고찰의 과정을 통하여, 우리는 보드리야르의 형이상학이 갖는 한계를 지적하고 그 대안을 제시하면서 그의 형이상학적 상상계가 여전히 확보하고 있는 이론적 가능성을 검토해 보고자 한다.

I. 숙명적 전략: 사물의 아이러니컬한 전략

1980년대에 접어들면서 보드리야르는 탈근대적 형이상학으로 기울어진다. 그는 자신의 이전 저작들과는 분명히 다른 새로운 스타일과 기이함을 나타내는 《숙명적 전략 Les Stratégies fatales》(1983)에서 처음으로 자신의 특유한 형이상학, 즉 아이러니컬한 형이상학을 구체화한다. 이 새로운 형이상학과 관련하여, 그는 현실원칙과 인식원칙을 재검토해야 할 필요성을 강조한다. 사실 전통적인 형이상학은 궁극적인 현실을 개념화하려는 시도였으며, 인식원칙은 주체와 대상의 관계에서 대상에 대한 주체의 우위를 전제로 했다. 그러나 보드리야르가 바라보는 탈근대 사회에서는 "인식은 주체와 대상 간의 싸움이며, 이러한 싸움은 대상 자체를 사라짐의 영역으로 간주하는 주체의 절대적 지배의 상실을 초래한다."[2] 요컨대 주체와 대상 간의 게임은 끝났으며, 주체는 사물의 세계에 대한 지배권을 포기해야 한다는 것이다. 보드리야르의 견해로는 "오늘날에는 그 누구도 권력의 주체, 지식의 주체, 역사의 주체로 자처할 수 없다. 더욱이 어떠한 것도 더 이상 주체를 만들어 내지 못한다."[3] 그러므로 가능한 전략은 대상(사물) 쪽에서 찾아야 한다는 것이다.

보드리야르의 이러한 견해에 비추어 보면 이제 우리는 인간과 무관한 최종단계로부터 우리를 기이하게 끌어당기는 힘의 역할을 하는 대상들로부터 세계를 파악할 수 있다.[4] "세계는 대상(사물)의 교활한 특질 속에서, 즉 순수한 사물의 황홀한 형태 속에서, 그리고 주체에 대한 사물의 승리의 전략 속에서 표현된다."[5] 따라서 우리는 주체를 무조건적으로 믿어서는 안 되며, 사물과 사물의 이상한 매력을 고려해야 한다. 그리하여 보드리야르는 사물의 궤도와 특성, 그리고 자신이 사물의 세계에서 형이상학적 발전으로 파악하

---

2) Jean Baudrillard, *L'Échange impossible*, Galilée, 1999, p.35(약호 *EI*).
3) Jean Baudrillard, *Les Stratégies fatales*, Grasset, 1983, p.129(약호 *SF*).
4) *EI*, p.27 참조.
5) *SF*, p.7 참조.

는 것을 분석한다.

보드리야르의 이러한 분석은 《숙명적 전략》에서 형이상학적 상상계를 통해 아이러니컬한 양상을 띠면서 구체화되는데, 이는 대체로 주체에 대한 사물의 증대와 우위 그리고 사물의 궁극적인 승리와 관련된다. 우선 탈근대 사회에 대한 논의에서 보드리야르의 비전은 과도한 상품·과도한 서비스·과도한 정보·과도한 메시지와 욕구를 확장하고 분비하면서, 그리고 통제되지 않는 성장과 모사의 악순환 속에서 모든 합리적 목적과 경계를 넘어서면서 이상발달과 이상성장을 하는 과정을 보여준다. 보드리야르의 이러한 비전은 사물세계에 대한 그의 특유한 사유 속에 분명히 자리잡고 있다. 그러나 사물세계에 대한 새로운 관계는 주체와 사물(대상)의 변증법 속에 존재하기보다는 사물의 궤도와 특성 속에 내재한다.

가령 사물세계에서 발견되는 것은 추한 것이 아니라 추한 것보다 더 추한 것, 숨겨진 것이 아니라 숨겨진 것보다 더 숨겨진 것, 움직이는 것이 아니라 움직이는 것보다 더 움직이는 것 등이다. 그리고 다른 끝에서 추구되는 것은 느린 것이 아니라 느린 것보다 더 느린 것이다. 결국 이러한 악순환 속에서 현실보다 더 현실적인 하이퍼리얼리티, 가득함보다 더 가득한 것, 성보다 더 성적인 것, 외설스러움보다 더 외설스러운 것, 즉 포화상태와 과잉의 형태들이 범람한다. 그러나 이와 같이 포화상태와 과잉에 도달함으로 인해, 사회는 내부에서 폭발하여 무너지게 된다. 이러한 과정은 결국 주체에게 파국을 초래한다. 왜냐하면 사물의 증대가 우연과 불확정성의 불확실한 차원을 부과할 뿐만 아니라 사물 자체가 주체보다 우월해지기 때문이다.

사물세계의 이 기이한 상황 속에서, 보드리야르는 궁극적 현실에 대해 폭넓은 철학적 사유를 갖는다. 그리하여 《숙명적 전략》에서 그는 사물세계에 대한 자신의 핵심적인 개념들, 즉 '사물의 교활한 특질' '사물의 우위' '투명한 복수'라는 '사물의 복수'를 기술한다. 이 기이한 표현들은 예전에 사물을 지배하고 통제하려고 했던 주체에 대해 사물과 사물세계의 승리와 복수를 의미한다. 사실 예전에는 역사를 창조하고 자연을 지배하며 지식의 토대를 이룬 것은 주체였으며, 이 주체의 탁월함은 널리 인정되었다. 주체의 이러한 형이상학에 맞서서, 보드리야르는 오늘날의 사물의 탁월한 힘을 꿰뚫어 보면서 '사물의 우위'를 선언한다. 사물세계에 대한 다양한 분석을 통해, 그는 인간을 압도하고 '유혹'하는 사물들(상품·자본·패션·성적 대상·미디어·정보·코드·모델 등)의 힘을 관찰한다. 우리가 유혹을 제대로 이해한다면, 우리의 현실세계 속에서 사물이 도처에 있고 사물이 주체보다 우위에 있음을 파악할 수 있다는 것이다. 그리하여 그는 이제 사물은 유혹의 모체이며, 주체는 사물의 유혹과 술책에 빠져든다고 강조한다.[6] 따라서 그는 우리가 의지·의식이나 무의식을 지닌 주체로서의 특권을 포기할 것을 요청한다.

---

6) 같은 책, p.174.

사실 보드리야르에게 주체의 지나친 자부심, 권력에의 의지, 초월성, 자기 도취는 너무 극단적으로 보이기 때문에, 주체의 입장은 지지할 수 없는 것이 되어 버렸다. 따라서 그는 주체가 사물의 입장을 취하고 사물의 전략과 유혹의 방법을 배울 것을 제안한다. 이것은 바로 보드리야르가 《숙명적 전략》에서 기획하고 있는 것, 즉 사물들이 도전하고 유혹하며 결국에는 주체를 압도하는 사물의 '숙명적 전략'을 기술하는 것이다. 사물의 승리는 정치적인 것의 사라짐과 초정치적인 것의 출현과 밀접한 관련이 있다. "초정치적인 것은 파괴된 세계에서의 모든 구조의 투명함과 외설스러움, 탈역사화된 세계에서의 변화의 투명함과 외설스러움, 사건이 없는 세계에서의 정보의 투명함과 외설스러움, 복잡한 망 속에서의 공간의 투명함과 외설스러움, 대중 속에서의 사회적인 것의 투명함과 외설스러움, 과도한 비만 속에서의 육체의 투명함과 외설스러움이다."[7] 이제 투명함과 외설스러움은 대중사회의 사회적인 것, 테러리즘 시대의 정치적인 것, 위생관리와 유전자 복제에 의한 신체를 포함하여 모든 것이 노출되고 표시되는 세계에서 사물의 존재양식을 특징짓는다. 이러한 예들은 탈근대의 세계에서 주체의 무너짐과 사라짐을 나타낸다. 이 과정은 보드리야르의 이론에서 '사물의 과포화(hyperisation)'라고 불리는 것이다.

사물의 이 과포화 속에서 보드리야르는 정치·역사·성·주관성

---

7) 같은 책, p.29.

등이 사라지는 양식에 주목한다. "매혹하는 것은 더 이상 생산의 양식이 아니라 사라짐의 양식이다."[8] 이 사라짐의 양식의 다양한 형태들에 대해, 그는 역사의 사라짐의 양식으로서의 탈역사화, 정치의 사라짐의 양식으로서의 초정치화, 성의 사라짐의 양식으로서의 포르노, 육체의 사라짐의 양식으로서의 과도한 비만, '사회적인 것의 죽음'의 양식으로서의 사회화 등을 제시한다.

　이는 모든 생활양식을 완전히 변화시키고 있는 탈근대 사회에서 새로운 범주와 사유방식을 요청한다. 따라서 보드리야르는 새로운 단계로 향하는 길을 열면서 이전의 경계와 목적을 넘어서는 사물의 현상들을 탐색한다. 그는 미디어에서의 '하이퍼리얼리티'는 현실보다 더 현실적인 현실을 산출해 내며, 또한 비만에서의 하이퍼육체와 포르노그라피에서의 성의 하이퍼외설스러움은 육체보다 더 육체적이고 외설스러움보다 더 외설스러우며 탈근대 세계에서의 육체와 성의 변화를 나타낸다고 주장한다. 특히 미디어에 대한 그의 숙고는 그의 사유의 핵심을 이룬다. 예를 들어 텔레비전은 그의 초기 사상의 중심에 자리잡으며, 미디어에 의한 시뮬라시옹·하이퍼리얼리티·내파는 사적인 영역과 공적인 영역, 안과 바깥, 미디어와 현실의 경계와 구분을 없애 버린다.

　이제 매혹과 유혹으로 승리를 거두는 사물의 세계에서, 모든 것은 투명하고 외설스럽고 하이퍼리얼한 것이 되고 있다. 사물의 매

---

8) 같은 책, 같은 쪽.

혹은 급속히 가속되고, 주체는 사물의 황홀경에 더욱더 빠져들고 유혹된다. 예전에 강력했던 주체는 새로운 사물세계에 압도되는 자기 모습을 발견하게 되는 것이다. 이 사물세계의 승리 속에서 주체는 이 사실을 인정하고 스스로 주체성의 환영을 벗어 던지기를 보드리야르는 제안한다. 이런 관점에서 보면 이제 세계를 변화시키거나 통제하려는 주체의 시도는 헛된 일이며, 주체는 자신의 전략을 포기하고 사물의 편에 서서 사물의 '숙명적 전략'을 받아들이는 편이 나을 듯하다.

그러면 인간 주체성에 대한 사물의 무관심 속에서 사물의 내재적 논리와 사물의 아이러니컬한 형태에 매혹된 보드리야르에게 있어서 숙명적 전략이란 어떤 것일까? 그는 숙명적 전략은 '사물의 교활한 특질'을 지닌 전략이며, 사물을 지배하고 통제하려는 주체의 노력을 내포하는 평범한 전략과 구분된다고 말한다. 평범한 전략은 주체에서 나오는 것이며 사물세계를 명백히 지배하는 주체의 우월성에 대한 모든 가정이 제시된다. 따라서 평범한 전략은 사물세계에 대한 전략을 세우고 술책으로 사물세계에 승리를 거둘 수 있다.[9]

그러나 숙명적 전략에서는 사물은 주체보다 교활하고 우월한 것으로 간주된다. 사물의 이 아이러니컬한 전략은 주체에게 쏠리고 주체를 유혹함에 따라 주체를 사로잡게 된다. 따라서 "사물은 주

---

9) Mike Gane, *Baudrillard: Critical and Fatal Theory*, Routledge, 1991, p.174 참조.

체가 자신의 결여를 발견하는 거울이 된다."[10] 대중이 그 좋은 예가 된다. 대중은 주체의 권력이 어떻게 보면 그 속에서 무너지는 하나의 대상을 이룬다. 주체의 권력은 자신을 존재하는 모든 것의 보편적 원인으로 생각하고 그러기를 바랐는데, 대중은 저항을 통해 그러한 계획이 부질없음을 보여준다. 보드리야르는 사물의 이 아이러니컬한 전략에 대해 이렇게 설명한다. "내가 사물과 사물의 숙명적 전략에 대해 말할 때, 나는 인간들과 그들의 비인간적 전략에 대해 말한다."[11] 이는 바로 주체의 인간적 전략의 원칙에 대립되는 것이다.

전략적 담론에 대한 새로운 인식을 통하여, 보드리야르는 분명히 사물의 전략과 술책과 규칙을 재생산하는 '유일한 전략'인 숙명적 전략을 강조한다. 그에 따르면, "숙명적 전략은 행위의 과정 혹은 그것이 극단에 이르는 궤적을 추적하여 그것의 한계를 넘어서려고 함으로써 그것의 경계를 넘어 나아간다."[12] 다시 말하면 숙명적 전략은 최대한 무엇인가를 추구하면서, 그리고 이전의 경계를 넘어 새로운 개념의 장으로 들어가면서 극단에 이르기까지 사고하고 행동하기를 요구한다. 보드리야르는 미디어 · 정보 · 성 · 대중 등과 같은 사물들이 추구하는 것, 즉 미디어와 정보의 확산,

---

10) M. Richard/M. F. Côte-Jallade/J-F. Skrzypczak, *Penseurs pour aujourd'hui*, Chronique Sociale, 1985, p.302.

11) *SF*, p.204.

12) Steven Best/Douglas Kellner, *Postmodern Theory: Critical Interrogations*, Macmillan Press, 1991. p.131(약호 *PT*).

포르노그라피에서의 성의 확산, 탈근대 사회에서의 대중의 확산은 모두 숙명적 전략이며, 여기서 사물은 무한히 증대하여 극단에 이르며 모든 한계와 경계를 넘어서 새로운 어떤 것을 생산함과 동시에 주체를 파괴한다고 주장한다. 이제 주체의 입장은 막다른 골목에 도달해 있으며, 사물의 전략을 받아들이지 않으면 안 될 운명에 놓여 있다. 그리고 주체는 사물의 유혹과 술책, 아이러니와 숙명을 받아들여야 한다. '사물이 주체보다 늘 교활하고 탁월하다'는 믿음을 갖고 있는 이 숙명적 전략, 그것은 곧 주체철학의 종언, 이론적 반인간주의, 극순응성을 반영한다. 이렇게 보드리야르의 아이러니컬한 사유는 전혀 우울한 기색도 없이 너무도 기이하며, 과포화와 투명함과 외설스러움으로 특징지어지는 사물의 세계를 탐색한다. 이는 한마디로 말해서 보드리야르 자신의 탈근대적 형이상학으로의 전환을 나타낸다.

II. 아메리카의 형이상학

《아메리카 *Amérique*》는 보드리야르의 형이상학적 상상계가 투영된 근대성 비판의 기행문 형식의 에세이다. 이 책에서 보드리야르는 근대성의 발전된 단계 속에서 주체와 대상의 관계에서 확립되는 복잡한 인식론에 상당한 논의를 불러일으킨다. 그는 그의 관심을 끄는 것이 새로운 사물의 형태들인 것처럼 어떻게 해서든 이론을 넘어서 환상적인 사물을 발견하려고 시도한다. 요컨대 그는 '순수한 여행'과 속도의 놀랄 만한 개념 속에서 미국의 특이한 것을 발견하려고 한다.

보드리야르에게 있어서 아메리카, 곧 미국은 근대성 속에서 태어난 진정한 탈근대 사회이다. 보드리야르는 미국여행을 통해서 미국의 탈근대 사회에서 사라지고 있는 사회적인 것 · 정치적인 것 · 의미 · 깊이 · 진리 등의 근대성의 중요한 지시대상들을 목격한다. 이는 바로 탈근대의 시뮬라시옹 세계에서 사라지고 있는 것들이다. 그리고 그는 미국에서 이 "사라짐의 특권적 장소뿐만 아니라 근대성의 다양한 우상들의 소실점을 보게 된다."[13] 그리하여 그는 아메리카의 형이상학으로 이론화된 탈근대 사회의 문화비평의 지도를 그리게 된다. 따라서 미국문화비평에 대한 그의 지도 그리기는 탈문화화 속에서 미국문화의 대재난을 깊이 있게 조명하고 분석한다.

보드리야르의 형이상학적 여행은 대체로 사막과 풍경과 속도에 대한 그의 경험, 미국의 도시적 · 정치적 · 사회적 · 문화적 특징들에 대한 그의 경험을 반영한다. 보드리야르가 느끼는 미국여행의 시뮬라시옹은 '속도의 형이상학,' 오늘날 미국의 사막과 생활과 관련이 있다. 자신의 형이상학적 상상계를 통해 미국을 설명하고 있는 그는 사막과 원시성을 아메리카를 이해하는 일차적 범주로 선

---

13) Douglas Kellner, *Jean Baudrillard: From Marxism to Postmodernism and Beyond*, Polity Press, 1989, p.168(약호 *MPB*).

택한다. 아메리카를 질주하면서 폴 비릴리오(Paul Virilio)가 '사라짐의 미학'이라고 부르는 것을 추구하는 그의 시각에서는, 미국이라는 나라는 사막과 같은 아우라, 말하자면 현실의 삶의 모든 흔적이 사후효과로서의 죽은 이미지만을 남겨 놓은 채 사라져 버리는 분위기를 연출한다. 그리하여 그는 사막이라는 죽은 형태 속에서 모델들과 핵형태에 의해 지배되는 사회의 비밀을 밝혀낸다.

이제 보드리야르의 눈에는, 사막은 사물의 무관심이 지배하는, 그리고 인간 '주체'가 낯선 침입자에 불과한 풍경을 드러낸다. "사막: 냉혹한 지성의, 철저한 무관심의, 화석으로 된 빛나는 그물망. 그것은 하늘의 무관심일 뿐만 아니라 지질학적 물결의 무관심이기도 한데, 여기서는 공간과 시간의 형이상학적 열정만이 결정화되어 있을 뿐이다."[14] 이렇게 미국의 사막이 보드리야르를 매혹시키는 것은 사막의 무관심과 건조함과 침묵이다. 사막의 건조함은 유럽의 점액질의 문명화된 기질과는 반대되는 것이고, 사막의 침묵은 공허를 방사하는데, 이 공허는 그 속에서 우리 미래의 기호들을 발견할지도 모르는 대재난의 가능성을 목격하고 있는 화석화된 풍경에 특유한 것이다.[15] 그러나 "사막은 더 이상 풍경이 아니다. 그것은 다른 모든 것들의 추상에 의해 만들어진 순수한 형식이다."[16] 사막의 형이상학적 매혹은 직접적인 공간의 매혹이며 건조

---

14) Jean Baudrillard, *Amérique*, Grasset, 1986, p.19.
15) *MPB*, p.169 참조.
16) *Amérique*, pp.247-248.

함과 불모성의 내재적 매혹이다.

　보드리야르에게 있어서 미국은 성취된 유토피아, 즉 실현된 유토피아이다. 그것은 승리를 거둔 근대성이다. 근대성의 모든 기대가 항상 실패한 유럽과는 대조적으로 미국에서 그것은 이미 실현되었다. 그러나 이 성취된 유토피아를 특징짓는 것은 사막의 이미지이다. 보드리야르는 "캘리포니아에서는 문화 자체가 사막이기 때문에 엄중함은 총체적이다. 문화는 사막임에 틀림없으며, 사막에게는 모든 것이 동등하고 똑같은 초자연적 형태 속에서 빛난다"[17]고 역설한다. 미국인들의 '야만의 정신'에는 더 이상 어떤 보편적 우주도, 인간 혹은 자연의 초월성도, (유럽인들이 생각하는) 역사 혹은 실제적인 문화도 존재하지 않는다. 그래서 《아메리카》에서 보드리야르의 형이상학적 사유가 끝나는 곳은 '영원한 사막'이다. 사막은 미국 자체, 그것의 풍경, 도시, 고속도로, (비)문화, 그리고 생활양식의 형상으로 서 있다. 보드리야르에게 있어서 미국은 다차원적이고 비판적인 (유럽적) 문화의 청산이고 사회적인 것의 사막화 자체를 나타낸다.

　물론 미국이 깊이와 의미와 미적 매력이나 유혹을 지니지 않는다 할지라도, 미국은 "욕망 없는 방사를 통해 미학적이고 비판적인 모든 삶의 형태의 사라짐이라는 절대적인 매혹"[18]을 발휘한다. 로스앤젤레스에 대해 말하자면, 그것은 "욕망이 결여된 지각 없는

---

17) 같은 책, p.246.
18) 같은 책, p.242.

순환, 미학의 종언이다."[19] 따라서 보드리야르는 유혹과 취향과 매력과 연극의 유럽적 체계를 모순과 담론과 유희와 기교로 바꾸어 놓는 미국의 사막을 보게 된다.

모든 것이 사막화되고 화석화된 미국, 극단적으로 전개된 근대성 혹은 탈근대성으로서의 미국, 그리하여 이제 탈근대의 세계가 된 미국사회는 유럽을 비롯한 여러 나라의 시뮬라시옹 모델이 되고 있는 것은 아닐까? 혹은 이 탈근대의 현상들은 이제 미국사회를 범람하여 모든 사회들의 경계를 무너뜨리고 밀려오는 것은 아닐까? 보드리야르가 즐겨 사용하는, 그리고 《아메리카》의 서두에 새겨진 다음과 같은 표현은 무엇을 뜻하는 것일까? '이 거울 속에 비치는 사물들은 보이는 것보다 더 가까이 있을 수 있다.'

보드리야르는 세기말의 파리에서 보들레르가 그 양면성이 드러난 근대성을 전망했듯이, 20세기 후반 미국에서 극단적으로 발전한 근대성을 탐색하고 조명한다. 즉 그는 아메리카 대륙을 종횡하면서 탈근대의 세계로 접어든 근대성의 실현을 발견한다. 그러나 탈근대의 미국사회에 대해, 그는 비판과 아이러니로 가득한 시선을 던진다. 즉 극단으로 나아간 미국의 근대성에 대해, 그는 아이러니컬한 비판을 하면서도 찬미하고, 찬미하면서도 아이러니컬한 비판을 한다. 그래서 그는 미국의 사막 같은 풍경에서 유럽의 낡은 근대성의 준거점들이 사라지는 것을 높이 평가하면서도 사막을 위

---

19) 같은 책, 같은 쪽.

해 여성을 제물로 바쳐야 한다고 역설하기도 한다. "데스 밸리는 언제나 장대하고 신비롭다. 불, 열기, 빛 등 희생의 모든 요소들이 여기에 있다. 항상 무언가 공물을 사막에 가져와야 하며 그것을 제물로 바쳐야 한다. 여자. 만약 사막의 아름다움에 필적하는 무언가가 사라져야 한다면, 여자가 왜 아니겠는가?"[20]

게다가 미국의 인종차별에 대해, 그는 멕시코계 미국인 노동자들의 삶의 아이러니컬한 문제를 논하면서 "그들의 땅을 훔친 미국인들"[21]에게 자각을 촉구한다. 뿐만 아니라 그는 레이건주의에 대해서도 단순히 레이건의 미소의 반영을 넘어서 위트와 빈정거림으로 묘사한다. "'이 나라는 좋다. 나는 좋다. 우리는 최상이다.' 그것은 또한 레이건의 미소이기도 하다. 그의 미소에서 미국 국민 전체의 자기 만족은 절정에 도달하며, 그의 미소는 유일한 통치원리가 되고 있다."[22]

보드리야르의 이러한 형이상학적 사유를 어떻게 보아야 할까? 보드리야르 연구가인 더글라스 켈너(Douglas Kellner)는 성차별과 인종차별과 민족주의에 대한 보드리야르의 사유는 퇴보적인 사회적 태도와 연결되어 있는 역행적 형이상학에 이르고 있다고 지적한다. 그리고 그는 보드리야르가 레이건주의를 단순화하는 것은 미국의 복합적 현상의 여러 양상들을 제대로 파악하지 못하는 것

---

20) 같은 책, p.132.
21) 같은 책, p.10.
22) 같은 책, p.68.

이라고 주장한다. 켈너의 이러한 분석은 보드리야르의 형이상학으로의 전환이 본질주의적인 형태들을 불가피하게 산출해 내고 이러한 형태들은 곧 이론을 본질화하는 터널시(視)(tunnel vision)가 된다는 것이다.[23]

켈너의 이러한 분석에 대해, 보드리야르 연구가 마이크 게인(Mike Gane)은 켈너의 논의에는 심각한 문제점이 있으며 켈너 자신이 《아메리카》의 이론적 구조와 결말을 이해하지 못하고 있다고 비판한다. 게인에 의하면, 켈너는 텍스트가 도달하는 아이러니컬한 결말을 완전히 파악하지 못했다는 것이다. 다시 말하면 여전히 단순한 문제들에 대한 인식이 있다면, 적어도 텍스트에 대한 적절한 평가가 있어야 한다는 것이다.[24]

이제 우리는 켈너와 게인의 입장을 넘어서 무엇보다도 미국문화를 비판적 시각으로 파악하려는 보드리야르의 의도를 존중하는 것이 필요하다. 보드리야르는 나중에 《아메리카》에 대한 자신의 견해를 다음과 같이 밝혔다. "70년대 말에, 나는 이론을 넘어서 어떻게 해서든 환상적이고 놀랄 만한 사물을 발견하려고 했다. 그리고 나에게 있어서 아메리카는 순수한 상태 속의 빛과 근대성이었다. 그것은 꿈도 현실도 아니며 하이퍼리얼리티와 실현된 유토피아였다."[25] 분명히 보드리야르 자신의 계획은 사물의 형태를 분석

---

23) *MPB*, pp.170-171 참조.
24) Mike Gane, *op. cit.*, p.181.
25) Jean Baudrillard, *America*, Verso, 1988, p.5.

하는 보다 폭넓은 궤도 속에 자신의 형이상학적 글쓰기를 연결하는 것일 것이다. 사물에 대한 아이러니컬한 형이상학을 전개하기 위해….

III. 아이러니컬한 형이상학

보드리야르의 형이상학적 상상계는 1980년대의 텍스트들과 인터뷰에서 그의 핵심개념들과 함께 보다 구체적으로 드러난다. 이 시기의 텍스트들은 보드리야르를 매혹한 형이상학적 시뮬라시옹의 형태를 분명하게 보여준다. 특히 〈보드리야르 잊기〉와 《자기 자신에 의한 타자》라는 이 두 텍스트에서 드러나는 보드리야르의 탈근대이론은 정치 · 역사 · 예술 · 사회적인 것의 종말이나 사라짐을 개념화하는 것과 관련이 있다.

보드리야르는 〈보드리야르 잊기〉에서 카네티(Canetti)의 말을 인용하면서 어떤 순간에 이르면 인류는 역사의 바깥으로 떨어지고 새로운 탈역사적 존재가 된다고 주장한다. 그의 이러한 논의는 근대성의 핵심개념들의 소멸에 대한 묘사와 함께 1980년대의 그의 사유를 예시한다. 사실 역사는 근대성의 실재이고 에토스였으며, 근대성은 변화 · 혁신 · 진보 · 발전의 과정이었다. 보드리야르는 이제 이 모든 것들은 역사의 종말과 함께 사라졌다고 암시한다. 그리고 그는 시뮬라시옹과 하이퍼리얼리티의 시대에서 역사가 시뮬라시옹의 상태로 변화되는 것에 의해 역사의 종말을 기술한다. "길에는 구부러짐, 전환점이 있다. 모든 사람들이 믿을 수 있는 게임과 내기의 규칙이 있었던 장면, 즉 실재의 장면이 어디론가 사라졌다."[26] 따라서 역사의 실재를 떠나 시뮬라시옹의 실재를 향해 나아감에 따라, 우리는 새로운 경험의 영역으로 들어가게 된다. 달리 말하면 우리는 새로운 상황 속에 있으며, 우리의 이전의 지시대상들은 사라져 버렸고, 우리는 새로운 범주와 개념을 필요로 한다는 것이다.

그러나 보드리야르는 단절이나 중단에 대해 역사적인 설명을 하지 않으려고 한다. 왜냐하면 우리가 새로운 탈역사적 상황 속에 있다고 주장하면서, 그는 직선적 역사와 그 개념을 거부하기 때문이다. "그 대신 나의 관심을 끄는 것은 그 어떤 역사적 주체성에 의해 조작될 수도 해석될 수도 없는 순수한 사건의 가능성이다."[27] 더욱이 보드리야르는 사물이 지배하고 있는 세계에서 주체의 지배의 종언으로서, 주체와 사물의 지배권의 역전으로서 역사의 사라짐을 형이상학적으로 해석한다. 주체의 이러한 무너짐은 우리의 개념과 이론과 예술 등이 세계를 표현한다는 믿음이나 재현의 지배를 끝낸다. 따라서 보드리야르는 사회의 어떤 단계에서 다른 단계로 전환하는 사회이론이나 역사이론에 의해서라기보다는 사물의 승리에 대한 형이상학적 사유에 의해서 역사의 종말을 설명한다.[28]

---

26) *FB*, p.69.
27) *FB*, p.70.

사실 보드리야르는 시뮬라시옹과 하이퍼리얼리티의 시대에서는 실재는 더 이상 존재하지 않는다고 말하면서 오늘날의 사물의 실제적 조건과 상태에 지속적으로 호소한다. 그래서 주체의 모든 가치가 사라지고 사물의 승리가 허무주의와 반인간주의를 초래한다 할지라도, 보드리야르는 이를 우울한 것으로 보지 않는다. "부정성, 허무주의, 그리고 모든 것은 잘 나아가지 않을 수 없다. 그러나 당신은 보다 자극적인 세계가 시작될 거라고 생각하지 않는가? (…) 보다 안심시키는 세계가 아니라 보다 전율케 하는 세계. 가역성과 불확정성에 의해 지배되는 세계."[29]

보드리야르는 주체 없는 세계, 철저한 변형의 세계, 사물들이 사건을 만들어 내고 지배하는 세계를 공상한다. 주체는 복제기술 같은 인위적 장치를 통하여, 하이퍼리얼리티를 통하여, 사라짐의 유희와 기술을 통하여 사라지고 있다고 그는 주장한다. 따라서 그는 주체의 사라짐과 사물의 승리는 현기증과 혼돈을 초래한다고 경고한다. 그러나 사물의 황홀경 속에서 우리는 스스로 탈주체화하고 점진적으로 사물화됨에 따라 새로운 즐거움과 함께 새로운 비전과 가능성을 발견할 수 있을까?

보드리야르는 왜 자신의 인터뷰에 〈보드리야르 잊기〉라는 제목을 붙였을까? 이 제목은 분명히 특별한 메시지를 전하려는 의도가 있는 게 아닐까? 아마 보드리야르는 삶의 역정과 역사를 지닌 주

---

28) *MPB*, p.174 참조.
29) *FB*, p.71.

체성으로서의 자신을 잊어달라고 우리에게 말하고 있는지도 모른다. 왜냐하면 그는 보드리야르라고 불리는 대상에 우리가 매혹되기를 바라고 있을 것이기 때문이다. 어쨌든 그는 우리를 유혹하여 보드리야르를 기억하도록 하기 위해 보드리야르를 잊어달라고 역설적으로 말하는 듯하다.

1987년 보드리야르는 현재의 사회적 상황이 새로운 상황이고 그래서 새로운 이론이 필요하다는 입장을 표명하기 위해 자신의 텍스트 《자기 자신에 의한 타자 *L'autre par lui-même*》를 출간한다. 이 책은 여섯 개 항목의 간략한 연구 〈커뮤니케이션의 황홀경〉〈투명성에 대한 의식〉〈변형·비유·전이〉〈유혹 혹은 표면적 심연〉〈사물의 체계에서 사물의 운명에 이르기까지〉〈왜 이론인가〉로 구성되어 있다. 여기서 보드리야르는 분명히 우리가 하나의 상황에서 다른 상황으로 이동하고 변화했다는 것을 보여준다. 가령 '커뮤니케이션의 황홀경'은 '예전'과 '오늘날'의 대비로 구조화되어 있다. 예전은 장면·깊이·초월성·잠재성의 시대였던 반면, 오늘날은 외설스러움·표면, 주체가 일련의 커뮤니케이션 망 속으로 파편화되는 커뮤니케이션의 황홀경의 시대이다. 보드리야르는 자신이 "투영적이고 상상적인 세계를 묘사하는 것은 주체의 거울인 사물을 묘사하는 것이며, 주체와 사물의 대립은 거울과 장면의 심오한 상상계와 마찬가지로 여전히 의미심장하다"[30]고 말한다. 그리고

---

30) Jean Baudrillard, *L'autre par lui-même*, Galilée, 1987, pp.11-12(약호 *ALM*).

그는 오늘날 "근본적인 문제는 사물에 의해 주체의 존재를 끊임없이 시험하는 것"[31]이라고 강조한다.

따라서 이러한 형이상학적 사유를 통해서, 보드리야르 자신은 어떻게 해서 사물과 사물화에 의해 소외되고 지배되는 주체의 입장에 근거를 둔 '사물의 체계' 분석에서 사물의 승리를 선언하는 '사물의 운명' 이론으로 옮겨갔는지를 보여준다. 여기서 그는 사물의 체계에서 숙명적 전략에 이르는 이중의 악순환에 사로잡히게 된다. 첫 번째 악순환은 상징적 교환에서 유혹으로의 방향전환에 관계되는데, 이는 생산과 코드와 체계에 대립된다. 보드리야르는 상징적 교환에 의해 체계와 코드를 파괴하려는 꿈, 즉 위반의 꿈을 사라져가는 주체의 전략으로 파악한다. 왜냐하면 시뮬라시옹 자체는 투명성과 황홀경의 단계로 옮겨갔기 때문이다. 두 번째 악순환에서는 보드리야르는 시뮬라시옹 모델인 사물 쪽으로 방향전환을 한다. 가역성과 유혹의 주도권을 갖는 것은 사물 그 자체이기 때문이다. 보드리야르에게 있어서 유혹은 주체의 전략이 아니라 사물의 본질로, 사물의 유혹적 매력의 본질로 인식된다. "주체의 욕망은 더 이상 세계의 중심에 있지 않다. 이는 바로 사물의 운명이다."[32]

따라서 보드리야르는 주체성과 가치의 시대의 종언, 주체의 종언을 선언한다. 세계를 지배하고 변형시키려는 주체의 꿈에 맞서, 보드리야르는 사물의 외재성을 반영하는 급진적 외면성을 두드러지

---

31) 같은 책. p.13.
32) 같은 책, p.69.

게 드러낸다. 다시 말하면 그는 "주체의 궁극적 원리를 넘어서 사물의 숙명적 가역성을 확립하는 외재적인 힘, 즉 외면성"[33]을 강조한다. 보드리야르는 전통적인 형이상학을 뒤집어 놓는 것을 정당화하기 위해 현재의 사회상황과 사회발전에 호소한다. 그는 사물은 자신의 본질을 넘어섰다고 주장한다. 사물은 자신을 지배하려는 주체의 시도를 능가하면서 극단적이고 황홀하고 통제할 수 없는 것으로 되어 버렸다는 것이다. 이제 사물들에게는 실현할 수 있는 가능성도 도달할 수 있는 초월적 목표도 없다. 왜냐하면 사물들은 이미 자신에게 속한다고 생각되는 모든 가능성을 능가하고 자신을 초월했기 때문이다.

여기서 보드리야르에게 문제가 되는 것은 우리의 이론적 문화의 본질 자체이긴 하지만 이전의 사회와 역사와 삶의 영역에 속하는 비판적 사유/이론을 버리는 것이다. "주체와 대상의 관례적 세계는 더 이상 우리의 세계의 상태와 일치하지 않는다. 따라서 비판적이고 반성적인 차원은 기만적이다"[34]라고 보드리야르는 주장한다. 과도한 현실 · 과도한 실증성 · 과도한 사건 · 과도한 정보 속에서 끝을 넘어서는 것은 역설적인 상태 속으로 들어가는 것인데, 이 때 역설적인 상태는 전통적인 가치의 회복에 만족하지 않고 역설적인 사유/이론을 필요로 한다는 것이다. 그러므로 사유/이론은 우리를 생각하는 사물과, 우리를 생각하는 세계의 미래의 단계를 향해 비

---

33) 같은 책, p.71.
34) *EI*, p.28.

판적 단계를 뛰어넘어야 한다.

보드리야르는 비판적 사유/이론 대신에, "세계의 객관적 아이러
니를 완전하게 만드는 숙명적 사유/이론"[35]을 권한다. 그에 따르
면, 우리의 세계는 초월적인 숙명이 아니라 우리의 과정 자체에 내
재하는 숙명, 자신의 의미에 무관심한 사물에 내재하는 숙명을 지
닌다. 이는 독창적인 상황, 즉 객관적 질서에 직면한 주체의 아이
러니가 아니라 자신의 유희에 사로잡혀 있는 사물의 객관적 아이
러니를 구성한다.[36] 이렇듯 보드리야르의 상상계 속에서 구성되는
형이상학은 아이러니컬하고 너무도 아이러니컬하다. 1980년대의
텍스트들에서 엿볼 수 있는 그의 형이상학적 전환과 사유에 대해,
우리는 어떻게 말할 수 있을까?

IV. 형이상학적 전환과 사유

보드리야르의 형이상학적 전환은 스스로 이론을 표명하는 것과
깊은 관련이 있다. 보드리야르에게 이론은 거울의 역할과는 전혀
다른 역할을 갖는다. 이론은 현실을 반영하는 것을 목표로 삼지 않
기 때문이다. 그는 "이론은 유혹하려는 시도, 사물들을 자체의 조
건으로부터 벗어나게 하고 현실의 초존재와 양립하지 않는 초존재

---

35) *ALM*, p.72.
36) 같은 책, 같은 쪽.

가 되게 하려는 시도"[37]라고 주장한다. 사실 이론은 수동적인 것이 아니다. 그러나 이론은 어떤 의미에서 현실 자체가 이론에 도전한다는 사실의 거울이 다시 된다. 사물은 자신의 비밀과 은밀한 전략을 갖는다. 보드리야르의 사유세계에서는 이론은 가능한 한 사물의 이미지가 되고 숙명적인 도전이 된다. 그리고 명백히 이러한 도전의 형태는 시뮬라시옹이다.

보드리야르가 생각하는 이러한 도전을 가정해 보면, 현대사회에는 혁명적인 주체에 의해 지배되지 않는 새로운 형태의 저항이 있다. 따라서 주체의 특수한 부정성은 숙명적 전략을 통한 사물의 복수 속에서 사물이 된다. 사물은 시뮬라시옹과 하이퍼리얼리티를 통해 저항을 시도하는 것이다.

보드리야르는 사물을 수동적으로 시뮬라시옹화하고 고정된 거울 이미지 속에 사물을 끌어들이는 데 만족하지 않는다. 결국 그의 관심을 끄는 것은 두 번째 단계이다. "이론은 기술하고 분석하는 것으로 충분하지 않다. 이론은 자체가 기술하는 세계 속에서 사건이 되어야 한다."[38] 이는 "이론이 현실보다 훨씬 더 냉혹한 숙명적 기호의 힘을 지닌다"[39]는 것을 의미한다. 따라서 이론은 냉혹한 현실과 세계의 객관성으로부터 우리를 보호해 준다.

보드리야르는 "세계가 숙명적이라면 세계보다 더 숙명적이 되고

---

37) 같은 책, p.84.
38) 같은 책, p.85.
39) 같은 책, p.86.

세계가 무관심하다면 세계보다 더 무관심해야 한다"[40]고 역설한다. 이제 우리는 세계와 싸워 이기고 적어도 세계의 무관심과 동일한 무관심을 통해서 세계를 유혹해야 한다는 것이다.

보드리야르의 이러한 아이러니컬한 형이상학은 점점 더 본질주의적이고 이원론적인 것이 된다. 사실 보드리야르의 많은 저작들은 사회적 범주와 활동, 대상영역 사이의 이원론적 구분에 의해 특징지어진다. 특히 1980년대의 그의 형이상학은 주체/대상(사물), 유혹/생산, 남성/여성, 깊이(실재)/표면(가상), 출현/사라짐, 의미/무의미, 장면/외설스러움, 잠재성/황홀경, 법칙/게임, 진실/거짓, 선/악, 가역성/불가역성, 평범한 전략/숙명적 전략 사이의 일련의 이원적 대립에 의해 구성된다. 이러한 이원적 대립은 그의 사유 속에 스며들어 1980년대의 텍스트들에서 구체화되는데, 이는 한 범주가 다른 범주보다 우월하거나 바람직하다고 생각하는 그의 형이상학을 나타낸다.

그러면 이러한 이원적 대립에 근거를 둔 보드리야르의 형이상학을 어떻게 파악해야 할까? 사실 보드리야르는 자신의 주체성을 사물 자체에 투영하면서, 그리고 자신의 특수한 주관적 경험을 사물 세계와 관련하여 생각하면서 자신의 형이상학을 세계에 투영한다. 보드리야르가 사물의 특성을 면밀히 검토하는 것은 자신이 분석하는 매혹적인 사물들에 자신의 환상과 욕망을 투영한다는 것을

---

40) 같은 책, 같은 쪽.

암시한다. 유혹하고 유혹당하기를 바라는 그는 유혹을 사물의 존재에 투영한다. 지배권을 욕망하는 그는 지배권을 사물에 투영한다. 복수를 바라는 그는 복수를 사물에 투영한다. 아이러니컬한 그는 객관적 아이러니를 사물에 투영한다. 스스로 운명과 숙명이 되기를 바라는 그는 운명과 숙명을 사물에 속한다고 생각하고 숙명적 세계를 만들어 낸다.[41]

이렇게 보드리야르는 자신의 형이상학적 사유에 따라 세계를 구성하고 있다. 보드리야르의 형이상학은 자신의 범주와 개념들을 세계 속에 투영하는 영사기, 즉 주관적인 구조물처럼 보인다. 그렇다면 보드리야르의 형이상학은 투영의 형태인가? 아니면 그의 형이상학은 파타피지크(pataphysique)[42]의 형태인가? 그의 형이상학은 분명히 문제적인 담론양식으로서 그 자체를 드러낸다. 자신이 사물을 지지하는 입장을 표명한다 할지라도, 그는 사물세계에 인간의 형태를 부여하듯 은밀히 주체를 나타내는 것은 아닐까? 다시 말해서 그는 자신의 주관적인 상상력뿐만 아니라 주체성의 범주를 사물의 영역에 투영하고, 그리하여 자신이 배격하는 주체성의 철학을 다른 형태로 은밀히 존속시키는 것은 아닐까?

그러나 우리는 보드리야르의 형이상학적 상상계를 깊이 숙고해

---

41) *MPB*, pp.179-180 참조.

42) 파타피지크는 물리학이나 논리학의 일정한 법칙과는 대조적으로 상상적 해결책을 마련하는 과학을 기술한다. 보드리야르는 문화·기술, 그리고 사회의 지배적인 모델을 뒤집기 위해 이 용어를 사용한다.

야만 한다. 왜냐하면 그는 적어도 스스로 사물이 되려는 열망에 자극받아 사물 쪽으로 나아가려고 했기 때문이다. 그는 "주체들에게는 사물이 되려는 열망, 즉 수수께끼 같은 욕망이 있다"[43]고 말한다. 또한 그의 《자기 자신에 의한 타자》의 어떤 구절들은 사물에 대한 감탄과 더불어 사물 쪽으로 넘어가 사물에게 인간의 형태를 부여하려는 열망을 나타낸다. "주체가 언어와 욕망과 자신의 이미지에서 벗어날 수 없기 때문에, 그리고 사물 자체가 주체에 의해 명명되고 욕망되는 가운데 존재하기 때문에, 주체는 어떻게 자신의 그림자를 뛰어넘고 돌과 동물과 가면과 별의 완전한 침묵과 운명에 빠져들기를 꿈꿀 수 있을까?"[44]

이제 우리는 자신의 형이상학적 상상계를 사물 속에 투영하는 보드리야르의 세계에 대해 어떻게 설명해야 할까? 보드리야르 세계의 중요한 파토스는 주체가 되는 세계의 불가능성 혹은 사물이 되는 주체의 불가능성이 아닐까? 스스로 사물처럼 되고 자신의 주체성을 내던지는 것은 자신을 기만하는 것이 아닐까? 보드리야르가 변형에 대해 찬양하는 것이 사물이 되는 은밀한 꿈을 나타낸다 할지라도, 그것은 한갓 꿈에 지나지 않는 것은 아닐까? 사실 주체가 사물로 변형되는 궁극적인 혜택은 불멸일 것이며, 이는 어떻게 보면 보드리야르의 형이상학의 궁극적인 보상이 될 수도 있을 것이다.

---

43) *ALM*, p.80.
44) 같은 책, p.77.

V. 보드리야르의 형이상학에 대한 비판

보드리야르의 형이상학을 구성하는 이원적 대립 가운데 가장 본질적인 것은 주체와 대상(사물) 간의 대립일 것이다. 왜냐하면 그는 1980년대의 텍스트에서 비교적 최근의 텍스트 《불가능한 교환》(1999)에 이르기까지 끊임없이 주체와 사물의 관계를 논하고 있기 때문이다. 앞서 우리는 보드리야르가 '사물과 사물의 숙명적 전략에 대해 말할 때, 그는 인간들과 그들의 비인간적인 전략에 말한다'고 언급한 바 있다. 사실 사물세계에 대한 그의 사유는 비인간적인 것에 대한 감탄과 함께 인간에 대한 배제와 연결되어 있다. 보드리야르는 우리가 우리 자신의 비전과 세계관을 가질 수 있는 것은 오직 우리의 관점에 대한 근본적인 변화에서 비롯된다고 인식하고, 이러한 변화는 비인간적인 것에서만 생겨날 수 있다고 주장한다. 다시 말하면 이제 우리를 생각하는 것은 비인간적인 것이며, 우리는 인간과 무관한 최종단계에서 우리를 기이하게 끌어당기는 힘의 역할을 하는 사물들로부터 세계를 파악할 수 있다는 것이다.[45] 따라서 보드리야르는 인간보다 오히려 상품·기호·코드·모델·시뮬라시옹에 특권을 부여한 '반인간주의'라고 불리는 것에 찬동한다. 요컨대 사물의 승리를 선언하는 그는 인간에 대한

---

45) *EI*, p.27 참조.

비인간적인 것의 우월성을 강조하고 "비인간적인 것을 존중해야
한다"[46]고 단언하는 것처럼 보인다.

그러나 우리는 비인간적인 것과 똑같이 인간을 존중해서는 안 되
는가? 우리에게는 인간 주체의 범주가 필요없는 것일까? 이제 우
리는 주체와 사물의 관계에 대해 비판적이고 대안적인 결말을 고려
해야 한다. 오늘날 주체는 사물의 풍부함과 과도함에서 이득을 보
아서는 안 되는가? 사물은 보다 자유롭고 보다 나은 세계를 만들
어 낼 수 있는 새로운 주체를 산출해 내는 새로운 즐거움과 가능성
을 제공해서는 안 되는가? 그리고 새로운 주체는 보드리야르가 기
술한 어떤 발전의 동력, 즉 주체성을 감소시키지 않고 증대시킬 수
있는 발전의 동력이 되어서는 안 되는가? 보드리야르는 사물이 지
배하고 있는 오늘날 한 범주가 다른 범주보다 우월하거나 바람직
하다는 믿음에서 벗어나 인간과 주체의 범주를 다룰 수는 없는가?
이러한 대안적인 비판에 대해, 보드리야르는 어떻게 반응할까?

보드리야르는 비평가들이 자신의 형이상학에 대해, 자신의 범주
와 개념에 대해 그 한계와 가능성을 지적함에도 불구하고, 최근에
이르기까지 그는 여전히 사물의 세계를 향해 나아가고 있다. 확실
히 보드리야르는 "비인간적인 것이 되어 버린 사유/사물은 우리를
생각하는 세계의 사유가 되며, 그렇게 하면서 그것은 세계의 흐름
을 바꾼다"[47]는 견해에는 변함이 없는 듯하다. 예전에 주체가 사물

---

46) *SF*, p.203.
47) *EI*, p.36.

의 세계 속에서 센세이션을 일으켰다면, 오늘날 사물은 주체의 세계 속에서 센세이션을 일으키고 있으며, 또한 예전에 의식의 뜻하지 않은 출현이 세계의 흐름 속에서 센세이션을 일으켰다면, 오늘날 세계는 의식의 흐름 속에서 센세이션을 일으키고 있다는 것이다. 이는 의식에 의한 세계의 물질적 변화와 세계에 의한 의식의 형이상학적 변화가 비인간적인 것이 되어 버린 사유/사물의 영향 아래 놓여 있음을 나타낸다. 보드리야르의 이러한 논리는 우리의 인식을 형이상학적으로 불가능한 것으로 만든다.

따라서 우리가 보드리야르의 형이상학을 확실히 하거나 입증하는 것은 어려운 일이다. 사실 주체나 사물에 의한 지배라는 관념은 오늘날 매우 문제적인 것이 되고 있다. 왜냐하면 우리는 주체가 늘 사물세계를 지배했는지, 아니면 사물세계가 늘 주체를 지배할 수 있었는지 물어보는 편이 바람직하기 때문이다. 그럼에도 불구하고 지배권에 대한 보드리야르의 형이상학적 상상계는 확증할 수 있는 것일까? 우위나 지배에 대한 보드리야르의 환상적 투영은 확증할 수 있는 것일까? 우리의 경험에 따르면, 주체와 사물의 복잡한 상호 작용을 식별해 내는 것은 불가능하다.

이제 우리는 주체가 사물을 만들어 내고 그 다음에 사물에 의해 지배되는 방식이나, 사물이 주체를 만들어 내고 그 다음에 주체에 의해 지배되는 방식을 고려해 볼 수 있을 것이다. 달리 말하면 우리는 사물이 주체의 세계 속에서 센세이션을 일으키는 것과 주체가 사물의 세계 속에서 센세이션을 일으키는 것을 동시에 둘 다 수용하는 것을 고려해 볼 수 있을 것이다. 왜냐하면 주체는 여러 점에서 사물의 결과이며, 사물 역시 여러 점에서 주체의 결과이기 때문이다.

따라서 보드리야르는 고정된 주체/사물의 이원적 대립에서 벗어나 자신의 형이상학에 대한 반성에서 형이상학 자체의 해체에 이르기까지 나아갈 필요가 있다. 요컨대 한 범주가 다른 범주보다 우월하거나 바람직하다는 보드리야르의 형이상학적 상상계는 해체되어야 할 것이다. 사실 인간의 주체성을 생각하지 않는 사물세계를 고려하는 것은 가능하지 않다. 왜냐하면 우리의 지각과 인식의 주관적 방식과는 별도로 사물들을 지각하고 인식하거나 사물들에 접근하는 것은 불가능하기 때문이다.

그렇다면 사물의 세계 쪽으로만 나아가는 보드리야르는 어떤 입장을 취해야 할까? 그는 주체와 사물의 대립과 충돌을 보는 시각을 수정해야 하지 않을까? 그가 주체와 대상(사물)의 변증법을 재검토하고 주체와 사물의 관계에 대한 가능한 전망을 향해 나아갈 때, 그의 형이상학적 상상계는 독자적인 지위를 확보할 수 있을 것이다.

2 사유의 아이러니

오늘날 불확실성은 도처에서 모든 영역 속에 스며들고 있다. 그리고 이 불확실성은 요인들의 복합성이 아니라 대치하고 있는 여건들의 화해할 수 없는 특성과 관련이 있다. 그러면 우리 세계의 다양한 특성들 가운데 사유와 세계의 불확실성은 늘 우리의 관심을 끌고 있는데, 사유와 세계는 어느 쪽이 다른 쪽을 불확실하게 만드는가? 사유와 세계의 이 불확실성과 관련하여, 세계는 사유의 흐름 속에서 센세이션을 일으킬 수 있다는 보드리야르의 견해는 논의의 중요한 대상이 된다.

사실 사유에 의한 세계의 변화와 세계에 의한 사유의 변화가 있다. 그것이 어디서부터 시작되며 어느 쪽이 다른 쪽을 생각하는지 의아해 할 필요는 없다. 변화의 이러한 내기는 동시에 행해지며, 각각은 다른 것을 그 목적으로부터 벗어나게 한다. 사유와 환상의 힘을 지닌 인간은 세계를 변화시키고 세계에 영향을 미치거나 불확실성을 감염시키지 않았는가? 이는 지식의 타당성에 관한 근본적인 물음을 제기한다. 왜냐하면 대상을 변화시키는 실험을 넘어서 우리가 모든 지식을 통해 해결할 문제가 있는 것은 사유에 의해 변화된 세계이기 때문이다.

그러나 이러한 관점과는 달리, 우리는 또한 세계에 의한 사유의 변화를 고려해야 한다. 보드리야르는 "어디에선가 세계는 우리를 생각한다"[1]고 역설한다. 말하자면 세계가 우리를 대신해서 생각한다는 것이다. 따라서 자기 대상을 멀리하면서 질서를 강요하는 주체의 사유는 더 이상 중요하지 않다. 중요한 것은 세계 속에서 센세이션을 일으키는 사유의 일종을 찾아내는 것이다.

이제 우리는 사유와 세계의 이러한 관계를 통해서 우리 시대의 현상들을 분석하는 보드리야르를 주목할 수 있을 것이다. 특히 1980년대 이후 보드리야르가 지적 허무주의에 빠졌으며 정치적으로 보수주의에 기울었다는 비판에 대해, 그는 '급진적 사유'의 형태를 통해 이러한 비판을 극복하고 새로운 사유의 길을 제시하기 때문이다. 말하자면 그의 사유의 형태는 '사유의 아이러니(ironie de la pensée)'의 형태를 띠면서 우리에게 새로운 충격으로 다가오기 때문이다.

이 글에서는 우리는 사유에 대한 보드리야르의 견해를 검토하면서 사유와 세계의 관계를 통해 보드리야르가 '사유의 개념'을 어떻게 정의하는지 밝히고, 나아가 현실원칙과 인식원칙에 대한 검토

---

1) Jean Baudrillard, *Mots de passe*, Pauvert, 2000, p.99(약호 *MP*).

를 거치면서 주체/대상, 사유/대상의 관계를 논의할 것이다. 그리고 우리는 사유와 현실의 관계를 분석함과 아울러 보드리야르가 구별하는 사유의 두 차원, 즉 비판적 사유와 급진적 사유를 비교한 후 보드리야르 사유의 핵심적인 축을 이루는 '급진적 사유'에 대해 구체적으로 논의할 것이다. 이후 우리는 보드리야르가 진단하는 인간과 기계의 관계, 즉 사유와 인공지능의 관계에서 비롯되는 '사유의 아이러니'를 규명하면서 오늘날 '상황의 시적인 이동 (transfert poétique de situation)'이 이루어지는 과정을 조명해 볼 것이다.

I. 사유의 개념

보드리야르의 《불가능한 교환 Échange impossible》이 출간되자, 《르 몽드 Le Monde》지는 보드리야르와 인터뷰를 가지면서 이 책에 대하여 다음과 같이 논평했다. "사회학과 철학의 테두리 밖에 머물고 있는 장 보드리야르는 우리의 현대성에 대한 가장 뛰어난 해석자들 중의 한 사람이다. 그의 최근의 저작 《불가능한 교환》은 아이러니컬한 역설과 함께 급진적 사유의 한 단계를 나타낸다."[2] 사실 보드리야르는 특유한 사유의 형태를 통해 우리 사회의 현상

---

2) "Jean Baudrillard: 《Viral et métaleptique》," entretien avec Pierre Boncenne, *Le monde de l'éducation*, octobre 1999, p.14.

들을 분석하는 현대성의 분석가라고 말할 수 있다. 그는 자신의 고유한 분석대상이 된 세계와 사유의 불확실성, 가상현실, 테크놀로지, 정보, 미디어 등 우리 세계의 다양한 특성들을 논의한다. 그의 이러한 논의의 출발점은 우선 사유와 세계의 관계에 근거를 두고 있다. 보드리야르는《불가능한 교환》의 서두에서 다음과 같이 말한다. "모든 것은 불가능한 교환에서 출발한다. 세계의 불확실성은 세계가 어디에서도 자신의 등가물을 갖지 못하고 그 어떤 것과도 교환되지 않기 때문이다. 사유의 불확실성은 사유가 진리나 실재와 교환되지 않기 때문이다. 세계를 불확실하게 만드는 것이 사유인가? 아니면 사유를 불확실하게 만드는 것이 세계인가? 이는 불확실성의 일부를 이룬다."[3]

그러면 사유와 세계의 이러한 관계는 어떻게 설정될 수 있는가? 보드리야르에 따르면, 사유는 세계에 의해 숙명지어지며, 세계는 사유에 의해 숙명지어진다. 사실 사유는 세계를 추월하는 그림자와 같으며, 이 그림자를 쫓으면서 세계에 은밀한 사명을 부여한다. 게다가 사유의 행위는 세계를 그 존재와 의미로부터 벗어나게 하려는 유혹의 행위이다.

이제 사유와 세계의 이러한 관계를 통해서 보드리야르가 어떻게 사유의 개념을 정의하는지 구체적으로 살펴보자. 보드리야르는 "세계는 우리를 생각한다. 그러나 그것을 생각하는 것은 우리이

---

3) Jean Baudrillard, *L'Échage impossible*, Galilée, 1999, p.11(약호 *EI*).

다"[4]라고 주장한다. 그의 관점에서 보면, "사유는 이원적 형태이며, 개별적 주체의 형태가 아니다."[5] 사유는 세계와 우리 사이에서 분열된다. 우리는 세계를 생각할 수 없다. 왜냐하면 어디에선가 세계가 우리를 생각하기 때문이다. 다시 말하면 우리가 세계를 생각하는 유일한 존재가 아니라 세계가 우리를 대신해서 생각한다는 것이다. 따라서 자기 대상의 바깥에 위치하면서, 그리고 자기 대상을 멀리하면서 질서를 강요하는 주체의 사유는 더 이상 문제가 되지 않는다.

사실 오늘날에는 많은 것들이 바뀌었다. 즉 세계·외양·대상은 뜻하지 않게 나타나고 있다. 보드리야르는 "우리가 일종의 분석적 수동성 속에서 유지하고자 했던 이 대상이 복수한다"[6]고 말한다. 보드리야르는 대상의 이러한 복수——우리에게 고려하도록 하는 대상의 이 보복효과——를 중요시한다. 바로 여기에서 아이러니와 복수의 역설, 즉 불확실성이 태어난다.

그런데 세계의 이 불확실성을 세계에 주입하는 것은 사유인가? 아니면 사유에 나쁜 영향을 미치는 것이 세계의 급진적 환상인가? 결국 이는 결정할 수 없는 것으로 남을 것이다. 서양 철학의 토대인 사유하는 주체의 불변성의 소멸과, 세계와 사유의 상징적 교환에 대한 인식은 질서와 합리화의 담론들을 불안정하게 만든다. 따

---

4) *MP*, p.99.
5) 같은 책, 같은 쪽.
6) 같은 책, p.100.

라서 사유는 사유–세계가 다시 된다. 그리하여 사유의 어떤 영역도 대상을 분석적으로 지배하는 것을 과시할 수 없다. 그리고 "만약 세계의 상황이 역설적――모호하고, 불확실하거나 가역적――이라면, 우리는 역설적인 사유 자체를 찾아내어야 한다. 만약 사유가 세계 속에서 센세이션을 일으키고자 한다면, 사유는 세계의 이미지를 본떠야 한다"[7]고 보드리야르는 말한다. 사실 객관적 사유는 우리가 결정적이라고 생각했던 세계의 이미지에 적합했지만, 더 이상 불안정하고 불확실한 세계에는 적합하지 않다. 따라서 우리는 불확실성을 원리로 삼고 불가능한 교환을 게임의 규칙으로 삼으려고 하는, 센세이션을 일으키는 사유의 일종을 찾아내야 한다. 사유가 진리나 실재와 교환될 수 없다는 것을 알면서 말이다.

사유는 수수께끼로 남는 전혀 다른 것이다. 사유는 외양의 흐름을 쫓으면서 진리를 참조하지 않는 의미작용의 지배를 열망하지 않고서 어떻게 자리잡을 수 있을까? 이는 바로 보드리야르가 말하는 불가능한 교환의 원리이다. 보드리야르의 관점에서 보면, 사유는 그 점을 고려해야 하며 불가능한 교환을 게임의 규칙으로 삼아야 하는 것처럼 보인다. 그러나 사유는 자신이 가능한 결론도 없이 환상의 결정적인 형태 속에서 작용한다는 사실을 알아야 한다.

이제 사유는 자신이 생각하는 대상을 사라지게 하는 동시에 자신을 생각하는 대상 속에서 사라질 수밖에 없다. 이런 식으로 사유

---

7) 같은 책, p.101.

는 진리에서 벗어난다. 그리고 진리에서 벗어나기 위해서는, 우리는 주체를 믿어서는 안 되며, 대상과 대상의 이상한 매력, 세계와 세계의 불확실성을 믿어야 한다. 따라서 대상의 질서, 즉 외양의 질서는 앎의 주체에게 맡겨질 수 없다. 이는 바로 보드리야르가 말하는 '사유의 아이러니'이자 '사유의 역설'이다. 보드리야르는 사유가 역설적이고 유혹적이기를 바란다. 왜냐하면 사유는 세계를 통합하려는 자신의 환상적 의지에도 불구하고 합리적 사유처럼 대상을 동일시하려고 하지 않고 대상을 탈동일시하고 유혹하려고 하기 때문이다. 이러한 사유는 분명히 환상을 통해 환상에 대처하는 도발적인 동인이다.

그러나 보드리야르는 이러한 형태의 사유가 어디에서나 적용된다고 주장하지는 않는다. 그는 우리가 다음과 같은 사유의 두 차원을 신중히 검토해야 한다고 말한다. 사유의 한 차원은 오늘날 근본적인 불확실성을 지닌 기이한 대상들을 향한 서구의 인간주의 계열인 '비판적 사유'이고, 사유의 다른 차원은 세계의 은밀한 목적에 속하며, 세계의 숙명적 전략일 수 있는 '급진적 사유'이다.

II. 주체/대상, 사유/대상

보드리야르가 제시하는 사유의 두 차원을 구체적으로 논의하기 전에, 우리는 무엇보다도 주체/대상, 사유/대상의 관계를 재검토하는 작업이 필요하다. 다시 말하면 현실원칙의 근본적인 재검토, 인식원칙의 근본적인 재검토가 필요하다. 사실 인식원칙은 주체와 대상의 변증법을 가정하는데, 이 경우 주체는 대상을 지배한다. 왜냐하면 대상을 창조하는 것은 주체이기 때문이다.

그런데 오늘날 인식은 형이상학적으로 불가능한 것이 되고 있다. 이제 대상은 더 이상 과거 그대로가 아니다. 보드리야르의 견해에 따르면 주체가 대상을 발견할 때, 거꾸로 교활하게 대상에 의한 주체의 발견이 이루어진다. 오늘날 과학은 자신의 대상을 '발견하는' 것이 아니라 '창조한다'고 한다. 어떻게 보면 대상 또한 우리를 '발견하는' 것 이상으로 나아간다고, 우리를 무조건적으로 '창조한다'고, 우리를 생각한다고 말해야 할 것이다. 우리는 대상을 무관심과 숨겨진 비밀로부터 결정적으로 벗어나게 한 것처럼 보인다. 여기서 보드리야르는 오늘날 우리의 면전에서 자신의 비밀을 지키기 위해 싸울 결심을 한 세계의 수수께끼를 환기시킨다. 그의 관점에서 보면, "인식은 주체와 대상 간의 싸움이며, 이러한 싸움은 대상 자체를 사라짐의 영역으로 간주하는 주체의 절대적 지배의 상실을 초래한다."[8]

오늘날 현실은 우리가 현실에 대한 관찰과 분석으로부터 끌어낼 수 있는 인식을 전혀 개의치 않는 듯하다. 현실의 모든 것이 피상적이고 일시적인 확인에 불과하다. 현실 자체는 시뮬라시옹 장치

---

8) *EI*, p.35.

가 되고, 우리에게 그 근본적인 난해성을 참조케 한다. 이때 현실의 근본적인 난해성은 신비적이라기보다는 오히려 아이러니컬하다. 보다 구체적으로 말하자면 "절정의 단계에 이른 현실은 아이러니의 단계로 옮겨간다. 아이러니는 현실이 사라지기 전에 우리에게 보내는 최후의 빛, 대상이 자기 비밀의 깊숙한 곳에서 우리에게 보내는 최후의 신호이기 때문이다."[9]

이제 대상은 주체가 자신의 결여를 발견하는 거울이 된다. 그러나 사유는 세계의 거울이 되고자 하지만, 세계는 거울의 단계를 갖지 않는다. 따라서 사유는 우리를 생각하는 대상과, 우리를 생각하는 세계의 단계를 뛰어넘어야 한다. 보드리야르의 관점에서 보면 이 사유/대상은 더 이상 반성적인 것이 아니라 가역적인 것이다. 그것은 세계의 흐름 속에서 이루어지는 특수한 경우에 지나지 않으며, 더 이상 보편적인 것의 특권을 지니지 않는다. 그것은 확실히 특이성이라는 매력을 지닌다. 어쨌든 그것은 주체의 의식으로 환원될 수 없다. 여기서 보드리야르는 "세계의 무질서 속에서, 인류의 특성과 예외적 운명으로서의 사유는 너무도 귀중해서 주체의 의식으로 환원될 수 없다"[10]고 주장한다. 따라서 진리의 교환과 아무런 관계가 없는, 즉 이 불가능한 교환을 가정하는 세계와 사유의 게임이 있을 뿐이다.

따라서 사유/대상은 불가능한 교환을 피할 수 없는 것으로 받아

---

9) 같은 책, 같은 쪽.
10) 같은 책, p.36.

들인다. 그것은 세계를 해석하려고 하지도 않고 세계를 관념과 교환하려고 하지도 않으며, 불가능한 교환을 자신의 게임 규칙으로 삼는다. 그것은 우리를 생각하는 세계의 사유가 되고, 그렇게 하면서 세계의 흐름을 바꾼다. 왜냐하면 세계와 사유의 등가가 불가능하면, 그와 반대로 모든 비판적 관점을 넘어선 물질과 사유의 상호 변화가 가능하기 때문이다. 보드리야르의 견해로는, 이는 게임의 역전이다. 예전에 주체가 대상의 세계 속에서 센세이션을 일으킬 수 있었다면, 오늘날 대상은 주체의 세계 속에서 센세이션을 일으킬 수 있을 것이다. 그리고 예전에 사유의 뜻하지 않은 출현이 세계의 흐름 속에서 센세이션을 일으킬 수 있었다면, 오늘날 세계는 사유의 흐름 속에서 센세이션을 일으킬 수 있을 것이다.[11] 이는 사유에 의한 세계의 변화와 세계에 의한 사유의 변화가 사유/대상의 영향 아래 놓여 있음을 나타내는 것이다.

보드리야르의 이러한 견해는 우리의 인식원칙에 대한 근본적인 물음을 제기한다. 그것은 아마 '사유의 아이러니'로 볼 수 있지만 그의 급진적 사유와 깊은 관련이 있는 듯하다. 그러면 그의 급진적 사유는 어떤 형태의 사유인가? 그것은 그가 공격하는 비판적 사유와는 어떻게 다른 것인가? 이 점을 고려하면서, 이제 우리는 그의 급진적 사유를 검토해 보고자 한다.

---

11) 같은 책, pp.36-37 참조.

III. 급진적 사유

보드리야르는 "사유는 진리와의 필연적인 일치에 의해서라기보다는 사유와 진리를 분리하는 끝없는 불일치에 의해서 가치를 지닌다"[12]고 주장한다. 물론 우리의 사유는 주체와 그 동일성을 분산시키는 스크린에 비유될 수 있다. 이러한 사유는 현실에 대한 자발적인 도전에 기인한다. "인간의 가장 강한 본능은 진리에 맞서는 것이며, 나아가 현실에 맞서는 것이다."[13] 사실 우리는 현실을 근본적으로 믿지 않는다. 게다가 누군가가 '그것은 현실이다, 세계는 현실이다, 현실은 존재한다' 라고 말하면, 아무도 웃지 않는다. 아마 웃기는 것은 진리일 것이다. 우리는 누군가가 '그것은 사실이다, 그것은 현실이다' 라고 말할 때 모든 사람들이 무의식적으로 웃는 문화를 열망할 수 있다.

이 모든 것은 사유와 현실 사이의 관계를 규정한다. 보드리야르의 견해에 따르면, 사유의 어떤 형태는 현실과 밀접한 관계를 맺고 있다. 그것은 관념의 기준과 현실의 가능한 관념화가 있다는 가정으로부터 출발한다. 이는 "형편에 따른 변증법적·철학적 해결이라는 위안이 되는 극성(polarité)"[14]이다. 사유의 다른 형태는 현실

---

12) Jean Baudrillard, *La pensée radicale*, Sens & Tonka, 1994, p.5(약호 *PR*).

13) 같은 책, p.6.

14) Jean Baudrillard, *Le crime parfait*, Galilée 1995, pp.139-140(약호 *CP*).

의 중심에서 벗어나며 변증법과 비판적 사유와는 아무런 관계가 없다. 그것은 현실개념을 부정하는 것은 아니다. 그것은 환상이자 환상의 힘이다. 말하자면 그것은 현실과의 게임이다. 유혹이 욕망과의 게임이듯이, 은유가 진리와의 게임이듯이 말이다. 이 급진적 사유는 철학적 회의로부터, 유토피아적 이동으로부터, 관념적 초월성으로부터 생겨나는 것은 아니다. 그것은 이른바 이 현실세계에 내재하는 구체적인 환상이다. 그래서 그것은 다른 이유에서 생겨나는 것처럼 보인다. 그것은 다른 세계에 이 세계를 확대 적용하는 것처럼 보인다.

어쨌든 사유와 현실 사이에는 양립불가능이 존재한다. 사유에서 현실로의 이행, 혹은 현실에서 사유로의 이행은 없다. 다시 말하면 사유와 현실 사이에는 필연적 또는 자연적인 이행은 없다. 교체도 없고 해결책도 없다. 물론 사유와 현실의 관계는 반드시 그렇게 된 것은 아니었다. 비판적 사유의 초기에 계몽주의와 근대성의 그늘에서, 관념과 현실의 결합은 가능할 수 있었다. 그러나 맹신적·종교적 또는 이데올로기적 환상에 맞섰던 현실은 실제로 끝날 수밖에 없었다. 설령 현실이 자신의 세속화에서 살아남았다 할지라도, 오늘날 관념과 현실의 관계는 어떻게 해서든 파괴될 것이다. 요컨대 그것은 현실로부터 해방된 가상의 자율성을 위해, 그리고 동시에 현실의 자율성을 위해 기술적이고 정신적인 시뮬라시옹의 압력 아래 해체될 것이다. 따라서 우리는 더 이상 현실을 현실로서 생각하지 않고 다른 세계에서 본 것, 즉 환상으로서 생각하게 되었다. 우리의 현실세계와는 다른 현실세계의 발견이라는 놀라운 경험을 생각해 보자. 사실 우리는 아메리카 같은 우리 세계의 객관성을 발견했다. 그런데 우리는 우리가 발견한 것을 더 이상 창조할 수 없다. 이런 식으로 우리는 창조해야 할 현실을 발견했다.

따라서 우리는 다음과 같은 물음을 제기할 수 있다. 왜 상상의 세계들만큼이나 현실의 세계들은 없는가? 왜 유일한 현실세계는 없는가? 실제로 가능한 다른 모든 것들 중에서 현실세계는 상상할 수 없는 것이다. 그러므로 보드리야르는 "예전에 비판적 사유가 현실의 이름으로 종교적 미신으로부터 벗어났듯이, 이제 우리는 비판적 사유로부터 벗어나야 한다"[15]고 역설한다.

그러면 보드리야르가 말하는 비판적 사유란 무엇인가? 보드리야르는 아이러니컬하고 역설적인 측면으로 옮겨가기 위해 비판적 사유나 비판적 판단에 이의를 제기한다. 오늘날 근본적인 불확실성을 지닌 기이한 대상들을 향한 서구의 인간주의 계열인 비판적 사유를 고려해 보아야 한다는 것이다. 그의 견해로는, 비판적 사유는 우리의 이론문화의 본질이기도 하지만 이전의 역사와 삶의 영역에 속하며, 또한 '기만적'이다.[16]

---

15) 같은 책, p.141.

16) 보드리야르는 주체와 대상, 목적과 수단, 진실과 허위, 선과 악의 관례적 세계는 더 이상 우리의 세계상태와 일치하지 않는다고 주장한다. 따라서 그는 '정상적인 차원,' 즉 시간의 차원, 공간의 차원, 결정의 차원, 재현의 차원, 비판적이고 반성적인 사유의 차원은 기만적이며, 우리를 둘러싸고 있는 심리학적인 것·사회학적인 것·이데올로기적인 것의 담론세계도 함정이라고 생각한다 (*EI*, p.28).

오늘날 과도한 현실·과도한 실증성·과도한 사건·과도한 정보 속에서 끝을 넘어서는 것은 역설적인 상태로 들어가는 것인데, 이때 "역설적인 상태는 전통적인 가치의 회복에 만족하지 않고 역설적인 사유를 필요로 한다"[17]고 보드리야르는 말한다. 따라서 보드리야르에게 있어서 역설적인 사유는 곧 급진적 사유를 의미하며, 사유의 급진성이란 사태의 근원에까지 이르는 것이며 현실을 의심하고 현실을 갈고 닦는 것이다. 그는 경험의 축적에 대해서는 말하지 않는다. "사유의 급진성은 늘 현실에 대해 더 많이 아는 것이 아니라 현실의 다른 쪽을 뛰어넘는 것이다."[18]

따라서 사유의 두 차원, 즉 비판적 사유와 급진적 사유의 두 차원은 양립할 수 없다. 그것들은 뒤섞이지 않은 채 제각기 순조롭게 진행된다. 물론 때로는 그것들은 지각의 변동처럼 서로 가볍게 스친다. 또 때로는 그들의 충돌은 현실이 휩쓸려 들어가는 단층선을 만들어 낸다. 숙명은 언제나 어쩔 수 없는 두 상황과 교차한다. 마찬가지로 급진적 사유도 의미와 무의미, 진리와 비진리, 세계의 연속성과 무(無)의 연속성과 교차한다. 무보다는 오히려 무엇인가가 있다는 사실에 기대를 걸며 해독할 수 있는 객관적 세계의 보증에 근거를 두고자 하는 현실의 담론과는 반대로, 급진적 사유는 세계의 환상에 기대를 건다. "급진적 사유는 사실의 비진실성(non-véracité)과 세계의 비의미화(non-signification)를 재현하는 환상이

<hr>

17) *EI*, p.28 참조.
18) "Jean Baudrillard: 《Viral et métalpetique》," p.16.

되고자 한다."[19] 무엇인가보다는 오히려 무가 있다는 반대의 가정을 하면서 그리고 의미의 연속성으로 나아가는 이 무를 추구하면서 말이다.

이리하여 보드리야르는 급진적 사유를 "세계의 게임에 끼어들기, 이른바 현실세계에 내재하는 구체적인 환상의 게임에 끼어들기"[20]로서 제안한다. 따라서 그는 현실세계와 다르면서도 그것을 드러내고 조롱하고 뒤흔드는 어떤 것을 찾아내려고 한다. 그는 언어를 급진적 사유를 위한 모델로 받아들인다. 언어는 우리를 멀리 앞서 가며 우리를 깊이 생각하기 위해 우리에 관하여 다시 생각하기 때문이다. 데리다적인 울림으로, 그는 언어에 대해 이렇게 기술한다. "언어는 움직이면서 환상이 된다. 왜냐하면 언어는 자신이 말하는 것의 한가운데서 공백의 연속성, 무의 연속성을 지니기 때문이며, 자신의 구체성 속에서 자신이 의미하는 것을 해체하기 때문이다."[21] 이는 바로 언어가 지니는 환상이며, 결국 있는 그대로일 뿐인 사실 자체의 차원과 상관관계 있는 언어의 아이러니컬한 차원이다. 이러한 입장 때문에, 보드리야르는 세계를 현실보다는 환상으로 재구축하게 된다. 따라서 세계 자체는 진리로서가 아니라 환상으로서 밝혀져야 한다. 세계의 현실성 상실은 세계 자체의 행위일 것이다.

---

19) *PR*, p.15.
20) 같은 책, p.11.
21) *CP*, p.142.

이러한 관점에서 보면, 현실은 가려진 채 다가오며 자신의 진실을 고려하지 않는 듯하다. 오늘날 자신의 관념을 감추면서, 현실은 시뮬라시옹의 모든 수사학으로 장식된다. 이는 바로 현실을 부정하는 모든 사유의 패러독스를 낳는다. 보드리야르의 견해에 따르면 급진적 사유는 현실의 이러한 정체를 폭로하려고 하며, 현실을 함정에 빠뜨리고 현실보다 더 빨리 나아간다. 급진적 사유는 예외적이고 예상적이며 여지가 있다. 즉 급진적 사유는 미래의 사건들이 투영된 환상을 지닌다.[22] 그런데 오늘날 우리는 사건에 끌려다닌다. 사실 시뮬라시옹화된 사건은 우리보다 앞서갔다. 있는 그대로의 사건은 언제나 사건의 의미를 넘어선다. 그리고 우리는 이러한 사건에 대한 무관심을 지니게 된다.

어떻게 보면 우리의 무관심이 지니는 힘은 차이의 작용과는 반대로 세계의 특성이다. 이제 우리의 무관심은 세계의 무관심을 예상하고 이러한 예상에 센세이션을 일으킬 수 있다. 물론 사건보다 사건의 현실에 무관심해지며 이미지보다 이미지의 의미에 무관심해지기는 어렵다. 그러나 이러한 무관심이 우리를 사로잡는 세계는 무기력한 세계가 아닐까?

여기서 보드리야르는 자신의 비판가들에 맞서 급진적 사유가 허무주의적이라는 사실을 부인한다. 단순히 급진적 사유를 옹호하는 입장을 넘어서, 그는 다음과 같이 주장한다. "우리는 무책임,

---

22) *PR*, p.24 참조.

허무주의, 절망의 모든 혐의에 대항해 싸워야 한다. 결코 급진적 사유가 기가 꺾이고 있는 것은 아니다."[23] 그의 이러한 주장은 흔히 의미와 내용에 사로잡혀 있는, 그리고 정치적 담론의 궁극목적성에 사로잡혀 있는 도덕적이고 이데올로기적인 비판을 가차없이 공격한다. 그는 이러한 비판은 언어가 지니는 아이러니컬하고 암시적이고 시적인 힘, 의미와의 작용을 고려하지 않는다고 생각하기 때문이다. 다시 말하면 그는 이러한 비판은 의미의 해석이 형태 자체 속에, 즉 형식적 표현의 구체성 속에 있는 것을 파악하지 못한다고 생각하기 때문이다.

보드리야르는 의미/분석에 대해 이렇게 설명한다. "의미는 언제나 불행하다. 분석은 본래 불행하다. 분석은 비판적 환멸에서 생겨나기 때문이다."[24] 그러나 언어는 그 자체가 환상도 희망도 없는 세계를 지칭할 때 불행하다. 이것은 바로 급진적 사유——행복한 형태와 희망 없는 지성——에 대한 정의일 것이다. 따라서 권태로 절망하고 진부함으로 실망시키는 불행한 언어를 통해 낙관적인 분석을 하기보다는 오히려 행복한 언어를 통해 절망적인 분석을 하는 편이 나을 것이다. 관념론적이고 의지주의적인 사유가 퍼뜨리는 형식적인 권태는 세계와 관련하여 자신의 절망을 나타내는 은밀한 표시이다. 자신의 언어를 변화시킬 수 없는데도 세계의 초월과 변형에 대해서만 말하는 사람들의 경우에 사유가 기가 꺾이

---

23) 같은 책, p.29.
24) 같은 책, 같은 쪽.

는 것은 바로 그러한 점에서이다.

급진적 사유는 객관적 현실과 그 해독의 관점에서 보면 세계를 해석하는 것과 아무 관련이 없다. 급진적 사유는 해독하지 않는다. 그것은 글자 수수께끼를 만들며, 개념과 관념들을 물리친다. 그리고 자신의 가역적 맥락을 통해, 그것은 의미와 동시에 의미의 근본적인 환상을 설명한다. 언어는 결정적인 술책으로서의 언어의 환상을 설명하며 나아가 끝없는 함정으로서의 세계의 환상을 설명한다. 따라서 급진적 사유는 세계를 해독하거나 해석하는 것이 아니라 시적이고 역설적인 언어를 발화함으로써 세계의 목격자로 우뚝 서 있는 것이다.

IV. 세계 · 사유 · 이론

보드리야르에게 있어서 '세계' · '사유' · '언어'의 문제는 다른 이유에서 생겨나며 마치 요술처럼 사라질 수 있을 것이라는 생각이 든다. 그의 관점에서 보면 세계는 더 이상 존재하려고도 하지 않고 자신의 존재를 지속하려고도 하지 않기 때문이다. 그와 반대로 세계는 현실에서 벗어나는 가장 정신적인 방법을 추구한다. 사유를 통해, 세계는 자신을 사라지게 할 수 있는 것을 추구한다. 사유의 절대규칙은 우리에게 주어졌던 그대로의 세계를 되돌려 주는 것이다. 그리고 우리를 앞서 가며 우리를 깊이 생각하는 언어는 끊임없이 있는 그대로 되풀이되고 스스로 다시 창조해 낸다. 그래서 우리는 언어활동을 숙명 같은 것으로 체험한다.

어떻게 보면 이는 또한 사유의 숙명이다. 다른 쪽을 깊이 생각하는 것은 세계와 사유의 숙명인가? 사유와, 사유가 더 이상 깊이 생각하지 않고 더 이상 표현하고자 하지 않는 세계 사이의 관계는 어떠한가? 보드리야르의 견해로는, 사유는 세계의 어떤 비밀을 알아내려고 하지도 않고 세계의 숨겨진 면을 드러내 보이려고 하지도 않는다. 오직 자신의 움직임에만 따르는 사유를 통하여, 세계는 그 의미를 상실하게 되며 자신의 목적 이외의 다른 목적으로 숙명지어진다. 오직 자신의 흔적만을 따르는 사유는 세계가 자신의 가정된 목적 다음에 어디에도 이르지 못한다는 것을 보여준다.[25]

그러면 사유를 통해, 이론은 자신의 분석체계와 어떤 관계를 갖는가? 보드리야르에 따르면 이론은 현실 속에서 체계를 비판하거나 그 한계를 정하려고 하지 않는다. 이론은 흔적을 따라 체계를 쫓으면서 체계를 극대화하고 격화시킨다. 그리고 이론은 체계를 극단에 이르게 하면서 체계를 유혹한다. 게다가 세계를 추월하는 것은 아무것도 닮지 않은 이론을 통하여 아무것도 의미하지 않는 세계에 응하는 것이다. 그리하여 사유를 통해, "이론은 이미 극단에 있는 세계를 반영하는 동시에, 세계를 극단에 이르게 한다. 이론은 세계가 이론과의 교환 없이 있는 그대로 존재할 수 없다는 것

---

25) *EI*, p.186 참조.

을 증명하려고 한다."26)

　그래서 어느 정도까지 세계가 이론과 닮기 시작할 수밖에 없다는 것을 알면서, 기술행위는 자기 논리의 극단으로 나아갈 수 있다. 그리고 이론 자체도 세계에 내재하는 질서를 따르기 때문에 이러한 극단으로 나아갈 수 있다. 보드리야르에게 있어서 이론은 극단적이고 급진적인 것일까? 대체로 그렇다고 말할 수 있다. 이론과 세계 사이의 관계는 어떠한가? 이론은 세계를 되풀이하고, 세계는 이 되풀이 없이는 존재하지 않는다. 세계는 심사숙고하기 전에는 아무것도 부족한 게 없다. 따라서 세계는 이러한 근거 위에서만 설명될 수 있다. 보드리야르에 따르면, "이론은 '아무것도 아닌 것' 같은 무엇인가를 드러내 보이고 그것을 대신하며, 부재를 드러내고는 감춘다."27) 사실 세계는 '아무것도 아닌 것'도 없고, 사유는 "현실세계의 표면에 비추어진 무(無)의 투영"28)이라고 말해질 수 있다. 그리하여 급진적 사유는 의미와 무의미, 진리와 비진리, 세계의 연속성과 무의 연속성이라는 격렬한 교차점에 있다. 급진적 사유는 사실의 비진실성과 세계의 비의미화를 재현하고 사태의 명백한 연속성 아래 움직이는 무를 추적하는 환상의 힘을 열망한다.

　결국 사유는 무엇에 소용되며, 이론은 무엇에 소용되는가?라는 물음이 제기될 수 있다. 흔히 사유와 세계 사이에는 사유와 세계의

---

26) 같은 책, p.187.
27) 같은 책, p.188.
28) 같은 책, 같은 쪽.

불균형에 의한 갈등이 있다. 따라서 보드리야르는 다음과 같은 세 가지의 근본적인 정리(定理)를 가정하고 있다. 첫째, 세계는 우리에게 수수께끼같고 이해할 수 없는 것으로 주어졌으며, 사유의 과업은 가능하다면 세계를 훨씬 더 수수께끼같고 이해할 수 없는 것으로 만드는 것이다. 둘째, 세계가 상식을 벗어난 사태로 나아가기 때문에, 세계에 대해 상식을 벗어난 관점을 지녀야 한다. 셋째, 이론가는 이론보다 위대해서는 안 되며, 이론은 세계 그 자체보다 위대해서는 안 된다.

보드리야르의 이러한 정리는 세계·사유·이론의 관계를 독특한 방식으로 보여준다. 그것은 우리에게 아이러니컬하면서도 극단적이라는 인상을 준다. 그러나 이는 오늘날 우리 자신이 겪고 있는 극적이고 놀랄 만한 세계의 변화를 이해하는 데 도움이 될 수 있다. 어떻게 보면 보드리야르는 '급진적 이론'과 '급진적 사유'로 현대의 이론을 좀 더 기름진 이론의 들판으로 이끌어 갈 수 있을 것이다. 그는 현대성에 대한 탁월한 통찰력으로 현대의 이론을 분석하기 때문이다.

V. 사유의 아이러니

오늘날 불확실성은 도처에 범람하고 있다. 우리의 모든 체계는 이 불확실성에서 벗어나기 위해 필사적인 노력을 하고 있다. 그리하여 보드리야르는 체계가 승리를 거두는 것을 가정으로 제시한 후, 사유를 넘어서는 것을 생각해 내려고 한다. 우리의 체계 속에서 완전히 쓸모없는 것이 되어 가고 있는 기능이 있다면, 그것은 분명히 사유이기 때문이다. 사실 오늘날 모든 합목적성과 객관성에서 벗어나 자체의 무용성(inutilité)에 따르는 사유의 행위에 자유로운 길을 남겨 놓는 것은 세계에 커다란 성과를 가져오는 기술체계이다. 특히 모든 정보과학의 기술과 더불어, 인공지능(intelligence artificielle)은 우리의 관심을 끌고 중대한 결과를 낳는다.

그러면 인공지능과 사유의 관계는 어떠한가? 우리는 인공지능은 사유와 양립되지 않는다고 말할 수 있다. 이는 사유가 조작이 아니며, 그 어떤 것과도 교환될 수 없고, 무엇보다도 조작적 계산형태의 객관성과도 교환될 수 없기 때문이다. 즉 사유는 그 어떤 기계와도 교체될 수 없고 기계와 등가물을 찾아낼 수도 없는 것이기 때문이다. 그리고 인간이 기술장치 속에서 사유를 구체화하려고 몹시 애썼던 것은 이러한 상황에 절망했기 때문이다. 결국 사유는 기능으로서 행해지고 욕망으로서 실현되고자 하는 것일까? 이러한 의미에서 정보과학의 모든 체계는, 인류가 자신의 유전자와 똑같은 것 앞에서 사라지려고 하듯이, 자체의 가상과 똑같은 것 앞에서 사라지려고 하면서 이 타락한 욕망을 실현하는 것일까? 복제인간의 출현이 성과 생식의 문제에 최종의 해결책이 되는 것과 마찬가지로, 보드리야르는 인공지능은 사유의 문제에 최종의 해결책을 구성할 수 있을 것이라고 생각한다.[29]

인간의 기능과 가장 '지능적인' 기계의 기능을 구별짓는 것은 무엇일까? 이는 분명히 일하는 데 도취하고 사는 데 도취하는 것, 즉 쾌락일 것이다. 인간은 쾌락을 지니는 기계를 만들어 낼 수 있을까? 모든 종류의 보철술은 인간의 쾌락을 증대시킬 수 있지만, 인간은 자신처럼 즐기거나, 자기보다 더 잘 즐길 수 있고 자기를 대신할 수 있는 기계를 만들어 낼 수는 없다. 기계는 인간보다 더 잘 이동하고, 일하고, 계산한다. 그러나 인간의 쾌락, 인간이 되는 쾌락을 기술적으로 확장하지는 못한다. 따라서 기계는 인간을 창조하고 인간의 사고를 지닐 수 있어야 할 것이다. 그러나 그렇게 하기에는 현재로서는 불가능하다. 기계는 인간의 생명을 연장하거나 파괴할 수밖에 없다. 기계는 있는 그대로의 기계를 넘어서야 할 것이다. 그런데 가장 지능적인 기계도 우리가 그것의 탓으로 돌릴 수 있는 사고와 고장의 경우가 아니라도, 정확히 말해서 있는 그대로의 기계일 뿐이다. 그것은 기능을 아이러니컬하게 증대시키지 않으며, 자기 도취에 의한 유혹에 굴복하지 않고, 자체의 지식에 유혹되지 않는다. 이는 기계의 근본적인 우울이다.[30]

기계의 이러한 우울에도 불구하고, 언젠가 어떤 기계들은 쾌락과 다른 많은 것(감각 · 지각 · 기쁨 · 고통)을 표현하는 것을 배울 거라고 예상된다. 실제로 사이버네틱스의 인터페이스(interface)를 통해 복합적인 감각을 재현하려고 하는 장치들이 조작되고 있다. 보

---

29) 같은 책, p.143 참조.
30) Jean Baudrillard, *Ecran total*, Galiée, 1997, p.186 참조.

드리야르의 관점에서 보면 "인터페이스 자체는 인간과 스크린의 초현실적 결합이나 접목 속에서, 그리고 머지않아 인간의 모든 감수성을 다시 형성할 기계와 생물이 반씩 뒤섞인 생물-기계 속에서 공상 같은 것이 된다."[31] 그러나 사이버네틱스의 이러한 인터페이스 속에서는 결국 무엇이 문제인가? 인간의 기능과 반응을 기계적인 인공물 속으로 옮기는 것이 문제인가? 아니면 기술을 인간적인 반응에 따르게 하는 것이 문제인가? 인간적인 것과 비인간적인 것은 이러한 충돌 속에서 동시에 자체의 본질을 상실하기 때문에, 둘 다 똑같이 기괴하다고 말할 수 있다.

그러면 왜 인간들은 지능적인 기계를 만들어 내는가? 그것은 그들이 남몰래 자신의 지능에 실망하기 때문이거나 기괴한 지능의 힘에 짓눌리기 때문이다. 즉 그들은 기계를 이용하고 비웃기 위해 어떤 방식으로라도 지능을 기계 속으로 몰아넣는다. 지능을 기계에 맡기는 것은 결국 지식의 책임에서 해방되는 것이다. 더욱이 인간들이 기막힌 독창적인 기계를 열망하는 것은, 그들이 자신의 독창성에 실망하기 때문이거나 혹은 기계를 통해서 자신의 독창성을 포기하고 기계의 독창성을 즐기고 싶어하기 때문이다. 왜냐하면 이러한 기계들이 제공하는 것은 우선 구경거리가 될 만한 사유이기 때문이며, 또한 이러한 기계를 조작하면서 인간들이 사유 자체보다 더 구경거리가 될 만한 사유에 전념하기 때문이다. 이것

31) *EI*, p.144.

이 바로 오늘날 지능적인 기계와 사유의 관계에서 비롯되는 '사유의 아이러니'이다.

이러한 관점에서 보면, 인간은 지능적인 기계와의 끝없는 긴장 속에서 사유를 지탱한다. 보드리야르의 견해로는, 인공지능에서 가장 중요한 것은 기계가 더 이상 기계와 흡사하지 않고 사유하기 시작한다는 것이다. 인공지능의 발달이 사유에 가하는 위협은 오히려 기회이다. 그렇게 해서 사유는 지식과 정보의 장애, 즉 사유가 방해를 받는 정보와 의사소통의 이 모든 범람을 중단시킨다. 따라서 가상 자체에 의해 실재에서 해방된 사유는 그것이 생각하는 곳에, 우리가 생각하게 되는 곳에 다시 나타날 수 있다. 이제 주체는 자신의 영역에서 패배당하며, 결국 주체를 생각하는 것은 가상이다.

인공지능의 엄청난 특권은 사유를 나아갈 수도 물러설 수도 없는 궁지에 빠뜨리는 것이다. 인공지능이 지니는 모든 메커니즘을 제어하는 것을 넘어서게 되면 사유의 특이한 합목적성이 있을까? 기능할 수 있는 자체의 순수한 가능성을 넘어서는 인공지능에는 다른 것이 있을까? 일단 사유가 인공지능 속에서 타락한 욕망의 진정한 대상을 발견하게 되면, 사유를 위한 대상은 여전히 있을까? 이러한 물음과 관련하여, 보드리야르는 우리의 모든 비판 철학이 폭로하려고 애쓰는, '인간을 소외시키는' 이 기술에 대하여 우리의 판단을 재검토해야 한다고 주장한다. 요컨대 기술이 불가피하게 승리를 거두는 분야에 기술 자체가 침범해 들어가도록 내버려 두어야 하며, 인간과 기계를 구별짓는 것, 즉 쾌락·역설·아이러니를 강조해야 한다는 것이다. 더욱이 우리는 특히 역설과 아이러니를 자극해야 한다. 이러한 역설과 아이러니에 따라, 모든 힘은 수단과 목적을 독점함으로써 이 기능적 원리에 따르지 않는 것을 해방한다. 그리고 의미작용과 지식을 독점함으로써, 그것은 아무것도 의미하지 않고 아무것도 의미하고자 하지 않는 모든 것을 해방한다.

이제 지적인 기계들에 부여되어 은밀하게 이루어지던 모든 기능성에서 해방된 사유는 어디에도 자유롭게 나아가지 못하게 되고 무(無)를 당당하게 실현하게 된다. 이는 바로 '사유의 아이러니'이다. 그리고 이 사유의 아이러니는 모든 전망을 바꾸어 놓는다. 그리하여 "대상을 표현하기 위해 의미를 거치는 것, 알기 위해 객관적 지식을 거치는 것, 무엇인가가 센세이션을 일으키기 위해 정보를 거치는 것, 교환이 있도록 하기 위해 가치를 거치는 것"[32]은 유감스러운 것으로 간주될 수 있다. 보드리야르의 표현에 따르면, '상황의 시적 이동'이 이루어지기 때문이다. 따라서 우리는 가상 속에서 실재의 사라짐을, 정보 속에서 사건의 사라짐을, 인공지능 속에서 사유의 사라짐을 볼 수 있었던 상황에서, 그와 반대로 모든 기능과 기술적 합목적성을 정화함으로써 사유의 특이성을 자유롭게 허용하는 세계에 대해 깊이 고려해야 한다. 결국 이는 탁월한 사유의 존재, 인공지능의 존재 자체를 숙고하는 바람직한 계기

---

32) 같은 책, p.152 참조.

가 될 것이다. 다시 말하면 인공지능을 넘어서 사유의 급진성을 고려하는 새로운 계기가 될 것이다.

VI. 결론적 성찰

보드리야르의 견해에 따르면, 사유는 진리와 교환되지 않으며 수수께끼로 남는다. 사유는 진리에서 벗어난다. 그리고 진리에서 벗어나기 위해서는, 우리는 주체를 믿어서는 안 되며, 대상의 이상한 매력을 믿어야 한다. 그리하여 사유/대상은 독특한 관계를 갖는다. 사유는 우리를 생각하는 대상과, 우리를 생각하는 세계를 뛰어넘어야 한다. 따라서 사유/대상은 세계를 해석하려고 하지도 않고 세계를 관념과 교환하려고 하지도 않는다. 그것은 우리를 생각하는 세계의 사유가 되고, 그렇게 하면서 세계의 흐름을 바꾼다. 그러나 이와 달리, 보드리야르는 또한 세계는 사유의 흐름 속에서 센세이션을 일으킬 수 있다고 말한다. 이렇게 사유는 세계에 의해 숙명지어지며, 세계는 사유에 의해 숙명지어진다.

사유와 세계의 이러한 관계를 고려하면서, 보드리야르는 전위적인 입장을 표명하기 위해 '급진적 사유'라는 새로운 종류의 담론을 산출해 낸다. 급진적 사유는 현실과 밀접한 관계를 맺고 있는 비판적 사유와는 전혀 다른 것이다. 급진적 사유는 현실을 부정하지는 않지만 현실을 의심하고 갈고 닦는다. 말하자면 급진적 사유는 현실의 정체를 폭로하려고 하며 현실보다 더 빨리 나아간다. 여기서 보드리야르는 자신의 비판가들에 맞서 급진적 사유가 허무주의적이라는 사실을 부인한다. 그는 "우리는 무책임, 허무주의, 절망의 모든 혐의에 대항해 싸워야 한다"[33]고 주장한다. 급진적 사유는 세계를 해독하거나 해석하는 것이 아니라 세계의 목격자로 우뚝 서 있는 것이다.

보드리야르의 이러한 사유는 아이러니컬하고 역설적인 형태를 띤다. 다시 말하면 그것은 '사유의 아이러니'의 형태를 띤다. 이는 바로 주체와 대상, 인간과 기계, 사유와 인공지능의 관계에서 비롯되는 사유의 아이러니이다. 그러나 보드리야르는 사유를 넘어서는 것을 생각해 내려고 한다. 인공지능으로 환원될 수 없는 것에 대해 깊이 숙고하면서, 그는 어떤 면에서 다른 것으로 빨리 옮겨가기 위해서는 가상에 저항하지 않는 편이 낫다고 생각한다. 사유는 사유를 위해 현실을 끝냈지만, 새로운 기술은 현실을 위해 사유를 끝낸다는 것이다. 즉 사유는 현실을 완성하지 않으려고 애쓰지만, 가상은 현실을 완성하고 현실의 궁극적인 해결에 힘을 기울인다는 것이다. 따라서 우리는 그 모든 형태로 가상의 기술(인공지능)을 창조해 내어 궁극적인 해결책을 찾아내어야 한다고 보드리야르는 역설한다. 그러나 가상의 기술을 창조하는 것만으로 인간과 기계, 사유와 인공지능의 관계에 대한 유일한 해결책이 될 수는 없

---

33) *PR*, p.29.

을 것이다. 무엇보다 보드리야르는 인공지능을 넘어서 사유의 급
진성을 고려하는 새로운 사유의 길로 나아가야 할 것이다. 다시 말
하면 그는 사유의 바른길과 옆길을 통해 새로운 사유의 길을 모색
하는 방향으로 나아가야 할 것이다.

3 기술의 아이러니

새로운 테크놀로지의 시대가 열리고 있다. 새로운 테크놀로지는 우리의 시대를 조직하고 우리의 환경이 되고 있다. 우리의 일상생활은 비디오, 상호 작용의 스크린, 멀티미디어, 인터넷, 가상현실 등이 주조해 놓은 새로운 테크놀로지의 환경 속에 빠져들고 있는 것이다. 최근 많은 관심을 끌고 있는 가상세계의 네트워크나 사이버스페이스에 관한 논의도 그 반영의 일부분에 지나지 않는다. 중요한 것은 가상의 테크놀로지라는 새로운 테크놀로지가 새로운 문화의 형성을 주도적으로 이끌어 나가고 있다는 것이다.

우리가 이 글에서 다루고자 하는 것은 '가상의 테크놀로지'와 '가상현실의 문화'가 수반하게 될 세계 이해방식의 변화이다. 그러면 우리의 세계에서 가상현실의 문화와 더불어, 가상의 테크놀로지는 어디까지 나아가고 있는가? 이는 중요한 물음이다. 그러나 이것은 어떤 해결책을 제시한다든가 어떤 실천을 모색하기 위해서 던져진 물음이 아니다. 그것은 이미 불안을 초래하고 있는 가상의 테크놀로지가 폭넓은 전망 안에서 차지할 수 있는 위상을 점검하는 수준에서 던져진 물음이다. 이 물음은 새로운 테크놀로지(혹은 가상의 테크놀로지)가 문화변동의 중요한 역할을 하고 있으며, 그 변동과 더불어 우리의 삶과 문화의 내부에 큰 변화를 일으키고 있는 것에 대해 확인하는 과정에 해당한다.

이제 이러한 물음과 관련하여, 우리는 우리 시대의 현상들을 날카로운 혜안으로 분석하는 보드리야르를 주목할 수 있을 것이다. 다양한 영역의 지적 모험을 시도하는 보드리야르는 자신의 고유한 분석대상이 된 가상(현실)·테크놀로지·미디어·정보 등 우리 세계의 다양한 특성들을 논의하는 특유한 사유의 형태를 보여주었기 때문이다.

따라서 이 글에서는 보드리야르의 사유세계를 분석하면서 두 단계의 논의과정을 밟을 것이다. 첫 번째 단계는 가상/가상화 논의로 보드리야르가 말하는 새로운 테크놀로지의 차원에서 가상화란 무엇이며, 나아가 새로운 문화적 맥락에서 가상은 어떻게 이해될 수 있는가에 비중을 둘 것이다. 두 번째 단계는 가상/현실의 충돌을 일으키는 사례들을 통해서 가상/현실의 관계를 근본적으로 변화시키고 있는 것에 대해 검토할 것이다. 이후 우리는 가상의 테크놀로지가 지니는 힘, 가상적인 것의 지배권, 가상적이고 몰입적인 가상현실에 대한 보드리야르의 견해를 통해 가상의 테크놀로지와, 가상현실의 문화에 대한 그의 사유를 조명해 볼 것이다.

I. 가상/가상화

오늘날 개인의 삶과 사회의 조직 전반에 걸쳐 지대한 영향을 미치는 새로운 테크놀로지는 과거의 테크놀로지에 비해 훨씬 더 강력하고 혁신적이다. 과학은 새로운 테크놀로지의 대명사격인 컴퓨터의 영향 아래서 다양한 패러다임을 변화시키고 있기 때문이다. 사실 우리는 삶·개인·집단을 조건짓는 집중화·순환·교환 없이는 살아갈 수 없다. 그리하여 집중화·순환·교환이 지배하는 공간 속에서 살아가는 우리는 끊임없이 새로운 망을 만들어 낸다. 만약 우리가 컴퓨터를 보편적 기계라고 명명한다면, 컴퓨터는 바로 이러한 집중화의 유형에 속하는 명명의 가치를 지닐 것이다. 우리는 책·기호·재화·상품을 한곳에 모아둘 필요가 있을까? 이미 컴퓨터가 그 모든 것을 집적해 놓았는데도 말이다. 우리가 해결하려고 시도했던 저장이라는 기본적인 문제는 현실적이고 가상적인 해결책을 찾아내었거나 찾아내고 있다.[1]

따라서 새로운 테크놀로지는 현재의 집중화를 낡아빠진 것으로 만들 것이다. 즉 지금 여기에 있는 모든 집적물을 쓸모없는 것으로 만들 것이다. 다양한 커뮤니케이션의 신속성은 가상적으로 도처에서 컴퓨터망에 연결된 전체 또는 부분을 집중화한다. 과거의

---

1) 미셸 세르, '가상성과 현실: 새로운 테크놀로지에 대한 성찰,' in 《비평》, 2001년 겨울호, pp.63-65 참조.

테크놀로지와는 달리, 새로운 테크놀로지는 저장과 보존을 넘어서 신속한 전달을 무기로 삼는다. 그리하여 새로운 테크놀로지는 정보의 수신·보존·전달을 가능케 하는 이전의 도구들의 전체 집합을 뿌리째 흔들어 놓는다. 특히 전자 테크놀로지와 같은 오늘날의 정보매체의 변화는 신축성·속도·팽창력을 통해서 관계들과 교환방식을 활성화시킨다.

가령 휴대전화는 더 이상 특정한 장소를 지칭하지 않는다. 단순한 코드나 숫자만으로 충분하다. 우리는 누구의 집에, 누구의 사무실에 전화를 거는 것이 아니라 버스·자동차·기차에 있는, 아니면 어느 나라의 지하철이나 거리에 있는 누구에게 전화를 거는 것이다. 따라서 세계의 모든 곳들이 일종의 동등한 가치를 누리며, 여기-지금이라는 쌍은 위기에 빠진다. 우리는 코드에서 코드로 대화를 나누는 것이다. 인터넷 역시 마찬가지이다. 인터넷은 주소도 없고 경계선도 없는 비장소, 즉 '가상적 장소' 이다. 가령 샌프란시스코 만(灣)에서 예루살렘의 통곡의 벽에 이르기까지 어떤 노출증 환자의 사무실이나 아파트를 거치면서, 인터넷은 생방송을 통해 지금 당장 지구의 반대편에서 어떤 일이 일어나고 있는지를 실시간으로 알려 준다. 이제 "컴퓨터는 정보를 찾는 기계일 뿐 아니라 완전히 가상화된 현실공간 속에서 작동하는 자동 영상기계이다."[2]

그러면 새로운 테크놀로지의 차원에서 가상화란 무엇인가? "가

---

2) Paul Virilio, *La bombe informatique*, Galilée, 1998, pp.26-27.

상화는 현실화와 반대되는 운동으로 정의될 수 있을 것이다. 가상화는 현실에서 가상으로의 이행에 있으며, 관찰된 실체의 '능력의 상승'에 있다. 근본적으로 현실성(하나의 해결)에 의해 정의되는 대신에, 한 실체는 이제 그의 본질적인 견고함을 문제적인 영역에서 찾는다."[3] 이렇게 되면 어떠한가? 하나의 해결에서 다른 문제로의 이행이 가상화라면, 그것은 엄밀하게 설명된 것이 아닌가? 오늘날 가상화의 일반적 경향은 정보와 커뮤니케이션뿐만 아니라 인간의 문화생산과 문화적 감수성 혹은 인간 지성의 작용에도 영향을 미친다. 가상화는 이미 과학과 기술의 경계를 넘어 문화와 사유의 영역으로 진입했다고 할 수 있다. 따라서 대중들은 가상화를 통해 문화의 소비자인 것에 만족하지 않고 직접 문화생산에 뛰어들 것이다. 새로운 문화적 감성을 지닌 그들은 지켜보기보다는 직접 경험하거나 참여하고 싶어하기 때문이다. 많은 집단들이 다양한 문화적 중심을 만들어 낼 뿐 아니라, 각각의 문화적 중심들은 새로운 테크놀로지를 통해 서로 연결되고 서로를 통해 발전될 것이다.

이제 새로운 문화적 맥락에서 가상을 어떻게 이해할 수 있을까? 일상적인 말의 뜻에서 보면 가상은 현실에 대립되지만, 새로운 테크놀로지라는 수단을 통해 가상의 갑작스러운 출현은 가상이 현실의 소멸을 나타낸다는 느낌을 준다. 보드리야르의 견해에 따르면, 현실세계를 생겨나게 하는 것은 그것을 산출하는 것이고, 현실은

---

3) Pierre Lévy, *Qu'est-ce que le virtuel?*, La Découverte, 1995, p.15.

결국 시뮬라시옹의 한 형태일 뿐이다. 물론 현실효과·진실효과·객관성의 효과는 존재하지만, 현실 그 자체는 존재하지 않는다고 말해질 수 있다. 그러므로 가상은 상징세계에서 현실세계로 이행하는 이러한 경향을 과장하는 것에 지나지 않는다. 이러한 의미에서 보면, 가상은 하이퍼-리얼리티(hyper-réalité)라는 개념과 일치한다. 완전히 등질화되고 디지털화되고 조작될 수 있는 가상현실은 다른 것을 대신하게 된다. 왜냐하면 가상현실은 모순적인 것이 아니라 완전한 것이며, 통제될 수 있는 것이기 때문이다. 따라서 가상현실은 매우 완전하기 때문에 시뮬라크르보다 더 현실적인 것이다.

'가상현실.' 서로 상반되는 두 단어로 이루어진 이 말은 언뜻 보면 이치에 맞지 않는 것처럼 보인다. 그러나 엄밀히 말하면, 가상이라는 말과 현실이라는 말은 반의어가 아니다. 라틴어로 힘 또는 능력을 의미하는 virtus라는 말을 어원으로 하고 있는 가상 virtuel은 현실에서의 힘, 그 자체로서 현실의 필수적인 조건이 될 수 있는 힘을 뜻한다. 가상현실의 차원에서 가상은 현실을 초월하지 않는다. 가상은 현실의 안에 있다. 현실의 안에 있으면서 현실을 가상으로 만든다.[4] 이제 우리는 가상적인 것이 현실적인 것으로 될수밖에 없었다는 진부한 철학적 의미 속에 있지 않다. "가상은 현실을 대신하는 것이며, 세계의 현실을 통해 동시에 세계를 완성하

---

4) 김진석, 《이상현실 가상현실 환상현실》, 문학과 지성사, 2001, p.76 참조.

고 해체함에 따라 현실에 대한 궁극적인 해결책이 된다"[5]고 보드
리야르는 말한다.

이러한 관계에서 보면, 우리를 생각하는 것은 가상이다. 더 이상
사유의 주체도 행위의 주체도 필요없는 듯하다. 모든 것은 새로운
테크놀로지의 매개로 이루어진다. 그러나 가상은 결국 현실세계와
놀이의 세계를 끝장내는 것일까? 아니면 오히려 그것은 우리가 시
험하는 것에 속하는 것일까? 우리는 권력의 희극에서와 마찬가지
로 아이러니컬한 의혹을 지니고 가상의 희극을 상연하는 것은 아
닐까? 가상성(virtualité)의 거대한 설치, 즉 예술적 의미에서의 퍼포
먼스는 결국 조작자가 배우를 대신하게 되는 새로운 무대가 아닐
까?

그러나 만약 우리의 세계가 실제로 이중의 가상을 꾸며낸다면,
현실에 대해 어떻게 말할 수 있을까? 우리가 현실을 말할 수 있는
합리성을 갖는 이상, 즉 코드화되고 해독될 수 있는 기호를 통해
현실을 재현할 수 있게 하는 요소들을 갖는 이상, 우리는 현실에
대해 말할 수 있을 것이다. 이제 가상의 관점에서 보면, 가치는 더
이상 문제가 되지 않는다. 일반화된 컴퓨터화 · 계산화 · 정보화가
문제될 뿐이다. 가상은 실제로 현실의 영역이 될 것이다. 마치 우
리가 물리학에서 사건의 영역에 대해 이야기하듯이 말이다. 그러
나 우리는 또한 그러한 모든 것이 동일한 문제에 대한 완곡한 표

---

5) Jean Baudrillard, *Mots de passe*, Pauvert, 2000, p.52.

현에 불과하다고 생각할 수 있다.

디지털시대에는 가상과 그 모든 테크놀로지의 유혹이 존재한다. "만약 가상이 사라짐의 양식이라면, 그것은 인류가 행하는 모호하지만 단호한 선택이 될 것이다. 말하자면 또 다른 세계 속에서 신체를 스스로 복제하는 선택, 즉 훨씬 더 고성능적이고 조작적인 특성을 지닐 수 있는 인위적인 종(種)으로 영속하기 위해 인류로서 사라지는 선택이 될 것이다."[6] 이는 매우 중요한 문제이다.

따라서 비인간성과 절멸(anéantissement)과 관련 있는 이러한 가상의 테크놀로지가 결국 우리로 하여금 가치의 세계로부터, 판단의 세계로부터 벗어나게 할 것이라는 진단에는 기이한 아이러니가 담겨져 있다. 보드리야르는 "현대의 급진적 사유가 형이상학적으로 청산하려고 애썼던 도덕적이고 철학적인 모든 조잡한 문화를, 기술은 가상을 통해 실제로 그리고 철저하게 몰아내고 있다"[7]고 주장한다. 이러한 단계에 이르게 되면, 우리는 최고도의 수준에 도달한 기술이 긍정적인 측면에서 우리를 기술 그 자체로부터 해방시킬 것인지, 아니면 우리가 대재난을 겪게 될지 모를 일이다.

---

6) 같은 책, pp.54-55.
7) 같은 책, p.56.

II. 가상/현실

워쇼스키(Wachowski) 형제가 감독한 영화 〈매트릭스 Matrix〉
(1999)는 우리가 느끼고 눈으로 보는 주변의 물질적 현실이 실제
로 우리 모두가 접속되어 있는 메가 컴퓨터가 만들어 내고 적절히
배치한 좌표 속의 가상일 뿐이라는 것을 보여준다. 즉 주인공이 가
상을 깨닫고 실제 현실을 보았을 때 주변은 불에 탄 잔해만이 나뒹
굴고 있는 황량한 모습이다. 몇 년 전의 세계무역센터 붕괴사건은
어떠한가? 무엇보다도 여기서 우리가 주목해야 하는 것은 가상과
이미지이다. 이 사건은 동시에 가상과 현실, 이미지와 현실의 관계
를 근본적으로 변화시키고 있다. 지금까지 보잘것없는 가상과 이
미지들, 그리고 보잘것없는 사건들이 넘쳐 흘렀다면, 이 사건은 동
시에 가상과 이미지와 사건을 되살렸다. 테러리스트들이 시스템
을 파괴하기 위해 사용한 중요한 무기는 바로 실시간으로 가상적
인 것과 이미지들을 전세계에 생중계하는 방송 시스템이었다. 그
들은 인터넷 전자통신·항공 서비스 시스템과 함께 전지구적 생중
계 방송 시스템을 한껏 활용하였다. 가상과 이미지의 역할은 고도
의 모호성을 지닌다. 왜냐하면 가상과 이미지는 사건을 자극함과
동시에 사건을 볼모로 잡기 때문이다. 이는 미디어의 위험을 말할
때 늘 잊어버리는 부분이다. 가상과 이미지가 사건을 흡수하고 그
것을 소비하게 만든다는 의미에서, 가상과 이미지는 사건을 소비

한다고 말할 수 있다.

　가상이나 이미지, 그리고 가상성이 현실 속에 스며든다면 실제 사건은 어떻게 될 것인가? 세계무역센터 붕괴의 경우, 사람들은 현실이나 현실의 폭력성이 가상세계에서 다시 떠오른다고 믿는다. "모든 가상적인 이야기는 끝났다. 그것은 현실 그 자체이다"[8]라고 보드리야르는 말한다. 그렇다면 정말 현실이 가상을 추월한단 말인가? 그렇게 보이는 이유는, 현실이 가상의 모든 에너지를 흡수하고 현실 자체가 가상으로 되어 버렸기 때문이다.

　세계무역센터의 붕괴는 상상할 수 없었던 일이다. 그러나 그것을 실제 사건으로 만들기에는 충분하지 않다. 세계무역센터의 붕괴에 어떤 상징성이 있다면, 그것은 '금융자본주의의 중심'이라는 낡은 개념이라기보다는 세계무역센터 건물이 대표하는 가상의 자본주의이다. 모든 것을 산산이 파괴한 테러의 충격은 오로지 가상세계와 현실세계를 분리하는 경계선의 배후를 밝힐 때만 설명이 가능하다. 물론 테러는 현실로 지평을 확장하기는 어렵다. 왜냐하면 현실은 하나의 원칙이기 때문이다. 따라서 테러에 의해 바로 그 원칙이 상실됨으로써 현실과 가상은 해체된다.

　그러므로 세계무역센터의 붕괴는 현실과 가상의 충돌, 그리고 그 환상적 결과라는 엄청난 사건이다. 다시 말하면 현실세계와 가상세계의 분리라는 놀라운 사건이다. 이 두 세계 사이에는 어떠한 공

---

8) Jean Baudrillard, *L'esprit du terrorisme*, Galilée, 2002, p.38.

통점도 커뮤니케이션도 없다. 이는 전지구적 금융거래와 정보망의 빅뱅이 동시에 이루어지는 일종의 대위기이다.

또 다른 예를 들어 보자. 몇 년 전 프랑스 대학생들이 앙굴렘 (Angoulême)에서 시위를 하며 TGV를 정지시킨 사건이 있었다. 사실 TGV는 지나가는 가상현실, 즉 프랑스를 가로지르는 가상현실이다. 다시 말하면 돈, 속력, 순환하는 모든 것을 구체적으로 표현하는 TGV는 잠재적인 실업자들의 현실세계에 직면해 있는 프랑스를 가로지르는 가상현실이다. 이 사건은 시간의 화살과 이미 지나간 젊음 사이의 초현실적인 대결이다. 그들이 부자들의 투명성으로부터 얻어낼 수 있는 모든 것은, 자신들이 희생자가 되고 있는 텔레비전 방영에서의 일시적인 영상정지이다.

이 사건 역시 현실과 가상의 충돌, 그리고 우리의 세계에 부합되는 환상적 결과라는 아주 작은 에피소드일 뿐만 아니라, 초단파의 가상공간과 무주파의 현실공간의 분리라는 단순한 에피소드이다. 가상의 공간과 현실의 공간 사이에는 어떠한 커뮤니케이션도 없다. 가상의 무조건적인 확장은 현실의 공간과 우리를 둘러싸고 있는 모든 것에 대해 전례 없는 사막화(désertification)를 초래한다. 정보의 고속도로에 대해서도 마찬가지이다. 영토가 사라지고, 실제의 거리가 사라진다. 물리적이고 지리적인 것은, 이제 정신적 거리의 사라짐과 시간의 절대 단축과 더불어 전자적으로 그 모든 의미를 지니게 된다. 따라서 우리가 예상할 수 있는 것은 정보가 자체의 집중화를 통해서 초래할 수 있는 영토의 사라짐뿐만 아니라 사회적인 것의 사라짐, 노동의 사라짐, 육체의 사라짐이다. "우리는 단지 이러한 과정의 시작에 있을 터이지만, 사라짐과 사막화는 이미 정보의 과정보다 훨씬 더 빨리 확산되고 있다"[9]고 보드리야르는 지적한다.

이러한 관점에서 보면, 우리가 앞서 말한 가상세계와 현실세계라는 두 세계는 말 그대로 서로 단절되어 있지만 똑같이 지수함수적으로 작용한다. 그러면 이러한 불균형은 새로운 사회적·문화적 상황이나 진짜 위기를 만들어 낼 수 있을까? 이는 근본적인 물음이지만, 무엇보다도 중요한 것은 우리의 기억이 현실과 동시에 사라지는 경향이 있다는 것이다. 그러므로 그것은 파국적인 것이나 다름없다.

III. 가상의 테크놀로지

가상의 분야에서 우리가 파악하지 못하는 것으로는 전지구적 금융의 전략이나 정보의 보편적 민주주의를 들 수 있다. 모든 관계를 고려해 볼 때 이미지나 메시지의 순환처럼 자본의 순환이 실시간으로 확장되는 정보의 영역은 모든 네트워크를 연결할 수 있는 전망 속에서 갑작스러운 위험을 초래할 수 있다. 이러한 우발성은

---

9) Jean Baudrillard, *Écran total*, Galilée, 1997, p.70(약호 *ET*).

초접속 영역과 정보의 세계 사이의 불균형의 우발성이 아니라 최첨단의 가상세계에 내재하는 대재난이다. 그러나 테크놀로지의 낙관주의 이면에서, 가상의 구체적인 표현 이면에서, 우리는 정보 영역의 단계적 반전을 열망한다. 이는 정보와 커뮤니케이션의 융합을 염두에 두는 것이다.

여기서 우리는 선택적인 가정을 해볼 수 있는데, 그것은 가상의 자본주의의 지배자들이라는 세계의 새로운 지배자들이 지니는 통제할 수 없는 힘에 이르기까지 가상의 테크놀로지가 지니는 힘, 즉 가상현실의 억제할 수 없는 증대를 묘사하는 것이다. 이와 같은 묘사는 이러한 환경 자체의 자동 중독을 반향하는 가상의 테크놀로지에 의한 중독을 매우 폭넓게 보여준다.

따라서 두 가지의 사태가 전제될 수 있다. 하나는 더 이상 어떻게 해볼 도리가 없다는 것이다. 즉 전세계는 이미 온갖 종류의 실제적인 힘을 집중시킬 수 있는 테크놀로지의 힘의 지배 아래 있다는 것이다. 그러므로 이러한 전망 속에서는, 우리가 영토상에서 소멸되듯 지도상에서 이미 소멸된 것이나 다름없기 때문에 사라질 수밖에 없다. 다른 하나는 그러한 것이 아니라 그 모든 것이 가상적인 것이라는 것이다. 가상적인 것이 지니는 힘은 정확히 말해서 가상적일 뿐이다. 이는 가상적인 것이 지니는 힘이 환각적으로 증대될 수 있고 이른바 현실세계로부터 멀리 떨어져 현실원칙을 상실할 수 있는 이유이다. 이제 "가상의 테크놀로지가 지니는 힘이 세계에 대한 지배력을 확장하려면 궁극목적성을 지니든가, 지니지 않든가 해야 할 것이다"[10]고 보드리야르는 말한다. 가상의 테크놀로지가 지니는 힘은 자신의 네트워크 속에서, 자신의 코드 속에서 무한히 전사될 수밖에 없다.

　여기서 보드리야르는 기계나 코드로부터 인간을 옹호하지 않는다. 오히려 그는 가상의 테크놀로지가 여태껏 개인적이고 주관적인 것이라고 믿어 왔던 인간의 인지능력을 객체화한다고 말한다. 인간화의 과정은 기억·이성·상상력을 위한 인지적 도구들로 향하는 연속화된 미끄러짐·이동·상실로 이루어진다는 것이다. 예를 들면 한정된 수의 실험데이터를 수집하는 실험자의 자리에 객관적 정보를 담은 데이터의 덩어리가 자리잡는다는 것이다. 그렇다면 누가 이 엄청난 데이터의 덩어리를 다룰 것인가? 그리고 누가 기억하고 계산할 것인가? 이는 분명히 초고성능 컴퓨터가 해낼 것이다. 모든 것은 주체적인 것으로부터 객체적인 것으로 미끄러져 간다. 이제 다른 사람의 도움과 컴퓨터의 도움 없이, 우리는 세계를 사유할 수 있는가? 지능 있는 독창적인 기계인 컴퓨터는 '나는 정보이다. 모든 것은 정보이다' 라는 사실 이외에는 아무 것도 말하지 않는다.[11] 그러나 컴퓨터와 그 엄청난 기억, 그 계산속도, 그것의 상상을 초월하는 데이터 능력을 무엇에, 누구에 비교할 것인가? 지식으로 가득 찬, 천부적으로 만들어진 어떤 머리에

---

10) *ET*, p.72.

11) Jean Baudrillard, *Le paroxiste indifférent*, Grasset, 1997, p.134 참조(약호 *PI*).

비교할 것인가?

오늘날 인간들은 그들을 인간화하는 기계들을 만들어 낸다. 예를 들면 그들은 사이버네틱스의 인터페이스 속에서 그들의 복합적인 감각을 재현하려고 하는 기계들을 만들어 낸다. 그들이 만들어 낸 이러한 기계들은 원거리에서 가상적으로 서로 접촉하고 가상의 새로운 환경을 향해 항해하기 위한 것들이다. 이제 인간의 기능과 반응을 기계적인 인공물 속으로 옮기는 것, 혹은 기술을 인간적인, 너무도 인간적인 반응에 따르게 하는 것이 문제가 된다.

인간들이 '지능 있는' 기계를 만들어 내거나 꿈에 그려 보는 것은, 그들이 남몰래 자신의 지능에 실망하기 때문이거나 기괴한 지능의 힘에 짓눌리기 때문이다. 즉 그들은 기계를 이용하기 위해 어떤 방식으로라도 지능을 기계 속으로 몰아넣는다. 지능을 기계에 맡기는 것은 결국 지식으로부터 해방되는 것이 아닐까? 가상의 테크놀로지의 이러한 확장은 새로운 인간화의 계기를 표시하고 마찬가지로 지식을 바꾸어 놓는다. 진화하는 세계를 형성하는 이러한 상실들을 통해서, 우리의 지적 능력은 정보와 관련될 때 변형된다. 우리는 우리의 생존에 필요한 교환의 변화와 동시에 변화하며, 아울러 집단들 사이에서의 전달 역시 변화할 것이다. 이것이 가상의 테크놀로지가 지배하는 세계에서 우리가 지니는 숙명이다.

우리의 이러한 숙명은 보드리야르 자신이 말하는 '기술의 아이러니(ironie de la technique)'와 상통하는 것인가? 그에 따르면, 우리는 우리의 기술을 통해 세계를 통제하고 변화시킬 뿐만 아니라 세계를 뒤집을 수 있는 투명한 환상을 품을 수 있다는 것이다. 그리고 이러한 기술은 아이러니컬한 암시적 의미를 지닌다. 그러면 보드리야르는 어떻게 '기술의 아이러니'를 묘사하는가? "이른바 기술의 실재, 즉 사실이라고 하기에는 너무도 화려한, 입증된 기술의 성과는 우리를 벗어나는 이중성(duplicité)을 가리는 베일이며, 우리는 이 이중성의 강요된 배우들이라는 것이다."[12] 우리의 본질적인 기술은 세계의 결정적인 양면성이 우리에게 영향을 미치는 현장이 되고 있다. 따라서 기술을 통해, 우리는 우리를 이용하는 것이 객체인지 세계인지 파악할 수 없다.

이러한 상황과 관련하여, 보드리야르는 "우리의 모든 비판철학이 폭로하려고 애쓰는, '인간을 소외시키는 기술'에 대하여 우리의 판단을 재검토해야 한다"[13]고 주장한다. 요컨대 기술이 불가피하게 승리를 거두는 분야에서 기술 자체가 침범해 들어가도록 내버려 두어야 한다는 것이다. 그리하여 보드리야르는 "이제부터 가상의 전략만이 있을 뿐이기 때문에 가상적인 것에 대한 전략은 없을 것이다"[14]라고 말한다.

이러한 관점에서 보면, 현실세계의 지배자들은 없고 가상세계의 지배자들만이 있는 것은 아닌가? 자발적인 예속의 새로운 형태에 지나지 않는 것에 의해, 우리는 가상적인 것의 지배권에 복종하고

---

12) 같은 책, p.131.
13) Jean Baudrillard, *L'Échange impossible*, Galilée, 1999, p.151(약호 *EI*).
14) *ET*, p.72.

있는 것은 아닌가? 어쨌든 가상적인 것은 오늘날 세계의 국경을 장애물 없이 넘나들고 있다. 그리고 세계는 가상적인 것이 되고 있다.

IV. 가상현실의 문화

1990년대부터 보드리야르는 자신의 저작에서 '가상적인 것' 또는 '가상현실'이라는 말을 사용하기 시작한다. 그러나 그는 자주 이 말들을 시뮬라시옹과 혼용해서 사용한다. 가령 그는 걸프전과 관련하여 이렇게 말한다. "진짜에 대한, 그리고 너무도 진짜 같은 것에 대한 두려움 때문에, 우리는 거대한 시뮬레이터를 만들어 왔다. 우리는 진짜의 파멸보다는 가상적인 것을 좋아하며, 그래서 텔레비전은 진짜의 보편적 거울이 되었다."[15] 이때 가상적인 것은 하이퍼리얼한 것 또는 시뮬라시옹과 동일한 의미를 지닌다. 그러나 1995년 《완전범죄 *Le crime parfait*》에 이르면 보드리야르의 이러한 사유는 변화한다. 즉 세계는 가상적인 것이 되었고, 시뮬라시옹이 문화의 지배적인 형태가 되었기 때문에, 자신의 시뮬라시옹 개념은 더 이상 개념으로서 기능하지 못한다는 것이다. 그리하여 그는 가상현실이 현실을 도둑질한 것에 대해, 즉 가상적인 것의 상황

---

15) Jean Baudrillard, *La guerre du GOLFE n'a pas eu lieu*, Galilée, 1991, p.66.

에 완전범죄 개념을 적용하는 것에 대해 깊이 숙고한다. 이미지가 진짜이고, 진짜는 가상현실이라면 무엇이 '완전범죄'가 될 수 있는가? 우리는 이러한 문제 상황에 물음을 던지는 보드리야르의 사유를 분석해 볼 필요가 있다.

보드리야르는 하이퍼리얼한 것에서 가상현실로 나아가는 길을 새로운 방향전환이라기보다는 일종의 심화로 이해한다. 그러면 가상현실의 문화에 대한 보드리야르의 묘사는 어떠한가? "그것은 사물들이 자신의 거울을 삼켜 버린 것과 같다. 사물들은 투명해져서 완벽하게 자기 앞에 나타나게 되었다. 빛이 가득한 가운데, 실시간으로, 가차없는 복제 속에서 말이다."[16] 보드리야르에게 있어 가상현실의 문화, 즉 스크린문화는 이제 문화 자체의 기본적 형태가 되었다. "외재성에 대한 끝없는 매혹을 따라 하이퍼리얼한 것이 이루어지는 곳에서, 가상적인 것은 깊이를 가진 이미지, 그 안에 들어갈 수도 있고 탐색할 수도 있으며 상호 작용할 수도 있는 이미지를 제공한다."[17] 가령 텔레비전은 '나는 이미지이다. 모든 것은 이미지이다'라는 사실 이외에는 아무것도 말하지 않는다.[18] 이렇게 스크린에서는, 우리는 가상적인 것 또는 가상현실 안에 있게 된다. 우리는 상호 작용이라는 관계 속으로, 심지어 상호 감각이라는 관계 속으로 가라앉는다. 그리하여 상호 작용의 스크린, 가상현실,

---

16) Jean Baudrillard, *Le crime parfait*, Galilée, 1995, pp.16-17.
17) *ET*, p.76.
18) *PI*, p.134 참조.

즉 모니터를 통한 인간과 기계와의 대화는 도처에서 이루어진다. 도처에서 분리되었던 것은 혼동되고, 도처에서 거리가 사라진다. 가상의 테크놀로지가 결정할 수 없는 것을 산출하든, 우리의 세계가 가상의 테크놀로지를 산출하든, 그것은 결정할 수 없는 것이 된다. 사람들은 스크린 속으로, 장애물 없는 가상의 이미지 속으로 들어간다. 사람들은 스크린 속으로처럼 자신의 삶 속으로 들어간다. 사람들은 디지털방식의 결합처럼 자기 자신의 삶을 구성한다.

무대와 시선이 있는 사진·영화·회화와는 달리, 비디오 영상과 컴퓨터 화면은 이미 맥루언이 텔레비전에 대해 말했듯이 일종의 몰입현상, 즉 '촉각' 상호 작용을 불러일으킨다. 사람들은 경우에 따라서는 이미지를 변화시키기 위해 이미지의 흐름 속으로 들어간다. 마치 과학이 신체를 변형시키기 위해 게놈 속으로, 유전자 코드 속으로 파고들 듯이 말이다. 사람들은 원하는 대로 움직이고 상호 작용의 이미지로 원하는 것을 하게 된다. 그런데 "몰입현상은 무한히 마음대로 사용할 수 있음과 열려진 결합의 대가이다."[19] 텍스트, 가상의 어떤 텍스트(인터넷·워드프로세서)에 대해서도 마찬가지이다. 그것은 합성 이미지처럼 다듬어지는데, 이는 초월적인 시선이나 기술행위(écriture)와는 아무 관련도 없다. 어쨌든 사람들은 스크린 앞에 있게 되면 더 이상 텍스트를 텍스트로 이해하지 않고 이미지로 이해하게 된다.

---

19) *ET*, p.200.

이렇게 상호 작용적이며 몰입적인 가상현실을 구체화하는 컴퓨터 테크놀로지는 과연 무엇일까? 그것은 한마디로 단지 기계일 뿐이다. 기계는 기계만을 만들어 낸다. 그것은 가상의 테크놀로지를 완성함에 따라 더욱더 확실해진다. 가상의 기계류에 몰입하는 어떤 차원에서는 더 이상 인간/기계의 구별이란 없다. 즉 기계는 인터페이스의 양면에 속해 있다. 우리는 오히려 기계의 가상현실에 갇힌 인간이 아닐까? 이는 스크린의 본질 자체와도 관련이 있다. 거울을 초월한 세계는 있어도 스크린을 초월한 세계는 없는 것이다. 이 경우 가상의 표면은 텅 비어 있어서 그 무엇으로도 채워질 수 있고 실시간으로 공백과 상호 작용할 수도 있다.

그렇다면 가상현실 컴퓨터 테크놀로지로부터 생겨난 텍스트 · 이미지 · 영화 · 담론 · 프로그램들은 어떠한 것들일까? 그것들은 기계의 산물이며 그 특성을 지닌다. 즉 기계에 의해 인위적으로 확장되고 혁신된 특수효과의 영화, 장황한 표현의 텍스트는 반드시 작동하는 기계와, 작동의 무한한 가능성을 지닌 조작자에 기인한다. 흔히 영화에서 볼 수 있는 모든 폭력과 외설스러운 성은 인간들이 환상을 품은 폭력과 섹스라는 특수효과, 즉 기계에 의한 순수한 폭력과 섹스에 불과하다. 이제 "우리에게 말하는 것은 가상의 기계이고 우리를 생각하는 것도 가상의 기계이다"[20]라고 보드리야르는 말한다. 따라서 가상의 이러한 기계가 지닌 매력은 정보 · 지

---

20) 같은 책, p.201.

식·만남에 대한 욕구보다는 사라짐의 욕망으로부터, 그리고 컴퓨터 시스템의 환각적 사용으로 인해 사라질 수 있는 가능성으로부터 비롯된다. 사실 환각적 형태는 행복을 대신한다. 다시 말하면 더 이상 존재의 이유가 없다는 사실에 의해 행복의 자명함을 대신한다.

가상성은 은밀하게 객체들로부터 모든 기준을 끌어냄으로써 행복에 다가가는 것처럼 보인다. 그러나 가상성은 우리에게 모든 것을 제공함과 동시에 교묘하게 우리에게서 모든 것을 빼앗아 간다. 이때 주체는 완벽하게 실현된다. 사실 주체가 완벽하게 실현되면, 주체는 자동적으로 해체되어 객체로 되어 버린다. 이렇게 가상현실의 구조에서는 주체와 객체가 몰입적으로 그리고 상호 작용적으로 문화의 현상과 사건들을 만들어 낸다. 따라서 가상현실의 문화는 시뮬라시옹에서처럼 모델에 따라 구축되는 것이 아니라 비디오, 상호 작용의 스크린, 멀티미디어, 인터넷의 물질변수에 따라 지속적으로 창조되고 재창조된다. 결국 가상현실장치와 마찬가지로, 가상현실은 문화적 형태들을 재배치하기 위해 더 이상 이전의 모델에 영향을 받지 않는 내적인 강제에 따라 그것들을 뒤흔들어 놓는 것이다.

V. 결론적 성찰

우리는 새로운 테크놀로지의 시기에 접어들고 있다. 말하자면 우리는 가상의 테크놀로지라는 새로운 테크놀로지의 가능성이 극단적으로 실현되고 있는 사회 속에 살고 있다. 요컨대 새로운 테크놀로지는 우리의 사회 속에 침투하면서 우리의 삶과 문화형태를 완전히 바꾸어 놓고 있다. 이제 우리의 문화는 가상현실이 지배하는 문화가 되고 있다. 가상현실의 문화에는 가상과 가상의 테크놀로지의 강한 유혹이 있다. 따라서 우리는 가상의 테크놀로지에 의해 사로잡히거나 가상의 테크놀로지에 관한 논리성이 결여된 사고를 하기보다는 오히려 인간복제, 컴퓨터 시스템의 환각적 사용, 상호 작용의 스크린 이면에서 사라져 가는 것들을 이용한다. 이에 대해, 보드리야르는 가상의 테크놀로지가 인간과 세계에 대한 환상을 가상현실 안으로, 즉 완전한 사라짐 안으로 흡수하는 것을 본다고 말한다.

게다가 보드리야르는 '가상세계에 내재하는 대재난'이라는 우리 시대의 징후를 읽으면서 지난 시대를 구성하던 가치체계가 무너지고 있는 것에 주목한다. 그에 따르면, 이러한 대재난 또는 위기는 가상의 테크놀로지가 인간의 가치를 위협하기 때문이 아니라 이러한 가치가 불가피하게 도달하게 되는 결과를 드러내기 때문이다. 가상현실과 더불어, 새로운 테크놀로지는 자체의 극한을 넘어서 극한현상으로서의 모습을 드러낸다는 것이다. 그래서 인간의 확장이라는 새로운 테크놀로지의 논리는 새로운 테크놀로지 자체를 넘어 '한계 없는 가상성'으로 되어 버린다. 따라서 "가상의 테크놀로지의 지배를 모면하는 것은 가상의 테크놀로지의 본질이 단지 기술적인 것만은 아니"[21]라는 점을 숙고해야 한다고 보드리야르는 주장한다.

보드리야르의 이러한 입장과 관련하여, 우리는 이제 가상의 테크놀로지의 실재, 나아가 가상의 테크놀로지의 필요성과 타당성을 재검토해 볼 필요가 있다. 그러나 가상의 테크놀로지와 가상현실의 문화를 이론화해 보려는 보드리야르의 노력은 앞으로 인간실천과 기계실천의 조합을 인식할 수 있고 그들이 서로 다르게 실현되고 있는 이유를 설명해 낼 수 있을까? 《완전범죄》와 《토탈 스크린》에서 가상현실의 새로운 질서로부터 사회적·문화적 함의를 끌어낼 때 보여주는 극단적인 뉘앙스로 인해, 보드리야르는 가상의 테크놀로지가 만들어 내는 '가상의 공동체'로 대표되는 인간-기계라는 새로운 차원을 제대로 파악하지 못하는 듯한 느낌을 준다. 그러나 우리는 이 점을 깊이 성찰해야 한다. 과연 그는 인간-기계의 관계를 제대로 파악하지 못한 것일까? 이는 독특한 사유의 방식에서 비롯된 것은 아닐까? 보드리야르 자신이 말하는 다음의 구절은 너무도 극단적이면서 의미심장하다. '우리에게 말하는 것은 (가상의) 기계이고 우리를 생각하는 것도 (가상의) 기계이다.' 보드리야르의 이러한 사유는 주체와 객체의 관계를 고려하지 않은 것은 아니다. 이는 분명히 그의 형이상학적 사유와 관련이 있다. 어떻게 보면 그의 사유는 역설적이고 급진적인 사유의 형태이다. 그것은

---

21) Christopher Horrocks, *Baudrillard and the Millennium*, Icon Books, 1999, p.30.

가상현실과 가상의 기계를 창조해 내어 궁극적인 해결책을 모색하려는 것일 터이다.

어쨌든 그의 사유는 매우 아이러니컬하다. 사유의 아이러니, 그것은 보드리야르의 특유한 사유방식이다. 우리가 그의 사유방식을 받아들이든가, 거부하든가 하는 것은 전적으로 우리 자신의 태도에 달려 있다. 그러나 우리는 가상 속에서 현실의 사라짐을, 정보 속에서 사건의 사라짐을, 가상의 기계 속에서 사유의 사라짐을 슬퍼할 수 있었던 곳에서, 그와 반대로 자체의 기능과 기술적 합목적성의 모든 것을 정화함으로써 사유의 특이성을, 사건의 특이성을 자유롭게 허용하는 세계에 대해 전체적으로 고려할 수 있어야 한다. 결국 그것은 탁월한 사유의 존재, 가상의 기계의 존재 자체인 것처럼 보인다. 따라서 "극단적 환상을 허용하는 것은 현실의 완성이다"[22]라는 보드리야르의 사유를, 우리는 깊이 숙고해 볼 필요가 있으리라 생각한다.

---

22) *EI*, p.153.

제4부

현대예술의 아이러니

1 현대예술(1)
― 현대예술은 무가치한 것인가?

예술이 매우 중요한 변화의 움직임에 걸려들 때, 보드리야르는 앤디 워홀처럼 변화에 앞서 정면으로 부딪칠 줄 안 탁월한 사상가였다. 보드리야르의 이러한 급진적 사유는 현대의 예술과 미학, 그리고 문화생산의 영역에서 여전히 유효한가?

I. 보드리야르의 급진적 사유

보드리야르는 어떤 의미에서는 '예술의 종말'에 대한 헤겔의 개념을 되풀이하고, 다른 의미에서는 초미적인 것 · 초정치적인 것 · 성전환적인 것 · 시뮬라시옹화된 것 · 하이퍼리얼한 것의 분야에서 '문화의 종언'을 전망한다. 그러나 그의 이러한 전망에도 불구하고, 특히 시뮬라시옹 · 하이퍼리얼리티에 대한 그의 사유는 예술에서 반향과 센세이션을 일으켰다. 많은 예술가들이 시뮬라시옹에 대한 그의 글과 견해를 원용하면서 현대사회의 문화와 예술에 관한 그의 비평적 담론의 어떤 양상들을 표현했기[1] 때문이다. 사실 실재로부터 해방된 현대사회가 실재보다 더 실재적인 것(하이퍼리얼리티)을 산출함으로 인해, 오늘날 예술은 시뮬라시옹의 초미적 영역 안으로 들어가는 경향이 있다. 즉 예술은 사라지는 모든 형태들처럼 시뮬라시옹을 통해 사라지려고 한다는 것이다. 이는 예술이 미적인 것의 보편화를 통하여 모든 것을 미적 평범함과 무가치에 이르게 하는 것과 관련이 있다. 이것은 '예술의 운명'의 문제가 되고 있다.

보드리야르에게 있어서 현대예술을 특징지을 수 있는 것들 중의 하나는 분명히 평범한 것의 출현이다. 그래서 보드리야르는 예술에서 평범함을 초미학적으로 논하는 것으로 옮겨간다. 예술이 평범함 속에서 사라지는 것과, 평범함이 예술 속에서 사라지는 것, 결국 상호 간의 이러한 작용은 공모적이다. 따라서 우리는 '예술의 음모' 안에 있게 되는 것인가? 1996년 《리베라시옹》지에 〈예술의 음모 Le complot de l'art〉라는 제목의 평론을 발표하면서, 보드리야르는 '현대예술은 무가치하고 아주 무가치하다'는 말을 되풀이하는데, 어떻게 해서 이러한 담론을 착상하게 되었을까? 그의 관

---

1) 그 대표적인 예술가들로 Peter Halley, Sherrie Levine, Jenny Holzer, Ashley Bickerton, Allan McCollum, Jeff Koons, Haim Steinbach, Simon Linke, Robert Longo, Barbara Kruger, David Salle 등이 있다.

점에서는, 예술이 평범함에서 가장 많이 벗어나려고 하고 고상함이나 초월적 가치 같은 것을 독점하려고 하는 것 자체가 문제가 된다. 따라서 예술이 다른 가치체계들과 관련하여 특권을 갖는 것에 대해 보드리야르는 이의를 제기한다. 이제 예술에 대한 낙원 같은 해석은 있을 수 없다는 것이다. 여기서 보드리야르가 보여주는 미적 관찰과 사유의 급진성을 받아들인다면, 우리는 현대사회에서 차지하는 예술의 위상에 대한 보드리야르의 시각을 재검토할 수 있을 것이다.

II. 시뮬라시옹과 미적 환상

예술에 대한 보드리야르의 분석은 매우 복잡한 동시에 우리를 당혹스럽게 만든다. 그러나 어떤 의미에서, 그는 다음과 같은 평범한 역설로 예술과 삶의 문제에 접근한다. 예술이 삶을 모방하는가? 아니면 삶이 예술을 모방하는가? 물론 중요한 것은, 그가 모방되는 예술이나 삶의 특성을 어떻게 해독하느냐뿐만 아니라, 이러한 역설이 갖는 어떤 통찰력과 관련하여 예술-형식과 삶-형식이 어떻게 다시 읽힐 수 있느냐이다. 보드리야르는 삶을 도식적으로 보여주며, 또한 현대사회에서 다양한 미적 구성을 재해석할 수 있는 계기가 되는 시뮬라시옹과 하이퍼리얼리티의 작용에 의해서 삶이 어떻게 변화되는지를 보여준다.

보드리야르는 현대사회는 "사실의 논리와 이성의 질서와는 무관한 시뮬라시옹의 논리"[2]에 따른다고 주장한다. 시뮬라시옹의 논리는 지나친 방식에 의해 실재의 사라짐에 이르기까지 실재를 분해하고 실재를 희미하게 만든다.

보드리야르의 분석에 따르면 "시뮬라시옹은 실재에 대립되는 것이 아니다. 시뮬라시옹은 허위적인 것이 아니라 진실하지도 허위적이지도 않은 것, 또는 실재에 의해 진실과 허위가 결정될 수 없는 것을 지칭한다."[3] 그는 시뮬라시옹에 대하여 매우 구체적이고 비유적인 설명을 한다. 즉 시뮬라시옹은 엔트로피의 거대한 과정이며, 이 과정에 따라 세계의 실재는 해체되어 점점 더 강하게 소멸되어 간다는 것이다. 실재의 이러한 소멸은 실재에 대한 정의, 다시 말해서 하이퍼리얼리티에 역설적으로 연결된다. 우리는 더 이상 어떤 환상의 힘도 지니지 못한 채 실재에 대한 완전한 정의에 접근하면서 잠재적 이미지의 쓸데없는 완성을 향해 나아가기 때문이다. 프로이트의 경우와는 전혀 다른 의미에서 "환상의 종말이라고 불리는 것은 실재와 이미지에 동시에 저질러진 완전범죄이다."[4]

보드리야르는 오늘날의 이미지에 대하여 이렇게 기술한다. "이

---

2) Jean Baudrillard, *Simulacres et Simulation*, Galilée, 1981, p.31.

3) J.-O. Majastre/G. Peuchlestrade, *Sans oublier Baudrillard*, la Lettre volée, 1996, p.210(약호 *SOB*).

4) 같은 책, p.211. 오늘날 시뮬라시옹과 하이퍼리얼리티는 이미지의 고도의 선명도에 의하여 실재의 완전한 단계에 도달하려고 하면서 환상을 죽이고 있다. 그리하여 보드리야르는 실재의 무대 이외의 다른 무대, 완전한 재현에 의한 환상의 종말을 완전범죄라고 부른다.

미지는 일반적인 기능 속에서 반영이나 거울의 이미지가 아니라 실재의 세계에서 차원을 제거하거나 세계의 실재에서 벗어나게 하면서 환상의 무대를 창조하는 이미지이다."[5] 우리는 이러한 이미지를 하이퍼리얼하게 만들고 상호 작용하게 하고 가상현실로 기능하게 한다. 그러므로 보드리야르는 "예술은 세계에 대한 극단적인 환상에 불과할 수 있다"[6]고 주장한다. 더욱이 그는 벤더스·안토니오니·알트만·고다르·워홀 같은 예술가들은 세계에 대한 실재적이거나 하이퍼리얼한 환상을 증대시킨다고 말한다. 즉 이러한 예술가들이 이미지의 빈 공간을 계속 채우고, 미적 환멸을 증대시켜 나간다는 것이다. 마치 시뮬라크르를 실체화하면서 시뮬라시옹 화가들이 회화를 가치로 계속 실체화하듯이 말이다. 이는 현대예술이 예술로서, 실재보다 더 강한 환상으로서 존속하려고 하면서 그 자체에 완전히 무관한 것이 되었기 때문이다. 다시 말하면 현대예술이 더 이상 자신의 환상을 믿지 않고 시뮬라시옹에 빠져들기 때문이다.

이제 본질적인 문제는 이러한 시뮬라시옹이 앞으로 끝없이 계속될 수 있느냐이다. 오늘날 대부분의 현대예술은 이미지와 상상적 세계의 죽음, 미적 환상의 점진적인 사라짐, 즉 대체로 실패한 미적 죽음을 향한다는 느낌이 든다. 만약 현대예술이 환상의 무대를 계속 창조하는 대신 실재를 빼앗는 것에 만족한다면, 현대예술은

---

5) 같은 책, p.212.
6) 같은 책, p.213.

확실히 환상의 힘을 상실하게 될 것이다. 그러나 미적 영역에 대한 이러한 서글픔에도 불구하고, 보드리야르는 우리에게 다음과 같은 물음을 던진다. 우리에게 여전히 미적 환상의 가능성은 있는가? 아니면 우리는 결정적인 미적 환멸 속에 있는가?

III. 현대예술의 미학, 초미적인 것

현대성의 분석가인 보드리야르는 우리의 현대세계가 얼마만큼 하이퍼리얼하고 가상적인지, 초정치적이고 성전환적이고 초미적인지, 시뮬라시옹화되고 시뮬라크르인지, 진실/허위·현실/상상의 대립을 넘어서고 있는지를 보여준다. 따라서 그는 오늘날의 이러한 혼돈상태를 나타내는 영역들 가운데서 특히 초정치적이고 성전환적이고 초미적인 것의 영역 속에서 미학·정치·성·예술의 완전한 가능성 문제를 논의하였다. 사실 과거와 현재의 형태들을 끊임없이 순환 사용하면서 미적 가치의 생산이 계속되는 한, 전통미학을 명확히 규정지을 수는 없다. 예술은 가능한 한 끊임없이 순환하지만, 모순적인 형태들의 기이한 혼합——새로운 기하학, 새로운 표현주의, 새로운 구상, 새로운 추상——은 거의 완전한 무관심 속에서 공존한다. 그것들이 동일한 문화공간 안에서 공존할 수 있는 것은 이 모든 경향들이 더 이상 고유한 특성을 갖지 않기 때문이다. 이제 모든 것은 미적 차원을 지니며, 모든 공간은 재현적

마르셀 뒤샹, 〈자전거 바퀴〉, 1913, 레디메이드

이거나 반재현적인 가능성이라는 미적 대향연에 둘러싸여 있다.

보드리야르는 이러한 의미에서 "예술은 사라졌다…. 더 이상 근본적인 규칙도, 판단의 기준도, 쾌락의 기준도 없다…. 혹은 미적 판단이나 쾌락의 금본위도 없다"[7]고 주장한다. 실제로 우리가 더 이상 예술의 진정한 윤곽을 볼 수 없는 것은 오늘날 모든 것이 예술이기 때문이 아닐까?

이렇게 현재의 예술의 세계는 기이한 양상을 드러낸다. 이는 마치 여러 세기 동안 찬란하게 전개된 것이 자체의 이미지와 풍부함에 의해 갑자기 고정되고 대경실색하게 되는 것과 같다. 현대예술의 모든 움직임 이면에는 일종의 무기력, 즉 스스로 초월하지 못하여 점점 더 빠른 순환 속에서 자체로 되돌아가는 것이 있다. 보드리야르에 따르면, 그것은 예술의 생생한 형태의 정지(stage), 그리고 동시에 증식, 소란스러운 한 술 더 뜨기, 예전의 모든 형태를 따른 다양한 변화이다.[8] 결국 현재 진행되는 예술의 무질서 속에서는 미적인 것의 코드의 단절을 읽을 수 있다.

사실 형태와 미적 개념의 해방을 통하여, 현대사회는 일반적 미학화, 재현과 반재현의 모든 모델에 대한 가정을 산출하였다. 그러나 이러한 해방의 과정에는, 보드리야르가 묘사한 전통적인 가치의 논리를 압도하는 모든 것의 전반적인 증식이 내포된다. 이제는 "더 이상 가치의 법칙이 없으며, 일종의 가치의 유행(épidémie de la

---

7) Jean Baudrillard, *La Transparence du Mal*, Galilée, 1990, p.22(약호 *TM*).
8) 같은 책, p.23 참조.

앤디 워홀, 〈리즈〉, 1965, 캔버스에 실크스크린, 106×106cm

valeur), 가치의 일반적인 전이, 가치의 불확실한 증식이 있을 뿐이다."[9]

현대예술에 대하여 말하면, 똑같은 열광과 광기, 지나침은 모든 미적 평가의 부재와 관련이 있다. 가치는 가치판단의 부재 속에서 급등한다. 그것이 가치의 황홀경이다. 따라서 현대예술은 가치로서의 평범한 것·하찮은 것·보잘것없는 것을 자기 것으로 삼으려고 한다. 다시 말해서 현대예술은 가장 평범한 것과 가장 외설스러운 것까지도 미학적으로 논의함으로써 '초미적인 것'을 요구하게 된다.

여기서 현대예술의 이러한 특성과 관련하여, 우리는 미니멀 아트·개념예술·반예술과 더불어, 투명성과 사라짐과 현실 초월의 모든 미학과 더불어 현대예술의 탈구체화에 대하여 말할 수 있을 것이다. 그러나 보드리야르는 "실제로 도처에서 조작적 형태로 구체화된 것이 미학이다. 그렇기 때문에 예술은 미니멀이 되지 않을 수 없고 자신의 사라짐을 행하지 않을 수 없다"[10]라고 주장한다. 요컨대 현대예술은 사라지는 모든 형태들처럼 시뮬라시옹을 통해 사라지려고 한다는 것이다. 사실 대부분의 현대적 이미지들, 즉 비디오 비주얼 이미지, 회화의 이미지, 조형예술의 이미지, 합성 이미지들은 글자 그대로 아무런 관련도 없는 이미지들, 흔적도 그림자도 결과도 없는 이미지들이다. 이러한 이미지들은 사라져 버린

---

9) 같은 책, p.13.
10) 같은 책, p.24.

무엇인가의 흔적일 뿐이다. 그것들은 아무것도 숨기지 않고 아무것도 드러내지 않으며, 어떻게 보면 부정적인 강렬함을 지닌다. 앤디 워홀의 〈캠벨 수프〉가 갖는 유일한 특권은 아름다움과 추함, 실재와 비실재, 초월성이나 내재성의 문제를 제기할 필요가 없다는 것이다.

워홀은 미학의 원리를 순수한 이미지로, 순수한 대상으로, 즉 무관심한 시각적인 순수한 산물로 전환시켜 놓는다. 다시 말하자면 그는 미학의 원리를 제로의 지점에 이르기까지 환원시켜 놓는데, 이는 바로 워홀의 작업을 가장 매력적으로 만드는 것이다. 사실 워홀은 처음부터 이미 미학화되어 있는 대상을 선택한다. 그는 일상적인 사물들 자체가 이미 미학적 견지에서 구축되어 있다고 생각하기 때문이다. 따라서 워홀 작업의 핵심은 그것들을 한 겹 더 일상적인 사물로, 즉 시뮬라시옹의 상태로 되돌려 놓는 데 있다. 보드리야르는 워홀의 이런 작업이야말로 정말 고차원적인 예술활동이라고 생각하는 듯하다.

보드리야르는 현대예술의 미학에 대하여 이렇게 설명한다. "우리는 극단적인 미학이나 초미학 속에 있다. 우리의 예술에서 미적 일관성이나 운명을 찾아내는 것은 소용 없는 일이다."[11] 따라서 아름다움이나 추함 속에서가 아니라 아름다움이나 추함을 판단할 수 없을 때, 우리는 무관심에 빠져들게 된다. 그러나 보드리야르는

---

11) 같은 책, pp.25-26.

파사데나 미술관 전시 때의 마르셀 뒤샹, 로스앤젤레스, 1963

이 무관심을 넘어서게 되면 미적 쾌락을 대신하는 다른 매혹이 나타난다고 말한다. 즉 아름다움과 추함은 일단 자체의 구속으로부터 해방되면 증대된다는 것이다. 그것들은 아름다운 것보다 더 아름다운 것, 추한 것보다 더 추한 것으로 되는 것이다. 그리하여 현대의 회화는 (여전히 미적 가치인) 추함뿐만 아니라 추한 것(나쁜 것·보다 나쁜 것·키취)보다 더 추한 것에 전념하게 된다. 이제 현대예술은 아름다움과 추함, 선과 악, 진실과 허위를 해석하는 도덕적 담론으로서의 미학을 받아들이지 않는다. 현대예술은 아름다움과 추함을 넘어서며, 나아가 선과 악, 진실과 허위도 넘어선다.

IV. 현대예술은 무가치한 것인가?

보드리야르는 1996년 《르 몽드》지에서 다음과 같은 선언을 했다. '예술은 더 이상 없기 때문에 죽지 않는다. 너무나 많은 예술이 있기 때문에 예술은 죽는다.' 그에 의하면, 예술의 이러한 예고된 죽음은 마르셀 뒤샹에게로 거슬러 올라간다. 그러면 보드리야르는 헤겔이 '예술의 종말'을 전망했듯이, '예술의 종말'을 예언한 뒤샹의 견해를 따르는가? 그러나 그는 '예술은 끝났고, 죽었다'라고 말하지 않는다. 그를 낙담케 하는 것은, 과도한 실재와, 예술이 실재로 받아들여질 때의 과도한 예술이다.

물론 보드리야르에게 중요한 것은 예술의 소멸이 아니라 미적 포화상태이다. 모든 대상이 미적 대상이 된다면, 그 어떤 것도 더 이상 미적 대상이 되지 못할 것이다. 그는 뒤샹과 더불어 평범한 것이 예술이 되고, 또한 예술은 이제 다른 무대, 즉 환상의 무대를 만들어 내는 대신에 실재를 빼앗는 것에 집착한다고 주장한다. 사실 대부분의 현대예술은 정확히 말해서 가치로서의, 그리고 이데올로기로서의 평범한 것을 자기 것으로 삼으려고 한다. 이는 가치와 타락한 미적인 것으로 간주되는 평범함과 무가치를 인정하는 것이다.

따라서 예술은 미적인 것의 보편화와 일반화를 통하여, 미적인 것의 타락을 통하여 모든 것을 미적 평범함과 무가치에 이르게 한다. 물론 이 경우 모든 평범함은 예술의 이차적이고 아이러니컬한 차원으로 옮겨가면서 승화되기를 기대한다. 그러나 그것은 무의미하고 무가치한 것으로 된다. 그렇다면 예술은 무가치한 것인가? 아니면 예술은 무가치하지 않은 것인가? 보드리야르는 "예술은 너무도 무가치해서 실제로 피상적인 것이 될 수 없으며 또한 너무도 피상적이어서 실제로 무가치한 것이 될 수 없다"[12]고 단언한다. 나아가 그는 이 무가치의 문제와 관련하여 대부분의 현대예술에 대하여 이렇게 말한다. "그것은 겉으로는 무가치해 보이며, 그것은 무가치하다고 말해지며, 그리고 그것은 실제로 무가치하다."[13]

현대예술이 지니는 모든 모호함은 다양한 형태로 나타나는 이

---

12) Jean Baudrillard, 'L'enfance de l'art,' in *Le paroxiste indifferent*, 1997, p.186.
13) *SOB*, p.23.

무가치에 있다. 현대 예술가들은 의미의 풍부함이나 이미지와 형태의 일관성을 추구하지 않는다. 그들은 무의미 속에서, 비의미 속에서, 평범함 속에서 그들의 영감을 찾는다. 따라서 현대예술의 이중성은 바로 이 무가치와 무의미와 비의미를 요구하는 것이다. 즉 예술가들이 이미 무가치한데도 무가치를 지향하고, 이미 무의미한데도 비의미를 지향한다.

보드리야르는 오늘날 시뮬라시옹화하는 예술은 무엇인가 다르며, 더 이상 가치를 믿지 않는 문화를 이용한다고 주장한다. 그는 "현대예술의 환경은 근본적으로 예술의 운명을 믿지 않는다"[14]고 말한다. 즉 예술에는 무가치라는 심오한 교리전수가 내포되어 있으며, 거기에서는 예술가들이 잔재와 폐물과 아무것도 아닌 것으로 작업하는 것을 인정해야 한다는 것이다. 그래서 그들은 평범함과 무가치와 무의미를 요구한다는 것이다. 보드리야르의 견해에 따르면, 이제 미학적 표현으로 '정치적으로 올바른' 지배적인 사상이란 '나는 폐물 이야기를 한다' '나는 무가치와 무의미를 베껴 쓴다' 이다. 이는 예술의 방식인 동시에 예술의 세속적 담론이다.

사실 현대의 예술가들은 무의미한 것이 되어 버린 세계 속에서 작업을 하며, 역시 무의미하게 그렇게 한다. 그들에게 있어서 폐물은 흔한 테마일 뿐만 아니라 예술의 소재까지도 배설물에 속한다. 그리고 스타일은 잔재하는 형태에 불과하다. 그러므로 현대예술은

---

14) Jean Baudrillard, 'L'art entre utopie et anticipation,' Entrevues à propos du *"complot de l'art,"* Sens & Tonka, 1997, p.49.

스스로 부정하고 스스로 패러디하며, 투화되고 응고된 배설물, 관리된 폐물, 일시적으로 불멸화되는 폐물, 상상에 의한 잔존물에 불과하다는 느낌이 든다. 이는 뒤샹이 실현하고 폭로했던 것 그대로, 즉 예술과 실재, 예술작품과 폐물 사이에 있는 모호한 현대성의 결과이다.

뒤샹과 마찬가지로, 워홀과 라우셴버그와 리히텐슈타인도 평범함과 폐물을 미학적으로 논의하였다. 특히 워홀은 자신의 작품을 통하여 우리가 완전히 규명하고 도덕적으로 폭로한 것처럼 보이는 평범함에 수수께끼 같은 힘을 부여하였다. 사실 "워홀의 이미지는 평범한 세계의 반영 때문이 아니라 이미지를 해석하는 주체의 의도가 없기 때문에 평범하다."[15] 따라서 때때로 워홀이나 뒤샹의 창조처럼, 현대예술은 무의미와 무가치와 평범함 속에서 계속 작용한다고 보드리야르는 말한다.

이제 무의미나 무가치를 기존의 의미나 가치로 생각한다면, 그것은 정말 오해가 될 것이다. 평범한 것을 현대세계의 필수적인 참조사항으로 생각하는 것만으로 충분하며, 또한 반영하고 설명하는 것만으로 충분하다. 그런데 보드리야르의 분석에 따르면, 진정한 무가치란 결코 주어지지 않으며, 그 누구에 의해서도 요구될 수 없는 은밀한 특성이다. 진정한 무의미는 결코 의미를 열망하지 않는 흔하지 않은 대상이나 작품이 지니고 있는 예외적인 특성이다.

---

15) Jean Baudrillard, *Le crime parfait*, Galilée, 1995, p.112.

왜냐하면 우리는 열망할 수 있지만, 무가치와 무의미는 열망할 수도 표현할 수도 거래할 수도 없는 유일한 것이기 때문이다.

현대예술의 이중성이 지닌 또 다른 면은, 무가치라는 속임수를 이용한 반대추론으로 사람들로 하여금 그 모든 것에 중요성과 신뢰를 부여하게 하는 것이다. 즉 현대예술은 '무가치하다는 것은 있을 수 없다' '무엇인가를 숨기고 있음에 틀림없다'는 이러한 불확실성을 이용하는데, 그것은 효과적인 전략이다. 현대예술은 미적 가치를 판단할 수 없음을 이용하며, 이해할 것이라고는 전혀 없다는 모호한 직관을 지닌 채 아무것도 이해하지 못하는 사람들의 떳떳하지 못한 의식에 편승한다. 따라서 현대예술에는 미적 가치에 대해 수치스러운 공모, '전문가의 범죄' 형태로 이루어진 공모[16]가 있다고 보드리야르는 강조한다. 사실 평범함이 예술 속에서 사라지는 것과, 예술이 평범함 속에서 사라지는 것, 결국 상호 간의 이러한 작용은 공모적이라고 말할 수 있다. 그래서 공모에서 음모에 이르기까지 우리는 그 안에 있게 되는 것이다. 그러므로 결국 예술은 음모이고, 우리는 불가피한 음모의 희생자, 거의 완전범죄나 다름없는 것의 희생자이자 공모자가 되고 있다.

---

16) 예술은 예술시장의 재정적 관점에서뿐만 아니라 미적 가치의 관리 자체에 있어서도 전문가의 범죄의 일반적 과정과 관련이 있다. 예술은 단지 연루되지 않은 것처럼 보일 뿐이다. 정치와 경제와 정보도 '소비자들'에 관해서는 동일한 공모와 아이러니컬한 동일한 체념을 이용한다(Jean Baudrillard, *Le complot de l'art*, Sens & Tonka, 1996, p.27).

V. 예술에 대한 이의제기

보드리야르는 종종 서구의 문화비평을 자극하는 행동과 기능을 다시 발견하는 한에서만 예술에 관심을 갖는다는 느낌을 주고 있다. 더욱이 그는 일반적으로 문화에 대해 갖는 호의적이지 않은 시각이나 편견을 예술에 대해 갖고 있는 것처럼 보인다. 보드리야르는 공공연하게 '나는 오래된 미적 가치에 대한 향수를 갖지 않는다'고 말한다. 그는 오늘날 "우리는 다른 가치처럼 미적 가치가 곤경에 처하게 되는 시대에 있을 가능성이 있으며, 이는 근본적인 상황"[17]이라고 단언한다. 즉 현대사회에서 미적 가치의 기반은 갈수록 점점 더 무너지게 된다는 것이다.

이에 대하여, 그는 두 가지의 근본적인 이유를 제시한다. 첫 번째 이유로는, 현대사회에서 사물들이 이상발달하는 과정인 사물들의 황홀경처럼, 우리가 가치의 무한한 이상증식인 가치의 황홀경 속에 빠져들고 있다는 것이다. 그리하여 보드리야르의 문화인류학적 관점에서 보면, 예술은 더 이상 근본적인 기능을 갖지 않는 듯하다. 예술은 가치가 소멸되는 운명에 의해, 초월성의 상실에 의해 타격을 받고 있다는 것이다. 보드리야르는 따라서 "예술은 우리에게 환상도 진실도 돌려주지 않는다"[18]고 지적한다. 두 번

---

17) Jean Baudrillard, 'Je n'ai pas la nostalgie des valeurs esthétiques anciennes,' Entrevues à propos du "complot de l'art," p.21.

째 이유로는, 미적 세계가 존재하려면 무엇보다도 점점 더 많은 미적 대상이 있어야 하는데, 대상들이 맹목적인 기능밖에 갖지 않음으로 인해 모든 형태의 지나친 사용에 의한 형태의 사실상의 사라짐을 초래한다는 것이다. 이는 시뮬라시옹과 하이퍼리얼리티에 의한 실재의 사라짐이나 실재의 죽음과 관련이 있다.

보드리야르는 예술이 평범함에서 가장 많이 벗어나려고 하고 고상함이나 초월적 가치 같은 것을 독점하려고 한다면, 그것에 이의를 제기해야 한다고 강조한다. 그러나 오늘날 "예술은 일상생활의 일반적인 미학화를 통하여 이미지의 순환을 위해 평범함의 초미학 속으로 사라졌다"[19]고 그는 주장한다. 요컨대 예술은 모든 것을 미적 평범함에 이르게 하기 위해 환상의 욕망을 없애 버렸으며, 초미적인 것으로 되어 버렸다는 것이다. 따라서 그는 예술에서 평범함을 초미학적으로 논하는 것으로 옮겨간다. 이 경우에는 미적인 것의 보편화와 일반화에 의한, 그리고 미적인 것의 타락에 의한 예술의 종말이 문제가 된다. "만약 모든 것이 미적인 것이 된다면, 예술은 더 이상 없게 된다"[20]는 보드리야르의 이러한 견해는 어떻게 보면 예술의 종말을 다소 의미할 수 있다. 이는 모든 평범함이 미학이 되고, 거꾸로 모든 미학이 평범함이 되는 아이러니컬한 상태

---

18) Jean Baudrillard, 'La commedia dell'arte,' Entrevues à propos du *"complot de l'art"*, p.28.
19) *TM*, p.19.
20) *SOB*, p.221.

에 이른 것을 뜻하는 것이 될 것이다. 그러므로 현대예술은 가치로서의 평범한 것을 자기 것으로 삼으며, 가치와 타락한 미적인 것으로 간주되는 평범함과 무가치를 인정하는 것이다. 이제 오늘날 사람들은 평범함과 무가치와 무의미를 요구하고, 모두가 더 이상 예술가이지 않기를 바란다는 것이다.

그러면 보드리야르가 말하고 있는 무가치란 무엇일까? 그는 어느 때에는 무가치를 무가치한 것, 즉 아무것도 아닌 것으로 표현하기도 하고, 다른 때에는 무가치란 결코 주어지지 않으며, 그 누구에 의해서도 요구될 수 없는 환상적인 특이성이라고 말한다. 그의 이러한 사유는 분명히 논리적 모순을 드러낸다. 이런 점에서, 보드리야르의 평론 〈예술의 음모〉는 좀 서둘러 쓰여졌다는 느낌이 든다. 이는 '현대예술은 거의 전부가 무가치하다'고 감히 말하는 보드리야르를 다시 생각해 보게끔 한다. 그러나 한 가지 명백한 사실은, 그가 예술에 대한 도발적이고 극단적인 사유를 통하여 '예술의 종말'이나 '예술의 음모'라는 표현을 자주 사용함에도 불구하고, 그가 실제로 예술을 매장하지 않는다는 점이다. "그밖의 모든 것에 대해서와 마찬가지로, 예술 자체에 대하여 이의를 제기할 수 있어야 한다"[21]는 그의 논리는 어떻게 보면 우리에게 놀라운 충격과 함께 예술 자체의 역할과 자리매김을 깊이 생각하게 한다.

보드리야르의 이러한 비평적 담론에서 사유의 급진성을 발견하

---

21) Jean Baudrillard, 'Je n'ai pas la nostalgie des valeurs esthétiques anciennes,' Entrevues à propos du "complot de l'art," p.22.

는 것은 그다지 어려운 일이 아니다. 보드리야르는 오로지 현대예술이 처해 있는 상황에 대해 하나의 극단적인 가설을 제시했을 뿐이다. 따라서 현대사회에서 차지하는 예술의 위상에 대한 보드리야르의 이의제기를 재검토하는 일은 전적으로 우리의 판단에 달려 있다고 할 수 있다.

2 현대예술(2)
― 미적 환상에서 미적 환멸로

오늘날 예술은 특권을 부여받은 것이 아니다. 글쓰기에 의해 예술의 내부로부터 비평하고 진실로 비판적인 비평을 하는 것은 가능한 일이다. 보드리야르에게 있어 예술을 비평하는 것은 예술의 길로 나아가는 하나의 방법이었다. 그것은 예외가 아닌 규칙이 되었다. 이는 바로 보드리야르가 《예술의 음모》에서 주장한 바이며, 거기서 야기된 반응은 자신이 《소비의 사회》에서 이미 예상했던 것을 입증했다. 말하자면 팝아트의 유머가 상업적 공모와 같은 차가운 미소를 지니듯이, 비평은 소비에 내재하는 반담론이 되어 버렸다. 《기호의 정치경제학 비판을 위하여》에서 보드리야르는 현대예술은 테러적인 비평과 사실상의 문화적인 통합 사이에서 모호한 지위를 갖는다고 지적했다. 따라서 그는 현대예술은 자신의 질서를 파괴하는 '공모의 예술'에 불과하다고 주장했다.

오늘날 이러한 공모는 사회에 완전히 영향을 미치며, 이로 인해 예술에 독자적인 지위를 부여하는 어떤 이유도 존재하지 않는다. 어떻게 보면 크리스 크라우스의 말처럼, "예술은 자신의 특이성과 예측불가능성으로부터 본질적인 것을 상실"[1]했는지도 모른다. 사실 오늘날 예술은 어떤 다른 상업적 거래처럼 소비상품을 산출해내며, 예술의 팽창은 그 절정에 도달하고 있다. 그리하여 예술에 속하지 않았던 모든 것이 예술로 되어 버렸다. 롤랑 바르트는 미국에서 성은 성 안에서 말고는 어디에나 있다고 말했다. 오늘날 예술은 어디에나 있으며 심지어 예술 안에도 있는 것처럼 보인다.[2]

더욱이 오늘날 예술은 세계 전체가 미적으로 된다는 사실을 감추는 억제장치, 쇼윈도 같은 것으로 되어 버렸다. 예술은 돌이킬 수 없을 정도로 자신의 특권을 상실하긴 했지만 어디에서나 발견된다. 게다가 예술은 패션·광고·미디어의 어디에서나 자유롭게 전이되고 있다. 이제 예술은 거대한 거품 속에 갇혀 있으며, 소비가 예술의 내부에 침투함으로써 예술의 완전한 상품화에 직면해 있다. 예술이 처해 있는 이러한 상황과 관련하여, 보드리야르는 "예술은 극도의 보잘것없는 것이다. 그것은 무가치해지기를 바란다"[3]라고 역설했다. 예술이 예술로서 가치를 지니지 못한다면, 어

---

1) Chris Kraus, *Videogreen: Los Angeles, or the Triumph of Nothingness*, Semiotext(e), 2004, p.17.

2) Jean Baudrillard, 'Avant-propos. le pirate de l'art par Syvère Lotringer' in *Le complot de l'art, illusion et désillusion esthétiques*, Sens & Tonka, 2005, p.15 참조.

3) Jean Baudrillard, *Le complot de l'art*, Sens & Tonka, 1996, p.19.

째서 예술이 가치를 지니지 못했을까? 그는 "예술은 더 이상 특수한 영역이 아니다"[4]라고 말했다. 그에게 있어 "시뮬라크르의 출현은 오늘날의 문화에는 더 이상 독창적인 것이 없고 복제의 복제만이 있다는 것을 의미할 뿐이었다."[5]

이제 예술은 예술로 간주되지 않는 것과 구별되지 않는 경향이 있다. 이는 예술이 지수함수적으로 증대하는 것을 통제하지 못하는 것과 관련이 있다. 달리 말하면 흔히 자주 예고된 '예술의 사라짐'이 우리의 면전에서 계속 일어나고 있는 것이다. 따라서 예술을 대신하는 것은 문화의 과잉생산에 의한 과도한 증식과, 시뮬라크르의 예술이다. 예술은 자신의 실재를 부정한다. 예술은 실재나 초과실재(hyperréalité)를 피드백하는 이미지가 되었다. 따라서 예술은 실재를 사라지게 하는 이미지의 기능 이외의 다른 것을 하지 않는다.

이 글에서는 보드리야르의 관점에서 모든 것이 미학화되는 세계에서 예술이 왜 자신의 사라짐을 향해 나아가는지 살펴볼 것이다. 그리고 예술의 범람 이후 예술이 예술로서의 그 자체를 무효화하는 과정을 통해 어떻게 '미적 환상'이 '미적 환멸'로 바뀌게 되는지 간략하게 검토할 것이다. 어떻게 보면 그것은 보드리야르의 현대예술이론을 구체적으로 검토하는 하나의 방법이 될 수도 있을

---

4) Jean Baudrillard, *Le complot de l'art, illusion et désillusion esthétiques*, p.24.

5) Jean Baudrillard, *The Conspiracy of Art*, Semiotext(e), 2005, p.14.

것이다. 물론 여기서는 대체로 실패한 미적 죽음을 향해 나아가는 현대예술의 상황, 그러한 상황을 둘러싸고 전개되는 세계에 대한 환상의 사라짐과, 현실로부터 쫓겨나는 미적 환상을 깊이 있게 검토하고, 나아가 그것을 통해 시뮬라크르라는 미적 형태의 사라짐, 미적 형태를 넘어선 환상의 근본적인 형태 및 미적 환상의 가능성을 차례로 분석할 것이다.

I. 예술의 사라짐을 향하여

헤겔은 '사라짐에 대한 열망'과 사라짐의 과정에 참여한 예술에 대해 말한 바 있다. 어떻게 보면 예술은 늘 스스로를 부정했다. 하지만 예술은 자신의 '사라짐의 유희'에 열광하면서 지나치게 그렇게 했다. 사실 19세기부터 예술은 쓸모없는 것이 되고자 했다. 오늘날 우리는 가치와 아무 관련도 없는 영역, 즉 완전한 가치의 환상, 가치의 황홀경 속에서 스스로를 발견하게 된다. 이는 경제적 차원에서뿐만 아니라 미적 차원에서도 사실이다.

물론 이때 모든 미적 가치들(구상 혹은 추상)은 동시에 그리고 잠재적으로 최대한에 도달하게 되며, 어떤 가치판단도 이끌어 내지 못한다. 다시 말하면 우리는 맹목적 숭배의 대상의 정글 속에 있게 되는데, 이 맹목적 숭배의 대상은 그 자체 속에 어떤 가치도 지니지 못한다. 아니 정확히 말해서, 그것은 너무도 많은 가치를 지니고 있어서 교환될 수 없다. 이는 바로 오늘날 우리가 처해 있는 예술적 상황이다. 이는 또한 보들레르가 추구했던 예술작품의 훌륭한 아이러니이다. 즉 매우 아이러니컬한 상품은 더 이상 아무것도 의미하지 않기 때문에 더욱더 빨리 순환하며, 그리고 그 자체가 의미와 지시를 상실했기 때문에 더 많은 가치를 지닌다는 것이다. 사실 보들레르는 예술작품을 유행에 동화시키려고 했다. 그에게 있어서 "유행은 상품에 대한 고상한 가정인 초(ultra)상품으로서의 유행, 상품의 철저한 패러디이자 철저한 부정으로서의 유행이었다."[6]

예술작품은 대체로 자신의 타락과 비지시적 효과, 모험과 현기증 속에서 활기를 띤다. 따라서 그것은 공허해질 수 있다. 하지만 예술작품은 이러한 무가치와 사라짐을 구체화하고 그것으로부터 놀라운 효과를 산출해야 한다. 이는 보드리야르가 말하는 유혹의 새로운 형태이다. 즉 더 이상 환상의 지배와 미적 질서는 없고 외설스러운 현기증만이 있다. 이제 맹목적 숭배의 대상으로서 예술적 대상은 상품의 외설스러움 속에서 한층 돋보이기 위해 자신의 전통적 아우라와 환상의 힘을 파괴하고자 한다.

앤디 워홀이 기계보다 훨씬 더 기계적인 완전한 기계가 되는 급진적인 절대적 필요성을 주장했을 때, 자신이 이미 제작된 물건들의 자동적이고 기계 같은 복제를 추구했기 때문에, 그는 보들레르와 똑같은 완전한 상품의 세계를 열망할 수 있었다. 그는 근대예

---

6) 같은 책, p.100.

술의 운명인 완성에 도달하려는 보들레르의 비전을 실행하고 있을 뿐이었다. 그는 '예술의 사라짐'의 길에서 가장 멀리까지 나아갔다. 근대의 위대한 예술가는 예술적 숭고함을 지닌 예술가이기보다는 외려 예술이 자신의 사라짐의 객관적 아이러니 속에서 구현하는 세계, 즉 상품세계의 객관적 아이러니를 지닌 예술가이다.

그러나 보드리야르에 따르면 "예술의 이러한 사라짐은 상품과 마찬가지로 결코 부정적이지 않고 우리를 우울하게 하지도 않는다."[7] 상품에 대한 환상이 있듯이 예술의 사라짐에 대한 환상이 있는 것이다. 그는 "예술의 사라짐과 예술의 근대성은 사라짐의 예술 속에 있다"[8]라고 주장한다. 사실 구상/추상과 어떤 다른 범주 사이에서 작용할 수 있는 공식적인 예술, 예술을 위한 예술과, 다른 예술 사이의 모든 차이는 사라지는 진정한 예술에 의한 비밀스런 부정이나 거의 무의식적인 선택에서 비롯된다. 실제로 공식적인 예술은 결코 자신의 사라짐을 실행하지 않는다. 이것이 바로 예술이 한 세기 이상 동안 우리의 정신으로부터 멀어졌던 이유이다. 어떻게 보면 예술의 재출현은 예술의 사라짐이라는 위대한 근대적 모험이 이제 끝났다는 것을 의미한다.

따라서 우리는 칸트가 말하는 고전미학을 특징짓는 목적 없는 합목적성의 정반대인 합목적성 없는 목적 속에 있다. 달리 말하면 우리는 초미학(transesthétique)[9] 속에, 기술하고 묘사하기 어려운 전환

---

7) 같은 책, p.103.
8) 같은 책, 같은 쪽.

속에 있다. 이러한 초미학과 전환 속에서는 미적 판단이 불가능하기 때문이다. 현재의 예술적 상황을 규정짓는다면, 우리는 성적 해방, 생산력의 해방, 무의식적 충동의 해방처럼 예술의 해방이 실현되고 있다고 말할 수 있을 것이다. 따라서 모든 것이 대체로 이미 해방되어 있기 때문에, 우리는 이러한 해방을 시뮬라시옹화할 수 있으며, 나아가 모든 시나리오를 다시 상연할 수 있는 시뮬라시옹의 상태에 놓여 있다. 모든 시나리오들이 실제로 혹은 가상적으로 이미 상연되었기 때문이다. 그것은 우리가 역설적으로 살아야 하는 실현된 유토피아의 상태이다.

보다 구체적으로 말하면, 성의 유토피아는 모든 성행위의 기술적 · 운동적 · 신경적인 물질화 속에서 실현되었는데, 이는 예술에 대해서도 마찬가지이다. 즉 예술의 유토피아는 어디에서나 물질화된 예술 속에서 실현되었다. 예술은 철저히 현실 속으로 들어갔다. 예술은 미술관과 갤러리 속에 있을 뿐만 아니라 폐물 속에, 벽 위에, 거리 속에도 있다. 세계의 미학화가 실현되는 것이다. 우리가 사회적인 것의 관료적 물질화, 성의 기술적 물질화, 미디어와 광고에 의한 정치의 물질화를 갖듯이, 우리는 예술의 기호학적 물질화를 갖는다. 보드리야르의 견해에 따르면, 그것은 "기호와 기호

---

9) 보드리야르에 의하면 차이의 생성이 극한을 지나면 거꾸로 모든 개별적 가치들의 차이가 사라지는 '가치의 황홀경'에 도달한다. 그는 현대사회가 내파로 인해 그러한 상태에 도달했다고 말한다. 오늘날 "다른 가치들처럼 미적 가치도 곤경에 처하게" 되었는데, 이런 현상은 '초미학적'이라고 불린다.

의 순환에 의해 모든 것의 공식화로서 이해된 문화"[10]이다.

물론 거기에는 예술의 상업화와 미적 가치의 상업화에 대한 비판이 있을 수 있다. 하지만 이는 오래된 향수적인 반복에 불과할 뿐이다. 무엇보다도 사물들의 일반적 미학화와, 문화적·미적 표현 방식의 모든 것을 미술관 관리의 기호로 옮겨 놓는 것이 문제이다. 그것이 바로 우리의 지배적인 문화를 형성한다. 그것은 우리를 둘러싸는 모든 형태의 미적 재현과 다시 시뮬라크르하기인데, 엄청난 위협이다. 보드리야르는 그것을 '문화의 복제단계'라고 부른다.

이러한 상황 속에서는, 우울하고 반복적인 시뮬라크르만이 생산될 뿐이다. 예전에 예술은 환상의 힘을 지닌 시뮬라크르였다. 오늘날 시뮬라크르는 모델의 현기증 속에 존재할 뿐이다. 예전에 예술이 세계의 현실과 환상이 영향을 끼치는 극적인 시뮬라크르이었던 반면, 오늘날 예술은 미적 보철물에 불과하다. 여기서 보철물이란 완전한 시뮬라시옹의 과정을 따라 신체를 만드는 복제, 즉 신체복제 같은 화학적·호르몬적·유전적 보철물을 의미한다. 따라서 오늘날 "예술은 형태와 외양의 마술을 잃어버린 세계의 완전한 보철물이다."[11]

보드리야르의 관점에서 보면 근대예술의 숭고함은 자신의 사라짐의 마술에 있다. 이 사라짐의 모든 형태들과 더불어 근대예술의

---

10) Jean Baudrillard, *The Conspiracy of Art*, p.105.

11) 같은 책, p.106.

사라짐의 유토피아까지도 실현되었다. 현대예술에 관해 말하자면, 그것은 세 번째 질서의 시뮬라크르에 도달했다. 오늘날 우리는 타락한 상황 속에 살고 있는데, 이러한 상황 속에서 예술이 현실 속으로 들어갔기 때문에 예술의 유토피아가 실현될 뿐만 아니라 예술의 사라짐의 유토피아도 실현되고 있다. 그러므로 예술은 그것이 이미 발생했기 때문에 자신의 사라짐을 시뮬라크르하기 마련이다.

이제 우리는 구상이든 추상이든 상관없이 예술형태의 반복 속에서 예술의 사라짐을 체험한다. 마치 우리가 미디어에 의한 정치형태의 반복 속에서 정치의 사라짐을 체험하듯이, 그리고 우리가 포르노그라피와 광고에 의한 성형태의 반복 속에서 성의 사라짐을 체험하듯이 말이다. 여기서 우리는 다음과 같은 두 계기를 구별하는 것이 필요하다. 첫 번째 계기는 설령 그것이 19세기부터 20세기까지 수십 년간 지속되었다 할지라도 독창적이다. 그것은 단 한 번 일어났을 뿐이다. 두 번째 계기는 여러 세기 동안 지속될 수 있다. 하지만 그것은 더 이상 독창적이지 않다. 우리는 이 두 번째 계기, 즉 돌이킬 수 없는 죽음의 의미에서 사라짐과 시뮬라크르에 연루되어 있다.

보다 구체적으로 말하자면 예술의 계몽적인 계기, 즉 예술이 그 자체를 사라지게 하는 계기가 있다. 하이데거가 평범함에 빠져드는 것은 인간의 근대적 운명이라고 말했지만, 예술이 평범함에 빠져들 때 어느 정도 시뮬라크르의 계몽적인 계기, 희생의 계기가 있다. 하지만 바로 이 평범함과 더불어 예술이 존속하는 것을 터득하는 비계몽적인 계기도 있다. 이러한 논리에서 보면 성공적인 자살은 바로 예술의 사라짐이다.

요컨대 벤야민의 표현을 빌리자면 원본의 아우라가 있듯이 시뮬라크르의 아우라가 있다. 보드리야르의 견해에 따르면, '진짜' 시뮬라크르와 '가짜' 시뮬라크르가 있다. 그의 이러한 견해는 역설적인 것처럼 보이지만 사실이다. 1960년대에 워홀이 〈캠벨 수프〉를 그렸을 때, 그것은 시뮬라크르와 현대예술에 가해진 놀라운 충격이었다. 단번에 상품으로서의 대상, 즉 상품으로서의 기호는 아이러니컬하게 신성한 것이 되었다. 그러나 1986년 〈캠벨 수프〉를 그렸을 때, 그는 더 이상 스캔들 속에 있지 않았고 시뮬라크르의 스테레오타입 속에 있었다. 1962년 그는 독창적인 방법으로 독창성의 개념을 공격했다. 1986년 그는 비독창적인 방법으로 비독창성을 재현했다. 1962년에는 그는 아이러니컬한 방식으로 그리고 단순화된 예술적 행위로 상품이 예술 속에 난입하는 미적 충격을 다루었다. 기발한 상품이 새로운 기발한 예술——기발한 시뮬라크르——을 산출한 것이다. 1986년에는 기발한 광고가 상품의 새로운 단계를 설명했다. 또 다시 예술은 상품을 미적으로 만들고, 보들레르가 비난한 공감적 미학화 속으로 빠져들었다.

여기서 문제가 되는 것은 사람들이 몇십 년 후 똑같은 것을 다시 만들 때 아이러니가 심각해진다는 것이다. 그러나 보드리야르는 이러한 문제의 아이러니를 뛰어넘으면서 기발한 시뮬라크르를 믿는다. 그는 더 이상 시뮬라크르의 환각도 그것의 잔영도 믿지 않는

앤디 워홀, 〈캠벨수프깡통〉, 1962, 뉴욕 현대미술관

다. 가령 그는 몇 세기가 지난 후에는 폼페이의 진짜 도시와 말리
부의 폴 게티 미술관 사이의 어떤 차이도 존재하지 않을 것이라고
생각한다. 하지만 우리는 여전히 이러한 차이를 느끼며 살아간다.

바로 거기에 모든 딜레마가 있을 수 있다. 더욱이 시뮬라크르의
한계를 넘어선 곳은 없는 것처럼 보인다. 보드리야르의 사유세계
에서 "시뮬라크르는 더 이상 사건이 아니라 우리의 완전한 평범함
이자 일상적 외설스러움이다."[12] 어떻게 보면 우리는 예측할 수 없
는 다른 사건을 기다리면서 우리 문화의 모든 형태들의 의미없는

---

12) 같은 책, p.109.

반복을 준비하고 있는지도 모른다. 시뮬라크르는 이제 어디에서나 존재한다. 시뮬라크르의 예술이 존재하며, 세계의 가상(apparence)을 부활시키고 파괴하는 아이러니컬한 특성이 존재한다. 사실 동일한 것에 동일한 것을 무한히 덧붙이는 것, 그것이 바로 보잘것없는 시뮬라크르이다.

이제 동일한 것에서 동일한 것을 떼어 놓아야 한다. 이미지를 세계의 실재로부터 떼어 놓아야 한다. 이미지 속에서 무엇인가가 사라져야 한다. 하지만 결정적인 엔트로피(entropie)를 전멸시키는 유혹에 빠져들어서는 안 된다. 사라짐은 현재에도 지속되어야 한다. 그것이 바로 예술의 비밀이다. 예술에는──고전예술과 마찬가지로 현대예술에는──이중의 전략이 있다. 그것은 세계와 실재의 모든 흔적들을 사라지게 하고 전멸시키려는 충동과, 이러한 충동에 대한 저항이다. 앙리 미쇼에 따르면, "예술가는 어떤 흔적도 남기지 않으려는 기본적인 충동에 힘껏 저항하는 사람이다."[13]

보드리야르는 오늘날 "예술은 전통파괴적이 되었다"[14]라고 주장한다. 현대의 전통파괴주의는 이미지를 파괴하는 것이 아니라 전혀 상관 없는 넘쳐나는 이미지를 만들어 낸다. 이러한 이미지들은 글자 그대로 흔적을 남기지 않는 이미지들이다. 엄밀하게 말해서, 그것들은 어떤 미적 결론도 가져오지 못한다. 이미지들의 이면에서 무엇인가가 사라져 버린 것이다. 바로 거기에 이미지들의 비밀

---

13) 같은 책, 같은 쪽.
14) 같은 책, 같은 쪽.

이 있고 시뮬라크르의 비밀이 있다.

　오늘날 우리는 시뮬라크르의 세계 속에 살고 있다. 이러한 세계 속에서 이미지와 기호의 최상의 기능은 실재를 사라지게 하는 동시에 이러한 사라짐을 감추는 것이다. 어떻게 보면 현대예술은 이미지나 기호의 기능 이외의 다른 것을 하지 않는다. 오늘날 미디어도 이미지나 기호의 기능 이외의 다른 것을 하지 않는다. 그래서 예술과 미디어는 같은 운명에 처해 있다고 말해질 수 있다. 다시 말해서 그것들은 제각기 자신의 사라짐을 향해 나아가고 있는 것이다.

II. 미적 환상에서 미적 환멸로

　보드리야르는 현대예술이 처해 있는 상황에 대해 다음과 같이 기술한 바 있다. "근대예술의 모험은 끝났다. 현대예술은 자기 자신과 같은 시대를 살고 있을 뿐이다. 현대예술은 과거나 미래를 향한 초월도 지니지 못한다."[15] 보드리야르의 이러한 진단에 따르면, 더 이상 초월도 대립도 없고 다른 무대도 없다. 오로지 있는 그대로의 현실세계와의 반사작용만이 있을 뿐이다. 사실 오늘날 추상의 영향 아래 사람들은 우월한 실재를 향해, 다시 말해서 실재보다

---

15) Jean Baudrillard, *Le Pacte de lucidité ou l'intelligence du Mal*, Galilée, 2004, p.89.

더 실재적인 초과실재를 향해 나아가고 있다. 이러한 상황 속에서, 현대예술은 일반적인 미학화와 더불어 현실의 영역 전체를 둘러싸고 있다. 이제 현실세계의 평범함과 혼동되는 것은 예술의 평범함이다. 따라서 예술 속으로의 현실의 이동이 존재하며, 현실 속으로의 예술의 이동이 존재한다.

이러한 논리에서 보면 창조적 행위 자체는 하나의 기호일 뿐이다. 다시 말해서 현대예술은 더 이상 자신의 형태 속에서 아무것도 의미하지 않는다. 그것은 부재를 향한 기호에 불과하다. 하지만 자신의 의미와 실재를 상실한 현대예술 속에서 부재의 이러한 전망은 어떻게 될 것인가? 보드리야르는 "현대예술은 일반적인 무관심과 무의미에 동조할 수밖에 없다"[16]라고 주장한다. 따라서 현대예술은 더 이상 어떤 특권도 지니지 못한다. 현대예술은 특히 무의미의 스펙터클을 통해서 우리를 의미의 지배로부터 해방시켜 준다. 이것이 바로 현대예술의 증식을 설명해 준다. 모든 미적 가치와 무관하게, 현대예술은 자신의 무의미와 무가치에 따라 발전하는 것을 확신하고 있는 것처럼 보인다.

이제 현대예술이 무가치하고 그 모든 것이 아무런 의미도 없다고 말하는 것은 쓸데없는 일이다. 왜냐하면 그것이 바로 현대예술의 중요한 기능이기 때문이다. 만약 어떤 명제에 따라 예술의 기능이 삶을 예술보다 더 흥미롭게 만드는 것이었다면, 예술에 대한

---

16) 같은 책, p.92.

환상을 버려야 한다. 보드리야르의 견해에 따르면, 대부분의 현대 예술은 이미지와 상상적 세계의 죽음, 대체로 실패한 미적 죽음을 향한다는 느낌이 든다. 이것은 예술영역에 대한 전반적인 서글픔을 불러일으킨다. 하지만 예술은 자신의 목적을 넘어서 존속하는 이 서글픈 운명을 갖는 유일한 것이 아니다.

오늘날 우리는 우리보다 앞서 간 것을 끝없이 돌이켜 생각하는 경향이 있는 듯하다. 이는 정치·역사·도덕에 대해서도, 이제 어떤 특권도 누리지 못하는 예술에 대해서도 마찬가지이다. 회화의 모든 운동은 어떻게 보면 미래에서 멀어져 과거로 이동한 것처럼 느껴진다. 다시 자기 것으로 삼기가 도처에 넘쳐나고 있다. 오늘날 예술은 다소 유희적으로, 다소 저속하게, 심지어 현대적으로 과거의 모든 형태들을 다시 자기 것으로 삼고 있다. 러셀 콘너(Russel Connor)는 그것을 '현대예술의 유괴'라고 부른다. 물론 이 모든 재사용은 아이러니컬하게 되고자 한다. 하지만 이러한 아이러니는 시대에 뒤떨어진 아이러니이며 사태에 대한 환멸에서 생겨날 뿐이다. 가령 〈풀밭 위의 식사〉와 〈카드놀이하는 사람〉을 나란히 놓는 암시는 광고의 익살스러운 장면, 유머, 아이러니, 정밀한 묘사화의 비평에 불과하다. 이는 오늘날 광고를 특징짓고 예술세계를 사로잡는다. 그것은 자신의 문화에 대한 유감의 아이러니이다. 이 아이러니는 니체에 따르면 유감이 도덕의 계보학의 최종 단계를 구성하듯이 예술사의 최종 단계를 구성한다. 그것은 예술과 예술사의 급변인 동시에 패러디이다. 다시 말하면 철저한 환멸에서 생겨난 복수의 형태 속에서 이루어진 문화의 패러디이다.

예술에 관해 다시 이야기하자면, 오늘날 예술과 회화에 대해 말하는 데는 상당한 어려움이 있는 것처럼 보인다. 왜냐하면 회화를 보는 데는 상당한 어려움이 있기 때문이다. 대부분의 경우 회화는 그저 단순히 보여지고자 하지 않고 시각적으로 흡수되고자 하며 흔적을 남기시 않은 채 순환하고사 한나. 따라서 회화는 어떻게 보면 불가능한 교환의 단순화된 미적 형태일지도 모른다. 그리하여 회화를 설명하는 담론은 말할 것이라고는 전혀 없는 담론이 될 것이다. 그것은 대상이 아닌 대상과 같은 가치를 지니는 것이다. 하지만 보드리야르는 "대상이 아닌 대상은 아무것도 아니며, 또한 자신의 내재성에 의해서, 자신의 무의미한 존재에 의해서 그리고 이 의미 없는 황홀경에 의해서 우리를 끊임없이 사로잡는다"[17]라고 말한다. 따라서 아무것도 아닌 것의 끝에서 그것을 구체화하는 것이 문제이다. 그리고 빈 공간의 끝에서 빈 공간의 투명함을 발견하거나, 무관심(세계에 대한 무관심)의 끝에서 무관심의 신비스런 규칙들, 즉 무가치의 양식들을 발견하는 것이 문제이다. 특히 이러한 양식들은 아무것도 아닌 것의 패러디가 되고자 하는 예술에서는 점점 덜 실현되고 있다.

보드리야르의 관점에서 보면, 예술은 세계의 긍정적 또는 부정적인 상황을 결코 기계적으로 반영하지 않는다. 예술은 세계에 대

---

17) Jean-Olivier Majastre/Gisèle Peuchlestrade, *Sans oublier Baudrillard*, La Lettre volée, 1996, p.213.

한 극단적인 환상, 세계의 과장된 반영에 불과할 수 있다. 무관심에 전념하는 어떤 세계에서는, 예술은 오로지 이 무관심을 증대시킬 수 있을 뿐이다. 중요한 것은 이 무관심을 해결하는 것도, 무관심을 다시 만들어 내는 것도 아니다. 이제는 존재할 수 있었던 예술의 마법적 환상이나 무대가 더 이상 발견되지 않을 것이다. 따라서 이미지의 빈 공간, 대상이 아닌 대상에 관심을 집중해야 한다. 보드리야르는 "벤더스·자무쉬·안토니오니·알트만·고다르·워홀 같은 예술가들은 이미지를 통해서 세계의 무의미를 탐색하며 세계에 대한 실재적이거나 하이퍼리얼한 환상을 증대시킨다"[18]라고 말한다. 즉 이러한 예술가들이 이미지의 빈 공간을 계속 채우고 '미적 환멸'을 증대시켜 나간다는 것이다.

보드리야르가 보기에, 이러한 현상은 현대회화에서도 두드러지게 드러나고 있다. 많은 경우(베드 페인팅, 뉴페인팅, 설치작업, 퍼포먼스)에, 현대회화는 스스로를 부정하고 스스로를 패러디한다. 그것은 투화되고 응고된 배설물과 같으며, 관리된 폐물·일시적으로 불멸화되는 폐물과 같다. 그것이 더 이상 우리를 바라보지 않는다는 의미에서는 심지어 시선의 가능성조차도 없다. 그것은 우리를 완전히 무관심하게 만든다. 현대회화는 회화로서, 예술로서, 실재보다 더 강한 환상으로 존속하려고 하면서 그 자체에 완전히 무관한 것이 되었기 때문이다. 다시 말하면 현대회화는 더 이상 자

---

18) 같은 책, pp.213-214.

신의 환상을 믿지 않기 때문이다.

그러면 현대예술은 환상의 무대, 그럴 듯한 무대를 만들어 내는 대신에 실재를 **빼앗는** 것에 만족하는가? 보드리야르에 따르면, "환상은 형태들의 창조를 통해서 실재에서 벗어나고 실재와 다른 무대를 대립시키는 데서 생겨난다."[19] 다른 놀이와 놀이의 다른 규칙을 창조하는 환상은 이제 불가능하다는 것이다. 왜냐하면 이미지들이 더 이상 실재의 거울이 아니기 때문이다. 이미지들은 실재의 중심을 포위하고 실재를 초과실재로 변형시킨다. 이미지들은 그 자체로 투명해졌으며 더 이상 비밀을 지니지 않고 환상을 낳지 않는다. 왜냐하면 환상은 비밀에 연결되어 있기 때문이다. 따라서 현대예술과 관련하여 재현의 종말, 미학의 종말이 존재할 수 있다. 환상은 이제 테크놀로지의 모든 힘에 의해 현실로부터 쫓겨남과 동시에, 아이러니가 사태로 되어 버린 것처럼 보인다. 물론 이때 세계의 환상의 사라짐에 대한 대가가 있을 터인데, 이는 바로 세계의 객관적인 아이러니의 출현일 것이다. 보드리야르는 "아이러니는 세계의 환멸에 대한 보편적·정신적 형태이다"[20]라고 말한다.

보드리야르가 말하는 아이러니는 주체의 기능도 아니며 세계의 불확실성이 반영되는 비판적 거울도 아니다. 그것은 세계 자체의 거울, 말하자면 우리를 둘러싸는 인위적인 대상세계의 거울인데,

---

19) Jean Baudrillard, *Le complot de l'art, illusion et désillusion esthétiques*, p.53.
20) 같은 책, p.55.

이 거울 안에서 주체의 부재와 투명성이 반영된다. 중요한 사실은 주체의 비판적 기능에 뒤이어 대상의 아이러니컬한 기능, 즉 주관적이 아닌 객관적인 아이러니가 생겨났다는 것이다. 따라서 보드리야르의 사유세계에서 사물들이 제품·인공물·기호·상품들인 순간부터, 사물들은 자신들의 존재 자체를 통해 인위적이고 아이러니컬한 기능을 행사한다. 더 이상 현실세계에 아이러니를 투영할 필요도 없고 세계에 세계의 복제 이미지를 보여주는 거울도 필요 없다. "우리의 세계는 자신의 복제를 삼켜 버렸고, 따라서 스펙트럼처럼 되고 투명해졌으며 자신의 그림자를 잃어버렸다."[21] 이 혼합되지 않은 아이러니는 기호·이미지·대상·모델들로 구성된 우리 세계의 모든 부분 속에서 명백히 드러나고 있다.

보드리야르의 이러한 시각에서 보면, 우리의 세계는 어떤 방식으로든 아이러니의 절정에 도달한 듯하다. 하지만 이 아이러니 속에는 상황의 역전이 존재하는 것처럼 보인다. 시뮬라크르와 시뮬라시옹을 통해서, 우리가 대상에게 강요했던 술책을 통해서 길을 트는 것은 대상의 힘이다. 그것은 바로 대상의 아이러니컬한 복수와 같은 것이다. 즉 대상이 기이한 유혹자가 된다는 것이다. 그것은 또한 주체에 의한 세계의 미적 모험과 미적 지배의 한계를 나타낸다. 왜냐하면 기이한 유혹자로서의 대상은 더 이상 미적 대상이 아니기 때문이다.

---

21) Jean-Olivier Majastre/Gisèle Peuchlestrade, *Sans oublier Baudrillard*, p.218.

대상은 기술 자체에 의해 모든 비밀과 환상을 잃어버렸고 자신의 기원을 잃어버렸다. 모델들에 의해 산출된 대상은 의미와 가치를 상실하고 궤도를 벗어났기 때문이다. 다시 말해서 대상은 세계의 미적 정의에 속하는 한정된 세계관으로부터 벗어남과 동시에 주체의 궤도로부터 벗어났기 때문이다. 이제 모든 인위적인 대상과 이미지들은 우리에게 인위적인 발산과 매혹의 형태를 드러낸다. 시뮬라크르는 더 이상 이전의 시뮬라크르가 아니다. 시뮬라크르는 탈개성화된 대상, 미디어로 둘러싸인 대상이 된다. 바로 거기에서 가장 피상적이고 가장 틀에 박힌 대상들이 제의적 희생의 가면들처럼 몰아내는 힘을 되찾게 된다. 따라서 보드리야르는 "광고적인 것에서 전자적인 것에 이르기까지, 그리고 미디어적인 것에서 가상적인 것에 이르기까지, 현대의 모든 인공물들(대상 · 모델 · 이미지 · 망)이 의사소통이나 정보보다 훨씬 더 흡수하고 현혹시키는 기능을 갖는다"[22]라고 말한다.

따라서 이러한 대상들은 미적 형태를 넘어서 미적 재현의 게임에 대립되는 불확실한 게임의 형태들과 결합한다. 그것들은 몰아냄(exorcisme)의 사회인 우리 사회의 형태를 설명해 준다. 다시 말해서 우리가 현기증이 날 정도로 우리 자신의 실재를 흡수하고 그것을 배격하려고 애쓴 우리 사회의 형태를 설명해 준다. 요컨대 이 평범한 대상들, 이 기술적 대상들, 이 가상적 대상들은 새로운 기

---

22) Jean Baudrillard, *Le complot de l'art, illusion et désillusion esthétiques*, pp.60–61.

이한 유혹자들, 미적인 것을 넘어선 새로운 초미적 대상들, 의미도 가치도 환상도 아우라도 없는 대상들이며, 세계에 대한 우리의 환멸을 반영할 것이다. 그것들은 워홀의 이미지들처럼 아이러니컬하게 순수한 대상들이다.

그러면 워홀의 이미지들은 어떠한 것들인가? 워홀은 이미지에서 상상적인 것을 제거하고 이미지를 시각적인 순수한 산물로 만들기 위해 어떤 이미지로부터 작업을 시작한다. 그에게 있어서 이미지는 순수한 논리이자 무조건적인 시뮬라크르이다. 비디오 이미지, 과학적 이미지, 합성 이미지를 미적으로 다루는 스티브 밀러 같은 예술가들과는 달리, 워홀 자신이 '기계'이다. 그는 우리의 상상력을 사라지게 하면서 세계가 기술과 이미지를 통해 형성되기를 열망한다. 다시 말하면 그는 현대세계가 이미지를 통해서, 온갖 형태의 기술적 인공물들을 통해서 자신의 분할과 즉각성을 표현하기를 기대한다. 여기서 우리는 보드리야르의 지적처럼 "세계를 명백하게 여과하는 워홀 기계의 명백함"[23]을 생각해 볼 수 있다. 워홀의 이미지들은 최소한의 변화도 없이 이미지를 순수한 형태에 이르게 한 데서 생겨났다. 사실 그것은 더 이상 초월이 아니다. 그것은 본래의 모든 의미를 상실하면서 빈 공간 속에서 자신의 인공적인 빛을 발하는 기호의 잠재적인 상승이다.

워홀의 이러한 작업을 깊이 생각해 본다면, 현대 예술가들은 과

---

23) 같은 책, p.63.

연 무엇을 하고 있는가? 르네상스 이래로 종교화를 그리고 예술작품을 공들여 다듬는다고 생각했던 예술가들처럼 예술작품을 생산한다고 생각하는 현대 예술가들은 전혀 다른 것을 하는 것은 아닐까? 그들이 생산하는 대상들은 예술과는 전혀 다른 것이 아닐까? 보드리야르의 견해에 따르면, 그것들은 대체로 환멸을 가져다주는 맹목적 숭배의 대상들, 순전히 장식적이고 일시적인 대상들에 속한다. 그것들은 그 자체들이 예술의 숭고한 본질에 속하지 않고 예술의 근본적인 믿음에 응하지 않는다는 점에서 글자 그대로 맹목적 숭배의 대상들이다. 따라서 사람들은 예술을 믿지 않고 미적인 것이라고는 전혀 없는 예술의 관념만을 믿는다.

예술의 이러한 상황 속에서 미묘하게 관념일 뿐인 예술은 관념을 검토하기 시작했다. 뒤샹의 병걸이는 하나의 관념이며, 워홀의 브릴로 상자도 하나의 관념이다. 그 모든 것은 관념·기호·암시·개념들이다. 그것은 전혀 아무것도 의미하지 않지만, 그래도 무엇인가를 의미한다. 오늘날 예술이라고 불리는 것은 돌이킬 수 없는 빈 공간을 입증하는 듯하다. 예술은 관념에 의해 왜곡되고, 관념은 예술에 의해 왜곡된다. 보드리야르의 논리에 비추어 보면, 그것은 예술의 모든 영역에 확장된 우리의 성전환 형태이다. 관념을 통해 가로지른, 기호를 통해 가로지른, 특히 예술의 사라짐의 기호를 통해 가로지른 예술은 자기 방식대로 성전환적인 것처럼 보인다.

사실 현대예술은 형태와 실체의 상상을 통해서보다는 관념을 통해 가로지른다는 의미에서는 추상적이다. 그리고 현대예술은 자신의 작품 속에서 개념, 즉 예술의 틀에 박힌 모델을 맹목적으로 숭배한다는 의미에서는 개념적이다. 마치 상품 속에서 맹목적으로 숭배되는 것이 실제 가치가 아니라 틀에 박힌 추상적 가치이듯이 말이다. 물신숭배적인 이데올로기에 전념하는, 예술은 더 이상 고유한 존재를 갖지 못한다. 이러한 관점에서 보면 특수한 활동으로서의 예술이 사라짐을 향해 나아가고 있다고 말해질 수 있다. 요컨대 예술이 '미적 환상'의 모든 힘을 상실하고 '미적 환멸'을 향해 나아가고 있다고 말해질 수 있다.

III. 미적 환상의 가능성

그러면 현대예술에는 미적 환상이 있는가? 아니면 미적 환멸을 향한 길만이 있는가? 더욱이 초가시성과 가상성의 경계에는 이미지를 위한 자리가 있는가? 수수께끼를 위한 자리, 환상의 힘 그리고 형태와 가상의 전략을 위한 자리는 있는가? 무엇보다도 바람직한 분석적 논리에 따라 그 모든 효과 속에서 진리의 해방에 대한 환상을 내포하는 해방의 개념 자체를 넘어서는 것이 필요할 것이다. 해방에 대한 모든 현대적 맹신에 맞서, 사람들은 형태들을 해방시키지 않고 형태들을 연결하려고 한다. 실제로 형태들을 해방시키는 유일한 방법은 형태들을 연결하는 것이다. 다시 말해서 형태들의 연결, 즉 형태들을 산출하고 연결하는 선을 발견하는 것이다. 게다가 형태들은 스스로 연결되고 산출된다. 보드리야르는 "모든 예술은 이 연결의 긴밀한 과정 속으로 들어가는 데 있다"[24]라고 말한다.

예술에는 재현을 끝없이 해체하는 방법이 있다. 항상 잃어버린 대상과 잃어버린 의미에 의존하는 예술, 특히 회화는 거울의 파편 속에 계속 사라져 가는 자기 모습을 비춰 보기 때문이다. 혹은 그저 단순히 재현에서 벗어나고 해석과 해독의 모든 우려를 잊어버리고 사물의 출현의 모태를 발견하는 방법이 있다. 사물의 분산 스펙트럼과 형태 분류의 모태 속으로 들어가는 것이 바로 환상의 형태 그 자체이다. 관념을 초월하는 것은 관념을 부정하는 것이다. 형태를 초월하는 것은 한 형태에서 다른 형태로 옮아가는 것이다. 전자는 지적이고 비판적인 입장, 절망적이고 환상도 없는 입장, 세계와 싸우는 현대회화의 입장을 규정한다. 반면에 후자는 환상의 원칙 자체를 기술한다.

보드리야르는 "환상에 대해 말하자면, 형태 이외에는 형태의 다른 운명도 없다"[25]라고 강조한다. 보드리야르의 이러한 관점에서 보면 예술과 사상에는 환상가들이 필요하다. "그들은 예술과 회화가 환상이라는 것을 알고 있다. 다시 말해서 그들은 예술과 회화가 엄밀한 의미로 세계에 대한 지적인 비판도 미적인 것도 아니며 모든 예술이 정밀한 묘사화, 착각을 불러일으키는 실재라고 알고

---

24) Jean Baudrillard, *The Conspiracy of Art*, p.127.
25) 같은 책, p.128.

있다."[26] 모든 예술이 세계에 대한 의미심장하고 진정한 해석이 아니며 환상을 불러일으킨다는 것이다. 물론 이때 실재는 너무도 순진해서 환상에 속한다. 마치 이론이 관념을 지니지 않고 진리에 접근하지 않고 환상을 불러일으키고 함정을 파놓듯이 말이다. 요컨대 환상을 통해서 유혹의 근본적인 형태를 되찾으려고 하는 것이다.

그런데 보드리야르는 이러한 시도는 "회화의 잃어버린 대상이 지니고 있는 향수적 매력에 굴복하지 않고, 미적인 것보다 환상을 지니고 실제로 예술의 전통과 결코 혼동되지 않는 의례적 전통을 잇고 있는 이 미묘한 선을 간직하려는 미묘한 욕구"[27]이라고 주장한다. 그것은 미적 환상을 넘어서 보드리야르가 인류학적이라고 부르는 환상의 근본적인 형태를 되찾는 것인데, 이는 세계와 세계 출현의 기능을 지칭하기 위함이다. 이러한 환상은 다른 세계에 대한 부정적이고 맹신적인 환상이 아니라 현대세계에 대한 긍정적이고 객관적인 환상, 즉 가상에 대한 근본적인 환상이다. 그것은 본원적인 무대로서의 환상이자 미적 무대의 조작보다 훨씬 더 근본적이고 상징적인 조작으로서의 환상이다.

인공물의 영역은 대체로 예술의 영역을 폭넓게 넘어선다. 보드리야르의 논리에 따르면 "예술과 미학의 지배는 환상의 관례적 관리에 의한 지배, 즉 환상의 정신착란적 효과를 중화시키고 극단적

---

26) 같은 책, 같은 쪽.
27) Jean Baudrillard, *Art and Artefact*, edited by Nicholas Zurbrugg, Sage, 1997, p.17.

현상으로서의 환상을 중화시키는 관례에 의한 지배이다."[28] 미학은 세계에 대한 환상의 근본적인 형태를 통해 승화와 통제 같은 것을 구성한다. 세계에 대한 본원적인 환상, 말하자면 다른 문화들에 대한 본원적인 환상은 인위적인 균형에 맞추어 세계와 다른 문화들을 이용하면서 그것들의 냉혹한 자명함을 받아들인 것처럼 보인다. 현대예술과 문화는 세계에 대한 이러한 환상을 더 이상 믿지 않고 세계의 실재(최근의 환상)를 믿는다. 따라서 우리는 미적 형태라는 시뮬라크르의 순화된 형태를 통해 환상에 의한 폐해를 완화시키려고 한다.

환상은 역사를 지니지 않지만, 미적 형태는 역사를 지닌다. 하지만 미적 형태가 역사를 지니기 때문에, 그것은 또한 시간을 지닌다. 이제 우리는 무조건적인 시뮬라크르를 위해, 말하자면 환상의 본원적 무대를 위해 조건적 형태의 사라짐, 즉 시뮬라크르라는 미적 형태의 사라짐을 목격할 것이다. 그리하여 우리는 미적 형태를 넘어선 환상의 근본적인 형태를 되찾을 수 있기를 기대할 수 있을 것이다.

---

28) 같은 책, p.18.

IV. 결론적 성찰

1970년대에 비평가 로제 카이유와(Roger Caillois)는 피카소를 모든 미적 가치를 청산하는 위대한 예술가라고 평가한 바 있다. 그는 사람들이 그 이후로는 기능적 사물의 순환과 무관한 사물과 숭배의 대상밖에는 거의 고려하지 않는다고 주장했다. 사실 어떻게 보면 미적 세계는 물신화하는 세계라고 말할 수 있다. 경제의 영역에서, 돈은 어떤 방식으로든 순환되어야 한다. 그렇지 않으면 더 이상 가치가 존재하지 않는다. 오늘날 똑같은 법칙이 미적 대상을 지배하고 있다. 즉 미적 세계가 존재하려면 점점 더 많은 미적 대상이 있어야 한다. 그런데 대상들은 맹목적인 기능밖에 갖지 않는다. 이는 모든 형태의 지나친 사용에 의한 형태의 '사라짐'을 초래한다. 모든 형태를 마음대로 사용할 수 있는 것보다 더 나쁜 형태의 적(ennemi)은 없다.

보드리야르에게 있어 "예술은 하나의 형태이다."[29] 다시 말하면 예술은 근본적으로 형태에 속한다. 다행히도 형태는 철저한 예외의 형태로 지속될 수 있다. 물론 우리는 모든 형태와 더불어 실재의 대상을 향해 퇴행하기를 바라지 않는다. 우리의 관심을 끄는 것은 무엇보다 인류학적 관점에서 대상으로서의 예술이다. 이때

---

29) Jean Baudrillard, *Entrevues à propos du "complot de l'art,"* Sens & Tonka, 1997, p.24.

대상이란 미적 가치가 상승되기 이전의 대상, 그리고 미적 가치를 추구하는 것을 뜻한다. 우리는 다른 가치들처럼 미적 가치가 곤경에 처하게 되는 시대에 있을 가능성이 있다. 보드리야르에 따르면, 그것은 바로 우리가 초미적인 것 속에서 살아가는 근본적인 상황이다.

오늘날 예술이 미적 판단이나 미적 쾌락에 걸맞은 가치의 체계를 갖고 있지 못할 때 어떤 일이 일어나겠는가? 예술은 이러한 도전과 호기심에서 벗어나는 특권을 갖지 못한다. 왜냐하면 예술은 초월적 가치 같은 것을 독점하고 있기 때문이다. 보드리야르의 관점에서 보면 현대예술은 가치의 함정에, 예술시장을 통하여 가치의 황홀경에 빠져 있다. 불행히도 가치들이 하락하게 되는 시점에서 말이다. 여기서 가치들이란 미적 가치, 시장가치를 뜻한다. 결국 예술은 가치로 바뀌어 버렸다.

그런데 가치는 협상되고 교환된다. 형태들 자체는 다른 어떤 것과 교환되는 것이 아니라 자체 교환되며, 미적 환상은 이러한 대가를 치르고 생겨나는 것이다. 예술은 여전히 환상이라는 대단한 힘을 지닐 수 있다. 하지만 오늘날 대단한 '미적 환상'이 '미적 환멸'로 되어 버렸다. 그것은 문제가 되지 않는 것처럼 보인다. 어느 시점 후에 이 환상이 헛도는 것을 제외하면 말이다. 예술은 사회학적, 혹은 사회역사적, 혹은 정치적 증인 같은 것이 될 수 있다. 예술은 기능이 되고, 나아가 이 세계가 실제로 무엇이 되었는지, 이 세계가 무엇이 될 것인지 반영하는 것이 된다. 아마도 우리는 세계와 대상의 진리에 이를 수 있을 것이다. 하지만 예술은 언제나 진리의 문제가 아니라 환상의 문제였다. 현대예술은 이제 세계에 대한 환상을 창조할 수 있는 가능성을 만들어 내고, 미적 형태를 넘어선 환상의 근본적인 형태를 되찾으려고 노력해야 할 것이다.

3 사진에 관한 사유(1)
— 사진은 사라짐의 예술인가?

보드리야르는 1980년대 중반부터 사진을 찍기 시작하여 20여 년간 사진작업을 해 온 철학자로서의 사진가, 사진가로서의 철학자였다. 그는 겸손하게 스스로 기술적인 사진가도 전문적인 사진가도 아니라고 말한다. 하지만 그의 사진작업은 글쓰기에 어떤 대안을 제시했다는 점에서는 매우 진지하고 중대한 활동이었다. 보드리야르 자신의 입장과는 달리, 분명히 그에게 사진찍는 것과 글쓰기 사이에는 어떤 관련이 있는 것처럼 보인다. 구체적으로 말하면 사진에 관한 보드리야르의 글과 사진작품이 그의 저작 전체를 명확히 해주는 듯하다. 물론 사진에 관한 그의 글과 사진작품이 그의 저작의 핵심을 보여주는 것은 아니다. 특히 그의 사진작품이 어떤 대상과의 관계 속에서 파악될 때, 우리는 거기서 전반적인 결론을 끌어낼 수 없다. 아니 오히려 모든 진정한 철학자들처럼, 보드리야르는 늘 똑같은 것을 말하지만, 그의 담론은 그가 제시하는 예들과 분리될 수 없다. 그의 논증이 그러한 예들을 선행하는 것처럼 보일지라도, 그것은 또한 그러한 예들에서 비롯되며 그것들과 분리될 수 없다. 이는 전혀 놀랄 만한 새로운 충격을 가져오지 못할 것이다. 왜냐하면 보드리야르의 사유체계는 대체로 주체와 대상 간의 관계를 재검토하는 데 초점이 맞추어져 있기 때문이다.

보드리야르는 사진에 관한 자신의 글에서 다음과 같이 말한다. "우리를 보는 것은 대상이고, 우리를 꿈꾸는 것도 대상이다."[1] 즉 사진을 통해 우리를 바라보고 우리를 생각하는 것은 대상이라는 것이다. 사실 우리는 어떤 대상을 사진 찍는다고 생각한다. 보드리야르의 견해에 따르면 사진 찍히고자 하는 것은 오히려 어떤 대상이다. 주체는 어떤 대상을 연출하는 단역에 불과하며, 대상의 아이러니컬한 출현의 동인에 지나지 않는다는 것이다. 실제로 우리는 사진을 찍기 위해 셔터를 누르는 순간에 대상이 연출된다는 것을 잊고 있다. 사진이 꿈꿀 수 있는 것은 바로 대상의 연출을 포착하는 것이다.

그러므로 보드리야르가 보기에 사진의 마술은 대상의 작용과 관련이 있으며, 사진은 그 자체로서 대상의 힘을 지닌다. 보드리야르는 기술적 매체인 사진 속에서 기술이 대상에 미치는 영향력을 검토했다. 그리고 그는 기술이 주체와 대상 간의 관계를 뒤집어 놓는 것에 주목했다. 뿐만 아니라 그는 사진 속에서 대상의 사라짐

---

1) Jean Baudrillard, *Photographies 1985-1998*, Neue Galerie Graz, Hatje Cantz Publishers, 1999, p.91(약호 *Photo*).

을 줄곧 이야기했다. 그의 관점에서 보면 사진은 사라짐의 예술인가? 사진은 주체와 대상 간의 교환을 분명하게 하며, 이러한 교환이 정말 사진의 존재 이유가 되고 있는가? 사진을 찍는 것, 즉 사진술의 행위는 '대상에 대한 도전'이자 '대상의 도전'이 되고 있는가? 이러한 물음들은 예술의 사라짐, 사진과 사진술에 관한 그의 성찰에 닿아 있는 듯하다. 따라서 이러한 물음들에 대한 대답을 찾기 위해 사진에 관한 그의 철학적 사유를 살펴보고자 한다.

I. 사진과 기술, 사진의 대상

사진에 관한 보드리야르의 글을 읽으면, 보드리야르가 지난 세기를 열광시킨 사진술 논쟁을 되풀이하고 있다는 느낌을 준다. 발터 벤야민이 "사진의 발명 자체가 예술의 근본적인 성격을 완전히 뒤집어 놓았는지 아닌지를 사전에 생각해 보지 않고서는"[2] 사진에 관해 숙고할 수 없다고 말한 바 있는데, 보드리야르는 이러한 접근을 다시 시도하는 것처럼 보이기 때문이다. 보드리야르가 강력하게 거부하는 것은 사진이 아니라 사진의 이미지 변화이다. 사실 그는 사진 속에 보존해야 할 비밀이 있다고 생각한다. 그가 유감스럽게 생각하는 것은, 이미지의 형태가 미술의 한 형태가 되었든

---

2) Jean Baudrillard, *Le paroxiste indifférent*, entretiens avec Philippe Petit, Grasset, 1997, p.161에서 재인용(약호 *PI*).

문화의 심연 속에 빠졌든 간에, 사진의 미학화이다. 사진의 기술적 본질을 통해서 보면, 사진의 이미지는 미학에 도달하지 못하거나 미학을 넘어서는 데서 생겨났으며, 재현의 방식에 커다란 혁명을 가져오고 있다. 말하자면 사진의 뜻하지 않은 출현은 이미지의 미적 독점 속에서 예술 자체를 다시 문제삼았다. 그런데 오늘날 그 움직임은 역전되었다. 즉 예술을 삼켜 버린 것이 사진이라기보다는 오히려 사진을 삼켜 버린 것이 예술이라는 것이다.

사진은 엄밀히 말하자면 미적이 아닌 다른 차원, 예술사를 따르긴 하지만 그 부침에 무관한 실물로 착각할 만큼 사실적인 그림(trompe-l'œil)의 차원에 속한다. 실물로 착각할 만큼 사실적인 그림은 겉으로 보기에는 사실주의적인 것에 지나지 않는다. 사실 그것은 세계의 명백함과 매우 면밀한 유사함(사실 이 유사함은 마술적이다)에 연결되어 있다. 예술이 성스러운 것을 아름다운 것으로 그리고 일반화된 미학으로 이끄는 곡선을 따라 미학을 추종하는 반면, 그것은 이미지의 마술적 지위뿐만 아니라 세계에 대한 근본적인 환상을 지닌다.

보드리야르의 관점에서 보면, 오늘날에는 더욱 사진의 이미지는 특성이나 내용의 표현으로서보다는 순수한 매혹의 표현으로서 받아들여질 수 있다. 그것은 기원과 재현의 고통과 매우 비슷하다. "사진이 가장 순수하고 가장 인위적인 이미지로서 인정받는 것은 기술과 비사실적인 게임을 하게 되면서이며, 동시에 부동, 침묵, 움직임과 색채의 현상학적인 축소에 의해서이다."[3] 그가 보기에 사진은 아름답지 않다. 미적 원리가 약화되는 것이 보이는 세계 안에서 사진은 그 자체로서 대상의 힘을 지닌다. 따라서 보드리야르는 기술과 대상이 지니는 힘 사이의 일치에 비상한 관심을 가졌다.

보드리야르의 견해로는 사진에 이미지로서의 놀랄 만한 특성을 부여하는 것이 기술이다. 기술에 의해 세계는 근본적으로 비객관적인 것으로 드러난다. "세계의 비객관성, 즉 분석에 의해서도 유사함에 의해서도 해결될 수 없는 무엇인가를 역설적으로 드러내는 것이 바로 사진술의 목적이다."[4] 실재를 표현하는 실물로 착각할 만큼 사실적인 그림 한가운데서 유사함을 넘어서는 것이 기술이다. 그래서 기술에 대한 비전도 바뀌었다. 그것은 환상과 형태를 확대하는 거울처럼 이중게임의 공간이 된다. 기술장치와 세계 사이에는 공모가 자리잡고, 기술과 대상이 지니는 힘 사이에는 일치가 자리잡는다. 사진은 과정을 지배하기 위해서가 아니라 과정을 이용하기 위해 이 공모 속으로 끼어드는 예술일지도 모른다.

세계 그 자체는 그 어떤 것과도 유사하지 않다. 개념과 담론으로서의 세계는 많은 다른 것들과 관계가 있다. 순수한 대상으로서의 세계는 식별가능하지 않다. 보드리야르에게 사진술은 세계의 명백함을 표현하는 자동기술(écriture automatique)과 같은 것이다. 그리고 사진술의 자동성이라는 개념은 기술(technologie)을 평가하는 문제를 나타내는 것처럼 보인다. 보드리야르는 기술이 세계와 대

---

3) Jean Baudrillard, *L'Echange impossible*, Galilée, 1999, p.175(약호 *EI*).
4) 같은 책, 같은 쪽.

상에 미치는 영향력에 대해 매우 비판적으로 바라보기 때문이다. 사진술의 측면에서 기술을 고려한 그는 기술이 주체와 대상 사이의 관계를 역전시키지는 않는지 자문하기 시작했다. 다시 말하면 기술에 의해 세계를 지배하거나 세계를 파악하는 주체의 현장으로서의 기술에 대해 생각하기보다는 오히려, 그는 아이러니컬하게 혹은 역설적으로 기술에 의해 세계와 대상이 주체를 유혹하는 현장임을 증명할 수 있는지 의아하게 생각했다. 특히 그는 환상의 수단으로서의 기술을 파악하는 데 더 많은 관심을 가졌다. 물론 이때 환상이란 세계에 대한 환상뿐만 아니라 긍정적 또는 유희적 환상을 뜻한다. 달리 말하면 그는 일종의 환상의 측면에서 대상들을 볼 필요가 있음을 강조한다. 이런 상황을 고려해 보면, 그에게 사진의 대상은 이 과정의 미시적 패러다임이 된다. 사진술의 매우 제한된 범위 안에서 이런 유형의 과정이나 유희의 토대로부터, 모든 기술이 주체의 사라짐의 현장으로서 기능하는 방식이 추정될 수 있다. 이는 보드리야르가 대상의 편을 든다는 것을 암시하는 것이 아니라 주체와 대상의 경계에서 주체와 대상 간의 형이상학적 관계가 기술에 의해 어떤 방식으로든 불안정하다는 것을 의미한다.

여기서 사진에 관한 보드리야르의 사유를 유추해 보면, 사진은 대상적인 것이며, 바라보는 주체라기보다는 오히려 우리를 보는 대상이다. 그러면 보드리야르는 어떻게 사진의 기술적 비전에서 미학을 넘어서는 비전으로 옮아가는 것일까? 그는 대상에 반하는 미학을 거부한다. 그는 대상이 게임을 아주 잘한다고 말하지 않는다. 내기의 반전은 "주체의 현존과 재현이 강요된 대상을 주체의 부재와 사라짐의 현장으로 만드는 것"[5]이며, 대상을 용해되지 않는 명백함으로 나타나게 하는 것이다. 게다가 사진의 대상은 상황·빛·살아 있는 존재가 될 수 있다. 중요한 것은 그것이 대상의 힘 또는 이미지로서의 순수한 사건의 힘을 지닌다는 것이다. 그래서 주체는 대상으로부터 물러나 있어야 한다. 이는 거울의 반전이다. 지금까지 재현의 거울이었던 것은 주체였고, 대상은 주체의 내용에 불과했다. 이제 '나는 너의 거울이 될 거야' '나는 너의 사라짐의 특수한 현장이 될 거야'라고 말하는 것은 대상이다.

II. 사진은 사라짐의 예술인가?

보드리야르는 사진 찍는 것을 "비유적 의미에서 사막으로 가는 것, 다시 말해서 더 이상 의미가 없고 더 이상 물음이 제기되지 않는 세계 속으로 들어가는 것"[6]이라고 정의했다. 이것은 보드리야르 자신이 사진 속에서 대상의 사라짐에 대해 늘 이야기하는 것과 관련이 있다. 가령 어떤 대상이 사진 찍히고자 하는 것은 자신의 의미를 드러내고자 하지 않는 것이며 반영되고자 하지 않는 것이다. 말하자면 그것이 즉각 포착되고 그 자리에서 드러나며 자신의 세

---

5) *PI*, p.166.
6) *Photo*, p.99.

부 속에서 밝혀지고자 하는 것이다. 어떤 대상이 이미지가 되고자 한다면, 지속되기 위해서가 아니라 보다 잘 사라지기 위해서이다. 그리고 주체가 이러한 게임 속으로 들어가고 자신의 시선과 판단을 몰아내며 자신의 부재를 향유할 때만, 주체는 좋은 매체가 된다.

주체의 이러한 중단과 세계의 뜻하지 않은 출현을 분명하게 하고 사진을 긴박감 넘치게 만드는 것은 대상·선·빛의 세부적인 짜임이다.[7] 구체적으로 말하자면 대상의 세부에 대한 끊임없는 현기증, 그리고 세부의 마술적인 기발함이다. 사진 속에서 대상들은 자신의 평범함의 연속에 일치하는 기술적 조작에 의해 연결된다. 이는 바로 어떤 이미지에 대한 다른 이미지, 어떤 사진에 대한 다른 사진, 즉 부분들의 인접관계이다. 더 이상 세계관도 시선도 없다. 대등한 입장에서 세부 속에서의 세계의 굴절이 있다.

주체의 부재가 얼굴의 세부 속에서 드러나듯이, 세계의 부재는 모든 세부 속에서 드러난다. 세부에 대한 이 영감은 정신적 훈련을 통해서 혹은 감각의 미묘함을 통해서 얻어질 수 있다. 하지만 이때 기술은 쉽게 실행에 옮기는데, 함정일지도 모른다. 대상들은 자신의 사라짐에 의해 변하는 그대로이다. 대상들이 우리를 속이고 현혹하는 것은 이런 의미에서이다. 하지만 대상들이 자기 자신에게 충실한 것도, 그리고 우리가 그것들에게 충실해야 하는 것도 이런 의미에서이다. 말하자면 대상들의 엄밀한 세부 속에서, 정확

---

7) 같은 책, p.79 참조.

한 형상화 속에서, 가상과 연속의 감각적인 환상 속에서 말이다. 왜냐하면 환상은 실재에 대립되지 않기 때문이며, 자신의 사라짐의 기호로 자신을 둘러싸는 매우 미묘한 또 다른 실재이기 때문이다.

보드리야르의 견해에 따르면, 사진 찍힌 각 대상은 그밖의 모든 것의 사라짐에 의해 남겨진 흔적에 불과하다. 그것은 어떤 대상의 환상만을 투영하는 완전범죄나 세계의 완전한 해결과 거의 다름 없다. 그리하여 대상의 이미지는 파악할 수 없는 수수께끼를 산출 해 낸다. 이 철저한 예외로부터, 우리는 세계에 대한 열린 전망을 갖게 된다. 보드리야르는 이제 "생산하는 것은 문제가 되지 않는 다. 오히려 모든 것은 사라짐의 예술 속에 있다"[8]라고 말한다. 사 라짐의 방식으로 생겨나는 것만이 정말로 다른 것이다. 이러한 사 라짐은 흔적을 남겨야 하고, 타자 · 세계 · 대상이 출현하는 현장이 어야 한다. 게다가 그것은 우리 자신의 사라짐의 토대 위에서 타 자가 존재할 수 있는 유일한 방식이다. 우리가 생산의 영역을 산 출하는 것은 우리 자신의 이미지 이상의 것이 결코 아닐 것이다. 사라짐의 영역에서 생겨나는 것만이 정말로 다른 것이다.

사진 속에서, 우리는 실제로 대상의 면전에 있지 않다. 즉 대상 은 존재했지만, 이제는 더 이상 존재하지 않는다는 것이다. 그 리고 실제로 사진이 실현하는 것 속에는 일종의 상징적인 살해가 있다. 그러나 대상만이 사라지는 것이 아니다. 주체 역시 렌즈의

---

8) 같은 책, p.81.

다른 쪽에서 사라진다. 사진을 찍기 위해 셔터를 누르는 것은 대상의 실제적 존재와 주체적 존재를 동시에 끝장내는 것이며, 둘의 융합이 이루어지는 것은 이 상호 간의 사라짐 속에서이다. 그것이 언제나 성공하는 것은 아니지만, 그것이 성공하는 것은 이러한 유일한 조건 때문이다. 그것은 말하자면 이러한 사라짐에서 나타나 '이동의 시적인 상황'이나 '상황의 시적인 이동'을 산출해 내는 타자나 대상에게 호소를 하는 것이다.[9]

사진은 부정의 순간을 지닌다. 사진은 실시간의 이미지가 아니다. 사진은 부정의 순간, 부정의 긴박감을 유지하고, 이미지에게 실제 대상과는 다른 것으로 혹은 환상으로, 세계나 대상이 이미지 속으로 사라지는 순간으로 존재할 수 있게 하는 이동을 유지한다. 따라서 사진은 사라짐의 순간을 지니는 사라짐의 예술이라고 불릴 수 있다.

III. 주체와 대상 간의 교환

보드리야르의 사유체계를 이끌어 가는 중요한 요소는 주체와 대상을 연결하는 일련의 시도이다. 보드리야르에 따르면, 주체와 대상은 완전히 분리될 수 없다. 대상은 주체를 대신하고 주체를 생

---

9) *EI*, p.180 참조.

각하며, 주체를 생각하기 때문에 존재할 뿐이다. 보드리야르가 보기에 사진에는 때로 각 부분이 전체를 내포하게 되는 '홀로그래피적' 성격이 나타나게 되는데, 이는 사진이 주체와 대상의 관계를 명백하게 하며 또한 이러한 관계가 사진의 존재이유가 된다는 것을 보여준다.

하지만 주체와 대상의 관계만이 사진에 영향을 미치는 것은 아니다. 어떤 사진들에 특수한 힘을 부여하는 예외적인 특성도 있다. 보드리야르는 "사진술은 무한한 흐름을 산출하는 사진기의 자동성에서 어떤 예외적인 이미지를 끌어낼 수 있는 가능성을 지닌다"[10]라고 말한다. 이 예외적인 특성을 고의로 산출하는 것은 문제가 되지 않는다. 사진술은 미학에도 기술에도 속하지 않기 때문이다. 바르트의 푼크툼(punctum)의 개념이 나타내는 것처럼, "사진 찍기가 시간통과의 불가역적인 순간을 내포함에 따라 실재를 나타나게 하려고 시도하기 위해 실재 속에서 사진 이전의 무엇인가를 보는 것은 중요하지 않다"[11]고 보드리야르는 말한다. 이 불가역성은 이 예외적인 특성이 회고적으로만 존재한다는 것을 의미한다. 마치 사진을 찍은 후의 효과처럼, 마치 사진에 의해 생겨났다가 사라져 버리는 것처럼 말이다. 우리는 이런 사라짐의 형태 속에서 그것을 언제나 너무 늦게 인식하게 된다.

하지만 어떤 이미지들은 우리에게 사진술을 생각하는 다른 방식

---

10) *Photo*, p.145.
11) François L'Yvonnet, *Jean Baudrillard*, L'Herne, 2004, p.219(약호 *JB*).

을 제시한다. 보드리야르의 견해에 따르면, 그것들은 시뮬라시옹의 방식이 아닌 유혹의 방식에 관한 사진술에 속한다. 보드리야르가 유혹의 차원에서 주목하는 것들 중의 하나는 근본적으로 사진이 재현의 영역에 속하지 않는다는 점, 달리 말하면 모방의 유사함이라는 의미에서 재현이 사진의 근본적인 목적을 구성하는 것이 아니라는 점이다. 보드리야르는 다음과 같이 주장한 바 있다. "실재와 실재의 이미지 사이의 교환은 불가능하며, 최선의 경우 구상적인 상관관계가 있다."[12] 하지만 이는 바로 주체가 대상이 부재할 때나 대상이 주체가 부재할 때 셔터를 누르거나 감광시키는 순간에 생겨나는 불가능한 교환이다. 이러한 교환이 실제로 사진 찍기 속에서 이루어진다면, 이는 주체의 부재와 대상의 부재 사이에서라는 것을 의미한다. "사진 찍기는 어떤 의미에서 주체의 사라짐에서 출현하는 타자에의 호소, 대상에의 호소이다."[13] 특히 보드리야르의 저서에서 자주 되풀이되는 견해의 표명에 따르면, "주체의 현존과 재현이 강요된 대상을 주체의 사라짐의 현장으로 만드는 것"[14]이 문제이다. 하지만 보드리야르는 주체의 사라짐을 대신하는 대상이라는 이 개념으로 무엇을 의미하고자 하는가? 그는 주체의 사라짐에 의해서만 가능해진 주체와 대상 간의 교환으로 무엇을 의미하고자 하는가? 그리고 그것은 무엇을 내포할 것이며,

---

12) *EI*, p.179.

13) Jean Baudrillard/Luc Delahaye, *L'Autre*, The Phaidon Press, 1999, p.37.

14) *PI*, p.166.

어떤 점에서 우리가 앞서 언급했던 주체와 대상 간의 상호 관계나 거울관계와는 다른가?

어떤 사진이 다른 사진보다 우리를 더 깊이 감동시키는 것은, 그것이 환상을 연출하기 때문이라고 우리는 말할 수 없을 것인가? 그것은 우리가 거기에 속해 있지 않은 것 같은 세계를 보는 환상, 외부로부터 우리 자신을 바라보는 환상, 즉 우리가 기꺼이 본원적 무대의 환상이라고 부를 수 있는 것이다. 달리 말하면 우리가 찍은 사진들 가운데 특이하게 감동적인 사진은 어떻게 보면 우리 스스로 보여지지 않은 채 우리가 자신의 그림자나 현존의 흔적을 지니면서 지극히 가까운 지점에서 무엇인가를 바라볼 수 있는 데서 연유된다. 사진술의 본질 속에는 무엇인가 함축적인 것이 있기 때문에 렌즈를 통해 바라보는 것은 우리가 우리의 생각을 통해 보는 것을 바라보는 것, 바라보면서 우리 자신을 바라보는 것과 거의 같다. 하지만 이러한 환상은 불가능한 것이다. 보드리야르가 설명하듯이, 대상이 맨 먼저 우리를 바라보지 않고서는 우리는 대상을 바라볼 수 없다. 대상에 대해 가정된 무관심이나 무의식은 늘 술책일 수 있다. 우리는 이미 타자와의 어떤 관계 속으로 들어갔다.

하지만 이러한 순환성이 존재하기 위해서는 정말 '외부에' 무엇인가가 있어야 한다. 그리고 이러한 외부는 정확하게 어떤 체계가 어떻게 먼저 자리매김하는가라는 물음으로 암시된다. 동일자와 타자가 서로 그들의 관계——세계가 우리를 바라보는 것처럼 보이기 때문에 우리는 세계를 사진 찍으며, 우리가 세계를 사진 찍기 때문에 세계는 우리를 바라보는 것처럼 보인다——로부터만 의미를 지닌다면, 그것은 어떻게 시작되었을까? 보드리야르가 《완전범죄》와 다른 저서들 속에서 보여준 역설적인 대답은 일종의 최초의 '완전함' 속에서 '단번에 무로부터'이다.

　하지만 우리의 불완전한 세계 속에서 완전함이라는 이 최초의 순간을 어떻게 파악해야 하는가? 해방되고자 하는 체계의 내부에서 이 근본적인 사건에는 어떤 흔적이 남게 되는가? 그 자체로 충분한 것처럼 보이는 기호학적 또는 상징적 체계 속에서 무엇이 이 불가능한 시작을 대신하는가? 이러한 물음들에 대한 대답은 우리가 앞서 언급했던 환상 속에서 찾아야 한다. 즉 우리가 외부로부터 우리 자신을 보는 것처럼 보이는 환상 속에서 찾아야 한다. 다시 말하면 주체와 대상 간의 교환을 가능하게 하기 위해 우리가 사라지는 환상 속에서 찾아야 한다. 그런데 사진 속에서 주체의 등가물은 바르트의 견해를 수용하는 보드리야르가 푼크툼(punctum)이라고 부르는 것이다. 그러면 바르트가 《카메라 루시다 *Camera Lucida*》에서 말하는 푼크툼이란 무엇인가? "그것은 장면에서부터 생겨나, 마치 화살처럼 발사되어 나를 관통하는 요소이다"[15]라고 바르트는 쓰고 있다. "그것은 내가 사진에 덧붙이는 것이며, 또한 그럼에도 불구하고 이미 거기에 존재하는 것이다."[16] "그것은 날카롭지만 아직은 덧씌워져 있으며, 침묵 속에서 아우성친다. 이상한 모순, 떠

---

15) Roland Barthes, *Camera Lucida*, Hill and Wang, p.26.
16) 같은 책, p.55.

도는 섬광."[17] 바르트의 이 푼크툼을, 라캉은 튀셰(tuché)[18]라고 부른다. 라캉은 "나는 튀셰가 시각적 인지에 있어서 어떻게 표상되는지 파악하려고 애쓰고 있다"[19]라고 기술하고 있다. "나는 튀셰가 다음과 같은 차원, 시각 기능상에서 우연한 점이 발견될 때 그것을 내가 얼룩이라고 부르는, 그러한 차원에서 이루어진다는 것을 보여주고자 한다."[20] 그렇다면 그 우연한 점은 주체 안에 있는 것이지만, 이때의 주체는 세계의 응시에 의해 걸려든 어떤 효과 · 그림자 · 얼룩으로서 존재하는 것이다.

바르트에 따르면 무(néant) · 부재 · 비실재의 형태인 푼크툼은 의미와 지시의 모든 맥락인 스투디움(studium)과 대립된다. 푼크툼은 사진술의 실재를 나타내는 기호인데, 이것은 상징적 질서 속에서 자신의 통과를 앞서는 것처럼 보인다. 하지만 그것은 사진 이전에 존재할 뿐만 아니라 사진 속에서만 표현을 받아들일 수 있다. 그래서 보드리야르에게 푼크툼은 "대상의 감동적인 순간, 사진의 순간 그 자체, 즉 사진이 찍히는 순간, 즉각 과거를 거치면서 사라지는 순간, 되찾을 수 없는 순간"[21]이다. 푼크툼이 그 자체 속에 이러

---

17) 같은 책, p.53.

18) 이미지에 의해 건드려진 주체의 지각과 의식 사이에서 일어나는 파열이다. 우연적 인과성에 대한 아리스토텔레스의 설명에 빗대어서, 라캉은 이 외상적 지점을 튀셰(아리스토텔레스가 원인에 대해 연구할 때 사용한 용어로서, 실재계와의 만남으로 번역된다)라고 부른다.

19) Jacques Lacan, *The Four Fundamental Concepts of Psychoanalysis*, Norton, 1978, p.77.

20) 같은 책, 같은 쪽.

한 향수를 지니는 한, 이 순간은 보드리야르가 말하는 '완전함' 처럼 상징적 질서의 불가능한 기원을 상기시킨다. 그럼에도 불구하고 이 푼크툼에 직접 도달하려고 애쓰는 것은 문제가 되지 않는다. 왜냐하면 그것은 사라짐의 형태 속에서 회고적으로만 존재하기 때문이다. 이것이 바로 사진술 속에 내포된 '행위적 표출'에 관해 보드리야르가 논증하는 것이다. 사진 찍을 때는 언제나 갑자기 서둘러 행동해야 한다. 푼크툼이 존재한다면, 그것은 그밖의 모든 것이 대신하는 것처럼, 언제나 결핍된 세부처럼 생겨날 뿐이다. 하지만 그것은 우리에게 특히 운명지어진 것처럼 보이는 세부, 그리고 보드리야르가 말하는 주체와 대상 간의 교환이다.

IV. 대상에 대한 도전 혹은 대상의 도전

보드리야르의 관점에서 보면 우리의 심오한 욕망은 대상에 대한 욕망이다. 그것은 우리에게 부족한 것에 대한 욕망도, 우리가 소홀히 대하는 것(사람)에 대한 욕망도 아니다. 그것은 우리가 소홀히 대하지 않는 사람이나 우리 없이도 정말 존재할 수 있는 것에 대한 욕망이다. "욕망은 늘 기이한 완전함에 대한 욕망이자 동시에 이러한 완전함을 파괴하거나 해체하려는 욕망이다. 이 완전함이

---

21) *Photo*, p.151.

〈존재하지 않는 세계: 장 보드리야르 사진전〉(대림미술관, 2005)을 개최할 때의 보드리야르

바로 대상에 대한 욕망이다."[22]

　보드리야르에게 "사진을 찍는 것은 세계를 대상으로 간주하는 것이 아니라 세계를 대상이 되게 하고 세계를 기이한 매력으로 나타나게 하며, 이 기이한 매력을 이미지 속에 고정시키는 것이다."[23] 근본을 파헤쳐 보면, 그것은 대립되고 투명한 주체들의 세계보다는 외려 생소하지만 공범적이고, 불투명하지만 익숙한 대상들 중의 대상을 포착하는 것이다. 게다가 사진을 찍는 것은 세계를 해석하기 위해 독특한 비전이나 주관적인 스타일을 발견하는 것과는

---

22) 같은 책, p.81.
23) 같은 책, pp.81-82.

아무런 관련이 없다. 그것은 대상들을 포착하는 어떤 과정이다. 왜냐하면 대상들은 그 자체가 매혹적이기 때문이다. 이는 주체의 부차적인 차원과 재현의 완전한 영역에 대립되는 대상의 본원적인 차원을 포착하려고 애쓰는 것과 거의 같다. 말하자면 주체의 재현보다는 외려 대상의 내재적인 현존이다.

대상이 제대로 파악되기 위해서는 주체는 물러나 있어야 한다. 하지만 이때 주체는 자신이 재현의 장소를 차지하는 세계의 반사 속에서 자기 상실의 기회를 발견한다. 대상은 훨씬 더 커다란 영향력을 지닌다. 왜냐하면 거울의 단계를 거치지 않는 대상은 자신의 이미지, 자신의 동일성이나 유사함과 관련이 없기 때문이다. 대상은 욕망을 지니지 않고 아무런 말할 것도 지니지 않는다. 대상은 설명과 해석으로부터 벗어나기 때문이다.

사실 보드리야르가 보기에 담론의 범위 안에서 주체가 되고 의미의 생산자가 되는 것은 가능하다. 하지만 담론으로 동시에 의미와 가상(apparence)을 생산하는 것은 어렵다. 물론 사진 찍기로 대상을 나타나게 하고 주체로서 사라지는 것은 훨씬 쉬운 일이다. 그것은 분명히 주체로서 사라지고 대상으로서 나타나는 유토피아적 야망이다. 그에게 사진의 마술은 대상이 모든 작용을 한다는 것이다.

그러면 보드리야르는 사진 찍기의 즐거움을 어떻게 표현하는가? 그는 사진을 찍는 것은 자기 실현의 과정이기보다는 객관적인 즐거움이라고 생각한다. 그에게 사진을 찍는 것은 '여행하는 것' 혹은 '행동으로 옮기는 것'과 같다. 그리고 그것은 "강박관념적이고,

특이하고, 황홀경에 빠지고, 자기 도취적 특성을 지닌다."[24] 그것은 특이하고 분명히 고독한 활동이다. 이러한 활동은 주관적인 과정보다는 외려 객관적인 명상으로 간주될 수 있을까? 보드리야르에게 사진을 찍는 것이 일종의 명상이라면, 그것은 의심의 여지없이 객관적인 명상이다. 우리의 보는 관점에 따라 어떤 대상은 공허를 창조한다. 우리가 공허 같은 것을 발견할 때, 대상은 강한 느낌을 준다. 사실 빛의 효과나 대조로 인해, 우리는 대상을 보게 된다. 대상은 자신을 고립시키고 공허를 창조한다. 대상 주위의 모든 것은 사라지는 것처럼 보이며, 우리가 기술적으로 그리고 객관적으로 포착하는 특이한 것 이외에는 아무것도 존재하지 않는다.

보드리야르에게 사진을 찍는 것은 어떤 정신적 과정이다. 그것은 일종의 빈 공간 속에 무엇인가를 고립시키는, 그리고 무엇인가를 해석하기보다는 이 빈 공간 속에서 무엇인가를 분석하는 과정이다. 보드리야르는 그 어떤 것도 해석하지 않는다. 외려 그는 빈 공간 속에 무엇인가를 고립시킨다. 이때 빈 공간은 공허를 발산한다. 그리고 이 공허 속에는 대상의 발산이 존재한다. 이런 이유로 인해, 보드리야르는 거의 인간의 얼굴을 사진 찍지 않았다. 인간의 얼굴을 사진 찍는다면, 거기에는 너무도 많은 의미가 내포될 수 있기 때문이다. 이는 보드리야르가 다른 주체에 직면하게 될 때 한 주체로서 규정될 뿐이라는 것을 말하는 것이다. 그러므로 그는 다

---

24) 같은 책, p.83.

른 주체들을 피하고 대상들을 사진 찍는다. 결국 그에게 사진을 찍는 것은 '대상에 대한 도전'이자 '대상의 도전'이다. 이러한 대결을 인정하지 않는 모든 것은 기술이나 미학 속으로, 다시 말해서 가장 쉬운 해결책 속으로 달아날 수밖에 없다.

4 사진에 관한 사유(2)
— 실재의 사라짐을 표현하는 빛

I. 우리를 생각하는 대상

  2005년 5월 25일부터 7월 17일까지 대림미술관에서 '존재하지 않는 세계: 장 보드리야르 사진전'이 열렸다. 오늘날 보드리야르는 서울·파리·리오·모스크바·시드니·카셀·그라츠·이즈미르·바그다드 등지에서 사진전을 개최한 세계적으로 인정받은 사진가이다. 사실 그는 1980년대 중반부터 사진에 관한 글들과 함께 자신의 사진작품들을 발표해 왔다. 완전한 자격을 가진 사진가로서의 활동을 거부하는 그는 무엇보다 사진을 그의 이론적 시론의 연장으로 간주한다. 그는 '현실의 단편들' '대상이 지니는 힘' '실재의 사라짐,' 그리고 사진가로서의 자신의 세계에 대해 말한다. 그는 자신의 사진작품이 지니는 일반적인 색조·빛의 작업·마티에르·색깔에 대한 관심을 통해서 때로는 호퍼(Hopper)와 로

스코(Rothko)의 세계를, 때로는 베이컨(Bacon)의 특이성을 환기시킨다.

서울 전시회에서 보드리야르는 전시 소개글에 '우리를 생각하는 것은 대상이다(C'est l'objet qui nous pense…)'라는 제목을 붙였는데, 이는 그의 아이러니컬한 사유를 단적으로 보여주는 한 예이다.

보드리야르에 따르면 대상은 더 이상 과거 그대로가 아니다. 대상은 우리를 발견하는 것 이상으로 나아가며, 우리를 생각한다는 것이다. 그래서 이제 대상은 주체가 자신의 결여를 발견하는 거울이 된다. 하지만 사유는 세계의 거울이 되고자 하지만, 세계는 거울의 단계를 갖지 않는다. 따라서 사유는 '우리를 생각하는 대상'과 '우리를 생각하는 세계'의 단계를 뛰어넘어야 한다. 이 사유/대상은 더 이상 반성적인 것이 아니라 가역적인 것이다. 그것은 세계의 흐름 속에서 이루어지는 특수한 경우에 지나지 않으며, 더 이상 보편적인 특권을 지니지 않는다. 하지만 그것은 확실히 특이성이라는 매력을 지닌다. 어쨌든 그것은 주체의 의식으로 환원될 수 없다.

보드리야르의 견해로는, 이는 주체와 대상 간의 관계의 역전이다. 예전에 주체가 대상의 세계 속에서 센세이션을 일으켰다면, 오늘날 대상은 주체의 세계 속에서 센세이션을 일으킨다는 것이다. 보드리야르의 이러한 생각은 '사유의 아이러니'로 볼 수 있지만, 그의 급진적 사유와 깊은 관련이 있는 것처럼 보인다.

에드워드 호퍼, 〈밤에 나다니는 사람들〉, 1942, 캔버스에 유화, 76.2×144cm

II. 대상의 유혹

보드리야르는 대상에 의해 보여지고 생각되기를 바라는 역설적인 사유를 지닌 사진가이다. 《사진 찍기 1985-98》의 어느 구절에서 그는 이렇게 말한다. "우리는 대상이 우리를 바라볼 때만 대상을 볼 수 있다. 우리는 대상이 우리를 이미 보았을 때만 대상을 바라볼 수 있다. 우리가 대상이 우리를 생각하기를 원할 때만 세계를 생각하는 것과 마찬가지로 말이다."[1] 보드리야르의 사유에 비추어 보면 사진 찍는 것은 대상에 도전하는 행위이다. 우리를 보는 것은 대상이고, 우리를 생각하고 꿈꾸는 것도 대상이기 때문이다.

따라서 자신의 초기 저작 《사물의 체계》 이후 보드리야르는 끊임없이 대상의 세계를 탐색한다. 80년대 중반부터 오늘에 이르기까지 세계의 도처를 여행하여 촬영된 그의 사진작품들 속에는 도시와 자연풍경, 그리고 인간에 의해 남겨진 대상들의 흔적이 담겨 있다. 무엇보다 바르트가 정의한 '무·부재·비실재의 형태로서의 푼크툼(punctum)'을 탐색하는 그는 대상·빛·마티에르에 렌즈를 집중시킨다. 그리하여 그에게 사진에 의한 사건은 언제나 대상과 렌즈의 대결로 남는다.

여기서 흥미로운 점은 보드리야르가 대상(사물)에 접근하는 방식

---

1) *Photo*, p.145.

과 인간을 대하는 방식 사이에서 큰 차이를 드러낸다는 것이다. 보드리야르가 캐논 카메라에 200-300mm 줌 렌즈를 사용한다는 것은 잘 알려져 있는데, 대상을 사진 찍을 때 그는 렌즈의 효율성을 극대화하면서 대상의 세부(질감·색채·음영·형태)를 드러내는 방식을 취한다. 따라서 대상을 촬영한 그의 사진은 강렬하고 화려한 색조의 대비와 그래픽적으로 단순화된 형태, 음영을 통한 '빛의 흔적'을 추구하며 감각적인 화면구성을 보여준다. 가령 그의 사진들 〈시카고 Chicago〉(1983)와 〈파리 Paris〉(1986)는 예의 특성들을 잘 드러낸다. 전자의 경우 해질녘의 어둑어둑한 풍경 속에서 도시는 세피아톤으로 약간의 세부를 드러내며 실루엣의 형태로 나타난다. 사진화면의 대부분을 차지하고 있는 검푸른 빛과 황혼의 빛을 머금은 구름 속에서 감정의 울림을 만들어 낸다. 후자의 경우 보드리야르가 자신의 사진 속에서 자주 표현한 강한 색조대비(붉은색과 파란색, 붉은색과 검정색)가 두드러지며 그래픽적 화면구성을 보여준다.

그러면 보드리야르의 사진 속에서 드물게 보여지는 인간은 어떻게 표현되고 있는가? 보드리야르는 멀리 떨어진, 걸어가며 이야기를 나누고 있는 인간의 모습을, 혹은 창 밖으로 보여지는 사람들을 위에서 아래로 눈치채지 못하게 관찰자의 시선으로, 마치 영화의 롱샷(long shot)의 화면을 보는 듯한 느낌으로 사진 속에 담아내고 있다. 그는 사진에 의해 누군가에게 초점 맞추기는 불가능하며, 특히 심리적인 초점 맞추기는 매우 어렵다고 생각하는 것 같다. 어떤 인간이든 연출, 복잡한 구성 또는 파괴의 현장이 되기 때문에, 렌즈는 본의 아니게 인간의 특성을 없애 버린다는 것이다.

사실 보드리야르의 사진 속에 인간의 모습이 간혹 눈에 띄긴 하지만, 이것은 아주 우연히 촬영된 것이다. 그의 사진적 관심은 사물들이라는 대상에 초점이 맞추어져 있는 듯하다. 실제로 사물들이라는 대상은 늘 그를 '유혹'하고 늘 그를 매료시켰다. 그래서 그는 대상의 고유한 매혹을 잡아낸다. 대상이 그를 포착할 때, 그는 대상을 시선으로 잡아낸다. 이때 대상은 시선에 의해 고정되고 강렬하게 보여지고 움직이지 않게 된다. 따라서 그는 대상을 주체로서의 사진가의 흔적이 지워진 상태로 파악하고자 한다.

보드리야르의 사진은 대상을 '미적 변형'으로부터 보호하는 시선의 기술적인 고행을 전제로 하는 동시에, 사태의 출현을 왜곡하지 않고 밝히기 위해 어떤 세련된 렌즈를 전제로 한다. 보드리야르의 사진 찍기에 있어서 시선은 '실재'를 탐색하지도 분석하지도 않는다. 그것은 사태의 표면에 완전히 쏠리며, 파편적인 형태로 그리고 매우 짧은 순간에 이루어지는 사태의 출현을 설명한다. 사진이 순간적으로 찍혀지면, 사진은 돌이킬 수 없고 어느 정도 숙명적인 것이 된다. 취소할 수 없는 사진은 어떤 주어진 순간에 대상이나 세계의 명백함을 보여준다. 그러므로 보드리야르의 견해로는, 사진을 다시 찍거나 사진을 예술적으로 수정하려는 어떤 시도도 가증스럽게 '미적 변형'인 것처럼 보인다.

III. 사진술: 빛의 기술

보드리야르의 사진 〈자화상 Autoportrait〉(1999)은 카메라 옵스쿠라(camera obscura)를 연상시키는 듯한 어두운 공간 속의 어른거리는 빛을 통해 사진 찍는 사진가의 행위를 보여준다. 마치 사진의 재료가 빛이며 사진의 본질이 사진 찍는 행위임을 말하듯이. 사실 보드리야르에게 빛은 사진술과 관련하여 특수한 기능을 갖는다. 그는 "사진술은 빛의 자동기술(écriture automatique)이다"[2]라고 주장한다. 대상들은 빛의 소재에 지나지 않는다. 그에 따르면, "가장 좋은 사진은 대상의 빛을 포착하긴 했지만 동시에 대상의 빛에 사로잡혀 버린 이 뜻밖의 무엇인가를 간직한다."[3] 보드리야르가 보기에 대상의 빛을 포착하기 위해 즉각 지나가는 순간에 의존하는 사진의 본래의 이미지는 예외(exception)와 같은 것이다. 사진의 이미지는 어떤 주어진 순간의 사태처럼 불연속적이고 일시적이며, 예측할 수 없고 돌이킬 수 없는 것이다.

보드리야르의 관점에서 보면 이미지에 고유한 빛이 있다. 즉 사실주의적이지도 자연적이지도 인위적이지도 않은 이미지에 고유한 빛, 그러나 글자 그대로 이미지의 상상력이자 이미지의 사유 자

---

2) Jean Baudrillard, *Le Pacte de lucidité ou l'intelligence du mal*, Galilée, 2004, p.86(약호 *PL*).

3) *Photo*, p.146.

체인 빛이 있다. 그것은 유일한 광원에서 발산되는 것이 아니라, 대상과 시선이라는 두 근원에서 발산되는 것이다. 플라톤은 "이미지는 대상에서 나온 빛과, 시선에서 나온 빛의 교차점에 있다"[4]라고 말한 바 있다.

그러면 보드리야르의 사진에서 엿볼 수 있는 빛은 무엇인가? 그것은 '현실의 단편들' '대상이 지니는 힘' '실재의 사라짐'을 표현하는 강렬한 빛인 동시에 도시와 도시생활, 거리, 공원에서 나온 환상적이고 공허하고 생기 없는 빛이다. 그것은 유채색 속에서 흑백의 힘을 간직하고 발산하는 빛이다. 보드리야르에게 도시적 삶과 자연풍경들은 인간적인 것의 상대적 부재와 함께 호퍼의 기이한 대상들처럼 이상한 사건의 절박함을 받아들이게 하는 빛에 의해, 외부로부터 강렬하게 조명받으며, 자신의 빛이 아닌 다른 어떤 빛 속에 투영된다. 그것들은 때로 매우 유동적인 동시에 매우 독특한 분위기 속에 고립되어 있다.

가령 뤽상부르 공원에 위치한 카페 같은 곳에서 찍혀진 그의 사진 〈뤽상부르 Luxembourg〉(2003)에서는 안에서 밖으로 바라보는 위치에서 여러 개의 사각형으로 분할된 창틀의 아웃 포커스된 검은 프레임 위로 공허하고 텅 빈 채 놓여진 의자와 좀 떨어져 바로 옆 의자에 앉아 무언가에 골몰한 사람의 뒷모습이 빛의 붉은색과 노란색의 화면으로 나뉘어 나타난다. 여기서 붉은색은 창에 입혀

---

4) *EI*, p.178에서 재인용.

진 색인데, 화면의 대부분이 붉은 색조로 덮여지면서 환상으로서의 이미지를 연출한다.

보드리야르의 견해로는, 우리가 빛과, 빛을 담고 있는 내적 어둠을 못 본 체하기를 바라는 글자 그대로의 의미에서 사진술에 의한 절대적인 빛도 있다. 그것은 베르메르(Vermeer)의 경우에서 볼 수 있는 명석한 직관이다. 베르메르의 그림의 비밀이 내면적인 비밀인 것을 제외하고는 말이다. 반면에 호퍼의 그림의 비밀처럼 보드리야르의 사진의 비밀은 냉혹한 외재성, 사태의 즉각적인 도래, 침묵과 부재와 공허의 자명함이 지니는 비밀이다. 그의 사진에서는 빛 한 줄기도 암시적으로 보인다.

IV. 철학자로서의 사진 찍기

보드리야르는 1980년대에 아메리카를 여행하면서 철학적 사진들을 찍었다. 그의 아메리카 여행은 대체로 사막과 풍경에 대한 경험, 아메리카의 도시적 · 사회적 · 문화적 특징들에 대한 경험이었다. 거기서 그는 특히 사막을 아메리카라는 공간을 해석하는 일차적인 범주로 선택하였다. 그가 보기에 아메리카는 사막과 같은 아우라, 현실의 삶의 모든 흔적이 사라져 버리는 분위기를 자아냈다. 그래서 보드리야르가 아메리카를 회상하면서 자신의 사진으로 보여준 것은 현존과 부재의 환상과 더불어 재현의 모든 형이상학이 사라지는 실재의 과다한 노출이었다.

사실 보드리야르에게 아메리카는 공간을 가로지르고 공간 자체에 의해 흡수되는 움직임, 그리고 공허에 대한 감각적 경험과 같은 사막이었다. 그것은 또한 세계의 무관심에 대한 철학적 경험과 같은 사막이었다. 그러므로 보드리야르는 사진 찍는 것을 "비유적 의미에서 사막으로 들어가는 것, 다시 말해서 더 이상 의미가 없고 더 이상 물음이 제기되지 않는 세계 속으로 들어가는 것"[5]이라고 정의했다. 분명히 사막은 보드리야르를 완전히 유혹했다. 사막을 사진 찍으면서, 그는 세계가 무관심의 범행현장에서 붙잡히도록 세계에 거울을 내밀었다. 어쨌든 사막은 보드리야르가 카메라를 자기 마음대로 다루는 놀라운 철학수업이 되었다. 하지만 보드리야르는 사막을 사진 찍는 것에 만족하지 않았다. 그는 뉴욕·로스앤젤레스·몬트리올 그리고 많은 다른 곳에서 셔터를 눌렀다. 그래도 그의 사진들은 의미가 사라져 버릴 정도로 언제나 사막 같았다.

그러면 우리에게 수수께끼처럼 강렬하게 다가오는 보드리야르의 사진 〈생트 뵈브 Sainte Beuve〉(1987)를 살펴보자. 이 사진 속에서 우리는 무엇을 보는가? 분명히 하나의 안락의자이다. 이 안락의자 위에는 비참을 감추기 위한 것처럼 붉은 무거운 천이 씌워져 있다. 사라짐의 어떤 징후도 드러나지 않는, 버려지지 않은 빈 안락의자이다. 부재의 형이상학에 늘 사로잡혀 있는 로브그리예의

---

5) *Photo*, p.99.

대상과도 아무런 관련이 없다. 문화적 기호의 두꺼운 제의로 완전히 뒤덮으면서 견딜 수 없는 침묵을 강요할지는 모르지만 말 없는 안락의자. 의미를 되찾기 위해 그것을 좋은 대상으로 바꾸어 놓을지 모르지만 말 없는 안락의자. "사진을 읽는 것을 배우는 것이 바로 사진의 침묵을 존중하는 것을 배우는 것"[6]이라고 레지 드브레(Régis Debray)는 말한 바 있다. 보드리야르에게 이 침묵을 기록하는 것은 이미지가 아니라 말 없는 대상이다.

하지만 이 안락의자를 차근차근 바라보자. 우리는 가벼운 불안 같은 것을 느낀다. 생각하는 사람이 없는 안락의자. 사막처럼, 그것은 실재라고 불리는 사물들의 이치를 따진 설득과 무관한 사물들의 삶을 입증한다. 사막처럼, 그것은 우리를 전제로 하지 않는다. 그래서 그것은 우리 앞에서 포즈를 취하지 않는다. 어떻게 보면 안락의자는 사막처럼 우리에게 자신의 철저한 무관심으로 대항한다. 그것은 우리에게 도전하는데, 보드리야르에게는 현상의 세계를 유혹적으로 만든다.

유혹에 대한 가정 아래, 세계 속의 사물들은 어떤 의미로도 빛나지 않고 우리에게 기별한다. 말하자면 그것들은 우리에게 눈짓을 한다. 만약 철학자로서의 보드리야르가 사유를 통해 그리고 사유 속에서 사물들의 요구를 존재의 출현의 요구로 이해한다면, 사진가로서의 보드리야르는 사물들의 제안을 받아들인다. 그가 사진 찍

---

6) *JB*, p.210에서 재인용.

는 것은 사물들의 유혹, 즉 사물들의 비인간적인 유혹이 발휘되는 순간인데, 이는 보드리야르의 사진 찍기에 관한 모든 문제제기를 사전에 차단하는 어떤 주의 깊은 고찰을 설명해 준다. 보드리야르는 "사진 찍히고자 하는 것은 장면이다"[7]라고 말한다. 이는 또한 그의 사진 찍기의 형식적 기이함을 나타내는데, 이 기이함은 사물들의 음영과 빛에서 비롯된다. 우리는 빛이 어디에서 생겨나는지 모른다. 사진 찍는 주체의 지위의 흔들림은 주체의 철학을 뒤흔들어 놓는다.

보드리야르는 가상(apparence)의 뜻밖의 순간들을 사진 찍었다. 이런 사진작업을 통해, 그는 사물들을 모든 특성으로부터 벗어나게 했다. 그는 우리와 사물들 간의 의심스러운 관계로부터 사물들을 벗어나게 했다. 그는 심리학·사회학·형이상학에서 생겨나는 더러운 의미로부터 사물들을 벗어나게 했다. 그리하여 그는 세계의 명백함의 순간들을 사진 찍었다. 요컨대 그는 명백함의 순간에만 우리에게 보이는 어떤 세계의 도전, 그리고 우리가 생각하고자 하는 것과는 반대로 진리·도덕·미학에 의해서도 정당화되지 않는 어떤 세계의 도전을 사진 찍었다. 이런 이유로 인해, 보드리야르의 사진집을 훑어보면, 그 자신이 말하듯 진정한 장면도 아름다운 장면도 발견되지 않을 것이다. 다시 말하면 진리·도덕·미학이 목적이나 궁극목적이 되는 어떤 장면도 발견되지 않을 것이다.

---

7) *Photo*, p.151.

그래서 보드리야르의 사진들은 대체로 분류하기 어렵다. 그의 사진들은 르포르타주나 여행기념사진의 범주에도 예술사진의 범주에도 속하지 않는다.

하지만 보드리야르의 사진은 우리와 세계 사이의 기이하고 아이러니컬한 관계를 설명하는 데 다소 도움이 된다. 보드리야르에게 사진은 매혹적인 순간적 장면 속에서 탈매혹적인 세계를 산출할 수 있는 철학적 직관에 의해 포착된 구체화된 형태였는가? 그는 세계에게 우리를 유혹하는 기회를 남겨 놓는 동시에, 우리에게 우리의 존재감을 깨닫게 하는 기회를 주는 사진술의 행위를 통해서 철학적 해결책을 모색하고자 했다. 실제로 보드리야르의 사진술의 행위는 최근의 저작 《투명한 계약 혹은 악의 공모 *Le Pacte de lucidité ou l'intelligence du mal*》가 보여주듯 자신의 사유가 다시 활기를 띨 수 있도록 하기 위한 불가피한 이행에 불과함을 보여주었다.

보드리야르는 관념을 뒤흔들어 놓는다. 그는 사진가로서 관념을 뒤흔들어 놓는다. 그는 철학자로서 관념을 뒤흔들어 놓는다. 그는 세계의 '객관적' 이해를 향한 합리적 사유를 폭로하기 때문이다. 그리고 그는 합리적 사유가 환상에게 자신의 현실을 계속 이야기한다고 믿기 때문이다. 보드리야르의 이런 급진성은 그 자체가 무엇보다 의미로부터 벗어나는 것을 전제로 한다는 점에서 합리성의 문화의 함정에 빠져든 비판적 사유의 포기에서 연유된다고 할 수 있다. 따라서 보드리야르의 급진적 사유에 비추어 보면 '객관적'이라고 하는 사진의 기적은 사진에 의해 세계가 철저하게 '비객관적임'을 보여준다는 것이다. 아이러니컬하게 혹은 역설적으로 사진술의 행위는 세계의 비객관성을 드러내 보인다는 것이다.

V. 실재의 사라짐/사진의 침묵

보드리야르에게 사진은 다른 형태로 자신의 이론적 고찰을 연장하는 것처럼 보인다. 그의 사유세계 속에서 대상들은 어떤 의미로도 빛나지 않는다. 그는 의미의 전멸을 통해 우리가 어디까지 나아갈 수 있는지 자문한다. 그에게는 의미작용의 침묵을 통해 의미의 도덕적 명령에 저항하는 것과, 이미지의 폭발과 끊임없는 연속에 저항하는 것이 문제이다. 이 경우 사라진 것은 대상의 선과 대상의 세밀한 부분(점)뿐만 아니라 순식간에 지나가 버린 불가역적이고 향수를 불러일으키는 사진의 순간이다. 이미지의 시각적 흐름은 변화만을 고려하며, 이미지는 거기서 이미지가 될 틈이 없다. 그래서 이미지는 무엇보다도 이미지가 되어야 한다. 그것은 세계의 소란스러운 조작의 중단 속에서만 가능해질 수 있다.

보드리야르의 견해에 따르면 사진의 이미지 한가운데에는 무와 부재와 비실재의 형태가 있다. 사진의 마술을 이루는 것은 바로 이미지 한가운데에 있는 이 무이다. 그런데 우리는 이 무를 가능한 모든 방법으로 몰아내고자 했다. 사진을 온갖 종류의 지시와 의미로 가득 채우면서 말이다. 바르트가 푼크툼(punctum)이라고 부르는 것, 즉 부재하는 곳, 이미지 한가운데에 있으면서 자기 힘을 창조해 내는 무는 상징적인 공간이다. 그래서 인간과 살아 있는 존재를 사진 찍는 것은 매우 어렵다. 그들 자체가 너무도 의미로 가득 차 있기 때문이며, 또한 그들의 부재의 은밀한 형태를 찾아내기 위해 그들에게서 의미를 배제하는 것은 거의 불가능하기 때문이다.

보드리야르는 "사진은 우리의 부재 속에서 세계를 설명한다"[8]라고 말한다. 우리가 그의 철학적 반향으로부터 이 부재를 끌어내는 것은 사실이다. 보드리야르는 어떤 침묵 그 이상을 사진 찍는다. 그는 의미의 사막화를 사진 찍는다. 그는 세계의 순수한 명백함의 순간을 간파하기 때문이다. 게다가 그는 대상들을 자신의 주관적 특성으로 벗어나게 하며, 대상들을 문화적 스테레오 같은 파토스로부터 벗어나게 한다. 이것은 분명히 하나의 도전이다.

따라서 의미와 의미의 미학에 맞서 대상의 자의적 해석을 찾아내는 것은 근본적으로 있는 그대로가 되어 버린 이미지를 파괴하는 기능, 즉 '실재의 사라짐'을 마술적으로 조작하는 것이 된다. 어떻게 보면 이미지는 매우 분명하지 않고, 또한 우리가 그 어떤 것도 실제적이지 않다는 것을 느끼기 때문에 매우 쉽게 받아들이는 이 실재의 부재를 구체적으로 표현한다. 보드리야르의 사진 〈푼토 피날 Punto Final〉(1997)에는 이 부재의 현상학이 존재한다. 대상은 광원에 의해서 은폐되듯이 주체에 의해서도 은폐되기 때문이

---

8) *Photo*, p.85.

다. 보드리야르가 자신의 사유와 이론에서 즐겨 사용하는 '실재의 사라짐'이 잘 표현되고 있는 듯하다.

뿐만 아니라 보드리야르의 사진 〈바스티유 Bastille〉(1998)도 이런 현상학을 보여준다. 이 사진에는 만화경(kaléidoscope)을 연상시키는 화면구성이 돋보인다. 실재의 이미지는 어안렌즈에 의한 왜곡처럼 둥근 유리잔 속에 왜곡되어 나타나 시각적 즐거움을 제공한다. 유리잔 받침의 그림자를 이루는 확산되는 대각선을 제외하고는 모든 형태는 곡선형태로 유추된다. 유리잔의 형태와 잔받침대 아래의 그림자가 연속된 현상들을 이루어 내며 잔 속에 비친 실재의 이미지는 모래시계에서 모래가 아래로 빠져나가듯 어둠 속으로 빨려 들어가 곧 사라질 것만 같다. 이는 바로 '실재의 사라짐'을 나타내는 것이다.

보드리야르의 견해에 따르면 대상은 상상의 선에 다름 아니며, 세계는 절박하지만 파악할 수 없는 대상이다. 세계는 얼마나 떨어져 있을까? 사진은 요컨대 대상의 영역이 평평해지는 거울일까? 사실 이미지—사진은 우리로부터 멀리 떨어져 있는 '실재'라는 세계에 우리를 접근시키는 것은 아닐까? 그와 반대로 그것은 대상의 절박함으로부터 우리를 보호하는 심오한 영역을 창조하면서 세계를 멀리 두는 것은 아닐까? 이는 바로 문제제기되는 실재에 대한 물음이다. 어떻게 보면 사진은 순수한 실재에 제기된 물음이다. 실재가 사라지기 시작한 산업시대에 사진이 기술적 매체로서 나타난 것은 놀라운 일이 아닐 것이다. 사실 실재의 사라짐이 이러한 기술적인 형태를 초래했을지도 모른다. 그리고 이러한 기술적인 형태에 의해, 사진은 이미지로 변형될 방도를 찾아내었을 것이다.

오늘날 "실재는 이미지의 범람 아래 사라졌다고 한다. 그러나 우리는 이미지 또한 실재의 영향 아래 사라지는 것을 잊고 있다"[9]고 보드리야르는 주장한다. 이러한 상호 작용 속에서 희생되는 것은 실재라기보다는 오히려 자체의 독창성을 상실하는 이미지이다. 정말 피상적인 이미지에 전념한 실재와, 실재의 표현에 전념한 이미지가 문제이다. 우리는 이 문제를 어떻게 해결해야 하는가? 사실 이미지가 자신의 힘을 되찾을 수 있는 것은 실재로부터 해방되는 것이며, 실재가 자신의 진정한 이미지를 되찾을 수 있는 것은 이미지에게 자신의 특수성을 되돌려 주는 것이다.

그러나 여기서 보드리야르는 대부분의 이미지가 직면하는 이러한 상황에 맞서서 자신의 마술과 힘을 창조하는 사진의 이미지가 지니는 특성을 강력하게 거론한다. 그는 "사진은 침묵을 통해서 아무것도 의미하지 않고 아무것도 의미하고자 하지 않으며, 정보 · 의사소통 · 미적인 것의 폭력에 저항하고, 저항의 형태로서 이미지의 순수한 사건을 다시 찾아낸다"[10]고 역설한다. 사진의 침묵. 이유를 알 수 없는 사진의 침묵은 항상 침묵을 강요해야 하는 영화와 텔레비전과는 달리 사진 이미지의 가장 귀중하고 독창적인 특성들

---

9) Jean Baudrillard, 'Violence de l'image/Violence faite à l'image,' in Media-City Seoul Symposium, 2002, p.55.
10) *Photo*, p.98.

중의 하나이다. 그래서 보드리야르에 따르면 사진의 이미지는 자신의 침묵에 의해 극적이고, 자신의 부동에 의해 극적이다. 대상들이 꿈꾸는 것은 움직임과 흐름이 아니라 강렬한 부동이다. 내밀히 지각되고 읽혀지기 위해 모든 담론과 해석을 회피하는 이미지의 침묵, 그리고 말 없는 대상에서 생겨나는 강렬한 부동. 이 침묵과 부동으로 보드리야르의 사진은 대상들을 표현하며 세계를 가로지른다. 세계의 소란과 혼돈 속에서도 그의 사진은 사막과 같은 특이한 고립을 창조한다. 말하자면 마치 호퍼처럼 일상의 특이한 장면 혹은 연극무대의 특이한 장면을 멈춰 세운 듯이 '고립된 순간'을 표현한다. 이렇게 특이한 분위기를 자아내는 그의 사진은 빛과 어둠을 대비시키며 강력하고도 묘한 울림을 만들어 낸다. 냉혹함을 잃지 않는 점에서 그의 균형잡힌 사진이 오히려 빛난다.

Chicago 1983

Paris 1986

Autoportrait 1999

Luxembourg 2003

Sainte−Beuve 1987

Punto Final 1997

Bastille 1998

New York 1992

5 건축과 철학
— 사라짐의 미학

    서구에서 건축이 인문주의적 전통과 긴밀히 연결되어 있다는 사실은 흔히 알려져 있다. 최근 철학자 장 보드리야르와 건축가 장 누벨의 대담이 이루어진 것은 이러한 서구적 전통에서 비롯된 것이다. 보드리야르는 현대성에 대한 탁월한 분석을 시도하고 있는 세계적인 철학자이고, 노벨은 현대건축의 길잡이가 되고 있는 세계적인 건축가이다. 보드리야르와 누벨은 상호적 의견 교환을 통해 무엇보다 현대의 건축, 미래의 도시, 투명성의 이상, 미학의 근본적인 문제들에 비상한 관심을 갖는다. 보다 구체적으로 말하면 보드리야르와 누벨은 건축 · 도시 · 공간 · 대상뿐만 아니라 가상 · 투명성 · 사라짐을 주제로 논의하고 있는데, 이는 또한 철학 · 문화 · 예술에 관한 것이기도 하다. 보드리야르와 누벨은 공통의 견해와 입장의 차이를 드러내긴 하지만, 현대 건축의 가능성과 현대 생활의 미래를 탐색하는 것에 대해, 그리고 현대의 문화와 예술에 대해 유사한 관심을 보인다.

따라서 철학적 관심사와 건축의 특수성 사이의 관계는 철학자와 건축가, 대상과 관념 사이의 연결을 확립하고 새로운 길을 여는 계기가 된다. 광범위한 이 대담은 건축과 철학의 영역에 다리를 놓음과 동시에 가상의 공간이나 거주공간이 끊임없이 변화하고 발전하는 오늘날, 우리들에게 대상과 관념의 만남을 본질적으로 검토하게 한다.

보드리야르와 누벨의 대담은 2000년에 《특이한 대상: 건축과 철학》이라는 제목하에 책으로 출간되었다. 이 책은 출간되자마자 전세계에 많은 반향을 일으키며 건축의 철학적 논의의 중요한 대상이 되었다. 사실 보드리야르는 이 책 이외에도 자신의 많은 책들 속에서 건축에 대한 물음을 암암리에 제기했다. 예를 들어 《사물의 체계》《소비의 사회》《상징적 교환과 죽음》《유혹에 대하여》《시뮬라크르과 시뮬라시옹》《숙명적 전략》《아메리카》《차가운 기억들 I, II, III, IV, V》등에서 건축에 대한 그의 담론과 아우라가 발견된다. 여기서 우리의 관심을 끄는 것은 그가 자신의 책들을 통해 건축을 급진적 시각에서 논의함으로써 새로운 문제를 제기한다는 점이다. 특히 그는 아이러니컬한 역설과 급진적 사유를 통해서 건축의 본질적인 문제, 그 모험과 운명을 분석하고 진단한다. 이는 사태를 냉정하게 비판하기 위해 '철학'을 가로질러 갔듯이 '건축'을 가로질러 간 그의 역정에서 비롯된 것이다.

이 글에서는 건축에 대한 보드리야르의 비판을 통하여 건축을

서 우리는 보드리야르의 삶에
피아의 문제와 관련하여 유토
다. 그리고 유토피아적인 이
공간의 급진성에 직면할 때 건
한 일인지 깊이 있게 검토할
하는 하나의 방법이 될 수도
차원의 도래와 함께 건축에서
가상의 건축이 형성되고, 나
을 지배하는 양상을 띠는 것을
건축과 복제의 건축에 맞서
추구하는 건축을 모색할 수
치면서, 우리는 우리가 진정
고 건축의 미래가 열릴 수 있
.

신의 일관된 삶을 추구한 사
적·형이상학적 급진성, 전투
성, 이론적 급진성으로 구성
된다. 반드시 그의 급진적 사유는 모든 것을 완전히 순화시키고 죽음과 부정성을 전멸시키고자 하는 세계 속에서 파국적인 역할을 할 수 있고 그 자체가 파국과 도발의 요소가 될 수 있다. 그의 이러한 사유는 제도권에서 멀리 벗어나고 가능한 지적 세계의 한가운데서 주변에 남아 있으려는 자신의 의지와 관련이 있다. 특히 이러한 급진화가 전개됨에 따라, 보드리야르에게 대상은 '암호'인 것처럼 보인다. 무엇보다도 대상은 수수께끼로 남으며 주체의 실존주의적 문제제기와 분리된다. 《유토피아 *Utopie*》라는 도시계획 잡지와 자신의 초기 저작들(《사물의 체계》《소비의 사회》《기호의 정치경제학 비판을 위하여》)에서, 대상은 대안으로서 그리고 성찰의 영역으로서 존재한다. 이 시기에는 생산의 우위에서 소비의 우위로 옮아가면서 대상이 가장 중요한 것으로 인식되기 때문이다. 보드리야르의 관점에서 보면, 오늘날 대상은 자신의 고유한 삶을 지닐 수 있으며, 자신의 수동성에서 벗어나 일종의 자율성을 획득한다. 이제 그의 사유세계에서 대상은 줄곧 그의 주요한 연구대상이며 모든 분석의 기본적인 틀을 이룬다.

　그러면 보드리야르에게 있어서 건축과 대상의 관계는 어떠한가? 그는 건축을 하나의 대상으로 간주한다. 그리고 그의 관심을 끄는 것은 건축의 영역에 속하는 대상의 영역들에서 생겨나는 모든 것들(투명성, 기능성 혹은 기능장애, 글자 그대로의 대상)이다. 달리 말하자면 건축적 대상은 순전히 하나의 대상이며, 자신의 특이성을 갖는다. 문제는 바로 대상의 형이상학이다. 가령 보부르(Beaubourg)는 그의 관심을 끌었지만, 엄밀히 말해서 건축으로서가 아니라 대상으로서였다. 말하자면 대상으로서의 보부르, 즉 이 기괴한 형태의 '괴물'이 그의 관심을 끌었다.

보드리야르는 2006년 이탈리아 건축잡지 《도무스 *Domus*》지와의 인터뷰에서 이렇게 말했다. "나는 이 모든 대상들이 실제로 도시를 변형시킨다고 생각하지 않는다. 최악의 경우에 그것들은 도시를 부분적으로 파괴한다. 그것들이 조직적인 도시로 대체하기 때문이다."[1] 오늘날 우리는 건축적 대상에 의해 모델화된 도시를 갖고 있고, 건축적 대상들은 빌바오 구겐하임 미술관처럼 게리(Gehry) 스타일의 건축작업에 의해 디지털화되고 컴퓨터화된다. 그러나 그것은 누벨 같은 건축가들에 의해 전혀 다른 양상을 띠게 된다. 도시 자체는 우리에게 메가-대상으로서 더 많은 관심을 불러일으킨다. 설령 도시가 매우 보기 흉한 것을 내포한다 할지라도, 그것은 여전히 그 자체의 마술 같은 것을 지닐 수 있다. 가령 파리에 있는 그랑드 비블리오테크(Grande Bibliothèque)는 우리를 깊이 숙고하게 한다. 우리는 그것이 문화가 될 때 바라보는 관점에 따라 파괴적인 충동을 느낄 수 있다. 그러나 그것은 역시 건축으로 간주된다. 물론 우리는 여기서 베르사유나 피라미드에 관해서가 아니라 근대와 현대의 건축에 대해 언급하고자 한다. 우리의 관점에서 보면 베르사유나 파라미드는 단순한 건축이 아니다. 그것은 건축 그 이상이었고 신성한 것이었다. 반면 오늘날 건축은 어떻게 보면 건축 그

---

1) Jean Baudrillard, 'Architecture, and the void, art and life,' in *Domus*, No 697, 2006, p.83.

자체에 대해 회의를 낳게 한다. 그것은 곧 디자인이라는 느낌을 준다. 우리는 건축이 자신을 자각하고 반성적 시기를 갖는 순간이 온다고 믿는다. 물론 이 시기 동안 건축은 일종의 원리를 발견할 것이다. 예를 들어 바우하우스 시대에서는 근대성의 건축원리, 즉 의지·영감·정신이 있었다. 오늘날 우리는 무엇이 건축적이며, 무엇이 건축적이지 않은지 스스로 물어볼 수 있다. 오늘날 아이러니컬하게도 모든 것이 예술이 될 수 있다.

보드리야르는 '예술적 의지' 속에는 더 이상 가능한 의사소통도 존재하지 않으며, 자신은 건축에 관해 아무 말도 하지 않았다고 어느 순간부터 되풀이한다. 그러다가 이와 반대로 그는 《특이한 대상: 건축과 철학》에서 다음과 같이 고백한다. "나는 건축에 대해 많이 말하지 않지만, 나의 모든 책 속에서 건축은 암암리에 문제가 되고 있다."[2] 보드리야르의 관심을 끈 것이 한편으로 특이한 대상들(보부르, 세계무역센터, 비오스페르 2, 빌바오 구겐하임 미술관, 누벨의 끝없는 타워와 카르티에 재단)이고, 다른 한편으로 공간의 문제, 즉 '급진적 공간'의 문제이자 건축의 '진리'의 문제이라면, 사실 매번 그를 사로잡은 것은 건축의 사회적 기록이다. 이는 마치 도시 속에서 자본의 흐름의 방향을 해독하는 것과 같다. 다시 말하면, 그를 매혹한 것은 건물들의 건축적 의미나 규율에 대한 관심이 아니라 이 건물들이 표현하는 세계, 이 상징적 형태들이 그들의 시대

---

2) Jean Baudrillard/Jean Nouvel, *Les objets singuliers: Architecture et philosophie*, Calmann-Lévy, 2000, p.21(약호 *OSAP*).

를 기술하는 방식이다. 더욱이 그를 열광시킨 것은 일종의 완전한 건축형태 속에서 모든 것이 이미 실현된 시대, 즉 "하이퍼리얼한 시대의 사회 상황을 표현하는 세계무역센터의 두 개의 펀치테이프처럼"[3] 그것들이 구체화하는 문명의 순간이다. 따라서 그의 관점에서 보면 도시의 스펙터클한 건축, 도시가 역사적 형태로 존속하지 못한 것을 상징하는 수직성의 건축이 존재한다. 이미 사라진 공동체에 대한 향수와 마찬가지로 새로운 노마디즘을 표현했던 〈유토피아〉 그룹 건축가들의 건축형태들처럼, 극단적 예상의 형태와 동시에 사라진 대상에 대한 향수를 지닌 건축이 존재한다.[4] 이러한 건축은 상실 속에서도 급진적이고, 예상 속에서도 급진적이다.

사실 보드리야르는 매우 특수한 문제를 둘러싸고 조직될 수 있는 건축의 '급진성'을 이야기하려고 시도하며, 자기 나름대로 자기 시대의 건축을 평가한다. 그의 평가는 건축이 자신의 실재와 명백함을 넘어서 일종의 급진성과 공간에 대한 도전, 사회에 대한 도전, 건축적 창조에 대한 도전 속에서 여전히 존재하는가에 초점이 맞춰져 있다. 결국 〈유토피아〉 그룹 한가운데서 건축가들과 함께 보낸 견습기간과 지적 형성기를 통해 줄곧 그의 관심을 끈 것은 언제나 유토피아의 문제였다. 《아메리카 *Amérique*》에서 미국을 묘사하면서 그곳이 '실현된 유토피아'라고 규정한 바 있는, 그는 《특이한 대상: 건축과 철학》에서 이 유토피아의 문제와 관련하여 다음

---

3) 같은 책, p.13.
4) Jean Baudrillard, *A propos d'Utopie*, Sens & Tonka, 2005, p.22.

과 같이 언급했다. "나는 건축에 의해 세계가 변화될 수 있다고 늘 생각합니다. 실제로 이는 유토피아의 차원에 속하는 것입니다. 유토피아적인 건축은 결국 실현된 건축이었습니다."[5]

이제 보드리야르의 이러한 논리에 따르면 건축은 예술처럼 다시 삶을 시작해야 한다. 건축은 삶 자체가 되어야 하고 일상생활과 현실세계를 변화시켜야 한다. 따라서 건축의 규율은 사라지고, 건축의 특권은 폐지되기에 이른다. 이러한 상황이 연출되면, 모든 것은 분명히 유토피아적이 될 것이다.

II. 급진성과 건축의 진리

급진적 이론가이자 이상주의자인 보드리야르의 입장에서 건축의 주요한 무대인 '공간'의 급진성에 직면할 때 건축의 진리를 창조하는 것이 가능한 일일까? 보드리야르는 항상 공간에 관심을 가졌으며, 그의 관심은 공간의 현기증을 일으키는 소위 건축된 대상들의 특징 속에 있었다. 말하자면 그는 그의 관점에서 정확하게 건축적 경이가 아닌 대상들, 즉 보부르·세계무역센터·비오스페르 2(Biosphère 2) 같은 특이한 대상들에 관심을 가졌다. 그를 매료시킨 것은 건물들의 건축적 의미가 아니었다. 그는 우리의 위대한

---

5) *OSAP*, p.84.

현대 건축물의 대부분의 경우처럼 어떤 다른 세계로부터 탈출한 것처럼 보이는 이 '대상들의 진리'에 대해 끊임없는 의문을 지녔다. 가령 그가 세계무역센터 같은 어떤 건물의 진리를 고려할 때, 그는 심지어 1960년대의 건축이 두 개의 펀치테이프를 닮은 쌍둥이건물과 함께 실제로 컴퓨터화되지는 않았더라도 하이퍼리얼한 시대와 사회의 윤곽을 이미 그렸다는 사실을 알고 있었다. 오늘날 쌍둥이건물을 통해서 우리는 그것들이 이미 복제되었으며 원본의 죽음을 예고했다고 말할 수 있다. 그러면 그것들은 우리 시대를 예상했을까? 건축가들은 한 사회의 현실 속에 있는 것이 아니라 한 사회의 허구 속에, 예상되는 환상 속에 있는 것인가? 이것이 바로 건축과 공간의 초감각적인 용도가 있을 것이라는 점에서 보드리야르가 우리에게 '건축의 진리는 있는가?'라고 물음을 제기하는 이유이다.

그러면 이러한 물음과 관련하여, 사물들이 어떻게 이 '창조적 환상,' 즉 이 건축적 실재의 '초월'과 일치하는지 살펴보자. 건축가들의 모험은 현실세계 속에서 이루어지며, 그들은 아주 특수한 상황 속에 있다. 정확한 시간 속에서 정해진 예산과 정해진 사람으로 그들은 어떤 대상을 만들어 낸다. 그리고 안전의 이름으로, 재정의 이름으로, 검열의 이름으로 그들은 자신들이 제한되는 상황 속에 있다. 그들은 어떻게 이러한 구속으로부터 벗어날 수 있는가? 문제는 지각과 직관에 의한 특수한 전략을 지니고 그들이 모든 계획을 미리 개념이나 관념에 유기적으로 연결하는 것이다. 물론 이는 관계를 맺을 수 있고 사람들이 모르는 장소를 정할 수 있다. 사람들은 언제나 발견의 영역 속에, 비지식의 영역 속에, 위험의 영역 속에 있다. 사람들이 모르는 이 장소는 어떤 비밀의 장소가 될 수 있다.[6] 이 장소는 명백한 환상——보이는 것을 상상으로 연장할 수 있는 어떤 공간의 환상——이 드러나는 곳이다. 여기서 기본적인 가정은 건축이 어떤 공간을 가득 채우는 것이 아니라 공간을 창조하는 것이라는 점이다. 이것은 내적이고 시각적인 '피드백' 효과를 통해서, 다른 요소들이나 공간들의 점유를 통해서 실현될 수 있다. 가령 일본의 정원을 고찰해 보면, 정원이 어디서부터 멈추는지 계속되는지 더 이상 알 수 없는 지점, 즉 소실점이 항상 존재한다. 그런데 누벨의 시도——라 데팡스(La Défense)에 계획했던 끝없는 타워(Tour sans fin)——는 알베르티 원근법의 논리를 초월한다. 설령 누벨의 '끝없는 타워'가 우리의 지각이 미치는 범위를 벗어나 비물질적인 것이 된다 할지라도, 그것은 어떤 의미에서 가상의 건축이자 보이는 것 이상의 것을 창조하는 건축이다.

　여기에는 시선을 유혹하는 상상의 공간이 존재한다. 우리가 누벨이 건축한 카르티에 재단(Fondation Cartier) 건물의 정면을 바라볼 때, 건물의 정면이 건물보다 더 크게 보이기 때문에 우리는 하늘의 반사광을 보는지 하늘을 보는지 모른다. 그리고 우리가 유리처럼 투명한 세 평면을 통해서 나무를 바라볼 때, 우리는 앞·뒤

---

6) 같은 책, p.17 참조.

장 누벨, 끝없는 타워, 1989-1994

장 누벨, 카르티에 재단, 1994

로 투명한 나무를 보는지 나무의 반사광을 보는지 모른다. 이 환상의 형태는 근거 없는 것이 아니다. 즉 불안정한 지각을 통해, 그것은 상상의 공간이 창조될 수 있게 하고 무대가 설치될 수 있게 한다. 이러한 무대의 공간이 없다면, 건물들은 단지 구조물에 불과할 것이고, 도시 자체는 주거 밀집 지역과 기능들의 병렬에 지나지 않을 것이다.

누벨의 건축작업들 가운데 특히 보드리야르가 좋아하는 것은 사람들이 그것을 보지 못한다는 점이며, 사물들이 보이지 않는다는 점과 사물들이 보이지 않도록 할 줄 안다는 점이다. 물론 사람들이 가까이 가면 사물들은 보인다. 그러나 사물들은 우리를 지배하는 가시성——모든 것이 즉각적으로 보일 수 있게 되고, 즉각적으로 해독될 수 있는 체계의 가시성——을 실제로 방해하는 한 보이지 않게 된다.[7] 따라서 보드리야르의 관점에서 보면 누벨이 상상하는 그러한 공간과 더불어 동시에 장소와 비장소(non-lieu)를 창조하는 건축이 존재한다. 그것은 바로 '유혹의 건축'이다. 보드리야르에 따르면 "유혹은 결투적인 것이다. 유혹은 정확히 말해서 대상을 현실의 질서, 즉 대상을 둘러싸는 가시적 질서와 대결시킨다."[8] 이 '유혹의 건축'의 산물들은 주변의 질서에 도전하고 현실의 질서와 투쟁적 관계에 있는 확인되지 않는 대상들이다.

우리가 이러한 대상들의 진리가 아닌 그들의 급진성에 대해 말

---

7) 같은 책, p.22 참조.
8) 같은 책, 같은 쪽.

할 수 있는 것은 바로 이러한 의미에서이다. 만약 이러한 투쟁이 발생하지 않는다면, 만약 건축이 사회적 · 도덕적 질서의 강제에 의한 기능적 · 계획적 전사(transcription)가 되어야 한다면, 그것은 더 이상 건축으로서 존재하지 않는다. "자신의 현실을 넘어서 존재한다는 점에서 훌륭한 대상은 투쟁적 관계를 만들어 내는 대상이다. 다시 말하면 방향전환 · 모순 · 불안정을 겪을 수 있지만, 실제로 소위 세계의 현실과 세계의 근본적인 환상을 대립시키는 관계를 만들어 내는 대상이다."[9]

여기서 우리는 대상들과 관련하여 급진성에 대해 보다 구체적으로 논의해 볼 수 있다. 한 사회의 분석에 의해서든 한 사건이나 한 도시 상황의 분석에 의해서든, 우리는 사건을 선택하지 못하고 개념을 선택할 뿐이다. 그러나 이러한 선택을, 우리는 지켜 나간다. 보드리야르의 견해에 따르면, "개념의 선택은 건물이나 이론이나 다른 무엇이 받아들일 수 있는 모든 기능적 의미작용 · 상황과 충돌할 수 있는 무엇인가이다."[10] 그런데 주어지는 그대로의 사건, 보이는 그대로의 사건, 미디어나 정보에 의해 해독되는 사건과 관련하여, 개념은 비사건(non-évènement)을 만들어 내는 것이다. 개념은 그것이 무엇이건 이론적 또는 허구적인 비사건을 실제 사건에 대립시킨다. 우리는 개념이 글쓰기에 어떻게 작용하는지 좀 알 수 있지만, 개념이 건축에 어떻게 작용하는지 훨씬 더 잘 알 수 없다.

---

9) 같은 책, 같은 쪽.
10) 같은 책, p.23.

그러나 어떤 건축적 대상들을 통해, 우리는 다른 공간이나 다른 무대로부터 확대적용 같은 것을 느낀다. 거기에는 어떤 계획이나 기능적 구속에 반하는 창조적 영감에 의한 착상이 있기 때문이다. 이는 공간과 도시 사이의 불가능한 교환에 대한 유일한 해결책이 될 수 있다. 건축이 어떤 진리를 열망할 때, 그것은 바로 우리에게 건축의 운명의 문제를 초래한다.

  그렇다면 진리의 계획에 무슨 일이 일어나는가? 좋든 나쁘든, 사람들이 발견하는 것은 이 계획이 그 자체가 목표로 삼았던 사람들에 의해 항상 강요된다는 점이다. 사실 이 계획은 사용자들, 즉 대부분의 사람들에 의해 바꾸어질 수 있는데, 그들의 독창적 혹은 왜곡된 반응은 계획 속에 기술될 수 없다. "건축에서는 대중의 욕구나 사회적 관계에 대한 '자동기술'이 없다. 거기에는 항상 투쟁이 있으며, 반응은 예측할 수 없다. 문제시되는 반응은 과정 속에서 제구실을 하는 대중의 반응이다."[11] 대중은 자기 방식대로 건축적 대상을 받아들인다. 만약 건축가가 자신의 계획으로부터 방향전환을 하지 않았다면, 대중은 그가 계획의 예측할 수 없는 최종 목적을 되찾는 것을 보게 될 것이다. 여기에는 급진성의 또 다른 형태가 있긴 하지만, 그것은 무의식적인 형태이다.

  이것은 보부르의 계획을 구체화했던 처음의 모든 의도들이 실제의 대상에 의해 좌절되는 상황과 관련이 있다. 문화와 의사소통의

---

11) Francesco Proto, *Mass. Identity. Architecture: Architectural Writings of Jean Baudrillard*, Wiley-Academy, 2003, p.129.

긍정적인 전망에 기초한 이 계획은 결국에는 대상의 초과실재 (hyperréalité)에 완전히 사로잡히게 되었다. 전후관계로 결정되는 대신에, 그것은 그 주위에 공간을 창조했다. 압축되고 분산된 공간과 그 투명성으로 인해 보부르는 그것을 불투명하게 만들고 남용하는 대중들의 행위에 맞서게 되었다. 자연발생적으로 이 공간 내부에 모순이 생겨나게 되었고, 보부르의 효과는 어떤 운명과 비슷한 것이 되었다.[12] 대상, 즉 진정한 대상은 그 안에 일종의 운명을 지닌다. 그리고 이 운명에서 벗어나려고 시도하는 것은 분명히 실수가 될 것이다. 이것은 건축가가 행사한 통제를 문제삼는데, 그것은 당연하다.

이러한 상황에서 건축가는 자신의 계획을 망쳐 놓을 수 있지만, 사건으로서의 대상을 통제하기를 열망할 수 없다. 우리는 일련의 사건들이 때때로 해결되고 놀랄 만한 운명시워진 사건들로 대체되기를 열망한다. 우리의 세계는 방향전환하는 이 고유한 힘, 대상에서 시작되는 이 급진성 없이는 지탱될 수 없을 것이다. 그리고 여기에는 건축가들에게 매력적인 것이 존재한다. 다시 말해서 건축가들이 창조하는 공간들이 비밀의 장소, 예측할 수 없는 시적 행위의 장소라고 상상할 수 있는 것이 존재한다.

이러한 논리에서 보면, 우리는 전혀 다른 차원의 현대세계에 직면하게 된다. 이 차원은 진리와 급진성의 문제가 더 이상 생겨날

---

12) Jean Baudrillard, *Simulacres et Simulation*, Galilée, 1981, pp.102-104 참조.

수 없는 차원이다. 왜냐하면 우리는 이미 가상성(virtualité) 속으로 옮아갔기 때문이다. 그리고 거기에는 건축이 더 이상 존재할 수 없는 위험, 더 이상 어떤 건축도 존재하지 않는 위험이 있다.

　오늘날에는 건축이 존재하지 않는 다양한 방식들이 있다. 어떤 건축적 이해도 없이 새로운 밀레니엄을 향해 나아가는 일종의 건축이 있다. 사람들은 자연발생적인 규칙들에 의해 그들의 환경을 디자인하고 확립했는데, 이런 방식으로 창조된 공간들은 관찰되기 위해 만들어진 것이 아니다. 이 공간들은 건축으로서의 어떤 가치도, 정확히 말해서 어떤 미적 가치도 지니지 않는다. 보드리야르의 관점에서 보면, 오늘날 우리가 어떤 도시들, 특히 미국의 도시들을 좋아하는 것은 사람들이 어떤 건축적 사유 없이 그 도시들 주위를 돌아다닐 수 있다는 점이다. 사실 사람들은 어떤 예술개념, 예술사, 미학이나 건축에 빠져들지 않아도 마치 사막을 여행하듯이 그 도시들을 통해 여행할 수 있다. 물론 그 도시들은 분명히 여러 가지 목적을 실현하기 위해 구조화되어 있긴 하지만, 사람들이 그것들을 우연히 발견하는 방식으로 순수한 사건과 순수한 대상들과 닮아 있다.[13] 말하자면 그것들은 우리로 하여금 공간의 주요한 무대로 돌아갈 수 있게 한다. 이런 의미에서, 이것은 반건축(anti-architecture)을 대신하는 어떤 건축이다. 보드리야르의 견해로는 "완전한 건축은 자신의 의도를 감추는 건축, 공간이 사유 그 자체

---

13) Jean Baudrillard, *Amérique*, Grasset, 1986, p.38 참조.

렌조 피아노/리처드 로저스, 보부르 센터, 1977, 파리

인 건축이다."[14] 이러한 건축은 역시 예술 그 자체를 향해 나아간다. 예술의 모든 장식, 예술사와 미학을 배격하는 작업보다 더 좋은 작업은 없다. 이같은 작업은 사유를 향해 나아간다. 진실로 설득력 있는 사유는 의미와 깊이의 장식, 개념의 역사, 진리의 장식을 배격하는 사유이다.

III. 가상의 건축

한편 가상적 차원의 출현과 함께, 건축에서 가상적 창조의 모델이 생겨난다. 따라서 우리는 보이는 것과 보이지 않는 것을 이용하는 건축을 상실하게 된다. 가상의 건축은 더 이상 어떤 비밀도 지니지 않는 건축, 가시성의 장(場)에서 단순한 조작자가 되어 버린 건축, 즉 스크린-건축이다. 그것은 말하자면 이러한 말들의 모든 의미에서 자연적인 것이 아닌 도시와 공간의 인공지능이 되었다. 이제 "도시는 더 이상 생성의 형태가 아니다. 도시는 확장시키는 망(réseau)과 같다."[15] 건축적 모험의 종말이라는 이 위험을 진단하기 위해, 보드리야르는 자신이 보다 잘 알고 있는 사진의 예를 든다.

보드리야르에 따르면, "오늘날 대부분의 사진 이미지들은 한 주체의 표현이나 한 대상의 실재가 아니라 오로지 한 주체나 한 대상

---

14) Francesco Proto, *op. cit.*, p.131.
15) *OSAP*, p.76.

이 지닌 모든 본질적인 가능성을 기술적으로 실현한다. 작용하는 것은 사진매체이다."[16] 사진기는 자신의 가능성의 한계를 확장하면서 통제한다. 사진가는 단지 사진기의 무한한 가능성을 기술적으로 조작하는 사람에 불과하다. 이것이 바로 가상적인 것이 의미하는 것이다. 말하자면 기계의 모든 기술적 가능성을 철저히 검토하는 것이다. 우리는 이러한 분석을 컴퓨터나 인공지능으로 확장시킬 수 있다. 물론 이때 사유는 기계의 무한한 가상적 조작이다. 이러한 방식으로, 다양성을 산출하는 무한한 가능성과 함께 기술적 방법을 취하는 모든 것은 세계의 '자동기술'로 향한다. 그리고 그것은 이제 기술적 가능성의 최대한의 범위에 노출되는 건축에 대해서도 마찬가지이다.

그러면 건축에 부여될 수 있는 가상적 의미에서 여전히 어떤 건축은 존재하는가? 적어도 가상의 건축의 원형이 있다 하더라도, 가상적 대상인 빌바오 구겐하임 미술관을 예를 들어 보자. 그것은 "모든 단위치수들이 드러나고 모든 결합이 표현되는 요소들에 따라 지어진 건축물"[17]이다. 따라서 동일한 형태의 유사한 수많은 미술관들이 세워질 수 있다. 미술관과 그 콘텐츠들과의 관계——미술작품들과 컬렉션——는 완전히 가상적이다. 전시공간에서는 일반적이고 거의 관례적인 데 반해, 불안정한 구조와 비논리적인 배

---

16) Jean Baudrillard, *Photographies 1985-1998*, Hatje Cantz Publishers, 1999, p.98.
17) *OSAP*, p.77.

열에서는 놀랄 만한 이 미술관은 어떤 기계장치의 성능, 즉 응용된 상상의 기술을 상징한다. 이제 그것은 분명히 어떤 낡은 기술이 아니며, 대상은 경이와 같다. 그러나 그것은 수많은 복제들을 낳는 신체의 생명 유전 연구에 필적하는 어떤 실험의 경이와 같다. 구겐하임 미술관은 어떻게 보면 공간적 괴물이다. 다시 말해서 건축적 형태 그 자체보다 우세한 공모의 산물이다.

보드리야르의 관점에서 보면, 구겐하임 미술관은 레디메이드(ready-made)와 같다. 그리고 기술과 정교한 설비의 영향 아래서, 모든 것은 레디메이드가 되고 있다. 모든 요소들은 사전에 주어졌으며, 대부분의 포스트모던한 형태들처럼 자신들의 영역과 위치를 서로 바꾸는 것으로 충분했다. 뒤샹은 실제의 대상을 가상적 대상으로 바꾸어 놓음으로써 그렇게 했다. 이제 우리는 보편화된 미학화에 이르는 미적 이동에 의해 어떤 낡은 대상을 예술의 영역으로 옮겨 놓는 뒤샹의 이같은 작업이 건축의 세계에서 무엇인가 등가치한 것을 지니게 되었는지 의아스럽다. 다시 말하면 건축에서 뒤샹의 작업 같은 갑작스런 변화가 일어났는지 의심스럽다. 사실 "건축에서는 사람들은 대상을 이동시킬 수 없고, 대상을 미적 상황으로부터 벗어나게 할 수 없으며, 갑자기 대상을 파괴할 수 없다."[18] 건축은 여전히 유용하고 도구적인 기능을 갖기 때문이다. 이런 이유로 인해, 우리는 건축에서 뒤샹의 작업 같은 센세이션을 상상할

---

18) Francesco Proto, *op. cit.*, pp.141-142.

수 없다. 그러나 우리는 어떤 방식으로든 그것이 유사요법적으로 서서히 일어날 것이라고 가정해 볼 수 있다. 즉 예술의 사라짐의 토대 위에서와 마찬가지로 건축의 사라짐의 토대 위에서 장차 모든 것이 일어날 것이라는 것이다. 이러한 가정은 건축가들에게 매혹적일 수 있다. 사실 무조건적으로 예술의 역사와 건축의 역사를 연장하는 것보다 종말을 넘어서 무슨 일이 일어나는지를 파악하는 것이 더 흥미로울 것이다. 그것은 그러한 사라짐을 넘어서 탄생할 수 있는 모든 것에 독창적이고 예외적인 특성을 부여한다. 만약 우리가 사라짐의 가정을 받아들인다면, 우리는 여전히 출현하는 무엇이든 받아들일 수 있다. 보드리야르는 이러한 가정의 급진주의를 좋아한다. 왜냐하면 그는 오늘날 도처에서 우리를 위협하는 상황――건축의 가상현실――에 빠져들지 않고 예외적인 것으로 남으려는 건축과 건축적 대상을 좋아하기 때문이다.

그러나 우리는 건축의 가상현실이라는 특이한 상황 속에 놓여 있다. 오늘날 건축은 대체로 문화와 의사소통에 기여하고 있다. 달리 말하면 건축은 사회 전체의 가상적 미학화에 기여하고 있다. 그것은 문화로서 알려진 사회적 형태를 포장한 박물관처럼 기능한다. 보다 구체적으로 말하자면 "문화적 목적으로 지정된 수많은 건물들 속에 등록되는 것 이외에는 어떤 다른 정의도 갖지 못하는 비물질적 필요를 포장한 박물관처럼 기능한다."[19] 그리하여 사람들

---

19) 같은 책, p.134.

은 세계의 문화적 · 상업적 센터인 거대하고 다소 상호 작용적인 공간 속으로, 혹은 사라짐의 공간으로 묘사된 운송과 순환의 장소 속으로 흡수된다. 보드리야르의 견해에 따르면, "오늘날 건축은 순환 · 정보 · 의사소통 · 문화의 이 모든 기능들에 사로잡혀 있다."[20] 이 모든 기능들 속에는 엄청난 기능주의가 있는데, 그것은 유기적 필요에 의해 구성된 기계적인 세계, 즉 실제의 사회관계에 기초한 기능주의가 아니라 '가상적인 것'의 기능주의이다. 달리 말하면 그것은 대체로 쓸모없는 기능과 관련 있는 기능주의인데, 건축 자체는 이 쓸모없는 기능이 될 위험에 처해 있다. 요컨대 우리가 복제건축의 전세계적 증식, 즉 망과 가상현실의 이미지 속에서 건립된 투명하고 상호 작용적이고 이동적이고 유희적인 건물들의 증식을 보게 될 것이라는 위험이 존재한다.

물론 이 경우 망과 가상현실의 이미지에 의해 사회 전체는 문화 · 의사소통 · 가상적인 것의 공허한 장식으로 치장될 것이다. 그러면 거기에는 실시간의 건축, 망과 흐름의 건축, 가상적인 것과 조작적인 것의 건축, 완전한 가시성과 투명성의 건축, 모든 차원에서 불확정성을 되찾은 공간의 건축이 있을 수 있는가? 보드리야르의 관점에서 보면 다양한 형태의, 다목적의 건축이 존재한다. 그는 "지나치게 규모가 큰 현재의 대부분의 공공건물들은 공간의 느낌이 아닌 공허의 느낌을 주며, 이러한 공공건물들이나 그 주위

---

20) 같은 책, 같은 쪽.

를 도는 사람들은 가상적 대상처럼 보인다"[21]고 말한다. 거기에는 그들의 현존을 위한 명백한 요구가 없기 때문이다. 따라서 공허한 기능성, 쓸모없는 공간의 기능성이 존재하는 것이다.

IV. 복제의 건축/사라짐의 미학

오늘날 문화공간은 이러한 공허한 기능성에 휩쓸릴 수 있다. 그리고 건축은 소중히 다루어지지 않는 경향이 있다. 사실 보드리야르가 말한 바 있는 특이성으로 남아 있는 것과, 쓸모 있는 모든 모델들의 지배권을 수반하는 상상의 기술인 문화의 기록에서 무시되었던 것을 구별하기는 매우 어렵다. 물론 건축가에게 주어지는 도시적 · 지리적 상황뿐만 아니라 재정적 압박에 의해 강요되는 상황도 있다. 그러나 무엇보다도 고객의 머릿속에 들어 있는 모델들과, 건축회사와 건축잡지와 건축형태의 역사 속에서 순환하는 모델들이 있다. 이 모든 모델들은 많은 요소들을 강요하는데, 이러한 모델들에 따라 건축된 것은 단순하고 안전하고 철저한 규칙들로부터 만들어진 것이 아니다. 그것은 의미와 감각이 없는 어떤 모델을 유지하는 것, 즉 대상들의 콜라주(collage)이다. 보드리야르에 따르면, "오늘날 현대건축의 비극들 중의 하나는 모델화이며 복제

---

21) 같은 책, p.135.

안드레스 파이닝거, 〈뉴욕 6번가와 51번가에 있는 강철 구조물〉, 1968

이다."[22] 그것은 기능성을 지닌 요소들의 기능으로서 전세계에서 같은 형태의 생활공간을 끝없이 복제하는 것, 혹은 어떤 형태의 전형적 건축 내지 아름다운 건축을 복제하는 것이다. 결국 문제시되는 것은 자신의 계획을 넘어서 도달하지 못할 뿐만 아니라 자신의 프로그램을 넘어서 도달하지 못하는 어떤 건축적 대상이다.

이제 건축은 모든 모델에게 투명한 매체가 됨으로써 그 자체를 무한히 반복할 수 있는 어떤 상황 속에 있는 것일까? 아니면 사전에 프로그램화된 코드의 모든 가능한 변화를 통해 애써 나아가는 상황 속에 있는 것일까? 뉴욕의 가장 유명한 건축물들 중의 하나인 세계무역센터의 쌍둥이빌딩을 예를 들어 보자. 쌍둥이빌딩은 정사각형의 토대 위에 세워진 높이 400미터의 6면체, 완벽하게 균형잡혀 있지만 막혀 있는 연통관, 더 이상 외부로 통해 있지 않고 인위적인 조절에 따르는 통돌로 된 건축물이다. 빌딩이 두 개라는 사실은 본래의 모든 기준이 상실되었음을 의미한다. 만약 빌딩이 하나밖에 없었다면, 독점은 완전히 구현되지 않았을지도 모른다. 오직 이미지의 중복만이 이미지가 가리키는 것을 실제로 끝낼 수 있다. 이러한 중복에는 특이한 매혹이 있다. 아무리 두 빌딩이 높다 할지라도, 두 빌딩은 수직성의 정지를 나타낸다. 이 두 빌딩은 다른 빌딩들과 같은 부류에 속하지 않는다. 이 두 빌딩은 서로 정확하게 반사할 때 절정에 달한다. 사람들은 하나의 빌딩을 다른 빌

---

22) *OSAP*, p.49.

딩의 그림자, 다른 빌딩의 정확한 복제로 볼 수 있다. 이 두 빌딩에는 복제품만이 남아 있는 듯하다. 마치 건축물이 시스템의 양상 그대로 변함없는 유전자 정보나 복제에서 생겨나듯이 말이다.[23] 실제로 우리의 가상세계, 우리의 복제세계에서 사물들은 단지 있는 그대로의 것일 뿐이다. 그리고 사물들은 무한히 증식된 무수한 복제 속에 있다.

사실 오늘날 대부분의 세계적 규모의 건축물은 존재하는 모델화와 정보들을 즉각적으로 이용한다. 따라서 사람들은 건축물의 복제형태를 자연스럽게 목격하게 된다. 즉 사무실 빌딩이 정해진 유형론으로 만들어지는 순간부터, 사람들은 이 빌딩을 다시 발상할 필요 없이 이 빌딩을 복제하고, 다시 건축하는 것을 목격하게 된다. 이는 최소한의 건축계획도 없이 건축을 서둘러 대충해 버리는 형태이자 타락의 형태이다. 이러한 관점에서 보면 누벨의 견해처럼 "건축은 무가치하고, 무가치하며, 무가치한 것이다."[24] 그래서 사람들은 다른 것을 찾게 된다. 어떻게 보면 사람들은 폴 비릴리오가 환기시키는 '사라짐의 미학'을 찾고 있을지도 모른다. 실제로 사라지는 수많은 방식들이 존재하는 것은 사실이다. 그러나 "전멸(비릴리오가 깊이 생각하는 것에 활기를 불어넣는 전멸)이라는 사라짐과 '망' 속으로 사라지는 행위(우리 모두에게 관련 있는, 오히려

---

23) Jean Baudrillard/Edgar Morin, *La violence du monde*, Editions du Félin/Institut du Monde Arabe, 2003, pp.12-13 참조.

24) *OSAP*, p.50.

증발해 버릴 수 있는 것)는 비교될 수 있다."[25]

비릴리오처럼 보드리야르 역시 '사라짐의 미학'을 소중히 여긴다. 그러면 그가 말하는 사라짐은 무엇을 의미하는가? 그것은 한 형태가 다른 형태 속으로 사라지는 것이다. 이는 변모의 형태, 즉 출현–사라짐이다. 거기에는 전혀 다른 작용이 있다. "그것은 망 속으로의 사라짐이 아니다(이때 각 망은 다른 것의 복제나 전이가 된다). 그것은 결국 형태들이 연관되는 것이다(이때 각 형태는 사라져야 하고, 모든 것은 자신의 사라짐을 내포한다)."[26] 그는 "모든 것은 사라지는 예술 속에 있다. 슬프게도 그렇게 말할 수밖에 없다"[27]라고 주장한다.

보드리야르는 누벨의 건축을 '사라짐의 미학' 혹은 '유혹의 건축'으로 간주한다. 사실 그의 건축이 하나의 계획이고 하나의 구조를 갖는다 할지라도, 그것은 항상 하나의 대상으로서 사건이 될뿐만 아니라 사라지는 데도 성공한다. 이러한 관점에서 보면, 그것은 유혹할 수 있는 하나의 대상이며, 사라지면서 부분적으로 유혹한다. 그리고 부재의 전략인 이 전략은 실제로 유혹의 질서에 속하긴 하지만, 결국 거기에는 유혹하려는 어떤 목적도 없다. 그러므로 보드리야르에게 좋은 건축이란 사라지는 것이다.[28] 그는 건축은

---

25) 같은 책, p.51.
26) 같은 책, 같은 쪽.
27) 같은 책, p.53.
28) Francesco Proto, *op.cit.*, p.140 참조.

건축의 사라짐의 토대 위에서 파악되어야 한다고 말한다.

V. 건축의 미래를 향하여

가상화 · 정보모델화 · 보편화된 미학화를 통해서 건축물의 복제
가 이루어지는 절망적 상황 속에서도, 오늘날 건축의 미래는 열려
있는가? 보드리야르의 관점에서 보면, 그것은 전혀 가망 없는 것
처럼 보이지 않는다. 설령 건축이 어떤 세계의 창조가 아닐지라도,
우리는 건축이 그 자체의 다소 저속한 반복이나 복제 이외의 다른
것이 되기를 기대할 수 있다. 우리가 앞서 언급했듯이 보드리야르
에 따르면, 사진의 분야는 무한한 기술적 가능성을 지니고 이미지
의 통제할 수 없는 흐름을 산출하는 카메라의 자동기술로부터 어
떤 예외적인 이미지들을 획득할 수 있는 가능성을 제공한다. 실제
로 자동기술은 결코 자동적이지 않으며, 거기에는 항상 객관적 우
연의 기회가 있다. 다시 말해서 예측할 수 없는 일련의 사건들이
일어날 수 있을 가능성이 있다. 마찬가지로 오늘날 우리의 삶을 지
배하는 넘쳐나는 이미지들 속에는 아직도 이미지의 본래의 무대를
재창조할 수 있는 가능성이 존재한다. 여기에는 어떤 의미에서 무
질서하고 환상적인 것을 지니는 어떤 이미지가 있는데, 우리는 직
관을 통해서 이미지의 이 비밀을 캐낼 수 있다. 그러나 우리는 이
비밀을 감추어야 하며, 우리를 감싸고 있는 문화의 상상적 기술과

보편화된 미학화를 배격해야 한다.

따라서 우리는 장소의 즐거움으로부터 시작하면서 그리고 자주 가능성의 요소들을 고려하면서 건축에서 사람들이 다른 전략과 극작술을 만들어 낼 수 있다고 생각한다. 또한 우리는 건축물의 복제에 맞서, 가상현실의 난입에 맞서, 우리 모두가 여전히 열망하는 시적인 건축, 극적인 건축, 글자 그대로의 건축, 급진적 건축을 향해 보드리야르가 "상황의 시적인 이동 혹은 이동의 시적인 상황"[29] 이라고 부르는 것을 실행할 수 있다고 생각한다.

사실 보드리야르에게는 항상 상황을 뒤집어 놓으려는 의지, 패러독스와 역전의 취향이 있다. 그리고 그에게는 본질적으로 시적인 접근이 있다. 요컨대 그는 패러독스와 역전의 방식을 통해 어떤 시적인 형태에 도달하려고 애쓴다. 이것은 분명히 그의 급진적 사유의 형태이다. 그의 관점에서 보면 오늘날 건축은 자주 꼼짝 못하게 되는 상황 속에 놓이지만, 건축은 항상 무엇인가를 초월하는 희망을 지닌다.[30]

여기서 우리는 '건축의 급진성'과 관련하여 '건축의 진리'를 고려해 볼 수 있다. 보드리야르는 건축의 급진성은 건축의 진리에 대한 물음을 유도한다고 말한다. 사실 건축의 진리는 건축이 도달하려고 하는 것인데, 건축은 그것을 말하려고 하지 않는다. "이는 바로 비자발적인 급진성의 형태이다."[31] 보드리야르는 이러한 견해

---

29) Jean Baudrillard, *L'Echange impossible*, Galilée, 1999, p.180.
30) *L'Herne Baudrillard*, Editions de l'Herne, 2004, p.180 참조.

를 통해서 글자 그대로의 해석이라는 다른 양상의 사태를 표명한다. 그의 견해로는 "글자 그대로의 해석은 기술의 진보를 넘어서, 사회적·역사적 발전을 넘어서 일어난 사건으로서의 건축적 대상이 완전히 해석되거나 설명될 수 없음"[32]을 의미한다. 완벽한 해석이 있을 수 없다는 점에서, 이 건축적 대상은 글자 그대로 사태를 말한다.

여기서 우리는 또다시 보부르의 예를 들 수 있다. 보부르는 무엇에 대해 말하는가? 그것은 순환·흐름·저장에 대해 말한다. 피아노와 로저스의 건축물은 그것을 글자 그대로 말한다. 그것은 문화를 나타내는 동시에 문화가 굴복하는 운명, 즉 문화가 견뎌내지 못했던 것을 보여준다. 달리 말하면 동시에 기호의 혼란, 과융해(surfusion), 지속주입(perfusion)을 보여준다. 같은 방식으로 세계무역센터의 쌍둥이건물이 가장 급진적인 형태로 뉴욕 시의 정신(수직성)을 표현한다고 말할 수 있다. 이 건물의 경이는 그것이 환상적인 도시적 쇼, 수직성의 놀라운 쇼를 연출함과 동시에 도시가 굴복하는 운명을 상징적으로 보여준다는 점이다. 말하자면 그것은 역사적 형태로서 도시가 죽었다는 것을 보여준다. 즉 그것은 잃어버린 대상을 극단적으로 예상하는 형태인 동시에 그러한 대상을 돌이켜 생각하며 향수를 느끼는 형태이다.

따라서 여기에는 비건축가의 상상력을 통해서 본 건축의 본래의

---

31) *OSAP*, p.61.
32) 같은 책, 같은 쪽.

무대에 대한 어떤 부분들이 있다. 우리는 그것들을 글자 그대로 그리고 모든 의미에서 해석할 수 있다. 가능한 해석들 중의 하나는, 설령 건축의 미래가 반드시 건축적이지 않다 하더라도, 어떤 환상이나 환멸을 넘어서 보드리야르가 생각하는 건축의 미래가 여전히 존재한다는 점이다. 다른 모든 것을 끝낼 수 있고 공간 자체를 끝낼 수 있는 건물 혹은 건축적 대상을, 아무도 아직 창조하지 못했다는 단순한 이유 때문에 건축의 미래가 존재한다고 말할 수 있다. 사실 여태껏 어느 누구도 모든 도시를 끝낼 수 있는 도시나 모든 사유를 끝낼 수 있는 사유를 아직 창조하지 못했다. 이제 이것은 실제로 우리 모두가 꿈꾸는 유토피아가 될 수 있다. 그것이 정말 실현되지 않는 한, 우리에게는 여전히 건축의 미래를 향한 희망이 있을 것이다.

원고 및 일러스트 출처

이 책은 새로 쓰여진 원고들과 이미 발표된 원고들로 구성되어 있다. 아래 표기된 지면을 통해 이미 발표된 원고들은 경우에 따라서는 많은 부분을 수정 · 가필하였고, 때로는 보완을 거쳤으며 전체적으로 재편집되었다.

책머리에 — 《현대문학》 제541호(2000년 1월), pp.140-150.

제1부: 아이러니로 가는 길
1장 — 〈고려대학교 대학원 신문〉 제145호(2007년 12월 3일).
2장 — 1) 《프랑스문화연구》 제13집(2006), pp.117-142.
　　　2) 《계명대학교 2006년도 정기 심포지엄》(2006), pp.77-113.
3장 — 《프랑스문화연구》 제1집(1997), pp.39-54.
4장 — 《오늘의 문예비평》(1997년 여름) 제25호, pp.211-237.

제2부: 우리 시대의 아이러니
1장 — 1) 《프랑스문화예술연구》 제16집(2006), pp.1-20.
　　　2) 《철학과 현실》 제74호(2007), pp.178-193.
　　　3) 〈교수신문〉 제430호(2007년 3월 19일).
　　　4) 〈경향신문〉(2007년 3월 8일).
　　　5) 부산 KBS 고전아카데미: 《세계고전 오디세이 I》(2007), pp.268-291.
2장 — 광주비엔날레 창간호 《NOON》(2009), pp.94-113.
3장 — 《한국프랑스학논집》 제45집(2004), pp.339-356.

제3부: 사유의 아이러니
1장 — 《한국프랑스학논집》 제35집(2001), pp.241-258.
2장 — 《프랑스문화연구》 제7집(2002), pp.263-284.

3장 — 《한국프랑스학논집》 제40집(2002), pp.439-452.

제4부: 현대예술의 아이러니
1장 — 《월간미술》(2002년 10월), pp.92-95.
2장 — 《월간미술》(2007년 4월), pp.196-197.
3장 —
4장 — 《월간미술》(2005년 6월), pp.86-89.
5장 — 《이상건축》 제131호(2003년 7월), pp.122-123.

지은이 배영달은 부산대학교 불어과를 졸업하고 한국
외국어대학교 대학원 불어과에서 석사·박사학위를 취
득하였다. 파리4대학·브리티시 컬럼비아대학 초빙 교
수를 지냈고, 현재 경성대학교 프랑스지역학과와 문화기
획·행정·이론학과(협동과정) 교수로 재직 중이다.

저서로는 《보드리야르와 시뮬라시옹》《예술의 음모》
(편저) 등이 있고, 역서로는 《사물의 체계》《생산의 거울》
《유혹에 대하여》《토탈스크린》《불가능한 교환》《건축과
철학》《탈출 속도》《정보과학의 폭탄》 등이 있다.

주요 관심 분야는 장 보드리야르, 폴 비릴리오, 현대예
술, 미학, 사진, 문화이론이다.

문예신서
371

보드리야르의 아이러니

초판발행 : 2009년 12월 15일

지은이 : 배영달 ⓒ

東文選
제10-64호, 78. 12. 16 등록
110-300 서울 종로구 관훈동 74번지
전화 : 737-2795

편집설계 : 李妌旲

ISBN 978-89-8038-657-4 94160
ISBN 978-89-8038-000-8(문예신서)

71	조선민요연구	高晶玉	30,000원
72	楚文化史	張正明 / 南宗鎭	26,000원
73	시간, 욕망, 그리고 공포	A. 코르뱅 / 변기찬	18,000원
74	本國劍	金光錫	40,000원
75	노트와 반노트	E. 이오네스코 / 박형섭	20,000원
76	朝鮮美術史研究	尹喜淳	7,000원
77	拳法要訣	金光錫	30,000원
78	艸衣選集	艸衣意恂 / 林鍾旭	20,000원
79	漢語音韻學講義	董少文 / 林東錫	10,000원
80	이오네스코 연극미학	C. 위베르 / 박형섭	9,000원
81	중국문자훈고학사전	全廣鎭 편역	23,000원
82	상말속담사전	宋在璇	10,000원
83	書法論叢	沈尹默 / 郭魯鳳	16,000원
84	침실의 문화사	P. 디비 / 편집부	9,000원
85	禮의 精神	柳肅 / 洪熹	20,000원
86	조선공예개관	沈雨晟 편역	30,000원
87	性愛의 社會史	J. 솔레 / 李宗旼	18,000원
88	러시아 미술사	A. I. 조토프 / 이건수	26,000원
89	中國書藝論文選	郭魯鳳 選譯	25,000원
90	朝鮮美術史	關野貞 / 沈雨晟	30,000원
91	美術版 탄트라	P. 로슨 / 편집부	8,000원
92	군달리니	A. 무케르지 / 편집부	9,000원
93	카마수트라	바짜야나 / 鄭泰爀	18,000원
94	중국언어학총론	J. 노먼 / 全廣鎭	28,000원
95	運氣學說	任應秋 / 李宰碩	15,000원
96	동물속담사전	宋在璇	20,000원
97	자본주의의 아비투스	P. 부르디외 / 최종철	10,000원
98	宗敎學入門	F. 막스 뮐러 / 金龜山	10,000원
99	변 화	P. 바츨라빅크 外 / 박인철	10,000원
100	우리나라 민속놀이	沈雨晟	15,000원
101	歌訣(중국역대명언경구집)	李宰碩 편역	20,000원
102	아니마와 아니무스	A. 융 / 박해순	8,000원
103	나, 너, 우리	L. 이리가라이 / 박정오	12,000원
104	베케트연극론	M. 푸크레 / 박형섭	8,000원
105	포르노그래피	A. 드워킨 / 유혜련	12,000원
106	셸 링	M. 하이데거 / 최상욱	12,000원
107	프랑수아 비용	宋勉	18,000원
108	중국서예 80제	郭魯鳳 편역	16,000원
109	性과 미디어	W. B. 키 / 박해순	12,000원
110	中國正史朝鮮列國傳(전2권)	金聲九 편역	120,000원
111	질병의 기원	T. 매큐언 / 서 일·박종연	12,000원
112	과학과 젠더	E. F. 켈러 / 민경숙·이현주	10,000원